중국어 연구자를 위한
언어유형론

语言类型学教程

The Chinese edition is originally published by Peking University Press.
This translation is published by arrangement with Peking University Press, Beijing, China.
All right reserved. No reproduction and distribution without permission.

이 책의 한국어 판권은 Peking University Press와의 독점계약으로 한국문화사에 있습니다.
Korean Translation Copyright © 2018 by HankookMunhwaSa Publishing Co.

중국어 연구를 위한 언어유형론 전문서

중국어 연구자를 위한
언어유형론

루빙푸(陸丙甫)·진리신(金立鑫) 편저

문영희·신수영·이소림·이옥주·이현선 번역

语言类型学教程

한국문화사

중국어 연구자를 위한 언어유형론

1판1쇄 발행 2018년 6월 25일

원 제	语言类型学教程	
편 저	루빙푸(陸丙甫)·진리신(金立鑫)	
번 역	문영희·신수영·이소림·이옥주·이현선	
펴 낸 이	김진수	
펴 낸 곳	**한국문화사**	
등 록	1991년 11월 9일 제2-1276호	
주 소	서울특별시 성동구 광나루로 130 서울숲 IT캐슬 1310호	
전 화	02-464-7708	
팩 스	02-499-0846	
이 메 일	hkm7708@hanmail.net	
홈페이지	www.hankookmunhwasa.co.kr	

책값은 뒤표지에 있습니다.

잘못된 책은 구매처에서 바꾸어 드립니다.
이 책의 내용은 저작권법에 따라 보호받고 있습니다.

ISBN 978-89-6817-647-0   93720

이 도서의 국립중앙도서관 출판예정도서목록(CIP)은 서지정보유통지원시스템 홈페이지
(http://seoji.nl.go.kr)와 국가자료공동목록시스템(http://www.nl.go.kr/kolisnet)
에서 이용하실 수 있습니다. (CIP제어번호 : CIP2018019014)

■ 서문

　언어 유형에 대한 연구의 역사는 이미 두 세기가 넘는다. 그러나 과학적 의미의 현대 언어유형론이 시작된 것은 반세기가 조금 넘었을 뿐이다. 이러한 역사적 원인으로 인하여 언어유형론 연구의 학술적 영향력은 형식주의나 기능인지주의 연구에 비할 수 없다. 그러나 언어유형론의 언어 간 비교 및 대량의 언어 자료에 대한 정량 분석 등 언어 현상에 기초한 연구 방법, 그리고 각종 표면적 언어 현상의 이면에 존재하는 함축적 보편성을 발견하여 인류 언어를 해석하는 연구 방법은 점점 더 많은 언어학자들의 동의를 얻고 있다. 언어유형론 연구는 언어 현상을 일반화, 추상화하고 조작과 검증이 가능한 함축적 보편성을 지니기 때문에 많은 형식주의 학자와 기능주의 학자들에게 인정받고 있다. 따라서 언어유형론의 학술적 영향력은 계속 증대되어 현대 언어학에서 중요한 학문 분야로 자리 잡게 되었다.
　중국에서 언어유형론의 연구는 1980년대에 시작되어 陆丙甫, 陆致极, 沈家煊 등이 주요 연구를 번역, 소개하였고, 陆丙甫, 刘丹青 등이 1980년대 중반 언어유형론적 관점에서 중국어를 연구하기 시작하였으나 연구 범위나 학술적 영향력에 있어서 상당히 제한적이었다. 그러나 20세기 말부터 언어유형론 연구는 중국에서도 빠르게 발전하였다. 정기간행물 데이터베이스 CNKI의 2015년 3월까지의 통계에 의하면 중국 대학의 언어학 석박사 논문 가운데 언어유형론적 연구 방법을 선택한 것은 700편 정도이며 학술 논문은 1,100편 이상이다. 학부의 언어학 수업, 특히 언어학개론 수업에서 언어유형론의 연구 방법과 성과를 소개하는 경우가 적지 않으며, 언어학 전공의 대학원생을 대상으로 하는 수업에는 언어유형론이 별도의 교과목으로 개설되는 경우도 많다. 뿐만 아니라 언어유형론 전공을 운영하는 학교도 있다. 이런 환경에도 불구하고 언어유형론 교재는 미비한 실정이다. 형식주의 언어학과 기능주의 언어학에는 체계적인 전공 서적이 있는데, 특히 형식주의 언어학은 교재를 선택할 수 있는 폭도 상당히 넓다. 반면 언어유형론 교재는 아직까지 중국에서 발간된 적이 없다. 교수나 학생 모두 언어유형론 연구 방법을 체계적으로 소개하는 교재를 가지고 체계적으로 언어유형론을 배우고, 교재에 실린 참고문헌을 통하여 문헌을 탐독하고 연구 관점을 확대할 수 있기를 바라고 있다.

　　베이징대학출판사 王飙 선생에게 감사를 표한다. 그는 예리한 학술적 안목으로 학계의 수요를 파악하여 언어유형론 교재를 편찬해줄 것을 몇 차례 요청하였다. 출판사의 호의를 거절하지 않고자 중국에서 언어유형론 연구를 하는 우수한 학자들에게 중국의 첫 언어유형론 교재를 함께 편찬할 것을 제안하였다. 여러 학자들이 다양한 의견을 나누고 중국의 언어유형론 연구를 발전시키기 위하여 힘을 모았다. 이 책은 다음의 여러 학자들이 함께 노력하여 완성한 것이다.

　　제1장: 金立鑫, 陆丙甫
　　제2장: 金立鑫, 应学凤
　　제3장: 金立鑫, 王芳
　　제4장: 金立鑫
　　제5장: 李占炳
　　제6장: 吴建明
　　제7장: 刘小川
　　제8장: 罗天华
　　제9장: 于秀金, 金立鑫
　　제10장: 陆丙甫
　　제11장: 金立鑫, 王芳
　　제12장: 陈玉洁, 王健, 金立鑫

　　책의 전체 내용 및 장과 절의 편성은 陆丙甫, 金立鑫, 吴建明, 王芳 4명이 논의하여 결정하였고, 최종 원고 총괄은 陆丙甫와 金立鑫이 담당하였으며, 吴建明, 王芳, 罗天华도 원고 총괄 작업에 도움을 아끼지 않았다.

　　이 책은 중국 대학의 수업 시수를 고려하여 구성하였다. 즉, 한 주에 2시간 수업을 기준으로 제5, 9, 10장은 각각 4시간, 다른 장은 2시간씩 총 30시간 동안 수업할 수 있도록 설계하였다. 이 책의 많은 내용은 주편집자가 재직하고 있는 上海外国语大学 语言研究院 박사과정의 언어유형론 수업 및 연구 소모임으로부터 도움을 받았다. 이 자리를 빌어 학생들에게 감사를 표한다. 어떤 부분은 시간과 편폭의 제약으로 기술이나 전개가 충분하지 못하였을 것이다. 이 책을 교재로 사용하는 교수와 학생들의 피드

백을 통하여 앞으로 나올 재판에는 내용을 보충하고 각 장에 연습 문제를 추가하고자 한다.

예문의 주석에 대하여 설명할 필요가 있다. 전 세계 7,000개 정도 언어의 자료를 동일한 방식으로 주석한다면 새로운 언어 자료를 더 많이 활용할 수 있는데, 이는 언어유형론 연구에 매우 유용하다. 이 책의 많은 예문은 여러 문헌에서 가져왔다. 학문적 교류를 위하여 최대한 문헌의 원문을 그대로 살리고 국제적으로 통용되는 라이프치히 주석 방식을 채택하였다. 예문이 특정 민족의 언어나 방언 문헌에서 왔을 경우 원래 문헌의 기록을 충실하게 따랐다. 예문의 주석 방식은 다음과 같다.

1행: 예문
2행: 주석. 문법 기능어는 라이프치히 주석 축약어 사용, 간혹 라이프치히 방식을 따르지 않은 경우는 원래 문헌의 영문 형식을 따르고 필요한 설명 제시
3행: 번역

독자의 이해를 위하여 언어유형론 용어와 라이프치히 주석의 축약어, 중국어 번역을 수록한 용어표를 책머리에 실었다. PREVERB(동사 앞에 전치한 형태소나 동사의 기능성 전치사) 등와 같이 상용되지 않는 용어는 제외하였다. 독자의 참고문헌 검색을 돕기 위하여 각 장에서 언급한 참고문헌은 장의 끝머리에 목록으로 제시하였다.

질문이 있는 독자는 아래의 연락처로 집필진과 연락할 수 있다.

陈玉洁(浙江大学): chenyujie0410@zju.edu.cn
金立鑫(上海外国语大学): jinlixin.shisu@gmail.com
李占炳(南昌大学): lizhanbing861225@sina.com
刘小川(南昌大学): aresliuxch@126.com
陆丙甫(南昌大学): lubingfu@yahoo.com
罗天华(浙江大学): tianhualuo@zju.edu.cn
王芳(上海外国语大学): wangfang@shisu.edu.cn
王健(上海交通大学): wkg18@163.com
吴建明(上海外国语大学): wu.jianming2011@gmail.com

应学凤(浙江外国语学院): yingxf@163.com
于秀金(曲阜师范大学): yuxiujin888@163.com

독자의 질정을 바란다.

루빙푸·진리신
2015년 3월 상하이에서

■ 韩文版序

　　自从Joseph Greenberg以其开创性的工作建立了当代语言类型学之后，语言类型学研究在世界各国蓬勃兴起，研究势头相当迅猛。类似的英文本教材也有不少。但由于中西方语言文化的差异，西方学者撰写的教材在体例和表述方式使得中国高校师生不太容易适应。有鉴于此，这才有了我们这本《语言类型学教程》。这是中国国内第一本语言类型学教材，本书出版后立即引起中国国内学术界的广泛兴趣，出版不到两年已经第二次印刷。

　　本书的撰写在内容上尽可能吸取了西方语言类型学研究的最新成果，同时采用中国高校普通教材的传统编写和编排体例，按研究内容各分章节，有理论也有实例，也比较多地结合了汉语实际，这种编写法较易让中国师生接受。

　　当代语言学的发展已经进入了一个"众包"(crowdsourcing)时代。每一种语言的语言学家都在类型学的框架下贡献自己母语的各种数据，这些数据为其他所有语言类型学家共享，对这些语言数据进行类型学方式的观察和抽象。同时，每一种语言的语言学家也都在语言类型学的框架下重新审视以往的传统理论，用语言类型学的方法解决该语言传统理论无法解决的问题。这本教材在这一点上做出了努力。例如教材在第四章介绍的基本论元配置类型，该部分的内容可以借鉴来解释汉语以往长期争论不休的所谓的"王冕死了父亲"和"台上坐着主席团"之类有关"主语"问题的争论。第五章介绍的语序类型，通过各种参项的对比显示各种语言或多或少地具有某种语序的混合性。而汉语的这种语序混合型更为明显。教材第九章介绍的时体和情态类型方面，通过不同语言样本的对比所建立的两大类不同的体类型：空间界限体和时间进程体。前者更关注事件的边界，这种对事件边界的敏感甚至延伸到了对加工对象是否完整的感知上(完全受影响还是部分受影响)；后者更关注行为的状态(行为是否在持续或是否已经停止)。这一视角较好地解释了斯拉夫语和芬兰语等一些语言中的体与类似汉语这样的语言中的体的差别。

　　一百多年以前，德国精通远东语言的杰出普通语言学家Georg von der Gabelentz

首次使用了语言类型学这个名称。韩裔语言类型学家宋在晶(Song, Jae Jung)，在其Linguistic Typology-Morphology and Syntax一书的开头和最后结尾，都引用了Gabelentz关于语言个性和共性之间相关性的一段精彩言论。无疑地，对东方语言的深刻了解，是促使Gabelentz成为杰出普通语言学家的一个重要因素。

宋在晶一书也介绍了当代语言类型学的四个主要流派：美国的Greenberg流派和欧洲的列宁格勒流派、科隆流派和布拉格流派。该书也提及了澳洲以R. M. W. Dixon 为首的团队，认为它目前还远没有羽毛丰满，但很可能发展成南半球的第一个类型学流派。若着眼于地理分布，可以说东北四分球至今还没有形成一个类型学流派，我们期望这本书及其他类型学著作的引进，能推动这一局面的改观。东方语言学者的加盟国际语言类型学，必将为整个语言类型学事业的发展提供一支强大的生力军。

今年 (2017年) 春节刚过，我们很高兴地收到在韩国的语言学同行发来的邮件，他告诉我们，韩国国立首尔大学的李玉珠教授和梨花女子大学的李昭林、文英喜老师，还有嘉泉大学的申修瑛、光云大学的李贤善老师有兴趣翻译这本教材，我们为此甚感荣幸，我们全体编写者非常感谢韩国同行们的热心和帮助。现在这本书的韩语翻译工作已经完成，在此之际，我们向所有译者表达衷心的感谢，也感谢他们一并修改了初版中存在的一些错误。

陆丙甫·金立鑫
2017年 8月 1日

■ 한국어판 서문

현대 언어유형론의 창시자라고 할 수 있는 Joseph Greenberg 이후 언어유형론 연구는 세계 각국에서 활발히 진행되어 영문 서적도 다수 출판되었다. 그러나 중국과 서양의 언어 문화적 차이로 인해 서양 학자들이 편찬한 서적은 체제나 서술에 있어 중국 학생들이 적응하기가 쉽지 않다. 이 점을 고려하여 『语言类型学教程』을 출판하게 되었다. 이 책은 중국에서 처음으로 출간된 언어유형론 교재로 중국 학계에서 큰 호응을 얻었으며 2년도 되지 않아 2쇄를 발행하였다.

이 책은 서양 언어유형론의 최신 성과를 최대한 수용하면서 중국 대학 교재의 체제에 따라 편찬하였다. 연구내용에 따라 각 장절을 나누고 이론과 실례를 갖추었다. 그리고 중국어의 실례를 포함하여 중국어를 연구하는 독자들의 이해를 도왔다.

현대 언어학은 이미 '크라우드 소싱(crowdsourcing)' 시대에 접어들었다. 개별 언어의 언어학자들은 유형론의 틀 안에서 데이터를 제공하고 이를 모든 언어유형론 학자들이 공유하여 유형론적으로 관찰하고 추상화한다. 그리고 이전의 전통이론을 다시 자세히 살펴봄으로써 전통이론에서 해결할 수 없었던 문제를 언어유형론의 방법으로 해결한다. 이 책도 이 점에 주안점을 두었다. 예를 들어 중국어에서 오랜 기간 논쟁이 끊이지 않던 '王冕死了父亲(王冕의 아버지가 돌아가셨다)'과 '台上坐着主席团(단상에 의장단이 앉아 있다)' 같은 문장에서의 주어 문제에 대한 논쟁을 4장에서 소개한 기본 논항의 할당 유형을 통해 새로운 시각으로 분석할 수 있다. 5장 어순 유형에서는 여러 참조항의 대조를 통하여 각 언어에서 어떤 어순이 어느 정도 혼합성을 띠는지를 명시한다. 중국어는 이러한 어순 혼합형이 더욱 확연히 드러난다. 9장 시제, 상, 양태 유형에서는 여러 언어 표본을 대조하여 공간적 관점상과 시간적 관점상의 두 가지 상 유형을 확립하였다. 공간적 관점상은 사건의 경계성에 중점을 두어 인지처리 대상, 즉 사태의 완전성 여부를 민감하게 반영한다. 시간적 관점상은 행위의 상태에 중점을 두어 행위가 지속되고 있는지, 이미 멈추었는지를 반영한다. 이러한 시각은 슬라브어, 핀란드어 등의 언어와 중국어 등의 언어의 상적 차이를 분석하는 데 유용하다.

100여 년 전 아시아 언어에 정통한 독일의 언어학자 Georg von der Gabelentz가 처음으로 언어유형론이라는 명칭을 사용하였다. 한국인 학자 송재정은 『언어유형론-형태론과 통사론』의 도입과 결론에서 모두 Gabelentz의 언어 개별성과 보편성 간의 상관성에 대해서 언급하였다. Gabelentz는 아시아 언어에 대한 깊은 이해를 바탕으로 뛰어난 언어학자가 되었다. 송재정의 책 역시 현대 언어유형론의 네 가지 주요 학파인 미국의 그린버그 학파와 유럽의 레닌그라드 학파, 쾰른 학파, 프라하 학파를 소개하였다. 이 책은 또한 오스트레일리아의 R. M. W. Dixon을 대표로 하는 학자들이 앞으로 오세아니아 지역의 첫 번째 유형론 학파로 발전할 것이라고 전망하였다. 동아시아 지역에서는 아직 유형론 학파가 형성되지 않았으나, 이 책을 비롯한 여러 유형론 저서들을 통해 새로운 변화를 이끌어 낼 수 있기를 기대한다. 아시아 지역 언어학자들이 언어유형론의 국제적 연구에 참여하여 유형론을 더욱 발전시킬 수 있을 것이다.

    2017년 봄, 서울대학교의 이옥주, 이화여자대학교의 이소림, 문영희, 가천대학교의 신수영, 광운대학교의 이현선 선생이 이 책을 번역하고자 한다는 반가운 연락을 받았다. 저자들은 이를 매우 영광으로 여기며 이들의 열정과 도움에 감사를 표한다. 이 책의 한국어 번역 출판을 맞이하여 모든 역자에게 깊은 감사를 드리며 초판의 오류를 바로잡아 준 점에도 감사한다.

루빙푸·진리신
2017년 8월 1일

■ 역자 서문

『중국어 연구자를 위한 언어유형론』은 陸丙甫, 金立鑫 교수의 『语言类型学教程』(北京大学出版社 2015)을 한국어로 옮긴 것이다. 南昌大学의 陸丙甫 교수와 上海外国语大学의 金立鑫 교수는 중국어 유형론 영역에서 선구적인 연구를 이끌어온 대표적인 학자이며, 『语言类型学教程』은 현재 중국인 학자가 집필한 거의 유일한 유형론 전문서이다. 陸丙甫 교수는 1990년대 초 인지심리학에 입각한 언어구조 분석으로 학계에서 큰 반향을 일으켰으며, 이후 현재까지 언어유형론적 관점에서 중국어와 여러 언어를 연구하고 있다. 특히 그가 제시한 의미 근접성(语义靠近), 식별도 우선(可别度领先), 거리-표지 대응 규칙(距离-标志对应律), 운율-형태의 비대칭(节律-形态的前后不对称) 등의 개념은 이론의 발전으로까지 이어졌다는 점에서 더욱 중요한 의의를 가진다. 최근의 언어유형론 연구에서는 화용적 기능요소의 작용에 주목하고 있으며, 『核心推导语法』(1993), 「作为一条语言共性的'距离-标记对应律'」(2004), 「语序优势的认知解释——论可别度对语序的普遍影响」(2005), 『汉语的认知心理研究』(2010), 「蕴含关系的两种解释模式」(2010), 『语言类型及其功能基础』(출간예정) 등의 성과를 내었다. 金立鑫 교수 역시 「'时''体'范畴的本质特征及其蕴含共性」(2009), 「从普通语言学和语言类型学角度看汉语补语问题」(2011)), 「普通话混合语序的类型学证据及其动因」(2016) 등의 연구를 통해 언어유형론 연구에 앞장서고 있으며, 2011년에 출간된 저서 『什么是语言类型学』(『언어유형론이란 무엇인가』, 한국문화사 2015)에서 언어유형론의 연구 범위, 내용, 방법 등에 대해서 문답형식으로 소개한 바 있다.

다양한 언어 현상에 존재하는 보편성과 개별성을 규명하는 언어유형론은 음운론, 형태론, 통사론, 화용론, 언어습득 등의 여러 언어학 영역에서 활발히 연구되고 있으며, 최근 중국어 연구에도 유형론적 연구방법의 적용이 눈에 띄게 확산되는 추세이다. 따라서 일반언어학과 중국어언어학을 아우르는 유형론 전문서인 『중국어 연구자를 위한 언어유형론』의 출판은 매우 시의적절하다. 이 책은 언어학 제영역의 유형론적 연구방법과 이론을 소개하고, 중국어를 비롯한 다양한 언어 자료 분석을 통하여 유형론의 이론과 적용을 폭넓게 제시하고 중국어의 예를 들어 언어보편성과 개별성을 규명한다. 현재 대부분의 언어유형론 서적이 영어권 출판물에 집중되어 있는 현실을 고려할 때, 『중국어 연구자를 위한 언어유형론』은 앞으로 중국어를 연구하거나 배우는 다양한 독자의 학문적, 실용적 수요를 만족시킬 수 있을 것으로 기대한다. 총 12장으로 구성된 이 책은 중국어의 음운, 품사와 어휘범주, 논항, 어순, 의미범주, 소유 구조와 사동 구조, 형태, 시제·상·양태에 반영된 유형적 특징을 이론적으로 해석하고, 유형론적 연구 성과를 의미지도와 현장연구에 적용하는 방법론을 제시한다. 또한 학문적 엄밀성과 독자의 편의를 위하여 용어표를 제공하고 있다.

중국어 역사음운론, 음성학, 어휘론, 통사론을 전공한 다섯 명의 역자는 언어학 분야 간의 통합적 연구 및 유형론적 연구방법의 필요성을 공유하고 『语言类型学教程』의 번역을 시작하게 되었다. 번역 작업을 하면서 여러 가지 어려움이 있었지만, 중국어의 특성을 유형론적 관점에서 새롭게 배우고 토론하는 즐거움은 번역의 어려움보다 훨씬 컸다. 이 번역서를 통하여 역자들이 느낀 학문적 즐거움이 독자들에게도 전해지기를 바라는 마음이다. 번역을 흔쾌히 허락한 저자 金立鑫, 陸丙甫 교수에게 진심으로 감사드리며, 이 책의 출판을 기꺼이 수락해준 한국문화사에 깊은 감사의 마음을 전하고 싶다.

다음은 이 책의 독자들을 위한 일러두기이다.

i. 인명과 서명은 원어로 표기하였다.
ii. 중국어는 간체자로 표기하고, 한국어의 한자어는 정자를 사용하였다.
iii. 용어표는 다음의 원칙을 따라 작성하였다.
   a. 원서에 제공된 용어표를 바탕으로 원서 본문에 사용된 용어들을 추가하였다.
   b. 용어표에 포함되었더라도 원서 본문에서 사용되지 않은 용어는 제외하였다.
   c. 독자의 편의를 위해 용어표는 한국어-영어-약어-중국어 순으로 배열하였다.
   d. 용어표는 본문 뒤 책의 끝머리에 배치하였다.
iv. 언어 색인은 다음의 원칙을 따라 작성하였다.
   a. 각 언어에 대한 설명은 Ethnologue, Wikipedia, Omniglot, 百度百科 등 웹사이트의 자료를 참조하여 [역자 주]로 제시하였다.
   b. 언어 색인은 [역자 주]에 포함된 언어명을 가나다 순으로 제시하고 괄호 안에 원어를 표기하였다.

* 3장, 5장, 8장은 문영희가, 7장, 9장, 11장은 신수영이, 4장, 5장, 7장, 10장은 이소림이, 서문, 2장, 6장은 이옥주가, 1장, 12장은 이현선이 번역하였다.

■ 차례

- 서문 _ v
- 韩文版序 _ ix
- 한국어판 서문 _ xi
- 역자 서문 _ xiii

1장 서론
- 1.1. 언어유형론 ···1
- 1.2. 전통적 형태유형론 ···10
- 1.3. 언어유형론의 연구 순서 ···17
- 1.4. 소결 ···22

2장 말소리와 음운체계 유형
- 2.1. 분절음 단위와 보편성 ···24
- 2.2. 초분절 음소: 음높이와 강세 ···29
- 2.3. 운율유형론 ··38
- 2.4. 소결 ···50

3장 품사와 어휘 범주 유형
- 3.1. 개방성 품사 ··54
- 3.2. 폐쇄성 품사 ··66
  - 3.2.1. 대명사 ··66
  - 3.2.2. 명사와 관련된 기능어 ···70
  - 3.2.3. 동사와 관련된 기능어 ···74
  - 3.2.4. 접속사 및 기타 품사 ···75
- 3.3. 소결 ···78

4장 기본 논항의 격 할당 유형
- 4.1. 기본 논항의 형태 표지 유형 ···83
- 4.2. 동사와 관련된 명사성 성분의 형태적 함축적 보편성 ········88
- 4.3. 통사적 주-대격과 통사적 능-통격 ······································93
- 4.4. 소결 ···97

5장 어순 유형

- 5.1. 어순과 관련된 기본 개념 ·· 100
  - 5.1.1. 어순과 어순 단위 ·· 100
  - 5.1.2. 어순과 형태 ·· 101
  - 5.1.3. 기본 어순 ·· 102
- 5.2. 명사구의 어순 ·· 104
  - 5.2.1. 명사구의 기본 어순 ·· 104
  - 5.2.2. 지시사와 명사 ··· 105
  - 5.2.3. 수사와 명사 ·· 108
  - 5.2.4. 형용사와 명사 ··· 110
  - 5.2.5. 소유 성분과 명사 ··· 112
  - 5.2.6. 관계절과 명사 ··· 114
  - 5.2.7. 복수사와 명사 ··· 116
- 5.3. 동사구의 어순 ·· 117
  - 5.3.1. 절의 기본 어순 ·· 117
  - 5.3.2. 부정 불변화사와 동사 ··· 119
  - 5.3.3. 동사와 부치사구 ·· 120
  - 5.3.4. 주요 동사와 조동사 ·· 121
  - 5.3.5. 계사와 술어 ·· 122
- 5.4. 종속절의 어순 ·· 122
  - 5.4.1. 보문소와 종속절 ·· 122
  - 5.4.2. 부사절과 주절 ··· 123
- 5.5. 어순 보편성에 대한 해석 ·· 123
  - 5.5.1. 우세와 조화 ·· 123
  - 5.5.2. 의미 근접성과 식별도 우선 ······································ 126
- 5.6. 소결 ·· 129

6장 명사 형태 표지의 의미 범주

- 6.1. 수 범주 ·· 133
- 6.2. 성 범주 ·· 143
- 6.3. 인칭 범주 ··· 146
- 6.4. 소결 ·· 154

7장 소유 구조와 사동 구조

- 7.1. 소유 구조 ···157
  - 7.1.1. 명사적 소유 구조의 부호화 유형 ·····························157
  - 7.1.2. 부호화 형식과 소유주 유정성의 관련성 ·················161
  - 7.1.3. 부호화 형식과 소유 관계 하위범주의 관련성 ········162
- 7.2. 사동 구조 ···166
  - 7.2.1. 사동 구조의 부호화 방식 ··167
  - 7.2.2. 사동 구조 부호화 선택의 기타 기능적 요소 ···········173
- 7.3. 소결 ···176

8장 형태 유형

- 8.1. 형태유형론의 발전 ···179
- 8.2. 격 표지 ···180
  - 8.2.1. 격 표지의 구별 작용 ··181
  - 8.2.2. 격 표지 체계 ··182
- 8.3. 일치 관계 ···186
  - 8.3.1. 명사, 대명사와 동사 ··186
  - 8.3.2. 일치 유형 ··187
- 8.4. 표지 위치 ···190
  - 8.4.1. 핵심어/의존어 표지와 표지 위치 ······························190
  - 8.4.2. 절 구조의 표지 위치 ··192
  - 8.4.3. 소유 구조의 표지 위치 ··195
  - 8.4.4. 표지 위치의 통합적 유형 ··197
- 8.5. 기타 형태 유형 ···197
  - 8.5.1. 접사 ··197
  - 8.5.2. 중첩 ··199
- 8.6. 소결 ···200

9장 시제, 상, 양태 유형

- 9.1. 시제 범주 유형 ···206
- 9.2. 상 범주 유형 ···216
  - 9.2.1. 공간적 관점상 ··216

9.2.2. 시간적 관점상 ·· 219
 9.3. 동작 유형, 상황 유형과 상의 관계 ······························ 223
 9.4. 양태 범주와 부호화 유형 ·· 228
  9.4.1. 서법과 양태의 관계 ·· 228
  9.4.2. 양태의 분류 ·· 229
  9.4.3. 양태의 부호화 방식 ··· 234
  9.4.4. 시제-상-양태의 범언어적 보편성 ······················ 237
 9.5. 소결 ··· 240

10장 이론적 해석

 10.1. 함축적 보편성의 기술과 유형론의 기능적 해석 ········· 244
  10.1.1. 함축적 보편성과 4분법적 진리표 ····················· 244
  10.1.2. 가능성 등급 ·· 245
  10.1.3. 두 가지 요소의 상호작용 ······························· 251
 10.2. 언어의 경제성과 도상성 ··· 254
  10.2.1. 언어의 경제성 ··· 254
  10.2.2. 언어의 도상성 ··· 256
 10.3. 6가지 주요 도상성 원리 ··· 257
  10.3.1. 말소리의 도상성 ·· 257
  10.3.2. 복잡성의 도상성 ·· 259
  10.3.3. 순서의 도상성 ··· 261
  10.3.4. 의미 거리의 도상성 ······································· 262
  10.3.5. 식별도 우선의 도상성 ···································· 264
  10.3.6. 기능 변화와 형식 변화 간의 일치성 ················ 265
 10.4. 소결 ··· 266

11장 의미지도

 11.1. 의미지도의 기본 개념 ·· 270
 11.2. 도표 형식의 의미지도 ·· 273
 11.3. 마디-연결선 형식의 의미지도 ································ 276
 11.4. 소결 ··· 293

12장 현지 조사와 자료 기술

- 12.1. 조사 계획과 목록 ··297
  - 12.1.1. 조사 계획 ··297
  - 12.1.2. 조사 목록 ··300
- 12.2. 언어 표본 수집 ··308
- 12.3. 언어 전사와 주석 ··311
  - 12.3.1. 언어 주석의 유래와 발전 ··312
  - 12.3.2. 라이프치히 주석 체계 및 이를 계승한 주석 체계 ··315
  - 12.3.3. 문법 범주 표식 ··326
  - 12.3.4. 중국어를 메타 언어로 하는 주석 ··327
- 12.4. 소결 ··331

- 용어표 _ 335
- 찾아보기 _ 348

1장 서론

1.1. 언어유형론

　언어학은 언어에 대한 해석을 목표로 하는 과학으로 언어의 본질, 언어 운용의 동기, 기제와 원리, 말소리, 어휘, 문법의 구성 성분, 각 언어 층위를 구성하는 성분 간의 조합, 조합의 규칙과 원리, 언어의 통시적 변화에 내재된 규칙 등을 연구한다. 언어를 해석하는 학자들 간의 관점과 방법론의 차이로 인해 언어학의 여러 이론 학파가 생겨났다. 현재 가장 주요한 학파로 형식주의 언어학, 기능주의 언어학, 언어유형론이 있다.
　형식주의 언어학이라는 개념은 두 가지의 의미를 갖는다. 하나는 주로 언어의 형식을 연구하는 학문이고, 또 다른 하나는 연구 방법의 형식화를 의미한다. 언어과학은 언어의 형식을 연구하는 학문이라고 흔히 말하는데, 언어 현상은 물리 현상처럼 객관적인 연구 대상으로 구성 원리가 기본적으로 일치한다. 과학적인 관점에서 물질 세계의 구성을 보면, 원소주기율표 하나에 온 세상을 구성하는 모든 원소가 기재되어 있듯이 이 세계를 이루고 있는 물질은 유한하다. 그런데 세계가 지금처럼 다채로울 수 있는 까닭은 이러한 유한한 물질이 서로 다른 배열과 조합을 무한히 거쳐 형성되었기 때문이다. 그렇다면 우리가 세계를 연구하는 주된 임무는 이러한 물질들의 배열 및 조합의 규칙을 연구하는 것이라고 할 수 있는데, 배열과 조합의 차이에 따라 생성물도 자연히 달라지기 때문이다. 다이아몬드와 흑연을 예로 들면, 구성 성분은 동일하나 원소의 배열과 조합 방식만이 다르다. 여기서 원소의 배열과 조합 방식의 차이는 형식의 문제이며, 구성 원소의 속성이라는 내용적인 문제는 아니다. 언어도 마찬가지이다. 중국어 문장 张三爱李四(장싼은 리쓰를 사랑한다)와 李四爱张三(리쓰는 장싼을 사랑한다)을 예로 들면, 두 문장을 구성하는 원소는 동일하지만, 배열 형식의 차이로 인해 완전히 다른 문장이 된다. 형식주의 언어학은 바로 이러한 형식을 출발점으로 하여 언어를 연구한다.

　형식주의 언어학은 언어 형식을 유한한 규칙에 의해 생성된 산물로 간주하고, 이러한 형식의 규칙을 인류에게 생득적인 것으로 본다. 언어 형식의 규칙은 언어 내적 요소이며 언어 외적 요소와 무관하다. 형식주의 언어학자들은 이런 유한한 형식의 규칙을 탐색함으로써 언어를 해석하는데, 이는 형식주의 언어학의 주요한 특징 중의 하나이다.

　형식주의 언어학에서 말하는 형식의 두 번째 개념은 연구 방법의 형식화이다. 즉, 형식주의 언어학의 연구는 공리적이며 논리적인 언어의 보편 원칙에 근거하여 언어 형식의 규칙을 순차적으로 적용한다. 연구 방법은 내성법을 이용해 내면적으로 관찰하는 것이 아니라, 규칙의 분석이나 적용을 모두 형식화하여 표현하는 동시에 언어 보편 원칙에 따라 논리적인 추론과 검증을 거치게 된다.

　기능주의 언어학도 언어에 대한 총체적인 해석을 목표로 한다. 그러나 기능주의 언어학은 언어를 사회적 의사소통 기호 체계의 하위 체계로 본다. 언어의 규칙들 또한 모두 언어 체계 내부에서 생겨난 것은 아니며 인류의 생득적 자질로만 결정되는 것은 아니다. 반대로 언어 규칙은 사람들의 세계에 대한 인식과 의사소통 등 사회적 요소에 의하여 성립하였고, 대부분의 규칙은 모두 언어 사회적 의사소통의 필요성을 비롯한 언어 외적 요소의 작용으로 형성되었다고 본다. 따라서 언어 규칙의 형성과 해석은 언어의 사회적 기능 등 언어 체계 외부의 요소를 토대로 이루어진다. 언어의 주요 기능은 사회적 의사소통에 있다. 의사소통은 주로 화자의 생각을 표현하기 위한 것인데, 화자의 생각은 세계를 인식하는 방식에 따라 달라진다. 그러므로 언어는 본질적으로 화자가 세계를 인식하는 방식과 그 결과로 이루어진 부호화된 말소리 표현이다. 이와 동시에 의사소통은 반드시 사회적 규칙을 따라야 하고, 의사소통이 이루어지는 환경 및 언어적 의사소통의 목적 등의 요소를 고려해야만 한다. 의사소통의 목적을 달성하고 원만한 의사소통을 이루기 위해, 언어 형식은 모든 요소를 고려하여 부호화하여야만 한다. 따라서, 본질적으로 언어의 표현 형식은 사람의 인지와 사회적 의사소통 기능 등 각종 요소를 부호화한다. 언어학자들은 언어 형식을 해석하는 데 있어 이러한 요소들을 고려해야 한다. 왜냐하면 이러한 요소들로 인하여 여러 언어 형식이 형성되었기 때문이다.

　연구 방법에 있어 형식주의 언어학과 기능주의 언어학은 모두 구조주의 언어학을 계승하고 있는데, 특히 언어 요소의 분포에 대한 분석에 있어 그러하다. 하지만 형식주의 언어학은 구조주의 언어학을 기초로 비교적 완정한 규칙 체계를 만들었으나, 현대 기능주의 언어학은 언어 처리의 연구 방법론에 있어서 획기적인 발전을 이루어내지 못했다. 기능주의 언어학계에서 가장 많이 인용되고 저명한 언어학자로는 Langacker와 Talmy 등이 있다. 그들의 연구 방법은 주로 내성적 인지 해석에 기초한다. 기능주의 언어학도 연구 방법상 형식화된 표현을 채택하지만 주로 언어의 기능적 기제를 설명하는 데 활용한다.

기능주의 언어학은 여러 언어 현상을 해석하고 이론적 가설을 설정하는 데 있어 많은 언어학자들의 지지를 받았다. 일부 형식주의 언어학자들도 언어 기능을 출발점으로 한 언어 현상의 해석과 이론적 가설에 동의한다. 예를 들면 기능주의 언어학자들이 제시한 경제성 원리, 도상성 원리 및 시간 순서 원리, 의미 근접성 원리 등이 있다. 그러나 이러한 원리가 적용되는 조건, 특정 구조가 원리에 부합하는지에 대한 판단, 원리 적용을 판단하기 위한 통사구조의 형식 등은 기능주의 언어학자들의 연구가 더 필요하다.

언어유형론은 긴 역사를 갖고 있는데, 언어 유형에 관한 최초의 연구는 18-19세기의 독일 학자 Schlegel 형제로까지 거슬러 올라갈 수 있다. 그들은 처음으로 세계의 여러 언어에 수많은 공통점이 존재한다는 것을 발견하였다. 그들에 의하면 어떤 언어들의 내부에는 공통적인 특징이 존재하며 다른 언어들에서도 이러한 특징이 발견된다. Schlegel 형제는 먼저 단어보다 더 작은 단위인 형태소의 형태적 차이에 주목하여 단어의 형태적 변화의 특징에 따라 언어를 굴절어, 교착어, 고립어 세 가지로 나누었다. 그 중 굴절어와 교착어는 동생 Friedrich von Schlegel이 19세기 초에 제시한 것으로, 당시에는 교착어를 부착어(affixal language)라고 하였다. 나중에 형인 August Wilhelm von Schlegel이 고립어를 추가하였는데, 당시에는 무구조언어(no structure language)로 불렀다. 이후 독일의 역사언어학자 A. August Schleicher(1821-1868)가 Schlegel 형제의 용어를 고립어, 교착어, 굴절어로 수정하여 지금까지 사용하고 있다.

Schleicher는 언어가 고립 단계에서 교착 단계로, 다시 굴절 단계로 발전한다고 생각하여 굴절어인 인도유럽어를 최고 단계에 있는 언어로 보았다. 그의 이론은 인종적 편견에 부합하는 바가 있어 유럽에서 한 시대를 풍미하기도 하였다. 그러나 상반된 주장도 있었다. 동시대의 독일학자 Hans Conon von der Gabelentz(1807-1874)는 Schleicher의 관점에 동의하지 않고, 우열의 잣대로 언어를 판단하는 것을 거부하였다. 그가 제시한 체계는 형태언어와 비형태언어의 구분이 없다. 그는 특정 언어에서 통사적 수단만으로 문법 관계를 표현하는 것이 그 언어에 형태가 없는 것을 의미하지는 않는다고 보았으며, 많은 언어적 사실이 그의 관점을 뒷받침한다. 고대 중국어에도 형태적 굴절은 존재하지 않지만 성조의 변화를 통해 서로 다른 문법적 의미를 나타내는 음운적 굴절이 있다. 이 밖에 현대 중국어에서는 동사, 명사, 형용사 중첩 등 중첩 형태로 주관성과 형상성을 표현하지만, 주관성과 형상성을 나타내기 위해서 중첩이 필수적인 것은 아니다. 그러나 중국어의 중첩 형태는 종종 통사적 기능의 변화를 일으키므로, 문법적 작용이 없다고는 할 수 없다. Gabelentz는 더 나아가 중국어의 형태가 인도유럽보다 덜 발달된 것은 아니라고 간주하여 인종적 편견을 부추기는 우열론에 반대하였다. 즉, 언어마다 언어적 사유가 다르게 실현되고, 서로 다른 사유 구조가 언어 구조에 반영된 것을 언어 유형으로 본 것이다. 그의 관점은 지금까지도 받아들여지고 있다.

전통 언어유형론에는 고립어, 교착어, 굴절어의 기본 유형 외에도 또 다른 유형이 있다. 독일의 언어학자 Wilhelm von Humboldt(1767-1835)는 혼합 형식을 지니는 언어를 발견하여 이를 종합어(incorporating language)라고 명명하였다. 종합어는 여러 개의 형태소가 어근으로 결합하여 각종 문법적 의미를 나타내는데, 예를 들어 에스키모어 등 북아메리카의 일부 언어에서는 동사와 목적어가 하나의 어휘 형식으로 결합할 수 있다. 이 언어들에서는 동사 어근에 시제, 상, 양태, 서법, 인칭, 수 등 각종 문법적 의미를 지닌 형태소가 결합하여 복잡한 구조를 지닌 단어가 형성된다. 마찬가지로 명사도 수, 격 등 문법적 기능을 하는 형태소와 명사 어근이 하나의 어휘 형식으로 결합한다.

전통 언어유형론에서 제시한 언어 유형인 굴절어, 교착어, 고립어, 포합어[1] 네 가지의 언어 유형은 언어에서 가장 기본적인 단위인 단어의 형태를 기준으로 구분한 것으로, 전통 언어유형론은 형태유형론으로 불리기도 한다. 이에 대해 1.2에서 간략히 소개하고 상세한 내용은 8장에서 살펴보기로 한다. 전통 언어유형론, 즉 고전 언어유형론은 언어를 유형적으로 분류하였다는 측면에서 의의를 가지며, 과학적 의의를 갖는 현대 언어유형론과는 거리가 있다. 현대 언어유형론의 성립은 미국 학자 Joseph Harold Greenberg

---

[1] [역자 주] 다형식 종합어(多式综合语) 또는 다형식 포합어(多式插编语)라고도 부른다.

(1915-2001)의 연구를 기점으로 한다. Greenberg는 언어유형론의 발전에 있어 시대의 획을 그은 인물이다. Greenberg 이전의 언어유형론은 인류 언어의 보편성을 추구하고 언어 규칙을 정리하여 여러 언어 현상 간의 상관성을 규명하는 연구가 많지 않은데, 일찍이 Roman Jakobson(1896-1982)이 언어들 간에 존재할 수 있는 세 가지 관계에 대해 제시한 바 있다. 첫째, 언어 현상 A와 B는 상호 존재 조건이 된다. 둘째, 언어 현상 A는 B가 존재하는 조건이다. 셋째, 언어 현상 A와 B는 무관하다. Greenberg는 그 중 두 번째 관계를 강조하였으며 이를 함축 관계(implicational relation)로 발전시켜 현대 언어유형론의 기본적인 기술 방법을 정립하였다. 이 책의 언어유형론에 대한 소개와 논의는 Greenberg 이후의 현대 언어유형론의 입장에서 다룬다.

언어유형론은 형식주의 언어학이나 기능주의 언어학과 같은 특정한 언어관을 지지하는 것은 아니다. 그러나 언어유형론 학자들은 언어 유형에 대한 연구를 하기 전에 기본적으로 언어와 언어 간에는 차이가 있음을 인정하며, 언어 간 차이의 이면에는 보편성이 내재되어 있다는 사실을 인식한다. 언어유형론의 발전에 따라 언어유형론 학자들은 점차 언어 개별성과 보편성은 언어 내적 제약과 언어 외적 제약으로 발생한다는 것을 발견하였다.

언어 내적 제약은 주로 화자의 심리적 기제에서 비롯된다. Chomsky(2006:58)가 밝힌 바와 같이 언어는 일종의 심리 현상이기 때문이다. 화자의 심리 기제를 떠나서는 언어 기호가 아무런 의미를 가지지 못한다. 언어 외적 제약은 지리적 제약과 공동체적 제약 및 지리적, 공동체적 제약과 관련된다.

첫째, 언어 내적 제약은 언어 체계가 사람이 언어 기호를 처리하는 심리적 조작 기제의 제약을 받는 것이다. 대뇌의 작용 기제 및 선천적인 조건의 한계, 예를 들어 언어 기호를 즉시 처리할 때 필요한 기억 용량의 한계 등이 있어 언어의 통사 구조는 무한한 확장 없이 일정한 범위 내로 조정될 수밖에 없다. 즉, 어떤 언어의 문장이든지 사람의 즉시 처리능력의 제약을 벗어난 복잡한 통사 구조를 가질 수는 없다.

둘째, 언어 내적 제약은 언어 기호를 처리하는 과정이 본질적으로 대뇌 작용이기 때문에 언어의 해석과 부호화 과정에서 최소의 노력으로 최대의 효과를 거두고자 하는 생물적 본능을 따른다는 것이다. 이러한 본능은 또한 언어의 통사 구조의 제반 특성 또는 표현 형식을 결정한다. 일례로 여러 언어의 문법에서 중간 삽입(center-embedding) 구조를 꺼리는 경향이 있다. 이는 부가 성분은 핵심 성분과 같은 쪽에 위치하려는 경향이 있고 의미 관계가 긴밀한 성분끼리 가까이 있으려는 경향이 있기 때문이다. 따라서 의미적으로 관련이 있지만 문법적으로 비교적 거리가 있을 때에는 표지를 사용해야만 한다. 사람의 가치관도 언어에 반영될 수 있다. 예를 들면 생명이 있는 대상을 생명이 없는 대상보다 더 중요시하고 민감하게 받아들이는 경향이 있는데, 이러한 정도의 차이도 언어 형식으로 구현될 수 있다. 언어가 정보 전달을 위해 사용된다면, 정보의 초점과 비초점의 차이, 신정보와 구정보의 차이, 정보의 필요 등급도 언어 형식으로 표현될 수 있다. 언어에 존재하는 이러한 기본 속성들은 현대 언어유형론에서 언어 보편성의 해석에서 더욱 선명하게 드러난다.

학파에 따라 연구 대상에 대한 인식과 연구 방법에 차이가 있다. 언어학 내에서는 형식주의 언어학과 기능주의 언어학의 차이를 볼 수 있다. 언어유형론의 언어관과 연구 방법은 형식주의 언어학 및 기능주의 언어학과 다르다. 형식주의 언어학에서 언어 보편성은 생득적인 심리 문법의 일부이다. 이러한 언어 보편성은 절대적이고 예외가 없으며 생물학적 특성 및 언어 습득과 관련된다. 언어유형론은 사람의 대뇌에서 일어나는 언어 기제에 대해 통일된 견해를 보이지는 않으나, 현재까지의 모든 연구에서 언어에는 다수의 보편성이 존재하고, 확률 상의 함축적 보편성을 지니는 경향이 있음을 확인하였다. 따라서 보편성에 대한 관점에 있어 유형론과 형식주의 언어학이 엄격한 의미에서 대립하는 것은 아니다. 그러나 연구 방법에 있어서 언어유형론은 형식주의 언어학에서 사용하는 연역법 또는 순서화된 조작법과 달리 귀납법을 사용한다. 언어유형론의 귀납법은 귀납으로 도출한 명제의 논항 사이에 존재하는 필연적 상관성을 규명한다. 이는 현대 언어유형론의 중요한 연구 방법이다.

형식주의 언어학이 연구 방법에 있어 언어의 형식적인 특징에 주목하고 규칙의 수립을 통한 형식화된 논리적 연역과 추론을 강조한다면, 기능주의 언어학은 구체적인 언어 현상에 대한 관찰을 통해 규칙을 도출하고, 사용자의 감정과 인지, 의사소통의 목적과 환경 등 요소를 통해 규칙을 해석한다. 언어유형론은 범언어적인 비교를 강조하고 부각시키며, 가능한 한 많은 수의 언어 간 비교를 통해 언어의 보편성 및 개별성을 찾고자 시도한다. 유형은 개별성에 기초한다. 왜냐하면 개별성 간의 차이가 서로 다른 유형을 만들어내기 때문이다. 뿐만 아니라 서로 다른 유형 간에도 개별성이 존재한다. 그렇지만 개별성은 보편성에 대한 충분한 이해를 기초로 해야 하며, 그렇지 않을 경우 보편성을 특정 언어의 개별성으로 오인할 수도 있다. 언어유형론에서 보편성과 개별성은 상호

보완적이며, 보편성의 발견은 개별성의 발견의 전제가 된다. 언어유형론은 서로 다른 정도의 상대적인 보편성을 규명한다고 할 수 있다.

언어유형론에서 언어 보편성을 수립할 때 이론적으로 중요한 문제는 가능한 언어 형식과 불가능한 언어 형식을 규명하는 것이다. 그러나 불가능한 언어 형식은 결코 절대적인 것이 아니라 상대적인 경향성일 뿐이다. 언어유형론은 여러 가지 언어 현상들 사이에 존재하는 함축적 관계, 즉 한 현상이 다른 현상의 존재를 전제로 하는지, 한 현상이 다른 현상의 존재의 필요 또는 충분조건이 되는지의 문제에 주목한다. 함축적 관계는 서로 다른 참조항 간의 상관성이다.

언어 보편성에 대한 기술과 해석에 있어, 형식주의 언어학이나 기능주의 언어학은 주로 한정된 자료의 기술을 통해 보편성을 수립하거나 이론적 가설을 설정한다. 그러나 언어유형론은 대부분 큰 언어 표본에 나타나는 범언어적 현상을 대조하고 기술하여 함축적 보편성을 도출하고 도출한 보편성에 대해 이론적 해석을 시도한다. 이론적 해석은 형식적일 수도 있고 기능적일 수도 있으나, 기능주의를 기본으로 한다(陆丙甫, 金立鑫 2010). 원칙적으로는 이렇지만 제한적인 언어 표본을 바탕으로 제시한 함축적 가설도 배제하지는 않으며, 다시 더 큰 언어 표본을 통해 가설에서 검증으로 이어지는 추론 방법을 사용한다. 이러한 방법은 이미 언어유형론 연구의 특징 중 하나가 되었다. 이러한 연구의 전통은 현대 언어유형론의 선구자인 Greenberg가 제창한 것이다.

만약 언어유형론이 보편성만을 찾기 위한 것이라면, 형식주의 언어학의 목표와 크게 다르지 않을 것이다. 그러나 언어유형론은 여기서 더 나아가 언어가 왜 이렇게 쓰이는지에 대해 해석하는 것을 이론적 목표로 삼는다. 한 언어가 말소리, 어휘, 통사에 특정 형식을 지니는지, 그 기제는 무엇인지를 해석하는 언어유형론의 관점은 형식주의 언어학 또는 기능주의 언어학과 다르다. 언어유형론은 언어 내부의 함축적 규칙을 추론함으로써 개별 언어의 특징을 해석하는 것을 우선으로 고려한다. 예를 들어 어떤 언어에서 문장의 앞쪽에 동사가 놓이면 그에 상응하는 통사 현상들이 존재한다. 마찬가지로 전치사 언어나 절 형식의 관형어가 전치하는 언어도 각각 그에 상응하는 통사 현상이 존재한다. 함축적 규칙은 생물학의 DNA와도 같다. 생물학적으로 서로 다른 종 간의 차이 또는 개체 간의 차이는 유전자의 차이가 결정짓는 것이다. 언어 간의 차이도 언어적 유전자의 차이가 만들어 내는 것으로 이해할 수 있다. 개별 언어의 언어적 유전자가 그 언어의 형식적 특징을 결정한다.

일례로, Dryer 등 동사를 주요 참조항으로 하는 언어유형론 학자들은 목적어와 동사의 위치 관계를 가장 중요하고도 기본적인 언어적 유전자로 보며, 이것이 적어도 15가지 항목의 통사 배열을 결정한다고 보았다. 그러나 Hawkins와 같이 동사가 아니라 전치사나 후치사가 중요한 참조항이라고 주장하는 학자도 있다. 만일 어떤 언어의 목적어가 일반적으로 동사 뒤에 위치하면, 이 언어는 15가지 항목에 있어서 동일한 경향을 가질 것이다. 반대로 어떤 언어의 목적어가 일반적으로 동사 앞에 위치한다면 위에서 말한 15가지 항목의 통사 배열은 상반되는 경향을 가질 것이다(Dryer 1992/2008, Haspelmath 2006). 예를 들어 목적어가 동사 앞에 위치하는 일본어는 후치사를 사용하고, 계사가 형용사 뒤에 위치하며, '-하고 싶다', '-할 것이다' 등의 조동사가 동사 뒤에 위치한다.

어떤 언어의 기본 어순이 VO 형인지, OV 형인지는 매우 중요하며, 최소한 15가지 항목에 있어 그 언어가 어떤 통사 배열 경향을 보일 것인지를 결정한다. 따라서 VO와 OV는 언어에 있어 가장 중요하고 구별성이 잘 드러나는 두 가지 유전자로 간주된다. 다수의 VO 언어는 전치사를 사용하고, 다수의 OV 언어는 후치사를 사용한다. 그리고 이 명제의 역인 전치사 언어는 VO 어순을 많이 사용하고, 후치사 언어는 OV 어순을 많이 사용한다는 명제도 성립한다. 그러면 VO와 OV, 전치사와 후치사 중 어떤 것이 결정적인 언어적 유전인자일까?

유전자는 생물의 특성과 상태를 제어하는 기본 유전 단위이기 때문에 필연적으로 촉매제 역할을 한다. 그럼 VO와 OV가 촉매제인지, 아니면 전치사와 후치사가 촉매제인지에 있어 발생학적으로 살펴볼 수밖에 없다. 어휘가 발생할 때 가장 먼저 나타나는 품사는 동사와 명사이고, 두 번째로는 형용사이며, 그 다음에 부사가 출현한다. 부치사는 부사가 생겨난 이후에 나타난다. 동사와 명사의 관계는 어떤 언어에서 전치사를 사용할지 후치사를 사용할지를 결정하며 반대는 성립하지 않는다. 이는 부치사가 동사와 명사보다 나중에 발생했을 뿐 아니라, 동사와 명사의 관계에 맞추어 부치사의 통사적 위치가 정해지기 때문이다. 부치사가 이끄는 명사는 실제로는 동사의 사격 논항으로 통사적 지위가 목적어보다 낮지만, 본질적으로는 목적어와 동일하게 동사의 논항이 된다. 그러면 통사적으로 유사한 성분은 그 통사적 표현 수단도 유사하다는 구조적 경제성 원리에 따라, 부치사가 이끄는 논항은 목적어와 같은 쪽에 위치하게 된다. 부치사는 해당 논항을 동사에 소개하는 중개 역할을 하므로, 통사적으로 논항과 동사 사이에 위치

해야 가장 합리적이다. 그러므로 영어의 put on the table(테이블 위에 놓다)처럼 VO 언어에서 부치사는 명사의 앞에 출현(V + ADP + N)하는 것이 가장 합리적이다. 반면 일본어 学校で勉強する(학교에서 공부하다)의 부치사 で가 명사 뒤에 오는 것처럼 OV 언어에서는 부치사가 명사 뒤에 출현(N + ADP + V)하는 것이 가장 합리적이다. 명사 앞에 위치하면 전치사이고, 명사 뒤에 위치하면 후치사이다. 이렇게 볼 때, VO와 OV는 언어에 있어 가장 중요한 유전자이다. 이와 같이 특정 언어에서 Dryer가 제시한 15가지 통사 배열을 해석할 수 있다. VO와 OV 이외에 또 결정적인 통사 배열 구조가 있는지 알아내는 것은 현재 언어유형론 학자들의 중요한 목표 중 하나이다.

어떤 언어 현상이 개별 언어 내부에서 해석되지 못할 때, 언어유형론은 언어 외부적으로 기능적 해석을 시도한다. 언어 유형의 외부적 해석은 언어의 구조나 단위의 변화, 특수 형식 등의 존재 원인에 대한 해석을 언어 접촉 또는 지리 기후적 요소에서 찾는 것이다. 예를 들어 적도 부근의 소말리아어의 명사에는 시제의 구분이 있는데(Binnick 2012, *The Oxford Handbook of Tense and Aspect*, 제24장 Nominal Tense 참조), 이는 현지의 기후 조건과 관련있다.

어떤 언어의 유형적 유전자가 충분히 밝혀진다면 해당 언어에 대한 해석도 잘 이루어질 수 있다. 어떤 언어의 유형적 유전자가 충분히 잘 기술된다면 그 언어의 전체적인 속성 및 부분적인 특징의 기술과 해석도 잘 이루어질 것이다. 동시에 어떤 구조가 해당 언어에서 수용 가능한 지도 예측할 수 있다. 유전자에는 두 가지 특징이 있다. 첫째는 자기 자신을 복제해 생물의 기본 특징을 유지하는 것이고, 둘째는 돌연변이를 통해 자연 선택의 과정에서 자연에 가장 적합한 개체를 만들어 내는 것이다. 같은 원리로 언어적 유전자에도 돌연변이가 존재할 수 있다. 외래어 요소의 영향으로 유전자 돌연변이가 일어나 원래 언어 체계의 부분 또는 전체에 변화를 가져올 수도 있다. 예를 들면 고대 영어는 OV 언어였으나 현대 영어는 VO 언어로, 통시적으로 영어의 통사 체계 전반에 중대한 변화가 일어난 바 있다. 어떤 언어가 변화 과정에 있을 때 중간 상태나 혼합 상태에 놓일 수 있다. 언어는 언제나 멈추지 않고 변화하고 있으며, 그 상태 그대로 변화하지 않는 언어는 없다. 여기서 언어 연구와 언어유형론 연구에 새로운 연구 주제가 발견된다.

결론적으로, 언어유형론의 주된 연구 목표는 언어의 다양한 표현 형식 뒤에 숨겨진 함축적 보편성과 언어의 개별성이 나타나는 원인을 찾아내는 데 있다. 언어 보편성은 생물학의 유전자와 유사하여 인간의 언어를 기타 정보 체계 또는 다른 동물들의 의사소통 체계와 구별한다. 또한 모든 언어는 고유의 유전자형을 가지고 있어 언어 개별성을 지닌다. 언어유형론은 다양한 표면적 현상 이면에 숨겨진 기본 유전자를 찾아내 세계의 언어를 해석하고자 한다. 함축적 보편성도 그 중 하나이다.

1.2. 전통적 형태유형론

전통적인 언어유형론은 주로 형태론에 근거해 언어를 분류하므로 형태유형론이라고 할 수 있다. 형태유형론에서는 통상적으로 언어를 고립어, 교착어, 굴절어, 포합어 네 가지 종류로 구분한다. 그러나 이러한 네 가지는 분류 결과일 뿐, 분류의 기준이 더욱 중요하다. 위와 같은 분류의 기준은 형태론적 의미의 형태로, 고립어는 다른 세 가지와 달리 형태가 거의 없다. 교착어는 교착 형태를 위주로 하고, 굴절어는 굴절 형태를 위주로 한다. 포합어 중의 굴절 형태는 매우 풍부하고도 복잡하다.

고립어(isolating language)는 굴절 형태가 거의 없고 통사적 수단이 어순과 기능어에 있다는 특징을 가지며, 전형적인 예는 베트남어이다. 고립어의 또 다른 특징은 거의 모든 단어가 하나의 형태소로 구성되어 절대 다수의 단어가 단순어라는 점이지만, 합성어를 다량으로 보유한 중국어도 고립어로 분류하는 것으로 보아 이 기준은 별로 중요한 것 같지는 않다.

교착어(agglutinative language)와 굴절어(inflectional language)[2]에는 형태 변화가 있는데, 형태 성분의 형식적 독립성과 의미 복잡성에 따라 구별한다. 형태 성분의 독립성 측면에서 교착 형태의 독립성이 굴절 형태보다 강하다. 영어의 소유 표지 's와 동사 어미 -s를 각각 교착 형태와 굴절 형태의 예로 들 수 있다. 소유 표지 's는 접사로 독립성이 비교적 강해서 단어와 구에 모두 쓰일 수 있다. 예를 들어 the king of England's

---

[2] 굴절에는 크게 두 가지 뜻이 있다. 하나는 내부 교체를 통한 조어법으로 영어의 sing은 동사이지만 song은 명사이고, 중국어의 好는 제3성으로 읽으면 형용사지만 제4성으로 읽으면 동사인 것과 같다. 다른 하나는 조어법과 상대되는 조형법을 가리키는데, 영어의 sing이 일반적으로 현재를 나타내고 sang과 sung은 각각 과거와 과거 분사인 것과 같다. 영어에서 형태 변화로 볼 수 있는 -ed를 사용해 과거를 나타낼 수 있듯이 굴절의 두 번째 의미는 내부 교체에만 국한되지 않는다. 굴절의 첫 번째 의미는 융합의 일종으로 볼 수 있으며, 이 장에서의 굴절은 주로 두 번째 의미를 가리킨다.

daughter(영국 국왕의 딸)에서 's는 표면적으로는 England에 붙어 있으나 실제로는 the king of England라는 구 전체에 적용되어 전체 구조는 [[the king of England]'s] daughter가 된다. 다른 예로 court martial's law(군사법원법)에서는 's가 실제로는 court martial과 의미 관계를 형성한다. 중국어의 조사 的도 마찬가지이지만 的는 스스로 음절을 이루기 때문에 영어의 소유 표지 's보다 독립성이 다소 강하게 느껴진다.

영어의 동사 어미 -s는 굴절 형태로 간주할 수 있다. -s의 독립성은 교착 접사 's보다 약하며 동사의 어간과 결합하여 사용될 뿐 구와는 결합하지 못한다. 그러나 동사 어미 -s는 독립성 면에서 가장 약하다고는 할 수 없다. 독립성이 더 약한 형태는 어간과 분리할 수 없는 하나로 융합된 굴절 형태로, 어근 내부에서 변화가 발생하기 때문에 내부 굴절이라고도 부른다. 예를 들어 영어의 men에서 복수를 표시하는 e는 어근과 이미 하나로 융합되어 분리할 수 없다. 이러한 이유로 굴절어는 융합어(fusional language)라고도 불린다. 현대 표준중국어에서 융합 성질을 띠는 형태소로는 儿이 있다. 표준 중국어의 信儿(소식)이 [ɕiər⁵¹]로 발음되듯이, 융합형태소 儿은 결합하는 형태소와 한 음절이 될 수도 있다. 즉, 儿과 어근의 결합은 매우 긴밀하여 하나로 융합되었다. 베이징 구어에서는 종종 一个(yí ge, 한 개)가 제2성의 一(yí)로 표현될 수 있는데, 个는 탈락되더라도 一의 성조 변화에 영향을 준다. 个의 성조가 一의 발음으로 융합되었다는 점에서 이 또한 융합 현상의 일종으로 볼 수 있다. 방언에서도 유사한 현상이 적지 않게 발견된다. 중국어 방언에서 어말의 子의 소실을 예로 들면 산시(山西)성 허순(和順)방언에서는 입성이 아닌 글자의 음길이를 늘리는 방법으로 대신하고, 산시성 진청(晋城)방언에서는 평성, 상성으로 읽는 글자 중 다수가 [35]로 변조하는 것으로 대신한다(江蓝生 1999:202-203). 이 밖에 성조의 변화로 의미와 통사적 성질을 변화시키기도 한다. 표준중국어에서 동사로 爱好(àihào, 좋아하다)의 의미를 나타내는 제4성의 好는 형태소의 융합으로도 볼 수 있는데, 왜냐하면 제3성의 형용사 好를 동사화시키는 독립적인 형식을 분리하기 어렵기 때문이다. 중국의 소수 민족 언어 중에도 성조를 형태적 수단으로 삼는 경우가 많다. 예를 들어 이어(彝语)[3]의 량산(凉山)방언에서는 성조를 이용하여 인칭 대명사의 격을 구별하는데, 주격은 높은오름조[35], 대격은 낮은내림조

---

[3] [역자 주] 중국 쓰촨(四川)성, 윈난(云南)성, 구이저우(贵州)성, 광시(广西)성, 미얀마, 태국, 베트남 등에 거주하는 이족이 사용하는 언어로, 사용 인구는 약 871만명이다.

[31], 소유격은 높은수평조[55]로 읽는다(马学良 1991:5, 24-29).

의미 복잡성의 측면에서 교착 형태의 의미는 굴절 형태보다 간단하다. 영어에서 교착 형태의 소유 표지 's는 소유의 의미만을 나타내지만, 굴절 형태의 동사 어미 -s는 3인칭 단수와 현재시제라는 두 가지 의미를 나타내며 인칭과 수를 구분할 경우 세 가지 의미를 표현한다. 만약 융합이라는 말이 하나의 형태 형식에 두 가지 이상의 의미가 융합된 것까지 포함한다면, 굴절 형태와 교착 형태가 구별되는 특징인 형식적 독립성과 의미 복잡성은 융합으로도 설명할 수 있다. 영어의 동사 어미 -s보다 더 복잡한 예로 스페인어의 habló(그/그녀가 말했다)를 들 수 있다. 접미사 ó는 3인칭과 과거시제를 나타냄과 동시에 완료상과 직설법을 나타낸다. 이는 비완료상인 hablaba(그가 그 때 말하고 있었다)나 가정법 과거 형식인 hablara(그가 말했더라면)와 대비된다.

[표 1]과 [표 2]는 교착어인 터키어와 굴절어인 러시아어의 명사 격 변화의 비교이다.[4]

[표 1] 터키어 adam(남자)의 격 변화

	단수	복수
주격	adam	adam-lar
대격	adam-i	adam-lar-i
소유격	adam-ın	adam-lar-ın
여격	adam-a	adam-lar-a
처소격	adam-da	adam-lar-da
탈격	adam-dan	adam-lar-dan

---

[4] [표 1], [표 2]는 Comrie(1989:44)에서 인용한다. 그 중 러시아어의 여섯 가지 격을 원문에서는 주격, 대격, 소유격, 여격, 도구격, 전치격의 순서로 서술하였는데, 여기서는 러시아어의 통사적 습관에 따라 제1격에서부터 제6격의 순서로 다시 배열하였다. 실제로 러시아어의 여섯 가지 격의 명칭은 각각의 격의 주요 기능만을 반영하였을 뿐 격의 기능 전체를 포함하지는 않는다. 예를 들면, 러시아어의 제3격은 대체적으로 여격에 해당해 주로 간접 목적어를 나타내지만, 다른 용법도 여러 가지가 있다. 러시아어에서는 중국어의 我感到热(나는 더위를 느낀다), 我三十岁(나는 서른 살이다)와 같은 비자주성 술어문의 주어도 제3격을 사용한다.

[표 2] 러시아어 남성 명사 stol(테이블)과 여성 명사 lip(피나무)의 격 변화

	테이블		피나무	
	단수	복수	단수	복수
주격	stol	stol-y	lip-a	lip-y
소유격	stol-a	stol-ov	lip-y	lip
여격	stol-u	stol-am	lip-e	lip-am
대격	stol	stol-y	lip-u	lip-y
도구격	stol-om	stol-ami	lip-oj	lip-ami
전치격	stol-e	stol-ax	lip-e	lip-ax

터키어에서 복수와 격의 교착형태는 확연히 구분된다. 그렇지만 러시아어에서 성별, 수, 격의 형태는 구분할 수 없다. 다시 말하면, 러시아어는 하나의 형식으로 성별, 수, 격 세 가지 의미를 표현한다. 남성 명사의 주격에는 따로 쓰이는 형태 표지가 없고, 여성 명사의 주격은 어근에 -a를 더해 성별을 나타낸다. 여성 명사의 복수 소유격은 주격을 기준으로 여성 단수 주격 표지를 탈락시켜 영형식으로 표시한다는 점이 흥미롭다. 이는 특수한 경우의 융합이라고 할 수 있다. 교착어에는 교착 형태가 대다수이고, 굴절어에는 굴절 형태가 대다수이다. 현대 영어는 두 가지 형태 모두 존재하지만, 수량이 매우 적어서 고립어의 특성을 나타낸다고도 할 수 있다. 중국어에도 -的, -们, -着 등 교착 형태와 극소수의 굴절 형태가 존재하지만, 기본적으로는 고립어로 볼 수 있다.

고립, 교착, 융합으로 구분하는 것은 정도의 문제이다. 베트남어에서 chúng tôi는 '우리'를 의미하는데, 두 형태소 모두 자립형태소이다. 복수를 나타내는 chúng은 단독으로 사용 가능하며 중국어의 众(여러 사람)과 동원 관계에 있는데, 단독 사용 시에는 낮은 말로 그들을 의미한다(王力 1948:19).[5] 이에 비해 중국어의 복수 표지 们은 단독으로는 사용되지 않기 때문에 융합 정도가 비교적 높은 편이므로 교착 형태소라고 볼 수 있다. 영어의 복수 표지 -s의 융합 정도는 약간 더 높은데, 음성적으로 독립성을 지니지 않으며 스스로 음절을 이루지 못하기 때문이다. 영어 man의 복수형 men의 e는 어근과 분리할 수 없으므로 융합 형식으로 볼 수 있다.

---

[5] 王力의 원문은 你们(너희들)이었지만 저자 金立鑫이 지도하는 베트남인 박사과정생 阮玉碧가 여기서의 chúng은 단독 사용시 폄하하는 의미의 他们(그들)이라고 알려주었다.

포합어(polysynthetic language)의 특징은 한 단어가 다수의 형태소를 포함할 수 있다는 것이다. 중국어에서도 다수의 형태소를 포함하는 합성어를 찾아볼 수 있다.

(1) a. 瓜分国家财产犯
    국가 재산 횡령범
  b. 瓜分国家财产的罪犯
    국가 재산을 횡령한 범죄인

(2) a. 在这次会议上, "经济过热需要政府干预派"与"经济非过热是社会不平衡派"发生了激烈冲突.
    이번 회의에서 '경제 과열에는 정부의 개입이 필요하다는 학파'와 '경제 비과열은 사회 불균형이라는 학파'가 격렬히 충돌하였다.
  b. 在这次会议上, 主张经济过热需要政府干预的学派与主张经济非过热派是社会不平衡的学发生了激烈冲突.
    이번 회의에서 '경제 과열에는 정부의 개입이 필요하다고 주장하는 학파'와 '경제 비과열은 사회 불균형이라고 주장하는 학파'가 격렬히 충돌하였다.

(1a)의 瓜分国家财产犯과 (2a)의 经济过热需要政府干预派, 经济非过热是社会不平衡派는 이론적으로 모두 합성어로 보아야 한다. 중심 성분인 명사성 형태소 犯과 派는 모두 교착 형태소이므로 위의 세 단어는 합성어로 볼 수 있다. 그러나 瓜分国家财产罪(국가 재산 횡령죄)의 중심 성분인 罪는 자립형태소이지만 구가 아닌 합성어로 간주된다. 다른 예로, 白云(흰 구름), 大车(큰 차)에서 단어를 구성하는 형태소들은 모두 자립형태소이나 이 두 구조 역시 구가 아닌 합성어로 간주한다. 합성어로 볼 수 있는지 여부는 단어를 구성하는 형태소의 자립 여부와 상관없이 그 외의 구조적 요소들에 의해 결정된다. (1a)와 (2a)의 합성어들을 (1b)와 (2b)의 형식으로 바꾸면, 의미는 기본적으로 같지만 합성어가 아니라 구이다.

여러 형태소가 합성어를 이루는 중국어의 예와 유사한 경우로 영어의 antidisestablishmentarionisms(국교 폐지 조례 반대론들)가 있는데, anti-dis-establish-ment-arian-ism-s의 일곱 개 형태소로 구성된다. 같은 예로 합성어 look-at-me air(나를 바라보기를 원하는 태도)의 look-at-me와 같은 임시로 만들어진 일회성 단어, 즉 구 파생어(derivational compounding)도 포함할 수 있다. 이렇게 긴 단어는 중국어와 영어에 많지 않고, 명사성이거나 관형어의 성격을 띤다. 그렇지만 포합어에서는 이러한 복잡한 단어 구성이 매우 보편적이고 대부분 동사성이면서 술어로 쓰여 문장과 같은 작용을 한다. 따라서 포합어에서 한 단어는 하나의 문장에 상응한다. 다음 (3)과 (4)는 포합어의 예이다(Comrie 1989:45).

(3) 유피크(Yupik)어[6]
angya-ghlla-ng-yug-tuq
보트-확대-획득-희구법-3인칭.단수
그는 큰 배를 갖고 싶어한다.

(3)에서 어미 -tuq는 주어가 3인칭 단수임을 표시하는데, 영어의 동사 어미 -s가 문장의 주어는 3인칭 단수임을 나타내는 것과 유사하다.

(4) 추크치(Chukchi)어[7]
tə-meyŋə-levtə-pəɣt-ərkən
1인칭.단수-크다-머리-아픈-비완전상
나는 극심한 두통이 있다.

(4)에서 맨 앞의 t-는 두통의 주어가 1인칭 단수임을 표지하는데, t-는 접미사가 아니라 접두사이다. 포합어는 영어의 동사 어미 -s가 주어의 인칭과 수를 밝히면서 동시에 주어를 사용하는 것과 마찬가지이다. (5)는 에스키모어의 한 예이다(Baker 1988:125).

(5) neqi   neri-vara
고기-절대격 먹다-1인칭.단수.주어/3인칭.단수.목적어
나는 고기를 먹었다.

(5)의 접미사 -vara는 동사가 3인칭 단수 목적어와 1인칭 단수 주어를 가지는 것을

---

[6] [역자 주] 중서부 알래스카와 북동부 시베리아의 여러 유피크 민족이 사용하는 언어로, 사용 인구는 약 17,000명이다.
[7] [역자 주] 러시아(Russia) 최북동부의 추코트카(Chukotka) 자치구의 추크치족이 사용하는 언어로 추코트코-캄차칸(Chukotko-Kamchatkan)어족에 속하며, 사용인구는 약 5,100명이다.

나타낸다. 형태의 의미가 매우 복잡해질 수 있는 것도 포합어의 또 다른 특징이다.

포합어의 합성어는 주어나 목적어와 관련된 것 외에도 부사와 관련된 정보도 포함할 수 있다. 영어의 동사 어미 -s가 그것이 사용된 문장이 현재를 나타내는 시간 부사어만 가질 수 있는 것을 나타내는 것과 같다. 포합어에서 동사는 여러 개의 굴절 형태를 가지며, 그 굴절 형태들은 문장 내용의 각종 정보를 가리킨다. 한 단어에 문장 성분과 유사한 정보를 다수 포함하기 때문에 포합어는 종합어(incorporating language)[8]라고 부르기도 한다.

포합 현상은 언어에서 보편적으로 존재한다. 예컨대 중국어의 합성어 因此(왜냐하면)는 원래는 지시사인 此(근칭)를 포합하고 있다. 다만 포합어에서 이러한 포합 현상들의 생산성이 높고, 매우 발달되어 있을 뿐이다.

그렇지만 포합어에 단어만 있고 문장이 존재하지 않는다고는 할 수 없다. (5)는 두 단어로 구성된 문장으로 보아야 하는데, 그 중 어미 -vara는 3인칭 단수 명사라는 점을 나타낼 뿐 그 밖의 구체적인 내용 의미를 갖지는 못한다. 목적어에 해당하는 구체적인 내용을 알려면 목적어 neqi가 필요하다. 또다른 예로 중국어 합성어 炮打(포격하다)는 도구인 炮(포)라는 논항을 포함하지만, 我军[用喀秋莎]炮打敌军阵地(아군은 적군의 진지를 [카츄샤 포로] 포격하였다)와 같은 문장에서는 도구 논항인 [用喀秋莎]로 구체적인 내용을 보충할 수 있다. 동사 打(공격하다)에 포함된 炮(포)처럼 중국어의 포합성 합성어에서 동사에 포함된 명사성 성분은 일반적으로 총칭이다.

언어의 네 가지 유형 중 고립어와 교착어의 특징은 쉽게 이해할 수 있다. 굴절어와 포합어의 상황은 비교적 복잡한데, 이는 굴절어와 융합어, 포합어와 종합어 각각 두 가지 명칭이 있는 점에서도 볼 수 있다. 각기 다른 명칭은 서로 다른 특징을 반영하는데, 이들은 서로 관련되지만 본질적으로는 다르다. 굴절을 형태 변화로만 간주한다면 교착어에도 존재하는 형태 변화와의 차이는 반영하지 못한다. 이렇게 볼 때, 하나의 형태 성분에 여러 의미가 융합된 상황을 포괄하는 융합어라는 명칭이 굴절어보다 더 명확하다. 상술한 네 가지의 분류가 절대적인 것은 아니다. 한 언어가 여러 유형의 특징을 보이기도 하고, 어떤 언어는 중간 상태에 위치하는 등 분류에 어려움이 따르기도 한다.

---

[8] 포합어는 고도로 발달된 핵심어 표지(head-marking, 8.4.1 참조)라고 할 수도 있다. 즉, 핵심어와 의존어의 관계가 핵심어에 붙는 형태 성분으로 표현됨을 뜻한다.

어떤 학자들은 연속체로 처리하기도 한다. 형태가 없는 언어를 전형적인 분석형 언어로, 형태가 풍부한 언어를 종합형 언어로 나누는데, 많은 언어들이 이 연속체 상에 위치한다. 그러나 이 양 극단의 지위는 비대칭적이다. 전형적인 분석어는 있지만, 전형적인 종합어는 없다. Comrie(1989:47)는 종합 현상을 전형적인 분석형 고립어로부터 점차 멀어지는 것으로 보아도 무방하다고 하였다. 기점은 명확하지만 종점은 확실하지 않다. 따라서 고립어를 좌표의 기점으로 삼아 분석적 특징을 기술하는 것이 합리적이다.

형태 분류의 전제 중 하나는 단어란 무엇인가를 확실히 정하는 것이다. 예를 들면, 접사와 기능어의 구별은 독립적인 단어로 기능할 수 있는지 여부에 달려있다. 그러나 지금까지도 단어에 대한 명확한 언어학적 정의가 존재하지 않으므로 형태 분류에 곤란한 점이 있다. 따라서 형태소 경계의 명확성을 이용해 분석형 언어와 종합형 언어의 관계를 살펴볼 수 있다. 분석형 언어에서는 형태소를 확정하기가 쉽지만, 종합형 언어에서는 형태소의 형식이 명확하지 않은 경우가 많다. 영어의 복수를 나타내는 융합 형식에서 men의 -e-[e]나 feet의 -ee-[iː]는 어근과 하나로 합쳐져 단수 형식 어근의 모음을 고모음화하거나 전설모음화한다.

이상에서 우리는 전통적 언어유형론의 분류 기준을 논의하였다. 형태적 현상으로서 고립, 교착, 융합, 포합은 중국어, 영어 및 다른 언어에 모두 존재한다. 다만 언어마다 이러한 현상이 존재하는 비율에 차이가 있을 뿐이다. 따라서 현대 언어유형론은 특정한 기준에 근거한 언어 분류를 더 이상 강조하지 않는다.

1.3. 언어유형론의 연구 순서

1.1에서 논의한 바와 같이, 언어유형론은 범언어적인 비교와 연구를 진행하고 그 과정에서 보편성과 개별성을 발견하는 것을 목표로 한다. 언어유형론의 연구 과정은 대체로 (6)의 5단계로 나뉜다.

(6) i. 연구자의 흥미를 유발하는 언어 현상과 기존의 연구 문헌에 의거해 연구 목표와 연구 목적을 확정하고, 연구 결과를 예측한다.
　　ii. 범주나 형식을 출발점으로 연구의 방향을 확정한다.

iii. 표본을 수집한다. 연구 목표와 언어 보편성에 따라 표본 선택 기준과 범위를 정한다. 범언어적인 표본을 수집한다.
iv. 표본을 정리하고 기술한다. 의미지도, 코퍼스, 함축 명제로 기술 결과를 보이고 언어에 존재하는 보편성과 개별성을 나타내며, 예측한 보편성에 대해 검증과 논증을 실시한다.
v. 보편성과 개별성의 기제를 찾는다.

언어유형론 연구의 첫 번째 단계는 언어 현상으로부터 연구 내용 및 연구 목표를 설정하는 것이다. 과학 연구의 원동력은 호기심과 연구에 대한 흥미이다. 언어학자들은 각기 다른 언어 현상에 대해 흥미를 갖는데, 연구자에 따라 말소리, 어휘 또는 통사에 관심을 갖는다. 언어에 대한 호기심은 대부분 언어 현상의 문제에 집중되어 있다. 그런데 언어유형론 학자들은 현상의 언어 개별성, 현상과 관련된 의미 범주나 기능 범주, 의미 범주 또는 기능 범주의 언어 간 차이 및 보편성, 언어 개별성의 기제 및 다른 언어 현상들과의 관련성 등에도 관심을 갖는다. 이런 문제들이 언어유형론의 연구 목표이다. 언어유형론 학자가 발견한 흥미로운 언어 현상은 언어 개별적이거나 보편적이다. 언어 개별성과 보편성의 탐구를 위하여 언어 현상에 대한 심도있는 연구가 진행될 필요가 있다. 언어유형론 학자는 언어 현상의 기저에 존재하는 인류 언어의 보편성과 규칙을 찾고자 노력한다. 예를 들어 사람 명사, 동물 명사, 무생물 명사가 문장의 목적어로 쓰일 때, 어떤 언어는 표지로 구별하고 어떤 언어는 표지를 사용하지 않는다. 베트남어나 중국어 등의 언어는 이 세 종류의 명사에 표지를 사용하지 않지만, 헝가리어 등의 언어는 세 종류의 명사에 각각 다른 표지를 사용한다. 만약 이 문제에 관심이 있다면 다른 언어들에서 이 세 종류의 명사가 어떠한 표지를 사용하는지 관찰할 수 있다.

두 번째 단계는 범주나 형식을 출발점으로 연구 목표를 확정하는 것이다. 언어유형론 학자는 명사와 표지와의 관계, 명사와 표지 관계의 언어 간 차이 등의 형식적인 문제에 착안하여 연구를 진행하기도 한다. 그렇지만 형식적 문제가 아닌 의미 범주 또는 기능 범주에서 연구를 시작하기도 한다. 예를 들어 문헌 연구를 통해 대부분의 언어에 사동 또는 피동 등의 의미 범주가 표현된다는 것을 발견하면, 먼저 모어에서 사동과 피동이 어휘적, 형태적, 분석적 수단 중 어떤 수단을 통해 표현되고 있는지 살펴 볼 수 있다. 모어에서 사동과 피동 범주를 표현하는 형식을 파악한 후, 다른 언어들에서 사동 범주와 피동 범주가 표현되는 형식의 보편성과 개별성, 다른 언어 형식이나 범주와의 관련성을 연구한다. 이것이 의미 범주나 기능 범주에서 출발하는 언어유형론의 연구 방법이다. 출발점에 관계없이 언어 보편성과 개별성을 규명하고 기제를 해석하고자 한다는 연구 목표는 모두 동일하다.

세 번째 단계는 표본을 수집하고 처리하는 것이다. 첫 번째 단계에서 든 예에서 사람 명사, 동물 명사, 무생물 명사가 목적어로 쓰일 때 어떤 언어는 표지를 사용하고 어떤 언어는 표지를 사용하지 않는 사실을 발견하고 흥미를 갖게 된다면, 세계언어구조지도집(World Atlas of Language Structures, 약칭 WALS, 인터넷 주소 http://wals.info)과 같은 언어유형 코퍼스를 이용하거나 문헌자료 등 관련 언어 자료의 수집을 통해 언어별 명사의 표지 사용 현황을 조사할 수 있다. 조사를 시작하기 전에 먼저 사람 명사, 동물 명사, 무생물 명사의 분류를 확정해야 하는데, 이러한 특징은 의미범주로 비교적 쉽게 정할 수 있다. 명사의 분류를 확정한 후 여러 언어를 조사한다. 조사를 통해 스페인어에서는 사람 명사만 표지를 사용하고, 러시아어에서는 사람 명사와 동물 명사에만 표지를 사용하는 것을 발견할 수 있다.

네 번째 단계는 위에서 조사한 결과를 토대로 결과를 정리하고 기술한다. 베트남어, 스페인어, 러시아어, 헝가리어에서 목적어로 쓰이는 명사의 표지 사용 여부는 [표 3]과 같은 분포를 보인다(Haspelmath 2008).

[표 3] 베트남어, 스페인어, 러시아어, 헝가리어 명사의 목적어 표지 사용 여부

	사람명사	동물명사	무생물명사
베트남어	-	-	-
스페인어	+	-	-
러시아어	+	+	-
헝가리어	+	+	+

[표 3]의 분포에 따르면 목적어로 쓰이는 무생물 명사에는 표지가 있는데 사람이나 동물 명사에는 표지가 없는 언어는 없다. 또한 동물 명사에는 표지가 있으나 사람 명사에는 표지가 없는 언어도 없다. 따라서 (7)과 같은 연속 함축 명제의 방식으로 이론적 가설을 제시할 수 있다.

(7) 만약 어떤 언어에 무생물 명사가 목적어로 쓰일 때 표지가 있다면 동물 명사에도 표지가 있다. 만약 동물 명사가 목적어로 쓰일 때 표지가 있다면 사람 명사에도 표지가 있다.

(7)의 연속 함축 명제를 (8)과 같이 형식화된 방법으로 표현할 수 있다.

(8) 무생물 명사 표지 ⊃ 동물 명사 표지 ⊃ 사람 명사 표지

'함축'은 논리학 용어로, 통상적으로 두 개의 명제 또는 개념 간의 충분조건 관계를 나타내는 데 쓰인다. X가 Y를 함축한다는 말은, X는 Y의 충분조건이라는 뜻이다. 즉, 'X가 있다면 반드시 Y도 있다'를 의미하지만 'X는 있으나 Y는 없다'는 명제는 성립하지 않는다. 논리학에서 충분조건의 논리적 진리값은 [표 4]와 같다.

[표 4] 충분조건의 논리적 진리값

X	Y	X가 Y를 함축할 때의 논리적 진리값
참	참	참
참	거짓	거짓
거짓	참	참
거짓	거짓	참

모든 충분조건에 대한 논리적 진리값은 참이 세 개, 거짓이 한 개이다. 선항 X가 참이고 후항 Y가 거짓일 때에만 유일하게 'X는 Y를 함축한다'는 명제가 거짓이 되고, 다른 조건들에서는 명제의 진리값이 참이다. '목적어로 쓰일 때 무생물 명사에 표지가 있다면 동물 명사에도 표지가 있는 것을 함축한다'는 함축적 보편성에 대해서도 논리적으로 위와 같은 네 가지 가능성이 존재하며 세 가지 조건에서는 참, 나머지 하나는 거짓이다. 무생물 명사에 표지가 있고, 동물 명사에는 표지가 없는 경우만 존재할 수 없다. 무생물 명사에 표지가 있고 동물 명사에도 표지가 있는 경우, 무생물 명사에 표지가 없고 동물 명사에 표지가 있는 경우, 무생물 명사와 동물 명사 둘 다 표지가 없는 경우 세 가지는 모두 존재 가능하다. 이는 현대 언어유형론에서 추구하는 언어의 함축적 보편성이라고

도 할 수 있다. 함축적 보편성은 서로 관련되지 않은 듯 보이는 언어 현상의 기제를 해석할 수 있는 이론적 가치를 지닌다. 때로는 함축적 보편성에서 선항과 후항 중 하나가 언어 외적 현상일 수도 있는데, 대부분의 경우 선항이 언어 외적 현상이다.

또 하나의 예를 들면, 언어에서 주어(subject), 직접 목적어(direct object), 간접 목적어(indirect object), 기타 성분들은 일치 관계와 격 표지에 있어 일반적 보편성을 갖는다. 주어와 동사 간에 일치 관계가 있지만 주어에는 격 표지가 없고, 주어에는 표지가 없으나 기타 성분들에 표지가 있는 언어도 있다. Whaley(1997/2009:154)는 여러 언어에 대한 관찰을 통해 (9)와 같은 등급을 발견하였다.

(9) 주어 > 직접 목적어 > 간접 목적어 > 기타 성분

(9)의 등급에서 오른쪽의 성분은 왼쪽에 있는 성분을 함축한다. 즉, 한 언어에서 어떤 성분이 동사와 일치 관계에 있다면, 그 등급에서 왼쪽에 있는 성분도 동사와 일치 관계를 갖는다. 그런데 격 표지 등급은 (10)과 같이 반대로 나타난다.

(10) 기타 성분 > 간접 목적어 > 직접 목적어 > 주어

(10)의 등급에서 어떤 성분에 격 표지가 있다면, 왼쪽에 위치하는 모든 성분에는 격 표지가 쓰인다. 더 많은 언어들을 살펴본 뒤 반례를 발견하지 못하면 이러한 가설 또는 함축적 보편성이 성립하는 것으로 간주한다.

이상이 네 번째 단계로, 조사와 관찰을 통해 얻은 현상을 정리하고 규칙을 기술한다. 의미지도를 사용해 결과를 기술하는 방법과 과정은 11장에서 소개한다.

다섯 번째 단계는 네 번째 단계에서 제시한 규칙과 함축적 보편성에 대한 해석이다. 예를 들면 (8)의 명사와 표지의 함축 관계, (9)의 일치 관계 등급, (10)의 격 표지 등급의 기제를 해석하는 것이다. 언어 내적 요소로 해석할 수 없다면 언어 외적 요소를 통하여 해석할 수도있다. 형식주의 언어학처럼 구조 내부에서 해석할 수도 있고, 기능주의 언어학처럼 구조 외부의 기능적 요소로 해석할 수도 있다. 언어유형론에서는 특정한 이론을 채택할 필요 없이 가장 합리적이고 논리적이며 현상들과 가장 필연적인 관련성을 가지는 해석을 선택한다. 일부 유형론 학자들은 형식적인 해석을 선호하고, 다른 일부는

기능적인 해석을 선호한다.

언어유형론의 연구는 여러 유형의 언어에 대한 조사를 기초로 진행된다. 범언어적인 대조와 기존의 연구 성과를 토대로 유형론 연구를 진행해야 한다.

1.4. 소결

현대 언어유형론은 연구 동기와 목표에 있어 형식주의 언어학, 기능주의 언어학과 기본적으로 일치한다. 현대 물리학이 세계에 대한 보편적인 해석을 시도하듯이, 언어유형론은 언어의 보편성을 찾고 해석하고자 한다. 언어유형론은 언어 현상을 발견하는 데 그치지 않고, 언어의 보편성과 개별성 및 기제를 설명한다. 언어 현상의 기제는 생물 유전자처럼 언어의 각 층위에 나타나는 특정한 형식을 결정짓기 때문이다.

언어유형론은 가능한 한 많은 언어 표본을 수집하여 기술, 비교하는 방법으로 가설을 제시하는데, 이런 가설들은 대부분 함축적 보편성 또는 의미지도 등의 형식으로 표현된다. 전통언어학의 세부 영역과 마찬가지로 언어유형론도 음운유형론, 어휘의미유형론, 문법유형론, 통시유형론 등의 분야를 구성하여 언어 보편성과 개별성을 연구한다. 언어유형론은 언어 자료 코퍼스의 구축 및 공유를 통한 연구 성과로 언어 보편성을 규명하는 언어학 연구의 가장 중요한 패러다임 중 하나이다.

■ 참고문헌

Baker, M. C., 1988, *Incorporation: A Theory of Grammatical Function Changing*, Chicago: University of Chicago Press.
Chomsky, N., 2006, *Language and Mind* (3rd edition), New York: Cambridge University Press.
Comrie, B., 1989, *Language Universals and Linguistic Typology* (2nd edition), Chicago: University of Chicago Press.
Dryer, M. S., 1992, The Greenbergian Word Order Correlations, *Language* 68.1:81-138.
Dryer, M. S., 2008, *The Branching Direction Theory of Word Order Correlations Revisited*, http://linguistics.buffalo.edu/people/faculty/dryer/dryer/DryerBDTrevisited.pdf.
Haspelmath, M., 2006, *Universals of Word Order*, http://email.eva.mpg.de/~haspelmt/6.WordOrder.pdf.
Haspelmath, M., 2008, *Object Marking, Definiteness and Animacy*, Leipzig Spring School on Linguistic Diversity, March 2008.
Binnick, R. I., 2012, *The Oxford Handbook of Tense and Aspect*, New York: Oxford University Press.
Whaley, L. J., 1997/2009, *Introduction to Typology: The Unity and Diversity of Language*, Los Angeles: Sage Publications.
江蓝生, 1999,「语法化程度的语音表现」,『中国语言学的新拓展—庆祝王士元教授六十五岁华诞』(石锋、潘悟云编), 香港: 香港城市大学出版社, pp.195-204.
陆丙甫, 金立鑫, 2010,「论蕴含关系的两种解释模式—描写和解释对应关系的个案分析」,『中国语文』 4:331-341.
马学良, 1991,『汉藏语概论』, 北京: 民族出版社.
王力, 1948/1991,「汉越语研究」,『王力文集』 18, 济南: 山东教育出版社, pp.460-587.

2장 말소리와 음운체계 유형

말소리는 인류 언어의 가장 중요한 요소이며, 말소리 요소에 대한 연구의 역사도 상당히 오래되었다. 말소리나 음운체계에 대한 전통언어학적 연구는 대부분 기술적 연구로, 개별 언어의 말소리 속성에 대하여 세밀하게 기술하였다. 이러한 세밀한 기술을 통하여 인류 말소리의 분절음과 초분절 음소를 구분한다. 음운론자들은 분절음 음소를 모음과 자음으로 구분하는데, 모음은 혀의 전후 및 고저와 원순 여부, 자음은 발음 위치와 방법에 따라 말소리의 속성을 기술한다. 초분절 음소는 음높이, 강세 등을 측정하여 기술한다. 음운체계에 대한 기존의 말소리 연구, 즉 음운론 연구에서 중요한 것은 특정 언어의 음운체계 및 그 체계를 구성하는 말소리와 의미의 대응 관계, 그리고 개별 말소리가 사용되는 조건과 말소리의 변이형이 생성되는 조건이다. 전통음운학과 현대음운론은 인류 언어의 말소리 연구에 크게 기여한 것이 사실이다. 이러한 연구의 토대가 없었다면 말소리에 대한 유형론적 연구는 진행할 수 없을 것이다.

말소리 유형론은 전통음운학과 현대음운론 연구를 토대로, 여러 언어의 음운체계의 보편성과 개별성을 연구하고 특정 말소리 요소 또는 둘 이상의 말소리 간의 영향 관계를 연구한다. 말소리 요소들 사이의 함축 관계를 연구함으로써, 인류 언어의 말소리 체계에 나타나는 함축적 보편성을 분석하고 말소리 함축 관계의 위계를 설정한다.

2.1. 분절음 단위와 보편성

언어마다 음소 수는 다르지만 대부분 언어의 음소 수는 일정한 범위 내에 있다. 566개 언어에 대한 언어학적 통계에 의하면 자음의 수는 평균 22개(22±3)이다. 모음의 수는 이견이 있지만, 기본 모음은 최소 3개, 최대 24개로 조사되었다. 모음이 한두 개밖에 없는 언어는 아직 발견되지 않았다. 인류 언어의 모음 수는 평균 6개인데, 조사 대상 언어의 약 51%는 모음의 수가 평균에 근접하고, 31%는 평균보다 많으며 16%는 평균보다 적다.

지금까지 조사된 모든 언어의 말소리체계에서 모음체계에 존재하는 함축적 보편성은 (1)과 같다.

(1) i. 만약 한 언어에 기본 모음이 3개 있으면, 저모음 [a], 전설고모음 [i], 후설고모음 [u]이거나, 저모음 [a], 전설중모음 [e], 후설중모음 [o]일 가능성이 가장 크다.
  ii. 만약 한 언어에 기본 모음이 5개 있으면, 저모음 [a], 2개의 고모음(전설과 후설), 2개의 중모음(전설과 후설)일 가능성이 가장 크다.
  iii. 만약 한 언어에 7개의 모음이 있으면, 1개의 저모음, 2개의 고모음, 2개의 반고모음, 2개의 반저모음일 가능성이 가장 크다.

저모음 [a]가 가장 쉽게 발음되며, 고모음은 혀 위치의 전후 구별이 쉬운 반면 저모음은 구별이 쉽지 않다. 원순은 고모음 중에서 선택할 수 있는 요소이다. 이로부터 말소리체계의 보편성을 분석할 수 있는데, 저모음 [a]는 모든 언어에 보편적으로 존재하는 말소리의 필수 요소라는 절대적 보편성을 추론할 수 있다. 이는 [mama]와 [papa]의 [a]가 대다수의 언어에 존재하는 이유를 설명한다.

인류 언어 모음체계의 함축적 보편성은 (2)와 같이 귀납할 수 있다.

(2) i. 만약 한 언어에 중모음이 있으면, 반드시 고모음이 있다. 만약 한 언어에 고모음이 있으면, 반드시 저모음이 있다.
  ii. 만약 한 언어에 전설원순모음이 있으면, 반드시 후설원순모음이 있다.
  iii. 만약 한 언어에 저모음의 전설과 후설의 구분이 있으면, 중모음과 고모음에도 전설과 후설의 구분이 있다.

기본 모음의 수와 관련된 경향성도 발견할 수 있는데, 대부분 언어의 기본 모음은 7개 정도이다. 예를 들어 일본어는 5개, 표준중국어는 6개, 영어는 [i, ɔ, u, ə, ʌ, e, æ] 7개, 아랍어는 8개의 모음이 있다.

대다수 언어에는 후설모음이 있는데, 한 가지 흥미로운 추세는 후설모음은 원순모음을 함축한다는 점이다. 기본모음 [i, e, a, o, u] 가운데 전설모음과 중앙모음은 비원순모음이지만 후설모음은 원순모음이다. 함축 규칙에 의하면 한 언어에 후설모음이 있으면 반드시 원순모음이 있다. 어떤 언어는 비음화(nasalization)나 인두음화(pharyngealization)한 모음이 존재한다. 한 언어에서 비음화나 인두음화한 모음이 독립적 음소이면, 비음화나 인두음화하지 않은 모음이 반드시 존재한다. 즉, 전자는 후자를 함축한다.

이와 같은 말소리 간의 함축 관계는 난이도 규칙으로 유추할 수 있다. 최소대립쌍(minimal pair)을 구성하는 한 쌍의 음, 즉 한 가지 자질 차이가 있는 두 말소리 가운데 발음이 상대적으로 어려운 음의 존재는 상대적으로 쉽게 발음할 수 있는 음의 존재를 함축한다. 예를 들어, 어떤 언어에 [y]가 있으면 반드시 [i]가 있지만, 그 반대의 경우가 반드시 성립하는 것은 아니다.

모음과 인류의 개념 표현 사이에는 일정한 도상성이 존재한다. 일반적으로 형체나 생김새가 비교적 작은 대상은 고모음, 특히 전설고모음으로 표현하는 경향이 있으며, 형체와 생김새가 상대적으로 큰 대상은 저모음으로 표현하는 경향이 있다. 또한 원형에 가까운 형체는 원순모음으로 표현하는 경우가 많다. 이와 반대인 경우도 있지만 아주 많지는 않다.

모음조화현상(vowel harmony)이 나타나는 언어는 적지 않다. 모음조화는 어휘나 다른 언어 단위 내에서 모음 간에 발생하는 결합제약조건을 가리킨다. 알타이어족과 우랄어족의 많은 언어에 모음조화현상이 보인다. 핀란드어, 헝가리어, 몽고어, 터키어, 한국어도 모음조화현상이 있다. 핀란드어의 모음조화는 모음 발음 위치의 전후와 관련된 현상으로, 지배 작용을 하는 어근의 모음과 접사의 모음이 발음 위치가 일치한다. 터키어에서 어근의 모음은 전설모음이거나 후설모음인데, 어근에 첨가되는 접사는 모음을 바꾸어 모음조화를 이룬다. 또한 어근에 원순모음이 있으면 후행하는 접사의 모음도 원순모음이어야 한다. 일반적으로 혀의 고저는 모음조화에서 작용을 일으키지 않는다. 따라서 원순성과 후설성의 모음조화를 보이는 언어들은 있지만 혀의 고저를 일치시키는 모음조화는 보이지 않는다.

모음조화현상이 존재하는 언어는 모음이 두 종류로 구분되기도 한다. 각 종류에는 혀의 고저가 다른 모음들이 포함되는데, 혀의 고저가 다른 모음들은 서로 배타적 관계에 있다. 예를 들어 요루바(Yoruba)어에서 반고모음 [e, o]와 반저모음 [ɛ, ɔ]는 서로 다른 모음조화현상을 보이며, 동시에 출현하지 않는다. 반면 나머지 모음 [i, a, u]는 반고모음, 반저모음과 모두 출현할 수 있다. 아칸(Akan)어,[1] 이그보(Igbo)어,[2] 느두트(Ndut)어,[3] 도루오(Dholuo)어[4]와 같은 언어들은 모음조화를 일으키는 모음이 구강의 뒤쪽인 인두강의 크기에 따라 결정되는데, 세계 대다수 언어에서 인두강의 크기는 변별적 자질의 기능을 하지 않는다. 모음조화는 방향성을 띄며, 특정 모음이 다른 모음들도 그와 공통적인 특징을 지닐 것을 요구한다. 예를 들어 터키어는 어근의 모음이 접사의 모음에 모음조화를 요구한다.

대부분의 언어는 자음이 20-30개 정도인데, 이보다 훨씬 적거나 많은 경우는 비교적 드물게 보인다. 인류 언어의 전형적인 자음은 [p, b, t, d, k, g, ʔ, tʃ, m, n, ŋ, f, s, ʃ, l, r, w, j, h] 등이다. 이 가운데 가장 자주 보이는 자음은 [p]와 [m]같은 양순음이다. 발음 위치를 살펴보면 양순음 이외에 연구개음도 자주 출현한다. 발음 방법을 보면, 대부분의 언어는 파열음이 있는데 파열음은 성대가 진동하지 않는 무성음과 성대가 진동하는 유성음 두 종류가 있다. 또한 다수의 언어에 치경파찰음, 순치마찰음, 치경마찰음이 존재한다. 자음 가운데 비교적 전형적인 유음 두 가지는 유성음인 [l]와 [r]이다. 또한 무성성문음인 파열음 [ʔ]과 마찰음 [h]도 상당히 많은 언어에 보인다.

자음의 자질은 모음에 비하여 상대적으로 많으며, 서로 다른 유형의 자음은 여러 가지 자질에 있어서 대립한다. 유성자음은 무성자음에 비하여 한 가지 자질을 더 지니므로 발음의 난이도를 고려할 때 동일한 발음 위치의 유성자음은 무성자음을 함축한다. 예를 들어 한 언어에 유성음 [b, d, g]가 있으면 반드시 무성음 [p, t, k]가 있지만 그 반대가 반드시 성립하는 것은 아니다. 발음 위치 간에도 함축 관계가 성립한다. 예를 들어 [l]와 [n], [k]와 [t] 사이에는 각각 함축 관계가 성립한다. 아동 언어에서 [n]로 [l]를, [t]로 [k]를 대체하는 현상이 자주 보이는데, 이로부터 한 언어에 유음 [l]가 있으면 [n]가,

---

[1] [역자 주] 가나(Ghana) 남부에서 사용하는 언어로 니제르콩고(Niger-Congo)어족에 속하며, 사용 인구는 약 2,200만 명이다.

[2] [역자 주] 나이지리아(Nigeria) 남동부에서 사용하는 언어로 니제르콩고어족에 속하며, 사용 인구는 약 2,400만 명이다.

[3] [역자 주] 세네갈(Senegal)에서 사용하는 언어로 니제르콩고어족에 속하며, 사용 인구는 약 39,000명이다.

[4] [역자 주] 케냐(Kenya) 서부와 탄자니아(Tanzania) 북부에서 사용하는 언어로 나일사하라(Nilo-Saharan)어족으로 추정되며, 사용 인구는 약 420만 명이다.

[k]가 있으면 [t]가 반드시 있다는 것을 추론할 수 있다.

유기음과 무기음 간에도 함축 관계가 성립한다. 일반적으로 유기음은 무기음을 함축한다. 즉, [pʰ, tʰ, kʰ]는 [p, t, k]를 함축한다. 일반적으로 자음은 폐에서 바깥으로 기류를 내보내며 조음하지만 이와 반대로 흡기음(ingressive)처럼 밖에서 안으로 들어오는 기류로 조음하는 경우도 있다. 스웨덴어의 원순설면 흡기마찰음은 긍정의 대답을 의미하며, 간(贛)방언의 적지 않은 지역에서도 양순흡기파열음으로 긍정을 나타내는 현상이 보인다.

자음의 함축 관계에는 다른 유형들도 보이는데, 한 언어에 유성마찰음이 존재하면 상응하는 발음 부위의 무성마찰음이 반드시 존재하는 것도 자음의 함축 관계이다. 또한 한 언어에 무성 비음이 존재하면 상응하는 발음 부위의 유성 비음이 반드시 존재하는데, 이러한 관계는 성대가 진동하지 않는 무성 비자음의 발음 동작이 성대가 진동하는 유성 비자음보다 어렵기 때문에 발생한다. 이 밖에도, 한 언어에 유성마찰음이 있으면 이 언어에는 유성파열음이 있을 가능성이 많다. 637개 언어에 대한 조사에 의하면 유성마찰음과 유성파열음의 분포는 [표 1]과 같다(Song 2011:536).

[표 1] 유성마찰음과 유성파열음 분포

유성마찰음	유성파열음	언어 수
+	+	177
+	-	44
-	+	218
-	-	198

[표 1]은 유성마찰음이 있고 유성파열음이 없는 언어는 매우 적지만, 유성파열음이 있고 유성마찰음이 없는 언어는 많다는 명확한 경향성을 나타낸다. 이와 같은 함축 관계는 발음의 난이도로 추론할 수 있다. 한 언어에 특정 발음 위치에서 비교적 발음하기 어려운 음이 존재하면 반드시 동일 위치에서 비교적 발음하기 쉬운 음이 있다. 이는 힘을 덜 쓰고자하는 경제성 원리로 볼 수 있다.

모음에 단모음과 복합모음이 있는 것과 마찬가지로, 자음에도 단순자음과 복합자음이 있다. 거의 2/3 이상의 언어에 적어도 하나 이상의 복합자음이 존재한다.

인류 언어의 변화에는 자연 음운 변화 규칙이 존재한다(郑伟 2015). 예를 들어 두

모음 사이에 있는 무성파열음이 유성음화하거나, 유성파열음이 어말 위치에서 무성음화하는 것, 파열음이 후행하는 전설고모음의 영향으로 구개음화하는 것 등이 모두 자연음운 변화이다. 이는 보편적인 음운 변화인데, 이러한 음운 변화는 여러 언어와 방언, 서로 다른 시대의 문헌 자료에도 반복적으로 출현한다. 이는 실험음성학적 방법으로도 증명할 수 있으며, 생리, 음향, 지각 등의 음향음성적 기제로도 해석할 수도 있다. 자주 보이는 연쇄음변(chain shift)에는 두 가지가 있는데, 서양의 역사언어학에서 자주 인용되는 영어의 대모음추이(great vowel shift)인 [a] > [ɛ] > [e] > [i] > [ai]와 [ɔ] > [o] > [u] > [au]의 변화이다. Labov(1994:31)는 모음 변화의 3가지 보편성을 제시하였는데, 1) 장모음의 상승, 2) 단모음의 하강, 3) 후설모음의 전설화이다. 이 3가지 가운데 1)은 표준중국어와 방언, 티베트버마어족, 몽멘어족(Hmong-Mien) 등에서 모두 나타난다.

朱晓农(2004)에 의하면 중국어의 설첨모음화는 [i] > [ɿ]의 변화인데, 선행하는 자음에 따라 P ⊃ T ⊃ Ø / C ⊃ S의 함축 관계를 갖는다. 만약 순음 성모 P 뒤의 [i]가 설첨모음화하면 치파열음 T 뒤의 [i]도 설첨모음화한다. 치파열음 T보다 성문음 Ø나 구개음 C 뒤에서 [i]가 더 일찍 설첨모음화하며, 치마찰음 S의 뒤에서 가장 먼저 설첨모음화한다. 다시 말하면, [i]의 설첨모음화는 s-/z-류의 치마찰음 뒤에서 가장 쉽고, p-/b-류의 순음 뒤에서 가장 어렵다. 이러한 함축 특징의 음성적 기제는 아마 [Si]가 [Sɿ]로 발음되는 것이 가장 쉽기 때문이다. 자음 S와 모음 [ɿ]의 발음 부위가 가깝기 때문에 동시조음(co-articulation)의 작용으로 [i]가 S 뒤에서 [ɿ]로 변화하는 것이다. 설첨모음화가 가장 어려운 자음 P는 발음 부위가 구강의 경계에 있고 구강 안쪽에 있지 않기 때문에 [ɿ]와 공존하기가 상대적으로 어렵다(郑伟 2015).

2.2. 초분절 음소: 음높이와 강세

인류는 모음과 자음을 다양하게 조합하여 서로 다른 의미를 표현할 뿐만 아니라, 말소리의 음높이 변화로도 의미를 구분한다. 예를 들어 모든 언어는 거의 모든 문장이나 구 층위에서 말소리의 높낮이 변화로 여러 양태적 의미를 표현한다. 이러한 음높이 변화는 분절음과는 다른 층위에서 실현되기 때문에 일반적으로 초분절 음소라고 한다. 초분절 음소는 양태적 의미를 표현할 뿐만 아니라 어휘적 의미도 표현하여, 동일한 모음과 자음의 결합 구조가 음높이나 강세의 변화로 서로 다른 의미를 나타낸다.

엄밀한 의미에서 음높이는 음절, 단어, 구, 문장 등 분절음의 여러 층위에서 모두 실현된다. 음높이가 실현되는 분절음 층위에 따라 두 가지 기능을 구분할 수 있는데, 음절과 단어에서 실현되는 음높이 변화는 일반적으로 어휘적 의미의 변화를 나타낸다. 이에 반해 구와 문장에서 실현되는 음높이 변화는 화자의 양태적 의미를 표현한다. 음높이로 어휘적 의미의 변화를 나타내는가의 여부에 따라 언어를 성조언어와 비성조언어 두 종류로 구분한다.

Yip(2002:1)에 의하면 세계 언어의 약 60-70%가 성조언어이다. 아프리카 사하라 지역, 동아시아, 동남아시아와 중미의 대부분의 언어, 북미, 남미와 태평양 지역의 많은 언어, 그리고 서유럽의 스웨덴어와 몇몇의 네덜란드 방언이 성조언어에 속한다. 그러나 Ian Maddieson이 제공한 통계자료(http://wals.info/chapter/13)에 의하면, 527개 언어 가운데 307개는 성조가 없고, 132개는 간단한 성조가 있으며, 88개만이 복잡한 성조를 지니는 언어이다. 일반적으로 간단한 성조를 지니는 언어는 엄격한 의미에서 성조언어가 아니다(Duanmu 2000). 88개 언어는 전 세계 각지에 산발적으로 분산되어 있는 것이 아니라 특정 지역에 집중되어 있는데, 대체로 적도 부근, 열대와 아열대 지역에 분포되어 있다.

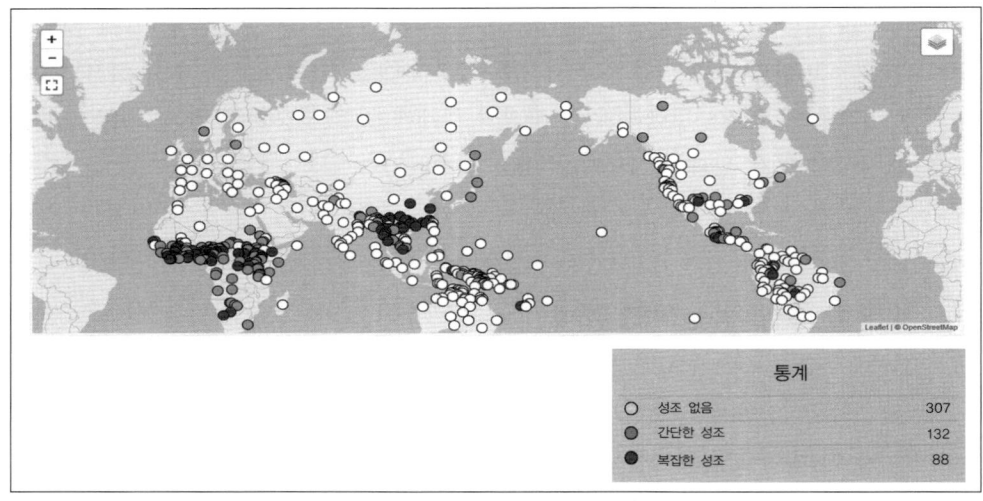

[그림 1] 성조 유형이 다양한 88개 언어의 지역 분포[5]

---

[5] [역자 주] 출처: http://wals.info/feature/13A#2/19.3/152.9

527개 언어 중 성조 유형이 다양한 88개 언어가 대체로 열대, 아열대인 아프리카 중부와 아프리카 남부에 분포한다는 사실에 근거하여, 朱晓农(2009/2010, 朱晓农, 关英伟 2010)은 성조와 고온다습 기후의 상관성 가설을 제기하였다. 즉, 고온다습한 기후에서는 동물이 입을 크게 벌리고 호흡하므로 이 과정에서 성대가 약간 진동하면서 기류가 바깥으로 나온다. 반면 한랭한 지역에서는 말할 때 입을 가리고 혀끝을 사용하여 발음하는 경향이 있는데, 이는 후두를 사용하여 발음하는 것보다 쉽기 때문이다.

최근 한 연구가 습한 기후와 성조언어의 상관성을 진일보하여 증명하였다(*Science* 2015년 1월호). 이 연구는 서로 다른 어족에 속하는 3,750개의 언어를 조사하여 기후가 건조한 지역은 성조언어가 매우 적게 분포한다는 것을 발견하였다. 기후가 상대적으로 건조한 유럽 중부는 열대, 아열대 기후에 속하는 아시아와 아프리카 중부와 같은 성조언어가 발견되지 않는다. 성조언어는 대부분 기후가 습한 지역에서 많이 보이는데, 습한 기후에서 성대의 탄력성이 풍부해져서 성대가 충분히 진동하여 정확한 성조를 발성하기 때문이다.

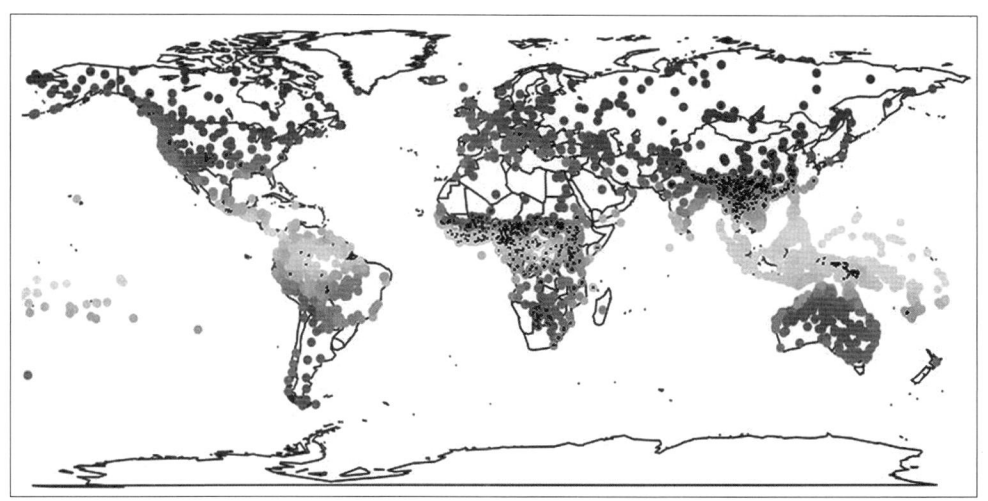

[그림 2] 습한 지역(회색)과 성조 유형이 다양한 언어(검은색)의 분포[6]

성조언어는 음의 높낮이와 변화에 따라서 수평성조(level tone) 언어, 단순굴곡성조

---

[6] [역자 주] 출처: https://www.mpg.de/8879447/tonal-language-institutes

(simple contour tone) 언어, 복합굴곡성조(complex contour tone) 언어, 혼합성조 언어 4가지로 나뉜다. 수평성조 언어의 성조는 크게 낮은수평조, 중간수평조, 높은수평조 3가지 유형으로 구분할 수 있다. 요루바어에서 매 음절은 모두 높은수평조, 중간수평조, 낮은수평조 3가지 성조를 지닐 수 있다. 셈(Semitic)어족[7]과 베르베르(Berber)어족[8]을 제외하고 아프리카의 대다수 언어는 모두 성조언어이다. 이 언어들에서 음절은 높은수평조나 낮은수평조 같은 음높이 유형으로 서로 구분된다.

단순굴곡성조에는 오름조와 내림조 2가지가 있다. 그러나 언어마다 오름조와 내림조의 시작 음높이, 강-약, 약-강의 강세 구조, 오름조의 길이, 내림조의 길이 등에 있어서 성조 실현 방식이 다르다. 의미 변별 작용을 하는 성조 실현 방식의 차이는 (3)과 같다 (Pike 1948:9).

(3) a. 낮내림조, 높내림조, 높오름조 언어

b. 낮오름조, 높중간내림조, 중간높은수평조 언어

c. 낮내림조, 중간내림조, 높내림조 언어

d. 짧은높내림조, 중간높내림조, 긴높내림조 언어(성조의 하강 시간이 다름)

---

[7] [역자 주] 아시아 서부, 아프리카 북부와 북동부에서 사용하는 어족으로 사용 인구는 33억이 넘는다.
[8] [역자 주] 아프리카 북부 알제리아(Algeria), 모로코(Morocco), 리비아(Libya) 등에서 사용하는 어족으로 유럽과 미주 지역의 이민자 사용 인구도 약 2백만 명에 달한다.

e. 강-약 오름조, 약-강 오름조 언어

어떤 단순굴곡성조 언어는 어말에 성문파열음이 있는가의 여부에 따라 성조가 달라지는데, 동일한 오름조가 어말 성문파열음의 유무에 따라 두 가지 성조로 구분된다.

복합굴곡조는 음절 내에서 음높이 변화 방향이 바뀌는데 일반적으로 내리오름조와 오르내림조가 있다.

혼합성조 언어는 수평조와 단순굴곡조, 복합굴곡조가 모두 존재하는 언어를 가리킨다. 다음은 한 언어에 6가지 성조가 있는 예이다.

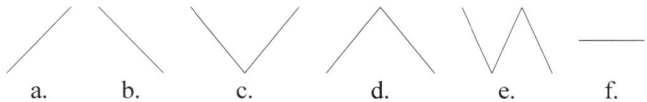

표준태국어는 높은수평조, 중간수평조, 낮은수평조, 오름조, 내림조가 있다. 표준중국어와 여러 중국어 방언도 모두 혼합성조 언어이다. 표준중국어의 제1성은 높은수평조, 제2성은 오름조, 제4성은 내림조이다. 제3성은 단독으로 발음할 때는 복합굴곡조이지만 연속 발화에서는 주로 낮은수평조로 실현된다.

성조언어는 성조가 실현되는 언어 단위에 따라서 음절성조언어와 어휘성조언어로 나뉜다. 중국어는 음절성조언어로 볼 수 있고, 일본어는 전형적인 어휘성조언어이다. 일본어는 복합굴곡조를 위주로 하는데, 오름조, 내림조, 오름수평조, 내림수평조, 오르내림수평조, 오름수평내림조, 오름수평내림수평조 등이 있다.

[표 2] 성조 유형 특징(朱曉農 2014)

대분류	음높이 유형	음높이 값	[+장] 중역							[+장] 고역 음높이 값	[+장] 저역 음높이 값	[-장] 고역 음높이 값	[-장] 중역 음높이 값	[-장] 저역 음높이 값
			곡	강	승	직	고전	저전	고후					
낮음	저	[22]	-								[11]			
수평	고평	[55]	+	-	-		+			[66]			[55]	
	중평	[44]	+	-	-		-	-			[33]	[66]	[44]	
	저평	[33]	+	-	-		-	+			[22]		[33]	
오름	고승	[35]	+	-	+	+	+		+	[46]	[24]	[46]		
	저승	[24]	+	-	+	+	-		-	[35]	[13]			[13]
	미승	[34]	+	-	+	+	+		-		[23]			
	후철승	[354]	+	-	+	-								
내리오름	전요	[324]	+	+	+		-		-	[404]	[40]	[64]	[52]	
	저요	[523]	+	+	+									
	후요	[523]	+	+	+		+							
	양절	[4242]	+	+	+		+		-					
내림	고강	[52]	+	+	-	+	+		-	[63]	[40]	[64]	[52]	
	저강	[42]	+	+	-	+	-		-		[31]		[42]	
	고미강	[54]	+	+	-	+	+		+					
	저미강	[43]	+	+	-	+	-		+					
	고만강	[552]	+	+	-	-	+			[341]				
	저만강	[342]	+	+	-	-	-			[341]				

성조 유형은 상당히 복잡해 보이지만, 보편성의 측면에서 낮은성조, 수평조, 오름조, 내리오름조, 내림조 5가지 유형으로 귀납할 수 있다(朱曉農 2014). 수평조, 오름조, 내리오름조, 내림조에도 각각 여러 종류가 있다. 수평조에는 높은수평조[55], 중간수평조[44], 낮은수평조[33]이 있고, 오름조에도 높오름조[35], 낮오름조[24], 오름의 폭이 작은 오름조[34], 뒷부분이 볼록한 형태의 오름조[354]가 있다. 내리오름조에는 앞부분에서 음높이 변화 방향이 바뀌는 유형[324], 뒷부분에서 음높이 변화 방향이 바뀌는 유형

[523], 낮은굴곡조[523], 내리오름이 두 번 실현되는 유형이 있고[4242], 내림조에는 높내림조[52], 낮내림조[42], 내림의 폭이 작은 높내림조[54]와 낮내림조[43], 완만한 곡선을 형성하는 높내림조[552]와 낮내림조[342]가 있다. 앞서 언급한 바와 같이 성조체계의 유형과 지리적 상관관계도 매우 흥미롭다. 굴곡조 언어는 대부분 동남아시아와 중앙아메리카 지역에 분포하는 반면 북미와 남미에는 매우 드물게 보인다.

성조와 강세는 서로 다른 개념이다. 성조는 주로 성대 진동수 변화로 실현되고, 강세는 음의 세기로 표현된다. 이론적으로 음의 높낮이와 강세는 서로 배타적이지 않지만, 성조언어의 2/3 정도는 명확한 강세가 존재하지 않거나 강세가 의미를 구분하는 기능을 담당하지 않는다. 어휘성조언어도 음절 단위에서 강세와 약강세가 실현되는 경우가 있다. 또한 음절성조언어에 어휘 강세가 있는 경우도 많이 있으며, 어떤 어휘 강세는 예측 가능하다. 표준중국어도 음절마다 성조가 있지만 2음절이나 다음절 어휘는 약-강의 강세 유형을 지닌다. 표준중국어 2음절 어휘의 강세 형식을 이해하기 위하여 (4)에서 제4성 음절 2개로 이루어진 2음절 어휘를 살펴보자.

(4) 睡觉　再见　照相　半夜　办事　住院　贵姓　大概　电话　电视　放假

(4)의 합성어는 강세가 두 번째 음절에서 실현되는데, 전통적으로 강-강 형식으로 분석한 강세 형식이다. (5)는 제4성 음절 2개로 이루어진 다른 종류의 2음절 어휘이다.

(5) 质量　状况　兴趣　事物　事业　秘密　故事　态度　错误　动物　干部　技术

(5)의 합성어는 자연 발화에서 강-약 형식으로 실현된다. 두 번째 음절의 음역이 크게 축소되어 제4성 음높이값이 21 정도가 된다. 즉, 두 번째 음절 내림조가 첫 번째 음절 내림조를 이어 연속적으로 하강하며, 본래 가지고 있던 음역과 음높이값을 잃고 선행하는 내림조의 제약을 받는다. 동일한 단어에 속하는 몇 개의 형태소가 하나의 음역으로 실현되는 현상은 일본어 같은 어휘성조언어에서 상당히 자주 보인다.[9] 그렇다면 표준중국어에 나타나는 성조 현상 또한 어휘성조화 추세로 간주할 수 있다.

---

[9] 일반적으로 일본어는 어휘성조언어로, 중국어는 음절성조언어로 간주한다.

그런데 두 개의 제4성 음절로 구성된 합성어 가운데 (4)는 어휘성조화하지 않는데 (5)는 두 번째 음절이 본래의 음높이값을 잃고 어휘성조화하는 원인과 규칙은 무엇인가? 王士元의 어휘확산이론에 의하면, 음운 변화는 급진적으로 발생하지만 어휘에서는 점진적으로 완성된다. 즉, 음운 변화의 실현은 매개체인 어휘에서 점진적 확산을 통하여 진행된다. 동일한 음운조건을 지니는 어휘들도 음운 변화는 시간적 차이가 있다. 따라서 어떤 음운 변화가 어휘에 점진적으로 확산될 때, 일부 어휘에 먼저 변화가 발생하고, 나중에 다른 일부 어휘에 영향이 미친다. 음운 변화의 발생 시간이 다른 두 무리의 어휘는 원래 동일한 음을 지녔을 것이다. 이 경우 음운 변화의 결과는 두 가지로 나타날 수 있다. 첫째, 음운 변화 조건에 부합하는 모든 어휘에 아직 영향이 미치지 않았는데 그 음운 변화가 쇠퇴하거나, 또 다른 음운 변화와의 경쟁과정에서 그 음운 변화가 동력을 잃어 예외(residue)가 발생한다. 둘째, 음운 변화 과정은 매우 긴 시간 동안 음운 변화 조건에 부합하는 모든 어휘에 영향을 미치며 완성되며, 이것이 전통 역사언어학에서 말한 예외 없는 음운 변화이다(张洪明, 陈渊泉 1995).

그렇다면 (4)와 (5)의 합성어는 어떠한 음운 변화를 거친 것인가? 이는 형태-통사 확산이론(张洪明, 陈渊泉 1995)으로 해석할 수 있다. (4)의 합성어는 대부분 동사이거나 수식-피수식 복합구조이다. 반면 (5)의 합성어는 대부분 명사이며 병렬구조이다. 따라서 음운 변화는 병렬구조의 명사성 합성어에 먼저 발생하고, 동사나 수식-피수식 합성어, 동사-목적어 합성어에 나중에 발생하는 것으로 보인다. (6)에서 비교적 전형적인 예를 살펴보자.

(6) 赠票   密切   教训   配备

(6)의 합성어는 모두 제4성으로 이루어져 있는데, 명사나 형용사, 또는 동사이다. 그런데 대체로 명사나 형용사는 강-약 형식인 경향이 있고, 동사는 강-강 형식인 경향이 있다. 즉, 명사인 합성어는 상대적으로 쉽게 어휘성조화하고, 동사인 합성어는 어휘성조화의 진행이 비교적 늦다. 이와 운율의 관계에 대해서는 2.3에서 논의하기로 한다.

성조는 언어에서 의미를 구별하는 중요한 역할을 하는데, 성조의 역할은 해당 언어의 기본 음절 수량 및 음절 구성 제약과 관계가 있다. 중국어의 남방 방언은 형태소의 독립성이 상대적으로 강하며 글말의 색채가 비교적 강하다. 또한 모음과 자음이 조합 방식이 제한적이기 때문에 성조가 복잡하다. 성조가 없으면 의미를 구분하는 데에 문제가 발생하기 때문이다. 예를 들어 웨(粵)방언의 [ham]와 [fu] 두 음절은 (7)과 같이 각각 서로 다른 성조 유형으로 6가지 의미를 구분한다.

(7) [ham]: 堪[ham^{55}] 砍[ham^{35}] 勘[ham^{33}] 含[ham^{21}] 頷[ham^{13}] 憾[ham^{22}]
    [fu]: 夫[fu^{55}] 苦[fu^{35}] 富[fu^{33}] 扶[fu^{21}] 婦[fu^{13}] 父[fu^{22}]

문장 층위의 억양 형식은 내림조, 오름조, 굴곡조 3가지가 인류 언어에 가장 자주 보인다. 내림억양은 진술문을 표현하는 기능을, 오름억양은 의문문이나 청유문을 나타내는 기능을 담당하는 언어가 많다. 일부 언어는 강조와 같은 특정 어기를 굴곡조로 표현하기도 한다. 이와 관련하여 두 가지 문제에 주의할 필요가 있다. 첫째, 낮은 음높이가 높은 음높이로 상승하는 LH 유형의 의문문 억양과 낮은 성조와 높은 성조의 결합인 굴곡조는 기능적 차이가 있다. 굴곡조 성조는 단어나 형태소의 의미를 나타내지만, 문장의 굴곡조 억양은 특정 단어나 문법 구조와 반드시 결합하는 것은 아니다. 둘째, 의문문이 오름조 억양으로 실현되지 않는 언어도 있다. 문말에 낮은 성조를 더하거나 문말 모음을 장음화하기도 하고, 비어휘적 저모음 등의 형식을 추가하여 의문을 표현하는 경우도 있다. Rialland(2007)에 의하면, 아프리카에서 사용되는 78개 언어 가운데 36개 언어의 의문문 문말에서 낮은 성조가 실현된다. (8)의 느캄(Ncam)어[10]의 의문문은 마지막 모음이 장음화하고 내림조가 실현된다(Rialland 2009:930-931).

(8) [tī nyátī] 밤들   [tī nyátā:à] 밤들?
    [ù kóò] 그/그녀가 들어가요   [ù kó:ò] 그/그녀가 들어가요?
    [ù kɔ́] 그/그녀가 들어갔어요. [ù kɔ́:ɔ̀] 그/그녀가 들어갔어요?
    [kō nyé:ū] 밤   [kō nyé:wā:à] 밤?
    [kī wā:ī] 작아요.   [kī wā:yā:à] 작아요?
    [ū yōmbū] 노예   [ū yōmbɔ̃:ɔ̀] 노예?

---

[10] [역자 주] 토고(Togo)에서 사용하는 언어로 거르(Gur)어족에 속하며, 사용 인구는 약 15만 7천 명이다.

2.3. 운율유형론[11]

의미를 변별하는 분절음과 초분절음 음소에 대한 기술은 전통음운학과 현대음운론의 주요 연구 주제이다. 그러나 이는 다양한 언어에 나타나는 말소리 특징과 차이를 규명하기 어렵고, 문장이나 구에서 실현되는 말소리 특징을 충분히 설명하지 못하는 한계를 지닌다. 따라서 언어학자들은 다체계음운론(polysystemic phonology)을 수립하여, 음절, 단어, 문장의 말소리 특징을 통사론과 연계하여 연구할 필요가 있다. 이로써 특정 말소리 특징이 음절이나 통사 구조의 고정된 위치에 출현하는 이유 및 특정 속성을 지니는 통사 구조가 고정된 말소리 형식이나 특징을 지니는 이유를 해석할 수 있다.

인류 언어의 운율 구조는 (9)와 같은 운율위계구조 수형도로 나타낼 수 있다(Selkirk 1984, Nespor & Vogel 1986/2007).

(9) 운율위계구조

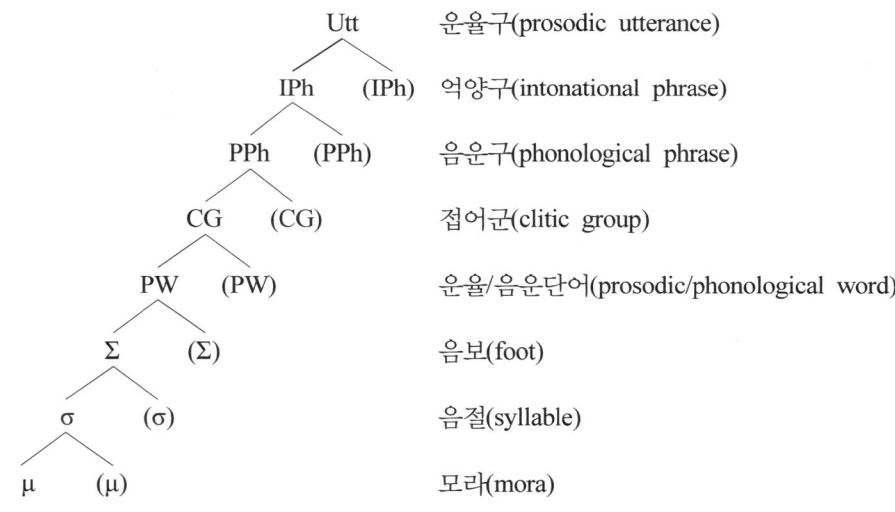

이론적으로 모든 언어의 말소리 구조는 수형도로 나타낼 수 있다. 수형도의 층위는 하위에서 상위로 모라(mora)-음절(syllable)-음보(foot)-운율/음운단어(prosodic/phonological word)-접어군(clitic group)-음운구(phonological phrase)-억양구(intonational phrase)-운율구

---

[11] 2.3의 수정을 위해 의견을 주신 朱佳蕾 선생에게 감사를 표한다.

(prosodic utterance)로 구성된다. 하위 단위는 상위 단위의 구성 성분이므로, 상위 단위는 하나 또는 둘 이상의 하위 단위로 구성된다. 모라는 최소 운율 단위로, 운소라고도 한다. 보통 그리스어 기호 μ를 사용하여 표시한다. 모라의 주요 기능은 무게에 민감한 언어에서 무게를 나타내는 것이다. 모라는 음절의 운(rime)을 구성하는 요소로, 음절의 무게를 나타낸다. 중음절은 두 개의 모라로 구성되며 경음절은 하나의 모라로 구성된다(张洪明 2014). 단모음은 한 개의 모라에 상응하고, 장모음과 복합모음은 두 개의 모라에 해당한다. 음절을 구성하는 자음은 한 개 또는 두 개의 모라이며, 장음화한 자음은 두 개의 모라일 수 있다. 예를 들어 슬로바키아어는 단자음과 장자음이 모두 음절핵을 구성하는데, 이 두 자음의 차이는 모라가 하나인지 둘인지의 차이이다. 또한 영어에서 어두 자음은 후행하는 모음과 분리할 수 없고 독립적인 모라 단위를 구성하지 않는다. 반면 어말 자음은 독립된 모라를 구성한다. 따라서 sit의 t, pig의 g와 같은 강세 음절의 어말 자음은 독립된 모라이고, sit와 pig는 각각 두 개의 모라로 구성된다.

일본어는 전형적으로 모라를 기본 단위로 부호화한 언어로, 일본어에서 가장 자주 보이는 CV 음절 구조는 하나의 모라에 해당한다. 일본어는 모라 단위에 민감한 언어이며, 모라가 일본어 음운체계에서 매우 명확한 기본 단위이기 때문에, 일본어 단어 日本은 발음에 따라 서로 다른 모라 구조를 지닌다. 하나는 Nihon(にほん)으로 3개의 모라(ni-ho-n)이고, 다른 하나는 Nippon(にっぽん)으로 4개의 모라(ni-p-po-n)로 구성된다. 여기에서는 촉음(っ=p)도 하나의 모라에 해당한다. 일본어 운미의 촉음과 비음 n는 모두 하나의 모라이다. 일본어 음절은 촉음과 발음(撥音)[12]이 있는 경우를 제외하면 주로 CV 유형의 개음절이기 때문에, 일본어는 말음 자음에 민감하지 않다. 이는 영어 같은 강세박자언어에서 말음 자음이 독립적인 모라를 구성하는 것과 다르다. 따라서 일본어에서는 영어 단어 card, bed 등을 말할 때 card를 car처럼 하나의 개음절로 처리하여 어말 d를 탈락시키고, d를 하나의 모라로 처리하여 말음 d를 음절 두음(onset)으로 바꾸고 모음을 더하여 do로 발음한다. bed의 d도 do로 바꾸어 일본어 모라에 부합하도록 부호화한다.

강세 음절의 말음이 하나의 모라를 구성하는 언어도 있지만 그렇지 않은 언어도 있다. 예를 들어 아일랜드어[13]에서 말음 자음은 모라를 구성하지 않지만, 영어에서 강세 음절

---

[12] [역자 주] ん를 의미함

은 말음 자음이 하나의 모라를 형성한다. 예를 들어 cat는 두 개의 모라(ca-t)이지만, rabbit의 t처럼 비강세 음절에서는 말음 자음이 모라를 구성하지 않는다.

어떤 언어는 모라가 기본 음절을 구성할 수 없어서, 하나의 모라는 독립적인 음절로 부호화하지 않는다. 예를 들어, 웨(粤)방언에서 모라 두 개로 구성된 장모음은 독립적인 음절을 구성할 수 있지만, 모라 한 개로 구성된 단모음은 음절을 구성하기 어렵다. 따라서 웨방언은 일반적으로 자음이 단모음을 후행하는데, 이로써 두 개의 모라 단위를 구성하여 하나의 음절을 형성한다. 이는 웨방언이 영어와 유사한 점이다. 초기현대언어(Early Modern English)와 현대영어(Modern English)에서도 유사한 예를 찾아볼 수 있다. 현대영어에서 단모음 [i, ɛ, æ, u]는 독립적으로 음절을 구성할 수 없기 때문에 up, it처럼 자음이 후행해야 한다. 반면 음절 두음 자음은 후행하는 단모음과 단지 하나의 모라를 형성하므로 독립적인 음절을 구성할 수 없다. 따라서 sit, lid와 같이 말음 자음, 즉 하나의 모라를 더 추가해야만 기본 음절 단위를 구성할 수 있다.

일반적으로 영어는 최소 두 개의 모라 단위를 지닐 것을 요구한다. 두 개의 모라는 독립적인 음절과 단어를 구성할 수 있다. 예를 들어 장모음은 음절을 구성하며, 단모음은 자음을 추가하여 음절을 구성한다. 그러나 어떤 언어는 어휘 단위가 적어도 둘 이상의 음절을 포함해야 하는데, 반투어군의 니제르콩고어족[14]도 하나의 어휘에 반드시 둘 이상의 음절이 포함될 것을 요구한다.

운율 특징은 리듬(rhythm), 강세(stress)와 성조(tone)를 포함한다. 언어는 기본 단위의 시간적 속성에 근거하여 (10)의 세 가지 유형으로 분류할 수 있다.

(10) i. 모라박자언어(mora-timed language): 일본어, 동부 반투어
    ii. 강세박자언어(stress-timed language): 영어, 독일어
    iii. 음절박자언어(syllable-timed language): 중국어, 프랑스어, 스페인어

강세박자언어는 각 음절의 시간은 다르지만 연속된 여러 강세 음절 간의 시간 간격은

---

[13] [역자 주] 인도유럽(Indo-European)어족 켈트어파에 속하는 언어로 아일랜드의 제1공용어이다.
[14] [역자 주] 아프리카에서 사용하는 어족으로 요루바(Yoruba)어, 이그보(Igbo)어, 푸라(Fula)어, 쇼나(Shona)어, 줄루(Zulu)어, 스와힐리(Swahili)어 등이 속한다.

상대적으로 안정적이다. 영어는 전형적인 강세박자언어로, 단어는 적어도 하나의 강세 음절을 갖는다. 여러 음절로 구성된 단어는 강세 정도에 있어서 등급이 있는데, 예를 들어 indivisibility의 7개 음절의 강세 등급은 (11)과 같다.

    (11) indivisibility
           2 5 3 6 1 7 4

(11)에서 공명도는 1이 가장 크고 7이 가장 작다. 강세음절 2, 3, 1, 4간의 거리는 대체로 일치한다. 강세 음절이 대체로 동일한 간격으로 출현하여 강세 음절에서 다음 강세 음절까지의 간격이 같은 것은 강세박자언어의 특징인 등시성(isochrony)이다. 이는 억양에도 실현되는데, 짧은 문장에서 구나 단어 강세 간의 거리도 대체로 일정하다. (12)를 보자.

    (12) pronunciation is important
          ○ ○ ○◯ ○   ○ ○ ◯ ○

제1억양 강세는 첫 단어의 a에 놓이고, a로부터 후속 억양 강세인 por 사이의 거리는 다시 후속 출현하는 강세와의 거리와 대체로 동일하다. 이처럼 특정한 시간 단위를 간격으로 하여 강세가 출현한다. 강세 음절 사이에 출현하는 비강세 음절의 수는 일정하지 않지만, 강세 음절 간의 시간은 기본적으로 동일하다. 이를 음보의 등시성이라고 한다. 강세 음절을 더욱 두드러지게 하기 위해서 영어의 강세 음절은 보통 강하고 길게 발음하며 완전하게 발음한다. 반면 약강세 음절은 일반적으로 발음을 완전하지 않게 해서 모음이 상대적으로 짧아지고 어떤 때에는 심지어 탈락(absent)하거나 축약(reduction)된다.
    리듬도 주요 운율 요소이다. 영어와 같은 강세박자언어의 리듬은 강세음 비트(beat)로 실현된다. 표준중국어 같은 음절박자언어는 일정한 시간 내에 발음되는 음절의 수로 리듬이 실현된다. 베이징방언은 2음절 단어가 기본 리듬을 구성한다. 그런데 자연 발화에서는 3음절 단어도 2음절 단어와 발화 시간이 매우 비슷하기 때문에 동일한 리듬 단위로 간주할 수 있다. 예를 들어 西红柿(토마토)는 자연 발화에서 凶事(불행한 일)와 거의 차이가 나지 않는다.

음절박자언어의 중요한 특징은 매 음절이 대체로 동일한 시간을 갖는 것인데, 절대적 시간 길이는 운율에 따라 다르다. 음절박자언어인 표준중국어에서 리듬은 동일한 시간이 실현되는 음절에 의해 표현된다. 표준중국어는 2음절이 리듬 단위이며, 3음절 구 단위는 1＋2 구조와 2＋1 구조로 나뉜다. 이 두 구조에서 '1'은 리듬적 측면에서 '2'와 거의 동일한 시간 길이와 에너지로 발음된다. 표준중국어의 1＋2 구조와 2＋1 구조를 음악적 리듬 부호로 나타내면 (13)과 같다.

(13) i. 1 + 2 = X <u>XX</u>
     ii. 2 + 1 = <u>XX</u> X

두 리듬 구조는 모두 두 개의 박자로 구성되는데, 1＋2 구조의 '1'과 '2', 2＋1 구조의 '2'와 '1'은 각각 하나의 박자로 실현된다. 흥미로운 경향은 동사＋명사 또는 명사＋동사로 구성된 3음절 구조에서 명사성은 2＋1 구조(명＋동)를 사용하고, 동사성은 1＋2 구조(동＋명)를 사용한다는 점이다. 이 두 구조는 모두 앞에 놓인 박자로 대표되는데, 앞에 놓인 박자가 동사이면 전체 구조는 동사성이 되고, 앞에 놓인 박자가 명사이면 전체 구조는 명사성이 된다. 그러나 2＋1 구조가 동사성인 경우나, 1＋2 구조가 명사성인 경우도 있다. 예를 들어, 2＋1 구조이면서 동목구인 热爱党(당을 사랑하다), 心疼钱(돈에 마음 상하다), 酷爱狗(개를 몹시 사랑하다), 尊重人(사람을 존중하다)과 주술구인 领导好(지도자가 좋다), 智商低(지능이 낮다), 天气坏(날씨가 나쁘다) 등이 있으며, 1＋2 구조이면서 명사성 합성어나 구인 纸老虎(종이 호랑이), 老百姓(백성), 糖葫芦(설탕과일꼬치), 热处理(열처리), 牛脾气(고집불통), 核实验(핵실험), 小雨伞(작은 우산), 多民族(다민족), 高智商(높은 지능), 胖师傅(뚱뚱한 기사) 등이 있다.

리듬 구조와 명사성/동사성의 관계는 말소리 도상성의 측면에서 음절의 강세와 약강세 대비로 해석할 수 있다. 1＋2는 약-강 형식이며, 2＋1은 강-약 형식이다. 약-강 형식 구조는 객관적 세계의 '과정'을, 강-약 형식 구조는 객관적 세계의 '대상'을 도상한다. 과정은 주로 동사로 표현되며, 대상은 주로 명사로 표현된다. 언어를 초월하는 인류의 공통 언어인 음악에서도 약했다가 강해지는 선율, 즉 음은 변하지 않더라도 울림이 커지거나 소리가 커지는 선율은 하나의 과정을 표현하며 시간적 연속을 연상하게 한다. 반면 강한 음이 약해지다가 멈추는 선율은 전체성이 느껴진다. 이와 같은 음악적 표현은 자연 세계에 대한 지각과 체험으로부터 직접적으로 오는 것으로 초언어적이다. 이러한 가장 본질적인 경험은 언어에서도 약-강 형식은 과정을 표현하고, 강-약 형식은 사물 대상을 표현하는 것으로 나타나는데, 영어의 동음사가 강세 위치로 명사와 동사를 구분하는 것도 예로 들 수 있다. [표 3]은 캠브리지 English Pronouncing Dictionary에 수록된 동음사로 명사와 동사의 두 가지 속성을 지닌다. [표 3]과 같이 1992년 판은 강세 위치와 명사-동사 구분이 명확하지 않으나, 2003년 판은 명사성 단어는 모두 강세가 앞에 놓이고 동사성 단어는 모두 강세가 뒤에 놓이는 것으로 표시되었다.

[표 3] English Pronouncing Dictionary 1992년과 2003년 판의 명사와 동사 강세 형식

표제어	1992년 판 명사와 동사를 구분하지 않은 발음	2003년 판 명사 발음	2003년 판 동사 발음
refill	're'fill	'refill	re'fill
refit	're'fit	'refit	re'fit
reprint	're'print	'reprint	re'print
rebound	're'bound	'rebound	re'bound
remake	're'make	'remake	re'make
overhang	'over'hang	'overhang	over'hang
overshoot	'over'shoot	'overshoot	over'shoot
overstrain	'over'strain	'overstrain	over'strain
overwork	'over'work	'overwork	over'work

영어는 fall OUT(떨어지다, 내려앉다)처럼 동사에 전치사나 부사가 후행하는 구동사(phrasal verb)가 많이 있는데, 구동사는 약-강 형식이다. 그러나 이것이 명사로 사용되면 FALL-out(떨어짐, 떨어지는 사물)처럼 강-약 형식으로 바뀐다. 명사일 때에는 단어 간 결합이 긴밀하기 때문에 중간에 가로선을 사용할 필요가 있다. 어떤 구동사는 명사로 바뀔 때 어순이 도치되기도 하는데, 이때에도 여전히 동사와 명사를 약-강과 강-약으로 구분한다. spill OVER(넘치다)와 OVERspill(넘침, 넘친 것), put THROUGH(겪다, 연결하다)와 THROUGHput(배출, 처리) 등이 예이다. 이처럼 동사와 명사가 쌍을 이루는 예는 break up, break-up(해체하다, 붕괴), break away, break-away(달아나다, 탈퇴), break down, break-down(고장나다, 고장), break in, break-in(침입하다, 침입), fall back, fall-back(물러나다, 대비책), build up, build-up(쌓다, 비축), hold up, hold-up(지체하다, 지체), lay out, out-lay(투자하다, 지출), break out, outbreak(발생하다, 발생), flow over, overflow(넘치다, 넘침), rush on, onrush(돌진하다, 돌진), put in, input(들여놓다, 입력) 등 무수히 많다.

이와 유사한 상황이 표준중국어에도 출현하였다. 2.2에서 논의한 2음절 단어인 质量(품질), 情况(상황), 兴趣(흥미), 事物(사물), 事业(사업), 秘密(비밀), 故事(이야기), 态度(태도), 部分(부분), 错误(착오), 动物(동물), 干部(간부), 技术(기술)는 모두 강-약 형식으로, 두 번째 음절이 약화되기 시작하였는데 모두 명사성 단어이다. 이에 반해, 睡觉(자다), 再见(다시 만나다), 照相(사진 찍다), 办事(일을 처리하다), 住院(입원하다), 贵姓(성이 ~이다), 放假(방학하다)는 강-약 형식으로 보기 어렵다. 이 단어들은 두 번째 음절의 강세가 두드러지고 첫 번째 음절보다 약하지 않기 때문이다. 이들은 모두 동사성이다. 따라서 이 현상은 명사의 전체성과 동사의 과정성, 즉 말소리의 도상성의 표현으로, 언어의 도상성 원리를 준수한다(陆丙甫 2010).

중국어의 또 다른 전형적인 예는 명사 爱人(부인)과 동목구 爱人(사람을 사랑하다), 명사 干事(책임자)와 동목구 干事(일을 하다)와 같이 발음은 같지만 품사가 다른 단어로, 품사에 따라 강세 형식이 다르다. 이러한 단어는 명사일 경우 강-약 형식으로 두 번째 음절이 비교적 짧으며, 동목구일 경우 약-강 형식으로 두 번째 음절에 강세가 놓이며 비교적 길다. 중의적 구조인 进口电视(수입 텔레비전, 텔레비전을 수입하다), 组装电脑(조립 컴퓨터, 컴퓨터를 조립하다)도 동일한 방식으로 의미가 구분된다. 黄彩玉(2012)는 실험음성학적 분석을 통하여 이러한 중의적 구조가 수식-피수식 구조일 때 앞부분인 进口나 组装이 동사-목적어 구조일 때보다 음길이가 길고, 음높이 최댓값이 크며, 음역이 넓다는 것을 증명하였다. 반면, 동사-목적어 구조일 때에는 뒷부분인 电视, 电脑가 수식-피수식 구조일 때보다 음길이가 길고, 음높이 최댓값이 크고, 음역이 넓다는 것을 밝혔다. 따라서 수식-피수식 구조일 때에는 강-약 형식을, 동목 구조일 때에는 약-강 형식을 갖는 경향을 보인다. 또한 연속하는 두 2음절 단어 사이의 휴지에도 차이가 있다. 동목 구조는 두 단어가 비교적 느슨하게 연결된 데 반해, 수식-피수식 구조는 두 단어가 상대적으로 긴밀히 연결된다. 실제로 강세와 휴지는 밀접한 관계가 있다. 즉, 다른 조건이 동일할 경우, 강-약 구조가 약-강 구조보다 긴밀하여 전체성이 강하다(柯航 2012). 전치사구가 후치사구보다 더 느슨한 것도 전치사와 후치사가 약강세이기 때문이다.

이상의 논의에 근거하여 언어보편성을 가정할 수 있다. 한 언어에 동사성과 명사성을 겸하는 중의적 동원사가 강세 형식으로 구분되면, 강-약 율격은 명사를, 약-강 율격은 동사를 나타낸다. 이러한 보편성은 우연이 아니다. 개념적으로 명사는 보통 공간성을 지니는 실체를 나타내고 상대적으로 큰 전체성을 지닌다. 그러나 동사는 주로 과정을 나타내어 분산성이 상대적으로 크다. 따라서 전체성이 강한 명사는 전체성이 강한 강-약 율격 형식으로 부호화하는 경향이 있는 것이다. Langacker에 의하면 대뇌의 명사 처리는 종합적 감식(summary scanning) 과정을, 동사 처리는 순차적 감식(sequential scanning) 과정을 거치는데, 이 또한 명사가 동사보다 대뇌 이미지의 전체성이 강하다는 것을 의미한다(Langacker 1991:21).

그런데 형태가 동일하고 중의적인 동목 구조와 수식-피수식 구조가 모두 강세로 구분되는 것은 아니다. 어떤 중의적인 1+2 구조나 2+1 구조는 동목구일 수도 있고 수식-피수식 구조의 합성어일 수도 있는데, 강세 형식으로 구분이 되지 않는다. 1+2 구조인 炒米粉(볶음 쌀국수, 쌀국수를 볶다), 烤白薯(구운 고구마, 고구마를 굽다), 蒸鸡蛋(찐 달걀, 달걀을 찌다), 2+1 구조인 出口烟(수출 담배, 담배를 수출하다), 进口酒(수입 주류, 주류를 수입하다), 领导人(지도자, 사람을 지도하다), 出租车(택시, 차를 빌리다)가 그 예이다. 또한 표준중국어 동사-명사 구조의 2음절 연쇄는 동목 구조일 경우 명사에 강세가 놓인다. 그러나 2음절 연쇄가 수식-피수식 구조일 경우는 炒饭(볶음밥)처럼 명사에 강세가 놓일 수도 있고, 劈柴(땔감)처럼 명사가 약강세일 수도 있다.[15] 즉 (14)와 같은 4분적 관계를 보인다.

(14)

	동-목 구조	수식-피수식 구조
명사 강세	+	+
명사 약강세	-	+

沈家煊은 (15)와 같이 4분적 관계를 형식과 의미 간의 비대칭 관계로 설명한다.

---

[15] 이는 방언마다 차이가 있다. 상하이방언, 쓰촨(四川)방언 등의 방언은 동사-명사 구조가 수식-피수식 구조일 때 명사가 항상 약강세이다.

(15)　　　의미　　　동-목 관계　　수식-피수식 관계

　　　　　　형식　　　명사 강세　　　명사 약강세

　　강세와 관련된 의미-형식의 비대칭 현상에 대한 沈家煊(1999)의 설명에 의하면, 강세로 발음할 때에는 두 개의 의미가 있지만 약강세로 발음할 때에는 비교적 문법화된 하나의 의미를 지닌다. 이는 형식 변화에 시간이 걸리는 지연 현상 때문인 것으로 볼 수 있다(沈家煊 1999:315-335).

　　우리는 역사적 변화의 기저에 있는 기능적 기제를 이해할 필요가 있다. 朱晓农(2008:90)이 지적한 바와 같이, 언어학은 통시에서 공시, 공시에서 범시(panchronic)로 발전하였으며, 범시는 보편성을 지니는 기능적 해석을 제공한다. 沈家煊이 논의한 역사적 변화에 대하여 강-약 강세 형식의 전체성과 명사 개념의 전체성이 일치한다는 범시의 기능적 해석을 할 수 있다. 이는 비교적 추상적인 음성 상징의 도상성에 속한다.

　　일반적으로 운율은 어휘의 길이를 제약한다. 예를 들어, 산 이름은 두 글자인 경우도 있고 한 글자인 경우도 있다. 두 글자로 된 이름은 山을 포함하지 않을 수 있지만, 한 글자로 된 이름은 일반명칭인 山을 포함해야 한다. 예를 들어 峨眉(아미)와 普陀(푸투어)는 山이 없지만, 泰山(태산), 华山(화산)은 山이 반드시 있어야 한다. 나라 이름도 마찬가지이다. 英国(영국)나 法国(프랑스)는 단독으로 쓰일 때에 国가 없으면 안 되지만, 印度(인도), 哥伦比亚(콜롬비아)는 国가 쓰이는 경우가 거의 없다. 술 이름도 이와 같다. 茅台酒(마오타이), 五粮液(우량예)는 酒를 안 붙여도 되지만, 劲酒(진)는 반드시 酒를 붙여야 한다. 또한 학술 명칭에 있어서도 物理学(물리학), 生物学(생리학)는 物理, 生物라고 할 수 있는 반면, 数学(수학), 化学(화학)은 学를 생략할 수 없다(吕叔湘 1963). 이러한 현상에는 적어도 두 가지 원인이 있다. 첫째 원인은 단음절은 운율적으로 안정성이 결여되기 때문이고, 두 번째 원인은 중국어의 2음절은 중의성을 제거하는 기본 단위이기 때문이다.

　　운율의 작용과 더불어 다른 조건도 필요하다. 예를 들어 人事处处长(인사처 처장)은 人事处长이라고 하지만, 文学院院长(문학원 원장)은 *文学院长이라고 할 수 없다. 마찬가지로 上海市市长(상하이시 시장)은 上海市长이라고 하지만 展览馆馆长(전람

관 관장)은 *展览馆长이라고 할 수 없다. 이는 사용 빈도와 관련되는데, 사용 빈도가 높은 표현은 더욱 최적화된 운율 형태로 변하는 것이다.

영어에도 (16)처럼 운율 규칙에 부합하지 않는 예가 있는데, 원인은 아직 명확하지 않다.

(16) Flying planes can be dangerous.
비행기를 운전하는 것은 위험할 수 있다. / 날아가는 비행기는 위험할 수 있다.

flying planes는 동사-목적어(비행기를 운전하다)와 수식-피수식(날아가는 비행기) 두 구조로 분석 가능하다. 그러나 이 두 가지 의미는 발음으로 구분되지 않는다. (17)의 drinking water도 마찬가지 예이다.

(17) a. This is drinking water.   이것은 식수이다.
     b. I am drinking water.   나는 물을 마시고 있다.

drinking water는 (17a)에서 수식-피수식 구조이고 (17b)에서는 동사-목적어 구조인데, 구조의 차이를 발음으로 구분할 수 없다. burning bush(덤불을 태우다, 불타는 덤불), growing pain(통증이 심해지다, 심해지는 통증), running water(물을 흐르게 하다, 수돗물) 등도 이러한 예이다.

(16), (17)은 운율의 작용이 완벽하지 않다는 것을 보여주지만, 이 때문에 운율의 작용을 부정할 수는 없다. 중국어에 미치는 운율의 영향은 매우 명확하다. 黄正德(Huang et al. 2014:489)는 The Handbook of Chinese Linguistics(Wiley-Blackwell)의 Prosody and Syntax에서 중국어 2음절 운율단어가 제약이 되는 통사 구조를 논의하였는데, 특히 통시적으로 운율단어가 음보의 성질을 바꾸어 통사 변화를 유도한 과정을 강조한다. 그는 또한 중국어언어학의 운율 통사 연구는 중국어 방언의 차이에 대한 공시적 연구 및 언어 변화에 대한 통시적 연구에서 모두 중요한 연구 분야이며, 중국어가 일반언어학 이론에 공헌을 할 수 있는 중요한 영역이라는 점을 지적한다. 冯胜利(2005/2009)는 대량의 언어 자료를 통하여 통시적으로 운율이 통사 변화에 미치는 영향, 중국어 단어 형성에 대한 운율의 제약, 중국어 통사에 대한 운율의 영향, 운율과 문체의 관계 등을 논의함으로써 중국어의 특성을 규명하였다.

단어와 관련된 경계도 흥미로운 문제이다. 많은 언어에서 주요 단어는 단어의 첫 경계나 마지막 경계가 중간보다 음소 배열의 유형이 풍부하다. 이는 단어의 중간 부분이 간단한 경향이 있고 경계 부분이 상대적으로 복잡하다는 것을 의미하다. 영어 sixth, lengths, tasks 등도 단어의 마지막 경계에는 자음군이 출현할 수 있지만 중간에는 출현할 수 없다. 자음군이 단어 중간에 출현할 수 없는 것은 발음의 측면에서 경제적이며 음절의 공명도 순서 원리(SSP, sonority sequencing principle)에도 부합한다. 언어마다 음절 구조는 다르지만 모두 음절의 공명도 순서 원리를 준수한다. 한 음절에서 공명도는 주요모음이 가장 크고 음절의 양쪽 경계로 갈수록 감소한다. 자음은 모음에 비해서 공명도가 작기 때문에 음절 경계에서 출현하기 쉬우므로, 음절의 양쪽 경계에 상대적으로 많은 자음을 허용하여 자음군을 형성하는 것이다. 공명도의 음향적 특성에 대한 연구는 더욱 진행되어야 하지만, 청각적으로 음소의 공명도는 (18)의 위계를 지닌다는 데에 의견이 일치한다.

(18) 모음 > 활음 > 유음 > 비음 > 파열음

모음은 자음보다 공명도가 크며, 모음은 '개구도가 큰 모음 > 개구도가 작은 모음, 전설고모음이 아닌 모음 > 전설고모음'의 공명도 위계를 지니며, 자음은 '유음 > 마찰음 > 파찰음 > 파열음, 유기음 > 무기음'의 위계를 갖는다.

중국어는 자음군이 출현할 수 없기 때문에, 중국어 음절은 공명도 순서 원리에 완전히 부합한다. 중국어에서 최대 음절 구조는 [두음 자음 + 활음 + 주요모음 + 말음 자음/모음]이다. 주요모음은 음절에서 개구도가 가장 크고 공명도가 가장 높다. 그 다음으로는 두음과 말음의 모음이고, 두음과 말음의 자음이 공명도가 가장 작다.

공명도 순서 원리가 위배되는 예외는 적지 않은 언어에 보인다. 예를 들어 영어의 sticks는 음절의 양쪽 경계에서 공명도 순서 원리가 위배된다. 이 단어의 각 분절음의 공명도는 's > t < i > ck < s' 이다. 그러나 최근 연구에 의하면, 공명도 순서 원리의 위배는 조합 능력이 강하지 않은 일부 자음군에서 나타난다. 영어에서 비음 [m], [n], 무성파열음 [p], [t], [k]는 [p], [t], [k], [b], [d], [g] 등의 뒤에서 자음군을 구성할 수 없다. 즉, *pm, *dn, *tp, *bt, *dk, *gp 등은 비합법적인 자음군이다. 그러나 [s] 뒤에서는 sm, sn, sp, st, sk 등의 자음군을 형성할 수 있는데, 이러한 자음군이 구성하는 음절은

일반적으로 주변적 음절(marginal syllable)이다. 주변적 음절은 핵심 음절(core syllable)의 상대적인 표현이다. 활음 [j]나 [r], [l]는 [p], [t], [k], [d], [g], [f], [s] 등의 뒤에서 활발하게 자음군을 형성하는데, 이러한 자음군이 구성한 음절이 핵심 음절이며 핵심 음절은 조합 능력이 강하다. 모든 핵심 음절은 공명도 순서 원리에 부합하는데, 이는 영어뿐만 아니라 다른 언어들에서도 예외 없이 나타나는 현상이다.

핵심 음절과 주변적 음절의 구분은 단어의 음운형에서 자음군의 분포가 자유로운지 여부와도 관련된다. 핵심 음절은 단어의 음운형 안에서 분포가 자유롭기 때문에 단어의 처음과 끝에 출현할 수도 있고 중간에 출현할 수도 있다. 그러나 주변적 음절은 단어의 처음과 끝에만 출현하며, 중간에는 출현할 수 없다. 즉, 단어의 중간에 놓인 음절은 모두 공명도 순서에 부합하며, 단어의 처음과 끝에서만 공명도 순서를 위배할 수 있는 것이다. 폴란드어의 어근에는 자음군이 상당히 많은데, 공명도 순서에 부합하지 않은 것도 많다. 그러나 공명도 순서를 위배하는 자음군은 모두 단어의 처음이나 끝에만 출현한다.

단어 중간의 음절은 공명도 순서에 부합하지만, 조어 과정에서 어근에 자음 접요사가 삽입되면 이론적으로 단어의 중간 음절이 공명도 순서 원리를 위반할 수도 있다. 그러나 실제로 이런 경우는 없는데, 언어에서 형태 음운 규칙이 개입하여 조정하기 때문이다. 단어 내부에서 음절의 공명도 제약이 엄격하기 때문에 다음절어는 여러 가지 형태 음운 규칙으로 단어의 음운형이 조정된다.

예외를 보이는 언어도 있는데, 오스트레일리아 카야르딜드(Kayardild)어[16]는 단어 처음에 자음군이 출현하지 않고 단어 끝에 반드시 모음이 출현한다. 그에 반해 어간에는 자음군이 출현할 수 있다(Evans 1995). [pulmpa](메뚜기)처럼 중간에 3개의 자음이 연속 출현하기도 한다. 여러 오세아니아 언어들은 어간의 음소 배열 유형이 단어의 처음이나 끝보다 훨씬 풍부하다. 앞서 논의한 대부분의 언어는 단어의 중간이 간단한 경향이 있는데, 오세아니아의 언어는 왜 예외일까? 뿐만 아니라, 단어의 중간에 놓인 음절은 공명도 순서 원리에 거의 부합하지 않는 듯 보인다. 이는 앞으로 연구가 필요한 매우 흥미로운 문제이다.

---

[16] [역자 주] 오스트레일리아 북부에서 사용하는 언어로 마크로 파마늉안(Macro-Pama-Nyungan)어족에 속하며, 유창한 화자는 열 명이 되지 않는다.

2.4. 소결

　현대 언어유형론에서 말소리 유형은 앞으로 더욱 많은 연구가 진행될 필요가 있다. 대량의 언어 자료에 대한 통계 분석을 통하여 유의미한 유형적 참조항(parameter)을 발견하여 말소리의 함축적 보편성을 규명해야 한다. 이를 통하여 여러 언어에 보이는 말소리의 예외 현상을 보편성의 각도에서 해석할 수 있을 것이다. 이 장에서는 다음의 세 가지 문제를 논의하였다.
　첫째, 분절음 음소와 음운체계 유형에 대해 논의하였다. 모음과 자음은 인류 언어의 두 가지 기본 원리인 도상성 원리와 경제성 원리를 준수한다. 도상성 원리는 인류가 말소리 부호를 가능한 많이 사용하여 서로 다른 개념을 표현하도록 유도한다. 모음은 혀 위치의 전후, 고저의 차이를 판별하기가 그다지 쉽지 않은 반면, 자음은 입술이나 혀의 움직임, 성대 진동 등으로 더 많은 소리를 명확히 구별할 수 있다. 따라서 언어에는 자음의 수가 모음의 수보다 훨씬 많다. 아랍어는 글말에서 모음의 생략도 가능하다. 자음을 구분하는 것은 모음을 구분하는 것보다 분명히 경제적이다. 언어에서 모음의 고저 및 원순은 그것이 표현하는 의미와 관련성을 지닌다. 경제성 원리에서 볼 때 거의 모든 언어는 발음의 난이도에 따른 함축적 규칙을 준수한다. 발음이 복잡하고 어려운 음소가 존재하면 반드시 동일한 위치에 발음이 간단하고 쉬운 음소가 존재한다. 모음과 자음 수량의 유형 및 다른 언어 요소들과의 관련성 문제는 앞으로 연구가 진행되어야 할 것이다.
　둘째, 초분절 음소인 음높이와 강세에 대해 살펴보았다. 초분절 음소인 음높이의 변화는 의미를 변별하는 기능을 하며, 언어마다 서로 다른 음높이 유형을 갖는다. 일반적으로 성조는 음절의 음높이 변화를 가리키며, 중국어와 티베트어 같은 언어가 음절성조언어이다. 일본어 같은 언어는 어휘 단위에서 음높이가 실현되는 어휘성조언어이다. 성조는 크게 수평조와 굴곡조 2가지 유형으로 나뉜다. 수평조는 여러 가지 수평의 음높이로 서로 다른 의미를 나타내는 것이다. 굴곡조는 높은 음에서 낮은 음으로, 또는 낮은 음에서 높은 음으로 바뀌는 음높이 변화로 서로 다른 의미를 나타낸다. 인류 언어의 성조는 대개 수평조, 오름조, 내리오름조, 내림조에 해당한다. 성조 유형 간에 함축적 관계가 존재하는지, 성조 유형이 언어의 다른 요소와 어떠한 상관관계를 지니는지의 문제는 앞으로 연구되어야 할 것이다. 성조 유형의 복잡성이 언어 사용 지역의 지리적 기후 환경과 관련된다고 보는 견해도 있다. 성조 변화로 의미를 변별하는 것처럼 음절의 강세를 통해서 의미를 변별하는 언어도 있는데, 인도유럽어족에 속하는 많은 언어가 강세언어에 속한다. 성조의 강세 형식과 어휘의 통사적 기능의 상관성이 적지 않은 언어에서 발견된다. 강약 형식은 명사성 어휘와 관련되고, 약강 형식은 동사성 어휘와 관련되는데, 이는 도상성 원리에 부합한다.

셋째, 운율 유형에 대해 다루었다. 인류 언어의 운율 구조는 운율 위계의 수형도로 나타낼 수 있다. 모라에서 운율구에 이르는 구조에서 하위에 속하는 단위들이 모여 상위의 단위를 구성한다. 언어마다 운율 기본 단위가 수형도에서 차지하는 위치는 다르다. 일본어의 기본 단위는 가장 낮은 층위인 모라이지만, 중국어는 음절 층위이다. 리듬도 운율 범주에 속한다. 기본적 리듬 구조를 보면, 언어는 모라박자언어, 강세박자언어와 음절박자언어로 나뉜다. 서로 다른 유형의 언어는 리듬 측면에서도 각기 다른 특징을 보인다. 운율 유형은 아직 연구해야 할 문제가 많이 있다. 다양한 리듬 구조가 언어의 여러 층위에 반영되는 양상 또는 리듬으로 인하여 발생되는 언어 현상이나 규칙의 문제 등은 앞으로 계속 탐색되어야 한다. 한 언어의 운율 체계를 연구하는 중요한 목적은 운율 체계와 언어를 구성하는 다른 체계와의 상관성을 이해하기 위해서이다.

■ 참고문헌

Duanmu, S., 2000, Tone: An Overview, In L. L.-S. Cheng and R. Sybesma (eds.) *The First Glot International State-of-the-Article Book*: *The Latest in Linguistics*, *Studies in Generative Grammar* 48, Berlin: Mouton de Gruyter, pp.251-286.

Evans, E. W., 1995, Interactions among Grasshoppers (Orthoprera, Acrididae), In *Internountain Grassland of Western North America*, OIKOS 73.1:73-78.

Huang, J. C.-T., A. Y.-H. Li and A. Simpson (eds.), 2014, *The Handbook of Chinese Linguistics*, Oxford: Wiley-Blackwell.

Labov, W., 1994, *Principles of Linguistic Change: Internal Factors*, Cambridge, Oxford: Blackwell Publishing Ltd.

Langacker, R. W., 1991, *Foundations of Cognitive Grammar*, Stanford: Stanford University Press.

Nespor, M. and I. Vogel, 1986, *Prosodic Phonology*: *With a New Foreword*, Berlin: Mouton de Gruyter.

Pike, K. L., 1948, *Tone Languages*, Ann Arbor: University of Michigan Publications.

Rialland, A., 2007, Question Prosody: An African Perspective, In C. Gussenhoven and T. Riad (eds.) *Tones and Tunes*: *Studies in Words and Sentence Prosody*, Berlin: Mouton de Gruyter.

Rialland, A., 2009, The African Lax Question Prosody: Its Realisation and Geographical Distribution, *Lingua* 119:928-949.

Selkirk, E. O., 1984, *Phonology and Syntax: The Relation between Sound and Structure*, MA: The MIT Press.

Song, J. J. (ed.), 2011, *The Oxford Handbook of Linguistic Typology*, Oxford: Oxford University Press.

Yip, M., 2002, *Tone*, Cambridge: Cambridge University Press.

冯胜利, 2005, 『汉语韵律语法研究』, 北京: 北京大学出版社.

冯胜利, 2009, 『汉语的韵律, 词法与语法』(第二版), 北京: 北京大学出版社.

黄彩玉, 2012, 「"V 双 + N 双"歧义结构的实验语音学分析」, 『语言教学与研究』 3:98-103.

柯航, 2012, 『现代汉语单双音节搭配研究』, 北京: 商务印书馆.

陆丙甫, 2010, 「汉, 英主要事件名词语义特征」, 『当代语言学』 1:1-11.

吕叔湘, 1963, 「现代汉语单双音节问题初探」, 『中国语文』 1:10-22.

沈家煊, 1999, 『不对称和标记论』, 南昌: 江西教育出版社.
王洪君, 2008, 『汉语的非线性音系学』, 北京: 北京大学出版社.
张洪明, 陈渊泉, 1995, 「形态句法扩散理论:来自吴语的论证」, 『吴语研究』, 香港: 香港中文大学出版社, pp.69-89.
张洪明, 2014, 「韵律音系学与汉语韵律研究中的若干问题」, 『当代语言学』 3:303-327.
郑伟, 2005, 「汉语方言语音史研究的若干理论与方法」, 『语言科学』 14.1:25-46.
朱晓农, 2004, 「汉语元音的高顶出位」, 『中国语文』 5:440-445.
朱晓农, 2008, 『方法:语言学的灵魂』, 北京: 北京大学出版社.
朱晓农, 2009, 「声调起因于发声-兼论汉语四声的发明」, 『语言研究集刊』 6:1-29.
朱晓农, 2010, 「重塑语音学」, 『中国语言学集刊』 4.1:1-22.
朱晓农, 2014, 「声调类型学大要」, 『方言』 3:93-205.
朱晓农, 郑英伟, 2010, 「桂北全州文桥土话音节的四分发声活动-兼论自发内爆音」, 『方言』 4:289-300.

3장 품사와 어휘 범주 유형

　어휘는 인류 언어의 가장 중요한 구성 요소로서 말소리, 어휘, 문법 세 요소 중 없어서는 안 되는 요소이다. 언어를 보편적인 자연 언어인 유성 언어와 수화와 같은 무성 언어로 나눈다면 어휘는 어떤 언어에서든 필수불가결한 요소이다. 전통언어학의 어휘 연구는 깊이가 없거나 세밀하지 못하다고 할 수는 없지만 현대 언어학에서 어휘론은 이미 쇠퇴하여 단어의 구성 문제는 형태론이, 의미 문제는 의미론이 대체하였다. 현대적 의미에서 어휘론은 거의 유명무실하다고 할 수 있다. 그러나 어휘 문제는 언어유형론의 시각에서 오히려 새로운 활기를 얻어 여러 가지 연구 결과를 도출하기도 하였다.
　언어유형론은 인류 언어의 보편성과 개별성을 연구하는데, 이러한 보편성과 개별성, 특히 언어의 개별성을 구현하는 가장 중요한 대상은 말소리와 더불어 어휘를 꼽을 수 있다. 따라서 인류 언어의 어휘는 많은 언어유형론 연구자들의 주목을 받았으며 최근 들어 어휘와 관련된 유형론 연구가 점차 활발해지고 있다(Koptjevskaja-Tamm *et al.* 2007, Koptjevskaja-Tamm 2012 등 참조). 3장은 어휘와 관련하여 개방성 품사와 폐쇄성 품사의 유형론 문제에 관하여 논의하고자 한다. 논의 및 예문은 Schachter & Shopen (2007:1-60)에 기초한다.

3.1. 개방성 품사

　언어학 특히 통사론에서 품사는 문법적 분류를 가리킨다. 그러나 여러 언어의 언어학 서적마다 품사에 대한 구분은 대체로 차이가 있으며 의견의 일치를 보기도 어렵다. 우리는 우선 언어의 품사를 크게 두 종류로 분류해도 무방할 것이다. 하나는 전통적으로 말하는 개방성 품사로 통시적으로 수량의 변화가 있는 품사를 가리킨다. 흔히 내용어라고 한다. 다른 하나는 이른바 폐쇄성 품사인데 일정한 시간동안 수량이 상대적으로 안정된 품사이다. 주로 기능어가 여기에 해당한다.[1]

유형론에서 다루는 품사 체계에 관한 문제에는 다음의 몇 가지가 있다. 인류 언어가 품사 체계에 있어 보편성을 갖는가? 보편적으로 존재하는 품사에는 어떤 것들이 있는가? 언어들 간에 품사의 차이는 주로 어느 방면에서 나타나는가? 특정 개별 언어에 어떤 품사들이 존재하는가? 만약 어떤 언어에 특정 품사가 존재하지 않는다면 어떤 방식으로 그에 상당하는 의미를 나타내는가? 품사 체계는 언어의 다른 유형적 특징과 어떤 관계가 있는가?

언어의 가장 중요한 기능은 의사소통이며 의사소통의 가장 중요한 기능은 지칭과 서술이다. 의사소통의 필요성에서 볼 때 서술이 우선이고 지칭이 그 다음으로 중요하다. 인류 언어는 원시의 수렵과 채집에서 이후 농경과 목축으로 이어진 생산, 사냥감이나 열매의 위치 등의 유용한 정보를 전달하거나 음식물을 배분하는 등 생활에서의 상호 협력을 위해서 발생하였다고 가정할 수 있다. 따라서 서술이 우선적으로 필요하다.

또차한 인류 언어 체계가 하나의 모음만 있거나 하나의 자음과 모음으로 된 가장 간단한 단음절에서부터 발전하기 시작하였다고 가정할 수 있으며, 다음절과 형태 표지는 그 후에 발전하여 형성된 것이다. 가장 원시 상태에 유인원이 내는 단음절의 소리로써 가장 간단한 서술을 나타내었다고 가정할 때, 이 단음절은 필연적으로 서술과 지칭을 동시에 나타내어 '어떤 사물이 어떠하다'는 것을 나타냈을 것이다. 지금도 '狼!(이리!)', '车!(자동차!)'와 같이 단음절로 된 문장이 있다. 이러한 단음절 문장의 기능은 단순히 지칭 대상을 나타내는 것이 아니라 하나의 사건을 나타낸다. 이러한 단계는 동물의 의사소통에 여전히 남아 있으며 이는 지칭과 서술의 혼합체이다. 즉, 초기 인류 언어에는 명확한 품사는 없었으며 품사는 나중에 점차 명확해지기 시작했다고 할 수 있다.

인류 언어가 발전하면서 단어가 많아지고 기능이 분화되면서 어떤 기능은 본래 단일 단어로 이루어진 문장에서 분리되어 나오기 시작하였을지 모른다. 그러나 인류 언어에

---

[1] 폐쇄성 품사가 반드시 모두 기능어인 것은 아니다. 내용어 중에서도 일부는 폐쇄적인 것이 있는데 전형적인 예로 대명사가 있다. 심지어 오스트리아와 파푸아뉴기니(Papua New Guinea) 지역의 일부 언어에서는 동사도 폐쇄성 품사에 속한다.

서 서술과 지칭이라는 두 가지 기본적 기능은 여전히 가장 중요한 것이다. 그렇다면 어떤 품사가 먼저 분리되었는가의 문제가 제기된다. 동사와 명사의 분리에 대하여 이론상 두 가지 가설이 있다. 첫 번째 가설은 명사가 먼저 분리되었고 다음으로 동사가 분리되었다는 것이다. 혹은 명사가 먼저 있었고 나중에 동사가 생겼다고 할 수도 있다. 두 번째 가설은 동사가 먼저 분리되었고 다음으로 명사가 분리되었다는 것이다. 역시 동사가 먼저 있었고 나중에 명사가 생겼다고 할 수 있다. 이론적으로 추론으로는 두 가설 모두 설득력을 지니므로 판단하기가 어렵다. 그러나 언어의 통시적인 과정에서 검증해 낼 방법이 없다면 공시적 측면에서 현존하는 언어의 다양한 품사 구조를 통해서 단어의 발전 상황을 포함한 인류 언어의 품사 체계를 재구성할 수 있을 것이다.

Hengeveld(1992)는 대규모 언어조사를 실시하여 어떤 언어에는 한 종류의 내용어만 존재한다는 것을 발견하였다. 이러한 내용어는 혼합류로서 명사, 동사, 수식사를 포함한다. 통가(Tonga)어[2] 같은 언어가 그러하다. 또한 투스카로라(Tuscarora)어[3] 같은 언어의 경우 내용어가 모두 동사이며 명사, 형용사, 방식부사(이하 '부사'로 간칭)는 없다. 만약 어떤 언어의 내용어에 두 가지 품사가 있다면 두 가지 상황이 있을 수 있다. 하나는 동사와 혼합류(명사와 수식사)로 케추아(Quechua)어[4]가 해당된다. 다른 한 가지는 동사와 명사만 있는 경우로 후(!Xù)어[5]가 그러하다. 어떤 언어의 내용어에 세 가지 품사가 있다면 역시 두 가지 상황이 가능하다. 한 가지는 네덜란드어와 같은 경우로 동사, 명사, 수식사가 존재한다. 다른 한 가지는 동사, 명사, 형용사(부사는 없음)가 있는 경우이며 왐본(Wambon)어[6]가 해당된다. 그리고 어떤 언어의 내용어에 네 가지 품사가 있다면 반드시 동사, 명사, 형용사, 부사일 것이다. 영어가 여기에 해당된다. Hengeveld(1992:69)는 이러한 언어들을 세 가지로 분류하였는데 첫 번째 종류는 영어와 같이 네 가지 품사가

---

[2] [역자 주] 하와이어, 마오리(Maori)어, 사모아(Samoa)어 등과 함께 폴리네시아어군에 속하며 사용 인구는 약 10만 여명이다.
[3] [역자 주] 주로 캐나다 온타리오(Ontario) 남부와 미국 뉴욕 북서부 나이아가라 폭포 주변에서 투스카로라족이 사용한다.
[4] [역자 주] 남아메리카 볼리비아, 아르헨티나, 칠레, 콜롬비아 등지의 중앙 안데스 지역에서 케추아족이 사용하는 언어로 사용 인구는 2007년 기준 약 890만 명이다.
[5] [역자 주] 쿵(!Kung)어라고도 하며 나미비아(Namibia), 보츠와나(Botswana), 앙골라(Angola)에서 쿵(!Kung) 사람들이 사용하는 방언 연속체이다. 사용 인구는 2013년 기준 약 2만 명 정도이다.
[6] [역자 주] 인도네시아 파푸아 지역의 언어이며 사용 인구는 1987년 기준 3천 명 정도이다.

명확히 구분되는 언어이다. 다른 두 종류는 품사가 네 가지 미만인 것으로 하나는 품사 경계가 비교적 유연한 케추아어, 네덜란드어가 해당된다. 다른 하나는 품사 경계가 비교적 엄격한 투스카로라어와 왐본어가 해당된다.

[표 1] Hengeveld(1992)의 언어 분류

품사 구분이 유연한 언어	1품사	동사/명사/형용사/부사				통가어
	2품사	동사	명사/형용사/부사			케추아어
	3품사	동사	명사	형용사/부사		네덜란드어
품사 구분이 명확한 언어	4품사	동사	명사	형용사	부사	영어
품사 구분이 엄격한 언어	3품사	동사	명사	형용사	-	왐본어
	2품사	동사	명사	-	-	후어
	1품사	동사	-	-	-	투스카로라어

Hengeveld(1992)의 조사와 자료에 문제가 없다면 인류 언어에서 가장 먼저 발생하였거나 가장 먼저 명확하게 품사를 구성한 것은 동사일 것이며 그 다음으로는 명사, 형용사, 부사 순일 것이라고 추측할 수 있다. 따라서 품사의 발생 순서는 (1)과 같다 (Hengeveld 1992:68).

(1) 동사 > 명사 > 형용사 > 부사

Hengeveld & van Lier(2010)는 [표 1]에 엄격히 부합하지 않는 언어들을 발견하였다. 예를 들어 헝가리어에는 무표지로 구의 핵심어(head)와 수식어(modifier)를 동시에 지칭하는 데 쓰이는 유연한 품사가 있다. 카야르딜드어에는 무표지로 구의 핵심어와 수식어를 동시에 서술하는 데 쓰이는 유연한 품사가 있다. 한편 가로(Garo)어[7]에는 동사의 어간을 중첩하여 파생된 부사가 대량으로 존재하는 반면 형용사는 없다. Hengeveld & van Lier(2010:138)는 본래 제시했던 (1)의 함축적 보편성을 수정하여 (2)-(4)와 같이 이차원적 함축적 보편성을 제시하였다.

---

[7] [역자 주] 인도 메갈라야(Meghalaya)의 가로(Garo)족이 사용하는 언어로 2001년 기준 약 90만 명이 사용하고 있으며, 방글라데시의 일부 지역에서도 약 13만 명이 사용하고 있다.

(2) 서술 ⊂ 지칭
   i. 어떤 언어에 구의 핵심어를 지칭하는 전용 품사가 있다면 반드시 구의 핵심어를 서술하는 전용 품사도 있다. 즉, 어떤 언어에 명사가 있다면 반드시 동사가 있다.
   ii. 어떤 언어에 구의 핵심어를 지칭하는 데 쓰이는 유연한 품사가 있다면 반드시 구의 핵심어를 서술하는 데 쓰이는 유연한 품사나 전용 품사가 있다. 즉, 어떤 언어에 체언(nominal)이나 비동사(non-verb)가 있다면 반드시 용언이나 동사가 있다.

(3) 핵심어 ⊂ 수식어
   i. 어떤 언어에 수식어로 쓰이는 전용 품사가 있다면 반드시 핵심어로 쓰이는 품사가 있다. 즉, 부사가 있다면 반드시 동사가 있고 형용사가 있다면 반드시 명사가 있다.
   ii. 어떤 언어에 수식어로 쓰이는 유연한 품사가 있다면 반드시 핵심어로 쓰이는 유연한 품사나 전용 품사가 있다. 즉, 어떤 언어에 수식사나 비동사가 있으면 반드시 동사가 있고, 수식사가 있으면 반드시 명사가 있다.

(4) ((서술/지칭) ⊂ (핵심어/수식어))
   어떤 언어에 핵심어나 수식어로 쓰이는 품사가 독립되어 있으면 구를 서술하거나 핵심어를 지칭하는 데 쓰이는 품사도 구분된다.

유연한 품사 체계의 언어에서는 어휘항목의 통사적 기능에 비교적 융통성이 있어 어휘항목이 전문화되지 않는다. 예를 들어 터키어의 명사, 형용사, 부사는 구분되지 않는다. (5)-(7)의 터키어에서 güzel은 각각 명사, 형용사, 부사로 쓰이고 있다(Hengeveld & Valstar 2010:5).

(5) güzel-im (güzel 명사)
   미인-1인칭 소유격
   나의 미인

(6) güzel   bir   kopek (güzel 형용사)
   아름답다 관사 개
   예쁜 개

(7) Güzel konuş-tu-ø (güzel 부사)
　　잘　　말하다-과거-3인칭.단수
　　그/그녀가 잘 말했다.

엄격한 품사 체계의 언어에서 각각의 품사는 모두 전문화되어 고정된 통사적 기능을 갖는다. 예를 들어 (8)의 가로어에는 동사와 명사는 있으나 형용사와 부사는 없다. 다른 언어에서 부사로 동사를 수식하는 기능을 가로어에서는 다른 형식으로 나타낸다 (Hengeveld 2007:34).

(8) a. Da'r-an-gen.
　　　크다-반복-미래
　　　그것은 커질 것이다.
　　b. da'r-gipa man.de
　　　크다-관계사　남자
　　　큰 남자

da'r는 가로어에서 '크다'를 뜻하는데 품사는 동사이다. (8a)처럼 da'r는 반복형과 미래시제 표지를 동반하는 전형적인 동사이다. 그러나 (8b)에서는 명사 '남자'를 수식해야 하는데 가로어에는 상응하는 형용사가 없기 때문에 동사 da'r 뒤에 관계절 표지 -gipa를 써서 man을 수식하여 man이 크다는 것을 나타낸다.

명사는 없고 동사만 있는 언어는 일반적으로 동사에 인류 표지를 더하는 방식으로 주어나 행위자 등의 대상을 나타낸다. 예를 들어 투스카로라어에서 동사에 ka와 같은 비인류 표지를 붙이면 표준중국어의 '它'와 같이 사람이 아닌 행위 주체를 나타내고 ra를 붙이면 사람인 행위 주체를 가리킨다.

(9) **ka**-teskr-ahs
　　비인류-냄새나다-상표지
　　염소 (그것이 냄새난다)

(10) **ra**-kwatihs
　　인류-젊다
　　소년 (그가 젊다)

(11) **ra**-kwatihs wa-hr-atkahto-? **ka**-teskr-ahs
　　인류-젊다　　과거-남성-보다-상표지　　비인류-냄새나다-상표지
　소년이 염소를 보았다.
　(그가 젊다, 그가 그것을 보았다, 그것이 냄새난다)

(Mithun 1976:30,35, Hengeveld *et al.* 2004:536에서 재인용)

언어 자료의 증가에 따라 Hengeveld(2013)는 이전의 품사 체계를 [표 2]와 같이 발전시켰다.

[표 2] 품사 체계 유형에 따른 언어 분류(Hengeveld 2013:37)

품사 체계 유형		구의 핵심어 서술	구의 핵심어 지칭	구의 수식어 지칭	구의 수식어 서술
품사 구분이 유연한 언어	1	실사			
	1/2	실사	비동사		
	2	동사	비동사		
	2/3	동사	비동사	수식사	
	3	동사	명사	수식사	
	3/4	동사	명사	수식사	방식부사
품사 구분이 명확한 언어	4	동사	명사	형용사	방식부사
품사 구분이 엄격한 언어	4/5	동사	명사	형용사	(방식부사)
	5	동사	명사	형용사	
	5/6	동사	명사	(형용사)	
	6	동사	명사		
	6/7	동사	(명사)		
	7	동사			

사실 언어학사에서 명사와 동사와 같은 가장 기초적인 품사에 대한 인식은 학자들 사이에 견해가 다양하다. Fries(1952)는 사람, 사물, 장소의 명칭을 명사라고 보았다.

Lyons(1968:317-319)는 명사가 사람, 사물, 장소의 명칭이지만 이러한 정의로 품사를 구분할 수는 없다고 하였다. 한편 Wierzbicka(2000)는 보편적 범례(universal exemplars)를 채택하여 품사를 구분하였는데 보편적 범례는 바로 기본 어휘를 가리킨다. 이러한 어휘는 모든 언어에 존재한다. 즉, 어떤 언어에나 사람(person), 사물(thing)과 같은 명사와 하다(do), 발생하다(happen)와 같은 동사가 있으므로 사람, 일 같은 어휘를 명사라고 하고, 하다, 발생하다 같은 어휘를 동사라고 추측할 수 있다. Lyons(1977), Croft(1984), Givón(1984), Hopper & Thompson(1984), Dixon(1995) 등도 품사의 구분 문제에 대하여 서로 다른 견해를 제시하였다.

Robins(1964:230)에 의하면 모든 언어에는 개방성 품사와 폐쇄성 품사가 있다. 개방성 품사의 어휘는 원칙적으로 무한하여 시간과 화자에 따라 변화한다. 명사, 동사 등이 이에 해당된다. 폐쇄성 품사의 어휘는 수량이 적고 고정적이어서 동일한 언어에서 화자에 따른 변화가 없다. 대명사, 접속사 등이 이에 해당된다. 개방성 품사와 폐쇄성 품사는 언어마다 완전히 일치하지는 않는다. 영어의 경우 명사, 동사, 형용사, 부사가 개방성 품사이지만 중국어에서 부사의 개방 정도는 제한적이다.

명사가 지칭으로 쓰이기에 더욱 용이하여 문장에서 주어나 목적어 등의 논항이나 논항의 핵심어를 충당한다는 점은 많은 언어학자들이 견해를 같이 한다. 명사는 술어로도 쓰일 수 있는데 영어나 하우사(Hausa)어[8]와 같은 언어는 계사를 사용해야 하며 중국어, 타갈로그어, 러시아어 등은 계사가 필요 없다. 명사와 관련된 형태 통사 범주에는 격(주격, 목적격 등), 수(단수, 복수, 양수 등), 부류(모양, 크기, 색상, 동태, 유정성, 상태) 혹은 성(여성, 남성, 중성 등), 한정성 등이 있다. 격, 수, 성은 6장에서 논의할 것이다. 한정은 청자와 화자 쌍방이 모두 가리키는 대상을 명확히 알고 있는 것을 나타낸다. 비한정은 화자가 청자는 가리키는 대상을 명확히 알지 못한다고 생각하는 것을 나타낸다. 많은 언어에서 특정한 형태나 기능어를 써서 이러한 지칭 속성을 나타낼 수 있다. 예를 들어 영어에서 한정성과 비한정성은 각각 a와 the를 써서 나타내며 히브리어에서는 비한정은 영형식으로, 한정은 전치 표지를 써서 각각 ish(남자)와 ha-ish(그 남자)와 같이 나타낸다.

---

[8] [역자 주] 서부 아프리카에서 가장 널리 사용되는 언어 중의 하나로 주로 니제르(Niger)와 나이지리아에서 사용되며 아프로아시아(Afro-Asiatic)어족의 차드(Chadic)제어에 속하며 사용 인구는 2007년 기준 3,400만 명 정도이다.

전형적인 동사는 일반적으로 동작, 과정 혹은 상태를 서술하며 술어로 쓰여 절의 핵심 성분을 맡는다. 그러나 타갈로그어와 표준중국어에서는 동사가 논항이 될 수도 있다. 동사와 관련된 문법 범주에는 시제(tense), 상(aspect), 서법(mood), 양태(modality), 태(voice), 극성(긍정, 부정 포함) 등이 있다.[9] 시제는 발화시점을 기준으로 동작이 발생한 시간을 가리킨다. 상에는 두 가지가 있는데 참조시점에서 동작의 완결 여부를 나타내는 것과 동작 행위의 경계성의 유무를 나타내는 것이다. 서법은 상황이나 발화에 대한 화자의 태도(speaker's attitude)를 가리킨다. 실재(realis)와 비실재(irrealis), 직설(indicative)과 가정(subjunctive) 등이 있다(9장 참조). 태는 주로 행위에 있어서 주어의 역할을 나타내며 능동과 피동이 대표적이다. 이러한 형태 범주 외에 일부 언어의 동사는 일치 관계 표지도 가지고 있는데, 예를 들어 라틴어의 동사는 주어와 일치 관계를 유지해야 한다. (12), (13)과 같이 스와힐리어의 동사는 주어, 목적어와 동시에 일치 관계를 유지해야 한다.

(12) **wa-ta-ni-**uliza
그들-미래-나-묻다
(그들이 나에게) 물을 것이다.

(13) **ni-ta-wa-**uliza
나-미래-그들-묻다
(내가 그들에게) 물을 것이다.

계사는 특수한 동사로 언어마다 존재 여부가 다르다. 하우사어 같은 언어에는 계사가 있지만 타갈로그어에는 계사가 없다. 동사는 여러 기준에 따라 하위 부류로 나눌 수 있다. 동사의 타동성을 기준으로 하면 타동사, 자동사, 이중 목적어를 취하는 동사 등으로 분류할 수 있다. 동작의 진행 여부에 따라 동태동사와 정태동사로 나눌 수 있다. 그리고 어떤 언어는 동사 자체에 내재된 상 의미에 따라 완료상 동사와 미완료상 동사를 구분한다.

대부분의 언어에 명사와 동사가 있지만 모든 언어에 형용사가 있는 것은 아니다. 의

---

[9] 이것이 결코 절대적인 것은 아니다. 므와트랍(Mwotlap)어(바누아투에서 약 2,100명의 화자가 사용하는 해양언어) 같은 언어는 시제, 상, 양태의 형태 표지가 명사에서 선택적으로 출현할 수도 있다. 그런데 동사에서는 이 형태 표지가 반드시 출현해야 한다(Velupillai 2012:125-126 참조).

미상 형용사는 성질이나 특성을 나타내는 단어로서 주로 명사를 수식하는 기능을 한다. 형용사는 술어로도 쓰일 수 있다. 술어로 쓰일 때 영어 같은 경우 계사가 필요하고 일로카노(Ilocano)어[10]와 표준중국어에서는 계사를 사용하지 않는다.

형용사는 명사를 수식할 때의 기능의 차이에 따라 영어의 some과 같은 제한 형용사(limiting adjective)와 서술 형용사(descriptive adjective) 두 가지로 분류할 수 있다. 일반적으로 제한 형용사는 개방성 품사가 아니다. 형용사와 관련된 문법 범주는 정도(degree)인데 전통적인 구분에서 말하는 원급-비교급-최상급을 가리킨다. 그런데 이러한 의미 범주는 언어마다 부호화 방식에 차이가 있어 영어의 경우 형태 표지를 통해 나타내는 반면 중국어는 比他更聰明(그보다 훨씬 똑똑하다)과 같이 어휘로 나타낸다. 그밖에 어떤 언어의 형용사는 그것이 수식하는 명사와 일치 관계를 유지해야 한다. 예를 들어 라틴어에서 형용사는 수식하는 명사와 격, 성, 수에 있어서 일치를 이루어야 한다. Feminae **procerae** homines **proceros** amant(키가 큰 여성들은 키가 큰 남성들을 좋아한다)라는 문장에서 procerae와 proceros는 각각 형용사의 여성 복수 주격 형식과 남성 복수 목적격 형식이다.

언어마다 형용사가 독립된 품사인지의 여부와 형용사의 규모는 다소 차이가 크다. 영어 등의 언어에서는 형용사가 개방성 품사이지만 어떤 언어에서는 폐쇄성 품사이다. 예를 들어 이그보어에는 형용사가 8개밖에 없으며 스와힐리어에는 50개가 있다. 심지어 하우사어의 경우 형용사가 존재하지 않는다. Velupillai(2012:127-128)는 200개의 언어 표본을 분석하여 언어계통과 지역에 따른 형용사의 규모의 차이를 발견하였다. 예를 들어 인도유럽어족 언어에는 개방성 형용사가 많고 니제르콩고어족 언어에는 폐쇄성 형용사가 많다.

Dixon(1977)에 따르면 폐쇄성 형용사의 의미 범주는 일반적으로 범언어적인 경향성을 보인다. 형용사에 포함될 가능성이 큰 의미는 크기(크다, 작다), 색상, 연령, 평가(좋다, 나쁘다)이며 가능성이 낮은 의미는 위치(높다, 낮다), 물리적 특징(단단하다, 연하다), 인류의 습성(친절하다, 잔혹하다) 혹은 속도(빠르다, 느리다)이다. 이그보어의 8개 형용사가 바로 크기, 색상, 연령, 평가를 나타낸다. Dixon은 또한 폐쇄성 형용사를 가진

---

[10] [역자 주] 필리핀에서 사용 인구가 세 번째로 많은 언어로 오스트로네시아(Austronesian)어족에 속하며, 2015년 기준 910만 명이 사용하고 있다.

언어에서 명사나 동사로 특정한 형용사의 의미 범주를 부호화할 때 보편성이 있다는 것을 발견하였다. 즉, 물리적 속성은 동사로 나타내고 인류의 습성은 명사로 나타낸다. 그러나 이는 하나의 경향일 뿐이며 상반된 상황이 보이는 언어도 많다. 예를 들어 하우사어는 동사가 아닌 명사로 모든 형용사의 의미를 나타내며 벰바(Bemba)어[11]는 동사로 모든 형용사의 의미를 나타낸다. 바꾸어 말하면 어떤 언어에는 형용사가 없으며 형용사의 의미를 동사로 나타내어 형용사와 동사가 하나의 종류에 속한다. 또 반대로 어떤 언어에는 형용사가 없으며 형용사의 의미를 명사로 나타내어 형용사와 명사가 같은 종류에 속한다. 독립된 형용사가 있는 언어에서도 형용사의 품사 속성이 명사에 가깝거나 동사에 가까운 특징이 드러나기도 한다. 전자의 예로 영어에서 형용사는 어떠한 표지 없이 명사를 직접 수식할 수 있으나 술어로 쓰일 때에는 계사를 써야 한다. 후자의 예로는 중국어와 일본어를 들 수 있는데, 이들 언어에서 형용사는 계사 없이 직접 술어로 쓰일 수 있지만 명사를 수식할 때에는 관형어 표지가 필요하다.

부사 내부에는 다소 큰 이질성이 존재하며 기능도 다양하여 명사를 제외한 동사, 형용사, 부사, 부치사, 문장 전체를 수식할 수 있다. 문장을 수식하는 부사는 일반적으로 영어의 frankly(솔직히)와 같이 전체 사건에 대한 화자의 태도를 나타낸다. 동사나 동사구를 수식하는 부사는 시간(표준중국어의 已经 등), 장소(영어의 here 등), 방식(영어의 quickly 등), 방향(영어의 downwards 등) 등을 나타낸다. 형용사를 수식하는 부사는 표준중국어의 非常(매우) 등과 같이 정도를 나타낸다. 한편 의미가 미치는 범위에 따라 부사를 사건 부사(event adverb), 명제 부사(propositional adverb), 발화 행위 부사(speech-act adverb) 등으로 분류하기도 한다(Bisang 2011:300 참조). 많은 언어에서 방식 부사는 형태 수단을 통하여 형용사로부터 파생된다. 예를 들어 영어의 happily, nationally 등이 그러하다. 또한 (14)-(16)과 같이 프랑스어에서 방식 부사, 문장 부사, 정도 부사는 형용사의 여성 단수 형식에 -ment을 더하여 만들 수 있다.

(14) lente-**ment**
　　　느리다.여성단수-부사표지
　　천천히

---

[11] [역자 주] 반투(Bantu)어의 주요 언어로 잠비아 북부 지역의 벰바족이 주로 사용하며 니제르콩고어족에 속한다.

(15) malheureuse-**ment**
   불행하다.여성단수-부사표지
   불행히

(16) active-**ment**
   활발하다.여성단수-부사표지
   활발히

부사의 품사 규모 역시 차이가 크다. 어떤 언어에서는 부사가 폐쇄성 품사이며 대부분 명사나 형용사 구조로 그 의미를 나타낸다. 예를 들어 아랍어에서 부사는 폐쇄성 품사이며 (17), (18)처럼 명사나 형용사의 목적격 형식으로 부사의 의미를 나타낸다.

(17) yom-**an**
   날-목적격
   날마다

(18) sarɛ-**an**
   신속하다-목적격
   신속히

타갈로그어에는 방식 부사가 존재하지 않아 형용사 앞에 nang을 더하여 방식 부사의 의미를 나타낸다.

(19) **nang** mabilis
   부사표지 빠른
   재빨리

(20) **nang** malakas
   부사표지 요란한
   요란하게

일부 언어에서는 형용사가 직접 동사를 수식하여 방식 부사의 의미를 나타낼 수 있다. 예를 들어 트리케(Trique)어[12]에서 형용사는 동사도 수식할 수 있고 명사도 수식할 수 있으며, 중국어도 기본적으로 이와 같다. 한편 일본의 아이누(Ainu)어[13] 같은 언어는 독립된 형용사도 없고 부사도 없으며 상태 동사가 이에 상응하는 기능을 대신한다 (Velupillai 2012:131). 종합어에 해당하는 여러 언어들에서는 동사의 접사가 부사의 의미를 나타낼 수 있다. 예를 들어 에스키모어에서 부사 의미를 나타내는 접사는 대부분 동사의 어근과 굴절 접사 사이에 위치한다. 예를 들어 -kasik(불행히) 등과 같다.

3.2. 폐쇄성 품사

모든 언어에 개방성 품사와 폐쇄성 품사의 구분이 있는 것은 아니다. 어떤 연구자들은 자신들의 모어에 폐쇄성 품사가 없다고 주장한다. 그러나 일반적으로 감탄사는 가장 보편적인 폐쇄성 품사라고 할 수 있다. 일부 학자들은 폐쇄성 품사가 언어 형태유형과 관련이 있으며, 종합어보다 분석어에 폐쇄성 품사가 많다고 본다. 이는 종합어에서 형태 표지로 나타내는 문법 의미를 분석어에서는 기능어와 같은 폐쇄성 품사로 나타내는 경우가 훨씬 많기 때문이다. 이러한 분석은 설득력이 있다. 형태 변화가 다양한 언어일수록 폐쇄성 품사의 출현이 적으며, 중국어와 같이 고립어이자 분석어인 언어는 굴절 형태가 적기 때문에 폐쇄성 기능어가 상대적으로 풍부하다. 폐쇄성 품사의 종류에는 대명사, 관사, 양화사, 분류사 등의 명사와 관련된 기능어가 있다. 그리고 조동사, 동사 불변화사 등의 동사와 관련된 기능어, 접속사가 있으며 어기사, 감탄사 등도 폐쇄성 품사에 속한다.

3.2.1. 대명사

대명사의 하위분류는 (21)과 같다.

---

[12] [역자 주] 멕시코 오아하카(Oaxaca)의 트리케(Trique)족이 사용하는 언어로 사용 인구는 약 26,000명이다.
[13] [역자 주] 일본 홋카이도에서 쿠릴열도, 사할린(Sakhalin) 섬에 걸쳐 살던 아이누족의 언어로 적어도 19개의 방언이 존재하였다. 2007년 기준 아이누어를 사용하는 화자는 10명밖에 되지 않는다.

(21) i. 인칭(personal) 대명사
ii. 재귀(reflexive) 대명사
iii. 상호(reciprocal) 대명사
iv. 지시(demonstrative) 대명사
v. 비한정(indefinite) 대명사
vi. 관계(relative) 대명사
vii. 의문(interrogative) 대명사

인칭 대명사는 담화 중의 인물을 지칭하는 데 쓰인다. 즉, 화자, 청자, 그리고 중국어의 他, 她, 它, 영어의 he, him, she, her, it 등과 같이 화자와 청자를 제외한 인물 혹은 사물을 지칭한다. 대부분의 언어에서 대명사와 명사의 분포는 기본적으로 일치하지만 서로 다른 특징을 갖기도 한다. 예를 들어 영어에서 인칭 대명사는 목적어로 쓰이려면 반드시 동사 바로 뒤에 위치해야 하지만 명사는 그렇지 않다. 즉, put it on은 맞지만 *put on it은 틀린 표현이며 put the hat on과 put on the hat는 모두 맞다. 또 프랑스어에서 인칭 대명사는 직접 목적어이든 간접 목적어이든 모두 반드시 동사 앞에 위치해야 하지만 일반 명사가 목적어로 쓰일 때는 주로 동사 뒤에 위치한다. 그리고 타갈로그어에서는 인칭 대명사가 담당하는 행위자와 화제 성분은 항상 문장 첫 번째 성분의 뒤에 위치하며 명사가 담당하는 행위자와 화제는 항상 동사 뒤에 위치한다. 이러한 예는 모두 대명사 전치 경향을 구체적으로 보여준다. 스와힐리어와 케추아어 등의 언어에서는 주어 대명사와 목적어 대명사를 동사 접사로 대체할 수도 있다. (22)는 케추아어의 예이다.

(22) Maqa-**ma**-**nki**
때리다-나-당신
당신이 나를 때렸다.

인칭 대명사는 인칭을 나타내는 동사 접사와 함께 동시에 출현할 수도 있는데 이때는 강조를 나타내게 된다. 즉, (22)에서 동사 접사 형식만 사용한 것과 비교하면 (23)은 강조를 나타낸다.

(23) **Qam noqata** Maqamanki
　　　당신　나　　때리다.나.당신
　　당신이 **나**를 때렸다.

　재귀 대명사는 주로 문장 내에서 재지시하는 데 쓰이는 대명사로 张三喜欢自己(장싼은 자신을 좋아한다)에서의 自己와 같은 경우이다. 재귀 대명사는 我**自己**做(내가 직접 한다), He **himself** does it(그가 직접 한다)과 같이 중국어와 영어에서는 강조를 나타내기도 하여 강조 대명사와 형태가 같다. 그러나 많은 언어에서 재귀 대명사와 강조 대명사는 서로 다른 형태로 실현된다. 예를 들어 독일어에서 재귀 대명사는 sich이고 강조 대명사는 selbst이다. König & Siemund(2013)가 고찰한 바에 따르면 168개의 표본 언어 가운데 약 56%에 이르는 94개의 언어에서 재귀 대명사와 강조 대명사의 형태가 같다. 어떤 언어에서는 1인칭과 2인칭 대명사가 재귀 대명사로 쓰일 수 있지만 3인칭 대명사는 재귀 형식과 비재귀 형식을 반드시 구분해야 한다. 이는 유형론에서 말하는 함축적 보편성이기도 하다. 즉, 어떤 언어의 1, 2인칭 대명사에 재귀 형식이 있다면 반드시 3인칭의 재귀 형식이 존재한다. 그러나 3인칭의 재귀 형식이 있다고 해서 반드시 1, 2인칭의 재귀 형식이 존재하는 것은 아니다.

　상호 대명사는 문장 내의 선행하는 명사를 동일지시하며 행위자들이 상대방을 향하여 동일한 동작을 하는 것을 나타낸다. 영어의 each other, one another 등이 해당된다. 상호와 재귀에 내재된 의미의 상관성으로 인해 상호 대명사와 재귀 대명사의 관계도 밀접하다. (24)의 아칸어에서는 재귀 대명사를 중복하여 상호 의미를 나타낸다. (24)에서 wɔn ho가 재귀 대명사 '자신'에 해당한다.

(24) Wohuu　　wɔn ho　wɔn ho
　　그들.보았다　그들의 몸　그들의 몸
　　그들은 서로 보았다.

(25) Wohuu　　wɔn ho
　　그들.보았다　그들의 몸
　　그들은 자신을 보았다.

　아칸어는 (24)와 같이 wɔn ho를 중복하여 상호 의미를 나타내는데 독일어에서는 재귀 대명사 sich가 상호 대명사로도 쓰일 수 있다.

지시 대명사는 명사를 대신하는 단어로 영어의 this, that, 중국어의 这, 那 등이 해당되며, 의미에 따라 장소, 개체, 시간, 방식, 정도 등으로 분류할 수 있다. 지시 체계는 거리를 구분하는 방식에 따라 거리 원근을 구분하지 않는 1분, 2분, 3분 심지어 4분의 지시 체계가 존재하며, 이 중 2분, 3분 체계가 가장 많다. 일부 언어에서는 지시 대명사와 3인칭 대명사의 형식이 동일하다.

비한정 대명사는 중국어의 有的, 某人, 某些, 영어의 someone, anything 등이 해당되며 많은 언어에서 중국어, 영어와 같이 둘 이상의 형태소로 구성되어 있다. 이 때 한 형태소는 비한정을 나타내고 다른 형태소는 사람, 사물, 시간 등을 나타내는 주요 명사이다. (26), (27)은 프랑스어의 예이다.

(26) quelqu'un
    어떤.사람
    누군가

(27) quelque chose
    어떤   사물
    어떤 것

더 보편적인 비한정 대명사의 형태는 비한정 표지와 의문 대명사가 결합하여 구성된 것이다. 예를 들어 러시아어의 ktoto(어떤 사람)는 의문사 kto(누구)와 비한정 표지 to가 결합한 것이다. Haspelmath(2013)의 326개 표본 언어 중에서 194개(59.5%)의 언어가 의문 대명사에 기초하여 비한정 대명사를 구성한다. 85개(26.1%)의 언어는 불특정 대상을 지칭하는 명사에 기초하여 구성하며 22개(6.7%)의 언어만 특수하게 독립된 비한정 대명사 형식을 사용한다. 일부 언어에는 비한정 주어를 나타내는 특정 형식이 존재하기도 하는데 이를 비한정 주어 대명사라고 하며 프랑스어의 on, 하우사어의 a 등이 있다.

관계 대명사는 종속절의 표지이면서 동시에 종속절에서 일정한 역할을 하는 대명사이다. 예를 들어 the bike which he bought yesterday(어제 그가 산 자전거)에서 which가 관계 대명사이다. 일반적으로 관계 종속절에서 핵심 명사의 부호화 책략은 비워두기(gap), 관계 대명사, 인칭 대명사 유지 등이 있다. Comrie & Kuteva(2013)에 의하면 주어를 절로 수식할 때 관계 대명사가 쓰이는 언어는 166개 중 12개(7.2%)만 해당되며 비워 두기 책략을 쓰는 언어가 125개(75.3%)로 훨씬 많다.

의문 대명사 역시 중요한 대명사로 의문사 의문문에서 의문의 대상을 지칭한다. 중국어의 什么, 谁 등이 해당되며 문헌에서 주로 wh-의문사라고 한다.

대명사를 비롯한 대사는 본질적으로 기능어로서 명사를 대신할 뿐 아니라(pro-noun) 동사를 대신하고(pro-verb), 형용사를 대신하고(pro-adjective), 부사를 대신할 수 있으며 (pro-adverb), 심지어 문장을 대신하고(pro-sentesce), 절도 대신할(pro-clause) 수 있다. 예를 들어 지시 대명사 这儿는 대명사이고 这么는 대부사이다. 많은 문헌과 언어 자료 표본에서 대사는 비교적 보편적인 품사에 해당한다. 대사의 기능과 분류, 각 언어에서 대사의 형식과 기능의 대응 관계 등에 대해서는 더 연구해 볼 가치가 있다.

3.2.2. 명사와 관련된 기능어

명사와 관련된 기능어에는 역할 표지(role marker), 양화사(quantifier), 분류사 (classifier), 관사(article)가 있다. 역할 표지는 격 표지(case marker), 담화 표지(discourse marker) 및 부치사(adposition)를 포함한다. 격 표지는 명사구의 통사 및 의미 기능을 나타내며, 일본어의 주격 표지 ga, 타갈로그어에서 행위자를 나타내는 ni 등이 해당된다. 담화 표지는 명사구의 담화적 역할을 나타낸다. 일본어의 wa가 그러한 예이다. 의미역 표지가 명사 앞에 오면 전치사이며 중국어의 把, 用, 在, 从, 向 등과 같다. 의미역 표지가 명사 뒤에 오면 후치사이며 중국어의 中, 里, 下, 上, 一样 등이 그 예이다. 이밖에 대부분의 언어에서 드물게 나타나는 중치사가 있다. Dryer(2013a)는 1,183개의 표본 언어를 대상으로 부치사와 명사구의 위치 관계를 조사한 바 있다. 이중 576개(48.7%)의 언어에서 전치사를 사용하고 511개(43.2%)는 후치사를 사용하며, 중치사를 사용하는 언어는 8종류(0.7%) 뿐이다. 또한 58개(4.9%)의 언어에서는 한 가지 이상의 부치사를 사용하며, 30개(2.5%)의 언어는 부치사를 사용하지 않는다.

유형론 학자들은 인류 언어의 기본 어순이 전치사 또는 후치사 사용과 관련이 있다는 것을 발견하였다. Greenberg(1963:62)는 동사가 앞에 위치하는 언어들은 전치사를 주로 선택하고 동사가 끝에 오는 언어들은 후치사를 자주 사용한다는 점을 밝혔다. 한편 동사가 중간에 놓이는 언어는 부치사의 선택이 그다지 명료하지 않은데, 대부분은 전치사를 선택하며 일부 언어는 후치사를 선택하기도 한다고 보았다. 또한 표준중국어와 같이 전치사와 후치사가 모두 사용되는 언어도 있다. 부치사는 기능에 있어 격, 담화 역할 외에 영어의 on, under, beside와 같이 위치 관계를 나타내기도 한다.

어떤 언어는 역할 표지가 없고 어순이나 접사를 통해 그에 상응하는 기능을 구현하기도 한다. 예를 들어 영어와 중국어에서는 어순으로 주어와 목적어를 구분하며 라틴어와 왈피리(Warlpiri)어[14]에서는 격 표지로 주어와 목적어를 구분한다. 또 구문과 어조로 명사의 역할 기능을 나타내는 언어도 있는데, 예를 들어 소말리아어에서는 초점 표지 baa가 그 기능을 하며 영어를 비롯한 다른 언어에서는 분열 구조나 강세 등으로 나타낼 수 있다.

유형론에서는 절대적인 통사 현상이 매우 드물다. 일반적으로 명사와 동사의 의미 관계는 모두 명사의 표지로 나타낼 수 있다. 그러나 이는 절대적인 것은 아니며 명사의 역할을 나타내는 표지가 동사에 표시되기도 한다. 예를 들어 (28)의 스와힐리어는 동사에 영어의 for에 해당하는 접사 -i-를 사용하여 수혜자를 나타낸다.

(28) Ni-li-m-p-i-a   chakula   mwanamke
　　　나-과거-그녀-주다-위하여-영형식 　음식 　　여자
　　　나는 그 여자를 위하여 음식을 주었다.

(28)에서 동사 뒤에 부가된 표지 -i-는 상대에게 혜택이 간다는 것을 나타낸다. 이는 동사에 -i-표지가 없는 (29)와 비교해 보면 수혜의 의미가 분명해진다.

(29) Ni-li-m-p-a   chakula   mwanamke
　　　나-과거-그녀-주다-영형식 　음식 　　여자
　　　나는 그 여자에게 음식을 주었다.

양화사는 다수의 언어에서 명사와 결합하는 기능어로 주로 명사의 수량과 범위를 나타낸다. 의미 측면에서 양화사는 전칭 양화사(universal quantifier)와 존재 양화사(existential quantifier)로 나눌 수 있다. 전자의 예로는 표준중국어와 영어의 所有, 每,

---

[14] [역자 주] 오스트레일리아 북부의 왈피리(Warlpiri)족이 사용하는 언어로 파마늉안(Pama-Nyungan) 어족에 속하며 오스트레일리아에서 사용 인구가 가장 많은 토착어이다.

all, each 등이 해당되며 후자의 예로는 一些, some, few 등이 해당된다. 언어마다 양화사가 출현하기 위한 통사 의미 환경의 조건이 다른데, 타갈로그어 같은 경우 명사가 복수 형식이면 양화사와 결합해야 한다. 또 어떤 언어에서는 양화사가 명사의 의미 특징에 따라 변화한다. 예를 들어 아칸어의 아쿠아펨(Akuapem) 방언에서는 명사가 사람인지의 여부에 따라 양화사가 두 가지로 나뉜다.

(30) nnipa   baanu
     사람   둘
     두 사람

(31) mmoa   abien
     동물   둘
     동물 두 마리

분류사는 전통 중국어 문법에서는 '양사'라고 하는데 양화사와 혼동되기 쉽다. 중국어의 양사 个, 只, 张, 条 등은 분류의 성질을 가지고 있으므로 분류사라고 할 수 있으며, 다수의 언어에서 명사가 수사의 수식을 받을 때 통사적으로 분류사가 필요하다. 분류사의 수량은 언어마다 차이가 있다. 태국어에는 60여 개가 넘는 분류사가 있는데 수사가 확정된 양을 나타낼 때에만 분류사를 사용할 수 있다. 분류사가 있는 언어라면 거의 대부분의 경우 일정한 조건에서 명사는 분류사를 필요로 한다. 중국어는 분류사가 있으나 영어는 분류사가 없다. 그리고 어떤 언어에서는 하나의 명사가 여러 종류의 분류사의 수식을 받아 각기 다른 의미를 나타내기도 한다. (32)의 태국어에 그러한 예가 나타난다.

(32) a. kluay sii kreua
        바나나 넷 꾸러미
        바나나 네 꾸러미

    b. kluay sii wii
       바나나 넷 송이
       바나나 네 송이

    c. kluay sii bai
       바나나 넷 개
       바나나 네 개

kreua는 꾸러미를 나타내고 wii는 송이를 나타내며 bai는 중국어의 根이나 只에 상당한다.

 명사 앞에 어떤 분류사를 쓰는가는 일반적으로 명사의 특징에 따라 결정된다. 그러나 명사와 분류사의 결합 관계는 그 경계와 기준이 명확하지는 않다. 동일한 명사에 두 가지 이상의 분류사를 사용할 수도 있다. 예를 들어 중국어의 床单(침대보)은 条와 床을 모두 사용할 수 있으며, 우(吳)방언의 경우 根을 사용하기도 한다. 이와 같이 경계가 불분명한 현상은 인도유럽어족에 속하는 일부 언어의 성 체계에서도 나타나는데, 어떤 명사는 한 언어에서는 여성을 표지하는 반면 다른 언어에서는 남성을 표지한다(6.2 참조).

 관사는 명사구의 한정, 비한정 등의 지칭 속성을 나타내며, 영어의 정관사 the와 부정관사 a/an이 해당된다. 지시성 형용사나 수식사도 통사 의미상 관사와 일치하기 때문에 관사와 통사적인 상보적 분포를 이룬다. 예를 들어 *this the girl과 같이 관사와 지시성 형용사는 일반적으로 동시에 사용될 수 없다. 그러나 예외도 존재한다. 헤브라이어의 정관사와 지시사는 ha-ish ha-ze(정관사-남자 정관사-이, 이 남자)와 같이 공기할 수 있다. 의미상 지시성 형용사나 수식사는 모두 지시를 하는 데 쓰인다. Dryer(2013b)의 통계에 따르면 620개의 표본 언어 가운데 69개(11.1%)의 언어에서 지시사로 한정을 나타낸다. 한편 통시적으로 보면 정관사는 지시사에서 비롯된 경우가 많다. 예를 들어 영어의 the는 지시사 that에서 기원하였다. 또한 어떤 언어에는 관사와 명사 간에도 일치 관계가 존재한다. 예를 들어 (33)-(35)의 독일어는 정관사에 명사의 성, 수, 격을 표지한다.

(33) der   Mann
   그.주격.단수.남성   남자
   그 남자

(34) die   Frau
   그.주격.단수.여성   여자
   그 여자

(35) das   Buch
   그.주격.단수.중성   책
   그 책

어떤 언어에는 관사가 없고 형태 수단으로 관사의 기능을 나타낸다. 유마(Yuma)어[15]가 이러한 언어에 해당된다.

(36) a. ʔa·ve-**va**-c
　　　뱀-이-주격
　　　이 뱀

b. ʔa·ve-**n**^{y}-c
　　　뱀-그-주격
　　　그 뱀

c. ʔa·ve-**sa**-c
　　　뱀-저(원칭)-주격
　　　저 뱀

억양으로 명사의 한정성 여부를 나타내는 언어도 있는데 밤바라(Bambara)어[16]는 한정성을 갖는 명사는 마지막에서 낮은음높이가 실현된다.

3.2.3. 동사와 관련된 기능어

동사와 관련된 기능어에는 조동사(auxiliary verb)와 동사 불변화사(verb particle)가 있다. 조동사는 기본적으로 동사가 문법화된 것으로 공시적으로 중국어와 영어에서는 여전히 동사의 한 종류로 분석하기도 한다. 조동사가 출현한 문장은 일반적으로 의미 내용을 나타내는 주요 동사(main verb)와 함께 쓰인다. 조동사는 주로 동사의 시제, 상, 양태, 태, 극성 등의 문법 의미를 나타낸다. 예를 들어 要放假了(곧 방학이다), I **have** known(나는 알았었다), 他会回来的(그는 돌아올 것이다), it **was** done(끝났다), he **won't** go(그는 가지 않을 것이다) 등과 같다. 어떤 언어에서는 조동사가 두 개 이상 출현할 수 있는데, He **must have been** working(그는 일을 했음에 틀림없다)과 같이 그 순서는 기본적으로 고정되어 있다.

Greenberg(1963)는 굴절 변화가 있는 조동사와 동사의 위치 관계가 그 언어에서 다른

---

[15] [역자 주] 미국 애리조나 남서부의 유마(Yuma)족이 사용하는 언어이다.
[16] [역자 주] 서아프리카 말리(Mali)공화국의 밤바라족이 사용하는 언어로 말리공화국 인구의 약 80%가 제1언어 또는 제2언어로 밤바라어를 구사한다.

어순과 관련이 있다는 점에 주목하였다. 즉, 조동사와 동사의 위치 관계는 동사와 목적어의 위치 관계와 일치하는 경향이 있다. 굴절 변화를 하는 조동사는 VO 언어에서는 주요 동사 앞에 놓이고 OV 언어에서 주요 동사 뒤에 위치한다. 또한 어떤 언어에서는 특정 범주를 나타낼 때 조동사를 사용할 수도 있고 접사나 굴절 형태를 사용할 수도 있다. 예를 들어 영어는 시제 범주에서 조동사 will로 미래를 나타내고 굴절 형태 -ed를 써서 과거를 나타낸다.

동사 불변화사는 굴절 변화가 없는 폐쇄성 품사이며 동사와 함께 출현해야 한다. 영어의 turn off의 off가 이에 해당한다. 일반적인 상황에서 불변화사는 방위나 방향을 나타내는 등 비교적 명확한 의미를 가지지만, hurry **up**의 up, break **down**의 down 등과 같이 일부 불변화사는 동사가 변화함에 따라 의미가 변화하여 독립된 의미를 갖지 않기도 한다. 중국어에는 동사와 함께 출현하는 불변화사가 있는데 전통 문법에서는 이를 방향 동사의 일부로 본다. 过上好日子(좋은 나날을 보내게 되었다), 看上一个姑娘(한 아가씨에게 반하였다), 拿下了对手(상대를 점령하였다), 对上了眼(눈길이 마주쳤다), 干成(성사시키다), 看来(보아하니) 등의 예가 있다. 이들은 의미는 이미 문법화하였지만 해당 구조에서 반드시 필요한 요소이다. 많은 언어에서 일부 불변화사는 동시에 부치사로 쓰이기도 하여 이른바 다기능어이다. 중국어의 上, 下 등이 그러한 경우에 해당한다. 그러나 동사의 불변화사와 부치사가 완전히 다른 언어도 있다. 그리고 불변화사와 동사는 위치상으로 반드시 인접해야 하는 것은 아니며 (37a)처럼 분리되어 쓰일 수도 있다.

(37) a. John looked two words **up**.
　　　　존　　보다　　둘　　단어　　불변화사
　　　존은 단어 두 개를 검색하였다.
　　b. John looked **up** two words.
　　　　존　　보다　　불변화사　둘　　단어
　　　존은 단어 두 개를 검색하였다.

3.2.4. 접속사 및 기타 품사

접속사는 주로 단어, 구, 절을 연결하는 품사로 대부분의 언어에 존재한다. 크게 병렬 접속사(coordinating conjunction)와 종속 접속사(subordinating conjunction)로 나눌 수 있다. 和, 而, 并, 并且, 或者, and, or, but 등의 병렬 접속사가 연결하는 두 성분은 통사적으로 지위가 대등하며, 虽然, 但是, 不但, 而且, whether, that, although 등과 같은 종속 접속사가 연결하는 두 성분은 주종 관계를 갖는다.

병렬 접속사가 연결하는 성분은 지위가 대등하므로 두 통사 성분 사이에 위치하는 것이 가장 합리적이지만 병렬 접속사가 어느 한 성분과 더 긴밀한 관계를 갖는다는 예증이 매우 많다. 운율적으로 어떤 언어는 접속사 앞에 휴지가 있고, 어떤 언어는 접속사 뒤에 휴지가 있다. 영어(and)와 중국어(和)는 접속사 앞에 휴지를 둘 수 있어 전치 부가라고 할 수 있고 일본어는 접속사 뒤에서 휴지가 발생하므로 후치 부가라고 할 수 있다. 이러한 전치 부가성과 후치 부가성은 그 언어에서 전치사 또는 후치사를 사용하는 경향과 일치한다. 이는 또한 동사와 목적어의 어순과도 직접적으로 관련된다.

병렬 접속사가 명사(구), 동사(구), 형용사(구), 부사, 부치사, 절 등을 연결하는 언어도 있고 일본어나 하우사어 등에서는 명사와 명사구만 연결할 수 있다. 또한 어떤 언어에서는 통사적 성질이 서로 다른 성분을 연결할 때 사용되는 병렬 접속사가 다르다. Payne(1985:5)는 문장-동사구-형용사구-전치사구-명사구(S-VP-AP-PP-NP)와 같은 연속 체계를 제시하였다. 어떤 언어에서 병렬 접속사 형식은 이러한 서열의 어느 연속 구역에서 사용된다. 또한 병렬 항목 간의 논리 관계에 따라 각기 다른 병렬 접속사를 선택할 수도 있는데 和, and와 같은 결합 병렬 접속사와 或者, or 등의 분리 병렬 접속사가 있다. 영어의 and와 with는 서로 다른 연접 의미를 나타내는데 중국어에서는 跟으로 with와 and의 뜻을 모두 나타낸다. 명사성 성분만 연결할 수 있는 병렬 접속사는 대부분 전치사나 후치사에서 발전한 것으로 중국어 跟은 전치사에서 비롯하였다.

종속 접속사도 전치 또는 후치 경향이 있다. (38)의 타갈로그어의 종속 접속사는 전치 경향이 있으며, (39)의 우즈벡어의 종속 접속사는 후치하는 경향이 강하다.

(38) Itinanong ko   **kung** nasaan sila
 　　　물었다   　나　접속사　　어디　　그들
 　　나는 그들이 어디에 있는지 물었다.

(39) Ula Hasan gayeraæ ketkæn **dep** suradɨ
 　　그들　핫산　　어디　　　갔다　접속사　물었다
 　　그들은 핫산이 어디로 가버렸는지 물었다.

종속 접속사 역시 그 언어의 기본 어순 유형 및 전치사나 후치사를 쓰는 경향과 관련이 있다. 종속 접속사는 통사적으로 보문소(complementizer)로 관계 종속절을 표시하거나 부사절을 표시하는 기능을 한다. (40)에서 that이 보문소이다.

(40) I   am   afraid   **that**   I   must   leave.
　　 나   계사   두렵다   보문소   나   조동사   떠나다
　　 내가 떠나야 할 것 같다.

종속 접속사가 종속절을 표시하는 것은 관계 대명사와는 다르다. 관계 대명사는 절 내에서 성분이 되지만 종속 접속사는 두 개의 절을 연결하는 역할을 한다. (41)은 하우사어의 예이다. (41)에서 da는 순수한 관계 접속사로서 후행하는 절에서 문장성분이 되지는 않는다.

(41) Na   ga   mutumin   **da**   ya   yi   aikin
　　 나.완료상 보다 그 남자   관계사   그.완료상 하다   일
　　 나는 그 일을 하는 남자를 보았다.

어떤 언어는 관계 접속사 없이 특정한 관계 대명사나 관계 동사로 절 사이의 관계를 나타낸다.

종속 관계 접속사가 이끄는 절은 부사의 기능을 하여 동사의 시간, 목적, 결과 등을 나타낼 수 있다. 어떤 언어에서는 부사어 종속절의 접속사를 주절의 다른 접속사와 호응하여 사용한다. 표준중국어의 因为…所以…가 그 예이다. 또한 부사어 종속절의 접속사를 반드시 주절의 접속사와 호응해야 하는 언어도 있다. 부사어 종속 접속사의 위치는 일정한 경향을 띠는데, Dryer(2013c)의 통계에 따르면 659개의 표본 언어 중 398개(60.4%)의 언어에서 부사어 종속 접속사가 절 앞에, 96개(14.6%)의 언어에서는 절의 뒤에, 8개(1.2%)의 언어에서는 종속절 내부에 위치한다.

감탄사는 가장 보편적인 폐쇄성 품사이다. 감탄사의 전형적인 기능은 화자의 감정을 나타내는 것이다. 일반적인 상황에서 감탄사는 독립적인 언어 표현으로서 다른 단어와 통사적으로 결합하지 않으며 어떤 형태 표지도 쓰지 않는다. 또한 감탄사의 말소리 형식은 그 언어의 음운체계를 벗어나는 경우가 많다. 영어에는 조용히 남의 관심을 끌 때

쓰는 psst!(Velupillai 2012:149), 환호를 나타내는 yay, 놀람을 나타내는 wow 등이 있다.

상술한 품사 이외에 계동사, 강조 표지, 중국어의 在, 有 등과 같이 존재를 나타내는 동사, 양태사, 부정사, 예의 표지[17] 등이 폐쇄성 품사에 속한다. 중국어의 是는 계동사이면서 강조 표지로도 쓰인다. 양태는 종류가 다양하여 각각 상응하는 어휘가 있지만 언어마다 분류가 다르다. 부정사에는 동사의 부정을 나타내는 것, 명사의 부정을 나타내는 것, 서로 다른 시간을 부정하는 것이 있다. 예의 표지는 언어마다 복잡한 경우도 있고 상대적으로 간단한 언어도 있는데, 전용 어휘 형식이나 형태 통사 수단을 가진 언어가 있는 반면 우회 형식이나 복잡한 구 형식만 있는 언어도 있다.

3.3. 소결

품사는 문법 기능 각도에서 분류한 것이지만 문법 기능의 본질은 의미 범주이다. 예를 들어 주어의 본질은 진술 대상이나 주제이다. 주어의 가장 자연스러운 단위는 명사이다. 술어는 주어에 대한 설명으로 가장 자연스러운 설명의 단위는 동사나 형용사이다. 관형어는 명사의 속성에 대한 설명이다. 인류 언어의 가장 중요한 기능은 정보를 교류하거나 설명하는 것이다. 따라서 대부분의 언어에는 동사가 있고 다음으로 명사가 있으며 그 다음으로 형용사와 부사가 있다. 이러한 품사들은 발생순서에 따라 동사> 명사> 형용사> 부사와 같은 함축 관계를 형성한다. 구의 핵심어를 지칭하는 품사가 있다면 반드시 구의 핵심어를 서술하는 품사가 있다. 구의 수식어를 충당하는 품사가 있으면 반드시 구의 핵심어를 충당하는 품사가 있다. 즉, 서로 다른 품사가 각각 어떤 구의 핵심어와 수식어를 담당한다면 각각 구를 서술하고 구의 핵심어를 지칭하는 서로 다른 품사가 있다.

명사, 동사, 형용사, 부사는 대부분의 언어에서 개방적이며 그 수량은 시간에 따라 증가하거나 감소한다. 언어학은 내용어와 기능어를 구분하는데, 개방성 품사와 내용어 간에는 엄격한 대응 관계가 없다. 일반적으로 대명사와 수사는 내용어로 간주되며 대부

---

[17] 여기에서의 부류들은 기능 의미 각도에서 구분한 것으로 앞서 소개한 품사와 중복되는 경우가 있다. 예를 들어 여러 언어에서 양태사는 조동사가 충당한다.

분의 언어에서 대명사와 수사는 폐쇄성 품사이다. 따라서 내용어-기능어로 구분하는 것이 더 타당한 분류 체계일 수 있다. 기능어는 통사 구조에서 특정한 문법 기능을 나타내는 단어이다. 양화사, 분류사, 관사, 격 표지, 담화 표지, 부치사, 조동사, 접속사 등이 전형적인 기능어이다. 부치사는 전치사와 후치사, 환치사로 나뉜다.

유형론의 품사 연구에서 추구하는 것은 어떤 단어의 존재가 체계 내의 어느 현상이나 대상과 관련이 있는지, 어떤 단어의 존재가 체계 밖의 어떤 현상이나 대상과 관련이 있는가를 밝히는 것이다. 전자는 개별 품사 내부의 체계성에 대한 해석이고 후자는 개별 품사와 해당 언어체계 전체에 대한 해석이다. 예를 들어 전치사나 후치사의 존재는 VO나 OV와 같은 어순과 관련이 있으며 조동사가 동사에 전치하는가 후치하는가도 VO와 OV의 어순과 관련이 있다. 이와 관련하여 연구해야 할 과제가 많다. 예를 들어 양화사와 분류사의 존재와 관련된 문법 현상, 관사의 전치와 후치와 관련된 현상 등에 대한 연구가 필요하다.

일부 기능어 부류도 연구할 문제가 많다. 예를 들어 부치사, 부사, 접속사는 언어마다 다양한 하위 부류가 있다. 이러한 부류들 간에는 등급의 함축 관계가 존재하여 하위 등급의 존재는 상위 등급의 존재를 함축한다. 언어와 언어 간의 차이는 이러한 부류들의 수량과 등급의 정도(명사, 동사, 형용사를 포함하여)에서도 구현된다. 하위 부류의 수량과 등급의 차이는 세계에 대한 언중의 인식을 구현한다고 할 수 있다. 이러한 차이를 밝힘으로써 언어의 특성을 외부 세계와 연계하여 해석할 수 있다. 이와 같은 문제에 대하여 학자들의 더욱 발전된 연구를 기대한다.

■ 참고문헌

Bisang, W., 2011, Word Classes, In J. J. Song (ed.) *The Oxford Handbook of Linguistic Typology,* Oxford: Oxford University Press.

Comrie, B. and T. Kuteva, 2013, Relativization on Subjects. In M. S. Dryer and M. Haspelmath (eds.) *The World Atlas of Language Structures Online,* Leipzig: Max Planck Institute for Evolutionary Anthropology. (Available online at http://wals.info/chapter/122.)

Croft, W., 1984, Semantic and Pragmatic Correlates to Syntactic Categories, In D. Testen, V. Mishra and J. Drago (eds.) *Papers from the Parasession on Lexical Semantics,* Chicago: Chicago Linguistics Society, pp.53-70.

Dixon, R. M. W., 1977, Where Have All the Adjectives Gone? *Studies in Language* 1:19-80.

Dixon, R. M. W., 1995, Complement Clauses and Complement Strategies, In F. R. Palmer (ed.) *Grammar and Meaning: Essays in Honour of Sir John Lyons,* Cambridge: Cambridge University Press, pp.175-220.

Dryer, M. S., 2013a, Order of Adposition and Noun Phrase, In M. S. Dryer and M. Haspelmath (eds.) *The World Atlas of Language Structures Online,* Leipzig: Max Planck Institute for Evolutionary Anthropology, http://wals.info/chapter/85.

Dryer, M. S., 2013b, Definite Articles, In M. S. Dryer and M. Haspelmath (eds.) *The World Atlas of Language Structures Online,* Leipzig: Max Planck Institute for Evolutionary Anthropology, http://wals.info/chapter/37.

Dryer, M. S., 2013c, Order of Adverbial Subordinator and Clause, In M. S. Dryer and M. Haspelmath (eds.) *The World Atlas of Language Structures Online,* Leipzig: Max Planck Institute for Evolutionary Anthropology, http://wals.info/chapter/94.

Fries, C., 1952, *The Structure of English,* New York: Harcourt Brace.

Givón, T., 1984, *Syntax: A Functional-typological Introduction,* vol.1, Amsterdam: John Benjamins.

Greenberg, J. H., 1963, Some Universals of Grammar with Particular Reference to the Order of Meaningful Elements, In J. H. Greenberg (ed.) *Universals of Language.* Cambridge: MIT Press, pp.73-113.

Haspelmath, M., 2013, Indefinite Pronouns, In M. S. Dryer and M. Haspelmath (eds.) *The World Atlas of Language Structures Online,* Leipzig: Max Planck Institute for Evolutionary Anthropology, http://wals.info/chapter/46.

Hengeveld, K., 1992, Non-verbal Predication, In M. Kefer and J. van der Auwera (eds.) *Meaning and Grammar: Cross-linguistec Perspectives,* Berlin/New York: Mouton de Gruyter, pp.77-94.

Hengeveld, K., 2007, Parts-of-speech Systems and Morphological Types, *ACLC Working Papers* 2.1:31-48.

Hengeveld, K., 2013, Parts-of-speech Systems as a Basic Typological Determinant, In J. Rijkhoff and E. van Lier (eds.) *Flexible Word Classes: Typological Studies of Underspecified Parts of Speech,* Oxford: Oxford University Press, pp.31-55.

Hengeveld, K., J. Rijkhoff and A. Siewierska, 2004, Parts-of-speech Systems and Word Order, *Linguistics* 40:527-570.

Hengeveld, K. and Eva van Lier, 2010, The Implicational Map of Parts-of-speech, *Linguistic Discovery* 8.1:129-156.

Hengeveld, K. and M. Valstar, 2010, Parts-of-speech Systems and Lexical Subclasses, *Linguistics in Amsterdam* 3.1:1-20.

Hopper, P. J. and S. A. Thompson, 1984, The Discourse Basis for Lexical Categories in Universal Grammar, *Language* 60:703-752.

König, E. and P. Siemund, 2013, Intensifiers and Reflexive Pronouns, In M. S. Dryer and M. Haspelmath (eds.) *The World Atlas of Language Structures Online,* Leipzig: Max Planck Institute for Evolutionary Anthropology. (Available online at http://wals.info/chapter/47.)

Koptjevskaja-Tamm, M., M. Vanhove and P. Koch, 2007, Typological Approaches to Lexical Semantics, *Linguistic Typology* 11.1:159-186.

Koptjevskaja-Tamm, M., 2012, New Directions in Lexical Typology, *Linguistics* 50.3:373-394.

Lyons, J., 1968, *Introduction to Theoretical Linguistics,* Cambridge: Cambridge University Press.

Lyons, J., 1977, *Semantics,* Cambridge: Cambridge University Press.

Mithun, M., 1976, *A Grammar of Tuscarora,* New York: Garland.

Payne, J. R., 1985, Complex Phrases and Complex Sentences, In T. Shopen (ed.) *Language Typology and Syntactic Description* vol. II, Cambridge: Cambridge University Press.

Robins, R. H., 1964, *General Linguistics: An Introductory Survey,* London: Longmans Green and Co.

Schachter, P. and T. Shopen, 2007, Parts-of-speech Systems, In T. Shopen (ed.) *Language Typology and Syntactic Description,* vol. 1(2nd edition), Cambridge: Cambridge University Press, pp.1-60.

Velupillai, V., 2012, *An Introduction to Linguistic Typology*, Amsterdam: John Benjamins.

Wierzbicka, A., 2000, Lexical Prototypes as a Universal Basis for Cross-linguistic Identification of Parts of Speech, In P. M. Vogel and B. Comrie (eds.) *Approaches to the Typology of Word Classes,* Berlin: Mouton de Gruyter, pp.285-317.

4장 기본 논항의 격 할당 유형*

언어의 주요 기능 중 하나는 사건을 기술하는 것으로, 사건은 일반적으로 핵심 동사와 사건의 참여자인 명사나 대명사에 의해 표현된다. 범언어적으로 동작이나 행위를 나타내는 문장은 동사 및 동사와 관련된 명사 또는 대명사 논항으로 구성된다. 어순유형론은 동사를 기준으로 그와 밀접한 관계를 가지는 명사 간의 관계, 즉 주어(S), 동사(V), 목적어(O)의 6가지 논리적 어순을 다룬다. 사실 주어와 목적어라는 통사성분으로 모든 언어의 동사 논항을 개괄하는 것은 정확한 방법이 아니다. 인류 언어의 통사 구조에서 기본 논항과 동사의 격 할당이 주어, 목적어와 동사 간의 관계로 완전히 해석될 수 없기 때문이다. 4장에서는 동사와 기본 논항 간의 격 할당 유형에 대해 논의한다. 세 개 이상의 논항 관계 역시 본질적으로는 두 개의 논항 문제로 이해할 수 있기 때문에 동사와 두 개의 직접 논항 간의 일반적인 관계를 중심으로 논의를 진행할 것이다.

4.1. 기본 논항의 형태 표지 유형

일반적으로 동사는 통사적 혹은 의미적으로 타동과 자동의 두 유형으로 구분할 수 있다. 타동사는 행위자와 동작행위가 영향을 미치는 또 다른 대상을 가지기 때문에 두 개의 명사와 통사·의미 관계를 맺게 된다. 반면 자동사는 다른 대상에 영향을 미치지 않기 때문에 오직 한 개의 명사와만 통사·의미 관계를 가지게 된다.

---

* 4장의 수정을 위해 의견을 주신 罗天华 선생에게 감사를 표한다.

하나의 동사가 두 개의 명사와 통사의미 관계를 가질 때 언어의 도상성 원리에 따라 해당 명사들을 구분할 필요가 있다. 특히 두 명사가 동사를 기준으로 모두 한 쪽에 위치하고 있다면 의미 구별의 필요성은 더욱 명백해진다. 따라서 언어 도상성 기제에 의해서 특히 명사가 동사의 한 쪽에만 배열되는 언어에서는 동사와 관련된 명사의 의미역을 나타내는 표지(mark) 체계가 발달하게 된다. 앞서 언급하였듯이 동사는 크게 타동사와 자동사로 구분할 수 있다. 타동사는 행위자(agent)와 수동자(patient)를 나타내는 두 개의 명사와 통사의미 관계를 가지며, 자동사는 오직 하나의 명사, 즉 당사자(S, 논리주어)와 통사의미 관계를 가진다. 즉, 동사는 행위자와 수동자 그리고 당사자에 해당하는 세 개의 명사와 통사의미 관계를 맺게 된다. 만약 특정한 표지를 사용하여 해당 명사들과 동사의 관계를 구분한다면 논리적으로 아래와 같은 5가지 가능성이 존재한다.

i. 3표지 방식: 타동사와 관련된 두 개의 명사에 각각 다른 표지를 사용하고, 자동사의 명사에는 또 다른 표지를 사용한다. 즉, 행위자, 당사자, 수동자를 모두 다른 표지를 사용하여 나타낸다.
ii. 2표지 방식(1): 타동사의 행위자와 자동사의 당사자에 동일한 표지를 사용하고, 타동사의 수동자에는 다른 표지를 사용한다.
iii. 2표지 방식(2): 타동사의 행위자에 한 가지 표지를 사용하고, 타동사의 수동자과 자동사의 당사자에는 동일한 표지를 사용한다.
iv. 2표지 방식(3): 타동사의 행위자와 수동자에 동일한 표지를 사용하고, 자동사의 당사자에는 다른 표지를 사용한다.
v. 1표지 방식: 세 개의 명사에 모두 동일한 표지를 사용한다. 즉, 행위자와 수동자, 당사자를 구분하지 않으며, 이는 모든 명사에 표지를 사용하지 않는 것과 같다.

이 5가지 표지 방식은 (1)과 같이 도식화할 수 있다.

(1) 행위자, 당사자, 수동자의 격 할당
    i. 3표지 방식(모두 구분):

ii. 2표지 방식(1):

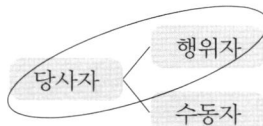

iii. 2표지 방식(2):

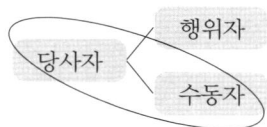

iv. 2표지 방식(3):

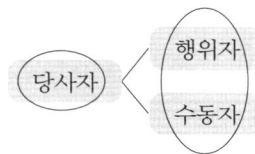

v. 1표지 방식(모두 구분하지 않음):

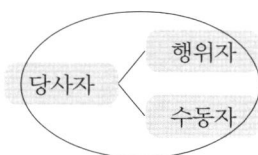

(1)의 5가지 표지 방식에서 네 번째 방식, 즉 2표지 방식(3)을 사용하는 언어는 아직 발견되지 않았다. 3표지 방식을 사용하는 언어 또한 아주 소수 발견되는데, Dixon(1994: 41)에 의하면 왕쿠마라(Wangkumara)어,[1] 가라리(Galali)어[2]와 같은 오스트레일리아의 일부 언어에 유사한 현상이 존재한다. 1표지 방식은 어순이 매우 엄격하고 특정한 문법 형태 표지가 없는 일부 언어에서 찾아 볼 수 있다. 예를 들어 중국어에서 주어 위치에 있는 명사는 행위자, 수동자, 당사자를 막론하고 모두 형태 표지를 가지지 않는다. 만약

---

[1] [역자 주] 오스트레일리아 퀸즈랜드 지역의 원주민 언어로 파마늉안어족에 속하며 2005년에 사멸된 것으로 추정된다.

[2] [역자 주] 오스트레일리아 퀸즈랜드와 뉴사우스웨일스 지역의 원주민 언어로 파마늉안어족에 속하며 시기는 명확하지 않으나 이미 사멸된 것으로 추정된다.

SVO 언어에서 동사의 앞과 뒤라는 통사 위치를 동사와 명사의 일치 관계를 나타내는 일종의 형태 표지로 본다면, 행위자, 수동자, 당사자를 전혀 구분하지 않는 언어는 거의 존재하지 않는다.

(1)의 5가지 방식에서 ii와 iii의 표지 방식을 사용하는 언어가 가장 많이 보인다. ii의 2표지 방식(1)을 사용하는 언어를 주-대격 언어라고 하며 대표적으로 영어와 일본어가 이 유형에 속한다. 영어에는 주어와 동사 간의 수 일치와 인칭 일치가 일부 존재하는데, 인칭 대명사가 자동사와 타동사의 주어로 쓰일 때와 타동사의 목적어로 쓰일 때 각각 주격과 대격 형식을 사용한다. 일본어는 타동사의 행위자와 자동사의 당사자는 모두 주격 표지인 -ga(が)를 사용하고, 타동사의 수동자 목적어는 대격 표지 -o(お)를 사용하여 구분한다.

iii의 2표지 방식(2)는 주-대격 언어에 익숙한 사람들에게는 조금 생소할 수도 있다. 이 표지 방식을 사용하는 언어를 능-통격 언어라고 하는데, 이는 타동사의 주어를 표시하는 표지와 다른 두 개의 통사 성분, 즉 타동사의 목적어와 자동사의 주어가 대립하기 때문이다. 이때 타동사의 주어가 되는 논항을 능격(ergative)이라 하며, 타동사의 목적어와 자동사의 주어가 되는 논항을 통격(absolutive)이라고 한다. 이러한 표지 방식을 사용하고 있는 언어에는 과테말라의 키체(K'iche')어[3]와 유와라라이(Yuwaalaraay)어[4]가 있다(능격 언어에 대한 자세한 논의는 8.2-8.3 참조).

논항과 동사 간의 표지 방식은 크게 주-대격과 능-통격으로 나눌 수 있다. 주-대격 언어의 주격은 타동사의 행위자와 자동사의 주어를 포함하는 개념이며, 대격은 타동사의 수동자 목적어에 해당한다. 능-통격 언어의 통격(이하 통어)은 자동사의 주어와 타동사의 목적어를 포함한 개념이며, 능격(이하 능어)는 타동사의 행위자 주어에 해당한다. Dixon(1979:61)이 제시한 주-대격 언어와 능-통격 언어의 격 할당을 도식화하면 (2)와 같다.

---

[3] [역자 주] 과테말라의 중앙고원지역에서 주로 사용하는 언어로 마야(Mayan)어족에 속하며 사용 인구는 약 230만 명이다.

[4] [역자 주] 오스트레일리아 뉴사우스웨일즈 지역의 원주민 언어로 파마늉안어족에 속하며, 2007년에 사멸한 것으로 추정된다.

(2) 주-대격 언어와 능-통격 언어의 체계

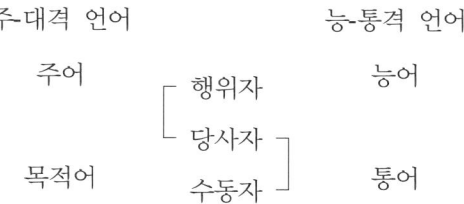

주-대격 언어에서 주어는 일반적으로 화제(topic)의 성질을 가지며, 대부분의 상황에서 주어가 곧 화제이다. 그러나 주어는 존재하지만 목적어가 존재하지 않는 경우도 다수 존재한다. 즉, 한 문장 안에서 주어는 필수적이지만 목적어는 필수 성분이 아니다. 반면 한 문장 안에 목적어가 있으면 반드시 주어도 존재해야 하며, 이는 주어가 생략된 경우와 영형식 주어도 포함한다. 즉, 'S(주어) + V(동사)'가 가장 일반적인 구조이며, 이 때 타동사의 행위자 또는 자동사의 당사자가 문장의 주어가 되는 것이 가장 일반적인 통사적 격 할당이다. 타동사의 수동자가 문장의 주어가 되는 것은 일반적이지 않는 통사적 격 할당이며, 이 때는 주로 피동문이나 화제문을 구성한다. 즉, 피동문이나 화제문을 통해 원래의 수동자 목적어가 문장의 주어로 쓰이는 것이다.

반면 능-통격 언어에서는 통어가 화제의 성질을 갖고 있으며, 대부분의 경우 통어와 동사가 가장 일반적인 통사 구조를 구성한다. 따라서 타동사의 수동자와 동사가 '통어 + 동사' 구조의 문장을 구성하여도 피동문으로 인식되지 않는다. 한편 능-통격 언어에는 소위 반피동(antipassive)이라는 통사 현상이 존재한다. (3)의 추크치어를 살펴보자 (Kozinsky *et al.* 1988:652).

(3) ʔaaček-a   kimitʔ-ən   ne-nlʔetet-ən
  젊은이-능격　짐-통격　　3인칭복수.주어-나르다-부정과거완전상.3인칭단수.목적어
  그 젊은이가 짐을 날랐다. (타동)

(3)의 첫 번째 성분은 행위자, 즉 능어(능격 표지 -a)이며, 두 번째 성분은 통어(통격 표지 -ən)이다. 세 번째 성분이 동사인데 행위자의 복수 표지, 부정과거완전상 표지, 통어의 3인칭 단수 표지를 수반한다. 이를 반피동화하면 (4)와 같다.

(4) ʔaaček-ət   ine-nlʔetet-gʔe-t   kimitʔ-e
    젊은이-통격   반피동-나르다-부정과거완전상.3인칭.단수.주어-복수   짐-도구격
    그 젊은이가 짐을 날랐다. (반피동)

 (3)과 (4)를 비교하면 명제 의미는 기본적으로 동일하지만 태(voice)와 논항의 위치에 변화가 생겼음을 알 수 있다. 첫 번째 성분인 ʔaaček은 능격 표지 -a가 통격 표지인 -ət으로 바뀌었고, 두 번째 성분은 통어 kimitʔ이 아닌 동사 ine-nlʔetet-gʔe-t에 반피동 표지인 ine가 표시되어 있다. 세 번째 성분인 kimitʔ에는 원래의 통격 표지 -ət 대신 도구 표지인 -e가 표시되어 있다. 즉, 반피동 과정에서 원래의 행위자는 통어로 강등되어 능격성 즉 행위자성이 약화되며, 원래의 통어 역시 부가어, 즉 사격으로 강등된다.[5] 주대격 언어의 피동문이 원래 문장의 목적어가 주어로 승격되고 주어가 부가어로 강등되는 과정이라면, 능-통격 언어의 반피동은 능어가 통어로 강등되고 통어는 부가어로 강등되는 과정인 것이다. 피동이 목적어의 승격 과정이라면, 반피동은 능어의 강등 과정이라고 할 수 있다. 또한 주-대격 언어의 피동에서는 행위자가 사격, 즉 부가어가 되고 능-통격 언어의 반피동에서는 행위자가 통격이 되므로 피동과 반피동을 통해 행위자가 주체자로서 기능할 수 있는 능력은 모두 감소한다고 할 수 있다.

4.2. 동사와 관련된 명사성 성분의 형태적 함축적 보편성

 동사와 관련된 명사성 성분으로는 주어, 목적어, 부가어 등이 있다. 이들 성분은 문장에서 서로 다른 통사적 역할을 담당하며, 도상성 원리에 따라 일정한 형식을 통해 표현된다. 가장 직접적인 표현 방식은 각각의 성분을 서로 다른 형태 표지를 통해 구분하는 것이며, 이는 주-대격 언어와 능-통격 언어 모두에서 나타난다. 4.2에서는 동사와 관련된 명사성 성분들이 형태 표지의 사용에 있어서 함축적 보편성을 가지는지에 대해 논의할 것이다.

---

[5] 사격(oblique)이란 비교적 넓은 개념으로 간접 목적어, 전치사와 결합하여 표현되는 다른 의미역 및 기타 모든 논항 성분을 가리킨다(金立鑫 2011). 이들 성분이 주어와 목적어 외의 성분으로 실현된 것을 부가어(adjunct)라고 하며, 동작의 행위자와 수동자가 문장 안에서 주어나 목적어로 쓰이지 않을 때 부가어로 실현되는 경우가 많다.

명사가 특정 형태 표지를 사용하여 의미역을 표현하는 경우 주대격 언어에는 (5)의 4가지 상황이 존재한다.

(5) i. 주어, 목적어, 부가어 모두 표지를 사용한다.
　　ii. 주어는 표지를 사용하지 않지만, 목적어와 부가어는 표지를 사용한다.
　　iii. 주어와 목적어는 표지를 사용하지 않지만, 부가어는 표지를 사용한다.
　　iv. 주어, 목적어, 부가어 모두 표지를 사용하지 않는다.

주어, 목적어, 부가어 모두 표지를 사용하는 언어인 라트비아(Latvia)어[6]에는 (6)과 같이 3가지의 형태 표지가 존재한다.

(6) ruden-s　　　reden-i　　　ruden-im
　　가을-주어표지　가을-목적어표지　가을-부가어표지

주어는 표지를 사용하지 않지만 목적어와 부가어는 형태 표지를 사용하는 언어인 헝가리(Hungary)어[7]에는 (7)의 두 가지 형태 표지가 존재한다.

(7) ember-ø　　　ember-t　　　ember-nek
　　사람/남자-(주어)무표지　사람/남자-목적어표지　사람/남자-부가어표지

주어와 목적어는 형태 표지를 사용하지 않고 부가어에만 표지를 사용하는 언어인 빅 남바스(Big Nambas)어[8]에는 (8)과 같이 한 가지 표지만 존재한다.

(8) ødui　　　ødui　　　a-dui
　　(주어)무표지-사람　(목적어)무표지-사람　부가어표지-사람

---

[6] [역자 주] 라트비아를 중심으로 발트 해 연안에서 주로 사용하는 언어로 인도유럽어족에 속하며 사용 인구는 약 175만 명이다.

[7] [역자 주] 헝가리와 동 오스트리아, 크로아티아, 폴란드 등지에서 주로 사용하는 언어로 우랄(Uralic)어족에 속하며 사용 인구는 약 1,300만 명이다.

[8] [역자 주] 태평양 남서부 바누아투(Vanuatu)의 말레쿨라(Malekula) 섬에서 주로 사용하는 언어로 오스트로네시아어족에 속하며 사용 인구는 약 3,400명이다.

이 밖에 영어와 표준중국어도 주어와 목적어에는 형태 표지가 없지만 부가어 성분은 대부분 전치사를 사용한다. 주어, 목적어, 부가어 모두 형태 표지를 하지 않는 상황은 일부 언어에서도 개별적인 현상이다. (9)의 표준중국어의 예를 보면 주어 张三, 목적어 字, 부가어 毛笔에 모두 형태 표지가 없음을 알 수 있다.

(9) 张三毛笔写字, 钢笔画画。
　　장싼은 붓으로 글자를 쓰고, 만년필로 그림을 그린다.

이상의 언어 현상을 통해 (10)과 같은 함축적 보편성을 도출할 수 있다.

(10) 어떤 언어에 주어 표지가 있으면 목적어에도 표지가 있고, 목적어 표지가 있으면 부가어에도 표지가 있다.

이는 다시 (11)의 함축 등급으로 표현할 수 있다.

(11) 주어 표지 ⊃ 목적어 표지 ⊃ 부가어 표지

이중 목적어 동사는 직접 목적어와 간접 목적어 두 개의 목적어를 갖는데, 일반적으로 간접 목적어가 직접 목적어보다 형태 표지를 필요로 하는 경우가 많다. 이를 (11)의 함축 등급에 포함시키면 (12)와 같다.

(12) 주어 ⊃ 직접 목적어 ⊃ 간접 목적어 ⊃ 부가어

(12)는 주대격 언어에서 동사와 관련된 명사성 성분의 형태 표지에 대한 함축적 위계 관계를 나타낸다. 이를 통해 (13)의 형태 표지 필요 등급을 도출할 수 있으며, 등급의 왼쪽에 위치한 성분일수록 형태 표지 필요도가 높고 오른쪽에 위치한 성분일수록 필요도가 낮다.

(13) 부가어 > 간접 목적어 > 직접 목적어 > 주어

명사성 성분의 형태 표지 사용에 있어서 주-대격 언어와 마찬가지로 능-통격 언어에도 (14)와 같은 현상이 존재한다.

(14) i. 통어와 능어 모두 표지를 사용한다.
　　　ii. 통어는 표지를 사용하지 않으나, 능어는 표지를 사용한다.
　　　iii. 부가어는 표지를 사용하나, 통어는 표지를 사용하지 않는다.

능어와 통어 모두 표지를 사용하는 언어로 (15)의 바스크(Basque)어[9]가 있다.

(15) gizon-ak　　mutil-a　　ikusi du
　　　남자-능격　　소년-통격　　보았다
　　　남자가 소년을 보았다.

반면 통어에는 표지를 사용하지 않지만 능어에는 표지를 사용하는 언어로 (16)의 아바르(Avar)어[10]가 있다(Anderson 1976:4).

(16) vas　　v-eker-ula
　　　소년　　남성-달리다-현재
　　　소년이 달린다.

통어 성분인 vas(소년)는 무표지로 실현되며, 동사 eker(달리다)에는 통어와의 성 일치 표지인 v-가 나타난다.

(17) vas-as:　　sisa　　b-ek-ana
　　　소년-능격　　병　　중성-깨뜨리다-과거
　　　소년이 병을 깨뜨렸다.

---

[9] [역자 주] 스페인과 프랑스 등지에 거주하는 바스크인이 사용하는 언어로 친족 관계가 밝혀지지 않은 고립된 언어로 알려져 있다. 사용 인구는 2016년 조사 기준 751,500명이다.

[10] [역자 주] 러시아, 아제르바이잔, 카자흐스탄 등지의 아바르족이 사용하는 언어로 코카서스(Caucasian)어족에 속하며 사용 인구는 약 76만 명이다.

(16)의 통어 vas와 달리 (17)의 vas는 능어이므로 능격 표지 -as:가 부가된다. 반면 통어인 sisa(병)에는 어떠한 표지도 사용되지 않는다. 이와 유사한 예로 (18)의 아르키(Archi)어[11]를 살펴보자(Van Valin 1981).

(18) buwa-mu   b-ez   dit'a-b-u   ẍₒ alli-ø   a-b-u
      엄마-능격-3인칭.단수   나-단수.여격   일찍-3인칭.단수   빵-3인칭.통격   굽다-3인칭.단수-과거
      엄마가 일찍 나에게 빵을 구워 주셨다.

능어 buwa(엄마)에는 능격 표지 -mu가 있지만, 통어인 ẍₒ alli(빵)에는 표지가 없고, b(나)에는 여격 표지 -ez가 있다. 즉, 통어는 형태 표지를 사용하지 않고 능어와 사격(여격)을 나타내는 부가어에는 형태 표지를 사용한다.

이러한 현상을 통해 언어학자들은 능-통격 언어에서 사격이 능격보다 형태 표지에 대한 필요 정도가 더 높다고 간주하여 주-대격 언어와 마찬가지로 능-통격 언어에도 (19)와 같은 함축 등급이 존재한다고 주장한다.

(19) 통어 ⊃ 능어 ⊃ 부가어

(19)의 함축 등급은 통어에 표지가 존재하면 능어에도 반드시 표지가 존재하며, 능어에 표지가 존재하면 부가어에도 역시 표지가 존재함을 나타낸다. 이를 반대로 배열하면 (20)의 형태 표지 필요 등급이 된다.

(20) 부가어 > 능어 > 통어

이상으로 주-대격 언어와 능-통격 언어에서 명사성 성분의 형태 표지에 대한 함축적 보편성을 살펴보았다. 이어서 동사와 논항 성분 간의 또 다른 표지 방식인 일치 관계에 대해 살펴보겠다. 언어학자들은 주어와 동사의 일치 관계가 가장 우선되며, 직접 목적어와 간접 목적어, 부가어 순으로 동사와 일치 관계가 실현되는 것을 발견하였다. 이를

---

[11] [역자 주] 아르키브(Archib), 다게스탄(Dagestan), 러시아 등지의 아르키인이 사용하는 언어로 북동 코카서스(Northeast Caucasian)어족에 속하며 사용 인구는 약 970명이다.

통해 (21)과 같은 명사와 동사 간의 일치 관계 필요 등급을 도출할 수 있다.

(21) 주어 > 직접 목적어 > 간접 목적어 > 부가어

(21)은 다시 (22)의 함축 등급으로 나타낼 수 있다.

(22) 부가어 ⊃ 간접 목적어 ⊃ 직접 목적어 ⊃ 주어

이와 같이 명사의 격 표지와 동사의 일치 관계가 상반되는 현상은 도상성과 경제성의 측면에서 설명할 수 있다. 첫째, 주어, 동사, 목적어의 관계에서 주어는 동작에 영향을 미치고, 동작은 다시 목적어에 영향을 미친다. 영향을 받는 성분은 형태적 변화가 발생하므로 동사는 주어와 일치 관계를 갖게 되고, 목적어 역시 영향을 받는 성분이므로 대격 표지를 갖게 된다. 이는 도상성 원리가 작용된 것이다. 둘째, 경제성 원리의 측면에서 보면 주어와 동사 간의 관계가 이미 동사의 일치로 실현되었으므로 주어는 영부호화, 즉 다른 형태 변화가 필요하지 않다. 동사와 목적어 간의 관계는 이미 목적어의 대격 표지로 일치 관계가 실현되었으므로 동사는 목적어와의 일치 관계를 나타내는 또 다른 형태 표지를 필요로 하지 않는다. 또한 주어와 통어의 출현 빈도가 목적어와 능어보다 높기 때문에 주어와 통어가 영부호화 되기 쉬운 것도 경제성 원리가 작용된 것이다. 목적어와 능어 그리고 부가어 모두 형태 표지를 가지지만 표지 정도, 즉 부호 형식의 복잡성이나 현저성에는 차이가 있다. 일반적으로 부가어의 표지 정도가 목적어나 능어보다 높은 것은 목적어의 출현은 동사와의 관계에서 어느 정도 강제적이지만 부가어는 그렇지 않기 때문이다.

4.3. 통사적 주-대격과 통사적 능-통격

4.1과 4.2에서 일정한 형태 표지를 통해 서로 다른 두 종류의 논항 구조를 표시하는 언어를 살펴보았다. 주-대격 언어는 주어와 목적어가 대립하고 유표지 목적어와 무표지 주어를 가지는 반면, 능-통격 언어는 능어와 통어가 대립하고 유표지 능어와 무표지

통어를 갖는 경향이 강하다.

어떤 범주는 인류 언어에 보편적으로 존재한다. 예를 들어 하나의 사건에서 행위의 통제자 또는 행위자, 행위의 주체, 행위가 영향을 미치는 대상 등의 범주는 보편적인 개념 체계로, 이를 부호화한 언어 형식은 매우 다양하다. 형태 표지는 이들 범주들의 하위유형을 표현하는 하나의 방식이며, 이외에 통사 위치, 즉 어순을 통해 각종 범주를 나타내기도 한다. 이때 형태 표지의 발달 정도와 어순의 고정성은 반비례 관계를 갖는다. 즉, 형태 변화가 발달한 언어일수록 어순의 고정성이 약하며, 형태 변화가 덜 발달한 언어일수록 어순의 고정성이 강하다. 이는 어순과 형태 표지 간에 일종의 상호보완 관계가 존재함을 시사한다. 한편 각종 문법 범주를 표시할 수 있다는 점에서 어순도 넓은 의미의 형태라고 볼 수 있다.

넓은 의미에서 주-대격 할당과 능-통격 할당은 형태적 분류임과 동시에 논항과 동사 간의 통사적 격 할당으로 보아야 할 것이다. 주-대격 언어에서 주어는 타동사의 행위자와 자동사의 당사자를 포함하며, 목적어는 타동사가 영향을 미치는 수동자이다. 능-통격 언어에서 통어는 타동사의 수동자와 자동사의 당사자를 포함하며, 능어는 타동사의 행위자를 가리킨다. 이들 성분은 형태 변화가 발달한 언어에서는 특정 형태 표지를 갖는다. 그렇다면 형태 표지가 발달하지 않은 언어에서 형태 표지를 대신할 통사적 격 할당 방식이 존재하는지 살펴보자.

(23)의 영어와 (24)의 중국어와 같은 전형적인 분석형 언어에서는 형태적으로 주격과 대격 표지가 존재하지 않고 일반적으로 통사 위치, 즉 어순을 통해 주어와 목적어를 구분한다.

(23) a. 张三打了李四。　　b. 李四打了张三。
　　　장싼이 리쓰를 때렸다.　　리쓰가 장싼을 때렸다.

(24) a. John hit Mary.　　b. Mary hit John.
　　　존이 메리를 때렸다.　　메리가 존을 때렸다.

李四와 Mary는 형태 표지가 아닌 어순을 통해 (23a), (24a)에서는 수동자 목적어, (23b), (24b)에서는 행위자 주어라는 통사적 의미를 나타낸다. 어순과 형태 표지는 상호 보완 관계에 있는 문법 수단으로 동일한 통사 기능을 담당하는 것이다. 즉, 종합형 언어와 분석형 언어에서 형태 표지와 어순은 본질적으로 동일한 통사 기능을 가진다. 영어와 중국어와 같이 형태 표지가 아닌 어순을 통해 주-대격 할당을 갖는 것을 통사적 주-대격 할당이라 하며, 이는 본질적으로 형태적 주-대격 할당과 동일하다.

다음으로 통사적 능-통격 할당에 대해 살펴보자. 통어란 타동사의 수동자와 자동사의 당사자를 포함하는 성분이며, 능-통격 언어에서 이 두 성분은 동일한 형태 표지로 표시된다. 즉, 타동사의 목적어와 자동사의 주어가 동일한 통사 성분으로서 동일한 통사 기능을 갖는다. (25)는 이러한 현상이 어순을 통해 어떻게 표현되는지 보여준다.

(25) a. 北京队打败了上海队。
베이징팀이 상하이팀을 물리쳤다.
b. 上海队打败了。
상하이팀이 패배했다.

上海队는 (25a)에서 동사의 수동자 목적어이지만, (25b)에서는 자동사의 당사자 주어이다. 上海队라는 하나의 성분이 수동자가 되기도 하고 당사자가 되기도 한다면, 이 성분은 형태적 능-통격 언어에서 통격으로 실현될 것이다. 그러나 어순이 형태적 수단인 언어에서는 통사 위치가 기능 표지의 역할을 담당한다.

(26)   X   V
        V   Y

(26)에서 X는 자동사의 당사자 주어 위치이고, Y는 타동사의 수동자 목적어 위치이다. 형태적 능-통격 언어에서 X와 Y는 모두 통격 성분이며, 통사적으로도 모두 동일한 통사 성분이다. 이와 유사한 예로 (27)을 살펴보자.

(27) a. 小张做好了作业。
샤오장은 숙제를 다 마쳤다.
b. 作业做好了。
숙제는 다 마쳤다.

주-대격 언어에서 (27a)의 作业는 타동사의 목적어, (27b)의 作业는 자동사의 주어이다. 그러나 (27)은 (25)와 마찬가지로 주-대격 할당이 아닌 능-통격 할당을 가지므로 (27)의 作业는 목적어나 주어가 아닌 통어라 볼 수 있다. 이러한 통사적 능-통격 할당의 관점에서는 기존 연구에서 해결하지 못했던 문제들을 해결할 수 있다. 널리 알려진 예로 (28), (29)가 있다.

(28) a. 王冕死了父亲。
　　　왕미엔이 아버지를 여의었다.
　　b. 王冕父亲死了。
　　　왕미엔의 아버지가 돌아가셨다.

(29) a. 台上坐着主席团。
　　　단상에 주석단이 앉아 있다.
　　b. 主席团坐在台上。
　　　주석단이 단상에 앉았다.

기존 전통 문법 연구에서는 (28)의 父亲과 (29)의 主席团이 주어인지 목적어인지에 대한 논쟁이 끊이지 않았는데, 사실 이들 성분이 주어인지 목적어인지는 본질적으로 해결할 수 없는 논의이다. 통사적 능-통격 관점에서 父亲과 主席团은 모두 통어이므로, 기존의 논쟁은 인류 언어에 논항 할당의 다양한 유형이 존재하고 서로 다른 유형이 한 언어에 존재할 수 있음을 인지하지 못한 결과이다. 실제로 표준중국어뿐만 아니라 많은 언어에 주-대격 할당과 능-통격 할당이 모두 존재한다. (30), (31)의 영어의 예를 살펴보자.

(30) a. John moved the rock.
　　　존이 바위를 옮겼다.
　　b. The rock moved.
　　　바위가 옮겨졌다.

(31) a. John shattered the mirror.
　　　존이 그 거울을 산산 조각냈다.
　　b. The mirror shattered.
　　　그 거울이 산산이 부서졌다.

(30)의 rock과 (31)의 mirror는 통사적 역할이 동일하다. 형태적 능-통격 언어에서는 이들 성분이 모두 동일한 형태 표지, 즉 통격으로 실현되겠지만 영어에서는 통사 위치의 변화로 표현된다. 따라서 rock과 mirror를 전형적인 목적어가 아닌 통어로 보는 것이 타당하다. 이를 목적어로 보면 동사의 앞과 뒤라는 통사 위치로 주어와 목적어를 구분하여, 주어와 목적어를 단순한 형식 표식으로 간주하게 되는 문제가 발생한다. 예를 들어 (29a)의 主席团은 목적어라 하고 (29b)의 主席团은 주어로 구분하는 것과 마찬가지이다.

4.4. 소결

기본 논항이란 통사 구조에서 동사와 직접적으로 관련이 있는 직접 논항을 말한다. 예를 들어 통사적 주어와 목적어는 동사의 직접 논항이자 통사 구조의 기본 논항인 것이다. 기본 논항과 동사 간의 격 할당 방식은 언어유형론의 중요한 참조항으로, 4장에서는 대표적인 유형인 주-대격 방식과 능-통격 방식을 살펴보았다. 주-대격 언어에서 통사적 주어는 타동사의 행위자와 자동사의 당사자를 포함하며, 통사적 목적어는 주로 타동사의 수동자를 가리킨다. 반면 능-통격 언어에서 통어는 자동사의 당사자와 타동사의 수동자를 포함하며, 능어는 타동사의 행위자만을 가리킨다. 즉, 주-대격 언어와 능-통격 언어는 서로 다른 방식으로 논항을 할당한다.

언어마다 동사와 관련된 논항 성분들의 형태 표지 체계는 서로 다르지만(8.2.2 참조), 논항 표지의 사용에는 함축적 보편성이 존재한다. 예를 들어 사격을 포함한 논항 성분의 표지에서 주-대격 언어는 (12)와 같은 함축 등급을 가진다.

(12) 주어 ⊃ 직접 목적어 ⊃ 간접 목적어 ⊃ 부가어

(12)의 함축 등급은 어떤 성분에 형태 표지가 있으면 그 오른쪽에 있는 성분에도 형태 표지가 있을 가능성이 높다는 것을 보여준다. 능-통격 언어에도 (19)와 같은 함축 등급이 존재한다. 해당 등급에서 오른쪽에 있는 성분은 그 왼쪽에 있는 성분보다 형태 표지에 대한 필요도가 더 높다.

(19) 통어 ⊃ 능어 ⊃ 부가어

이와 같은 함축 등급은 일치 관계에도 적용할 수도 있다. 예를 들어 주-대격 언어에서 명사성 성분의 일치 관계에 대한 필요 등급은 (21)과 같다.

(21) 주어 > 직접 목적어 > 간접 목적어 > 부가어

어순 역시 형태를 표현하는 방식이므로, 어순이 형태적 수단이 되는 통사적 주-대격과 통사적 능-통격이 존재한다. 표준중국어에는 동사의 유형에 따라 주-대격 통사 체계와 능-통격 통사 체계가 병존하는데, 이를 구분하는 것으로 중국어 문법 연구에 존재하던 일련의 문제들을 해결할 수 있다(金立鑫, 王红卫 2014).

■ 참고문헌

Anderson, S. R., 1976, On the Notion of Subject in Ergative Languages, In C. N. Li (ed.) *Subject and Topic,* New York: Academic Press, pp.1-23.

Dixon, R. M. W., 1979, Ergativity, *Language* 55:59-138.

Dixon, R. M. W., 1994, *Ergativity*, Cambridge: Cambridge University Press.

Kozinsky, I. S., V. Nedjalkov and M. S. Polinskaja, 1988, Antipassive in Chukchee: Oblique Object, Object Incorporation, Zero Object, In M. Shibatani (ed.) *Passive and Voice*, Amsterdam: John Benjamin, pp.651-706.

Van Valin, R. D. Jr., 1981, Grammatical Relations in Ergative Languages, *Studies in Language* 5.3:361-394.

金立鑫, 2011, 『什么是语言类型学』, 上海:上海外语教育出版社.

金立鑫, 王红卫, 2014, 「动词类型和施格、通格及施语通语」, 『外语教学与研究』46.1: 45-57.

5장 어순 유형

전통적인 언어유형론은 형태 분류에 중점을 두었다. 그런데 현대 언어유형론의 창시라 할 수 있는 Greenberg(1963)의 『*Some Universals of Grammar with Particular Reference to the Order of Meaningful Elements*』는 어순 문제에 대하여 논의하기 시작하였다. 이로부터 현대의 언어유형론에서 어순 연구가 핵심적인 지위를 차지한다고 할 수 있다.

5장은 세 부분으로 구성되어 있다. 5.1은 어순과 관련된 기본 개념을 소개하고 5.2에서 5.4까지는 각각 명사구, 동사구, 종속절 등의 구체적인 어순을 소개한다. 5.5는 어순 현상에 대한 인지적 해석을 소개한다.

5.1. 어순과 관련된 기본 개념

5.1.1. 어순과 어순 단위

유형론의 용어 'word order'를 중국어로 옮기면 词序(단어 순서)가 되는데 이는 정확한 번역이라고 할 수 없다. 현대 언어유형론은 단어 간의 어순 뿐 아니라 구와 구, 절과 절 및 단어 내부 성분 간의 어순도 주시하기 때문이다. Greenberg(1963)는 어순 단위를 의미 요소들의 순서(the order of meaningful elements)라고 하였는데, 여기서 의미 요소란 성분의 순서(constituent order)처럼 형태소, 단어, 구, 절을 포괄할 수 있는 개념이기 때문에 여전히 조작적 정의라고 하기에는 부족하며 명확하지 않은 부분이 있다. 어순 단위를 확정함으로써 어순 연구를 더욱 원활히 할 수 있으며 이는 어순 현상을 명확하게 기술하기 위한 전제가 된다. 陸丙甫(1993, 2006, Lu 2001)는 어순 단위를 핵심어와 의존어로 정의하였다. 구체적으로 보면 동사구 내부의 어순 단위는 핵심 동사와 논항 및 부사어 등의 의존어이며 핵심 명사에 따라 위치가 정해지는 관형어는 제외된다. 명사구 내부의 어순 단위는 핵심 명사와 관형어이다. 단어 내부의 어순 단위는 어근과 접사이다. 이러한 정의는 어순 연구의 실제 상황에 부합한다. 또한 어순 단위의 수량이 뇌의 단기기억의 한계인 ±7의 제약을 받는다는 정보 처리 특징에도 부합한다. 이에 따르면 언어 구조를 이루는 모든 어순 단위는 7개를 초과할 수 없다. 즉, 인류 언어의 구조가 정보를 처리하는 한계의 제약을 받는 것은 인류 언어의 가장 기본적인 보편성이라고 할 수 있다. 陸丙甫는 이러한 어순 단위를 '덩어리말(chunk)'이라고 하였다. 하나의 핵심어에 의미상 직접적인 관련이 있는 종속성분이 더해지면 의존어와 핵심어의 의미상 거리에 따라 핵심을 원점으로 하는 궤도 구조를 이루게 되는데 이러한 구조는 하나의 의미 공간을 반영한다.

5.1.2. 어순과 형태

어순과 형태는 언어의 중요한 문법 형식이다. 전통유형론이 현대유형론으로 전환되는 과정에서 나타난 중요한 변화는 형태 위주의 연구에서 벗어나 어순을 강조하게 된 점이다. 이러한 변화에는 몇 가지 원인이 있다.

우선 모든 언어에 형태 변화가 있는 것은 아니다. 예를 들어 고립어에는 기본적으로 형태 변화가 없다. 그러나 어순은 인류 언어에서 필수불가결한 요소이다. 형태가 풍부한 언어에서는 동일한 명제 내용을 나타내는 문장의 어순이 자유롭다. 그러나 기본 어순이나 우세 어순이 있는 경우 어순이 중요한 작용을 한다. 또한 중국어와 같이 형태 변화가 풍부하지 않은 언어에서 어순은 매우 중요한 문법 수단이 된다.

한편 어순은 언어의 역사적 변천 과정에서 가장 안정적인 요소이다. 두 언어가 접촉하면서 나타나는 차용(borrowing) 현상은 접촉 정도에 따라 다섯 등급으로 나눌 수 있다 (Thomason & Kaufman 1988:74-76). 첫 번째는 비(非)기본어휘만 차용하는 단계이다. 두 번째는 부치사(adposition) 이외의 일부 문법적 기능어를 차용하기 시작하며 말소리와 문법도 정도에 따라 차용하는 단계이다. 세 번째는 부치사가 차용되기 시작하는 단계이다. 네 번째는 어순이 차용되는데 기본적으로는 모어의 어순 유형이 우세를 차지하는 단계이다. 다섯 번째는 문법에 외래어의 어순과 문형이 대량으로 차용되는 단계이다. 그러나 기본 구조가 여전히 존재하므로 언어 체계 전체의 유형이 바뀌지는 않는다(陆丙甫(출간예정)에서 재인용).

즉 언어의 통시적인 변화 과정에서 어순이 가장 안정적이고 기본적인 요소라고 할 수 있다. 어순을 기술하고 분석하는 이상적인 순서는 안정적인 기본 요소를 기준으로 기타 요소가 기본 요소와 갖는 상관성을 고찰하는 것이다.

마지막으로 어순은 인류 언어에서 가장 보편적인 형식이다. 간단하고 보편적인 것에서 복잡하고 특수한 것을 도출해내는 과정은 당연히 어순에서 형태를 이끌어내는 방식이어야 한다. 또한 어순에서 시작하여 더 다양한 형식 특징을 연계할 수 있다.

5.1.3. 기본 어순

기본 어순의 '기본'은 두 가지 측면을 포함한다. 첫째, 절의 기본 성분인 S, V, O의 어순을 말한다. 이는 대명사-명사와 명사-대명사, 형용사-명사와 명사-형용사, 소유 성분-명사와 명사-소유 성분, 관계절-명사와 명사-관계절 등의 어순과 구별된다. 둘째, 어떤 언어에서 몇 개의 어순 성분이 여러 방식으로 배열 가능할 때 '기본 어순'이라는 용어는 가장 중요하고 대표적인 어순을 가리킨다. 또한 다른 구조를 관찰하는 참조 어순이 되며 선택 가능한 다른 어순, 즉 파생 어순과도 구별된다. 예를 들어 어떤 언어에서 형용사는 명사 앞에 위치할 수 있고(AN) 뒤에 위치할 수도 있다(NA). 그러나 형용사 전치(AN)가 더 자연스러우며 사용 빈도도 높고 제약이 적다면 이 어순은 상대적으로 후치하는 경우(NA)에 대하여 기본 어순이 된다. 또 다른 예로 영어에서 OSV, VSO 어순의 문장이 존재하는 것을 볼 수 있지만 이는 (1), (2)와 같이 다소 특수한 경우이다.

(1) Beans, I hate.
    콩류를 나는 싫어한다.

(2) Believe you me.
    당신은 나를 믿어요.

(3) Seymour sliced the salami.
시모어가 살라미 소시지를 썰었다.

영어를 아는 사람이라면 (3)이 기본 어순이라는 것을 직관적으로 알 수 있다. (1)은 휴지가 있으며 특정한 담화 상황에서만 쓰인다. 즉, beans(콩류)를 다른 사물과 대비하고자 I like peas, but beans I hate(나는 완두콩은 좋아하지만 콩류는 싫어한다)와 같이 말한다. 특정한 상황이 없다면 (2)는 다소 생소하게 들릴 수 있다. 따라서 SVO가 영어의 기본 어순이다. 반면 가능한 어순이 여러 가지이고 또한 각 어순이 자유로우며 언어 표현에 있어 기본적으로 차이가 없다면 어느 것이 기본 어순인지 판정할 근거가 없다. 영어의 소유 성분이 핵심 명사 앞에 위치할 수도 있고(GN), 뒤에 위치할 수도 있는 것(NG)이 그 예이다. 그래서 영어의 소유 구조에는 기본 어순이 없다고 간주한다.

한편 어떤 의미 구조에 여러 어순이 존재하고 중요한 차이가 없으면 무엇을 기본 어순으로 정해야 할지 문제가 된다. 일반적으로 빈도(frequency), 유표성(markedness), 화용적 중립(pragmatically neutral contexts)을 참조 사항으로 검토한다. 세 가지 기준은 일반적으로 일치하는 경향을 보여 출현 빈도가 높은 어순이 무표적이며 화용적으로 가장 중립적인 어순이다.

(4) i. 빈도: 출현 빈도가 가장 높은 경우를 기본 어순으로 간주한다.
  ii. 유표성: 가장 무표적인 경우를 기본 어순으로 간주한다.
  iii. 화용적 중립: 특정한 화용적 기능이 없고 언어 환경의 제약을 받지 않는 경우를 기본 어순으로 간주한다.

그러나 세 가지 기준이 서로 충돌하는 경우도 있다. 야구아(Yagua)어[1]는 형태 표지를 기준으로 하면 VSO가 기본 어순이지만 빈도 및 화용적 중립의 기준에서 보면 SVO가 기본 어순이 된다(Whaley 1997:103-104). 복잡하고 다양한 언어 재료들을 대상으로 할 때 한 가지 기준으로도 판단하기가 어렵다. 예를 들어 화용적 중립을 판단하기 위해서도 고려할 사항이 상당히 많다.

---

[1] [역자 주] 페루 북동부의 야구아족이 사용하는 언어로 사용 인구는 2000년 기준 약 5,700명이다.

5.2. 명사구의 어순

5.2.1. 명사구의 기본 어순

　명사구와 관련된 어순에는 지시사와 명사, 수사와 명사, 형용사와 명사, 소유 성분과 명사, 관계절과 명사, 복수사와 명사 등이 포함된다. 이러한 어순은 명사 앞 또는 뒤에 위치하는 두 가지 어순이 가능하다. 물론 두 가지 어순이 모두 존재하는 언어도 있다. 예를 들어 영어에서는 소유 성분이 명사 앞에 위치하는 소유 구조도 있고 명사 뒤에 위치하는 구조도 있다. 지금까지의 연구에 따르면 의존어와 명사간의 상대적인 어순은 O, V의 상대적 어순에서 유추할 수 있는데 즉 해당 언어의 기본 어순이 OV이냐 VO이냐와 상관성이 있다. 다만 이러한 상관성은 정도의 차이가 있고 절대적이지는 않다.
　명사구에서 의존어의 전치와 후치에 따라 핵심어와 의존어의 긴밀도가 다르다. 예를 들어 영어의 소유 성분은 전치와 후치 모두 가능하지만 후치일 경우 반드시 표지가 있어야 하며 전치일 경우에는 없어도 된다. rooms of students(학생들의 방)와 student rooms(학생 방)와 같은 예가 해당된다. 또 형용사 관형어가 전치할 경우, 핵심 명사와의 사이에 정도 부사 등의 수식어를 삽입할 수 없지만 후치할 경우에는 가능하다(陆丙甫, 应学凤 2013).

  (5) a. the clearly dominant candidates
      b. *the dominant clearly candidates
      c. the candidates clearly dominant
      d. the candidates dominant clearly (뚜렷이 우세를 차지하는 후보자)

　陆丙甫, 应学凤(2013)에 따르면 명사-관형어 조합에서 관형어가 전치하면 운율적으로 긴밀하고 형태적으로 간단하며, 후치하면 운율적으로 느슨하고 형태적으로 복잡하다. 사실 결합의 긴밀도는 바꿔 말하면 성분 간 거리의 원근이다. 즉, 결합이 느슨할수록 거리가 멀어지므로 두 성분의 관계를 나타내는 표지가 필요하게 된다. 陆丙甫, 应学凤 (2013)은 형용사와 명사의 상대적인 어순을 예로 들어 그 원인을 분석하였다. 먼저 형용사-명사 어순에서 식별도[2]가 낮아서 후치 경향이 큰 형용사가 식별도가 높아서 전치 경향이 큰 명사 앞에 위치한다. 이로써 형용사-명사를 긴밀하게 연결해주는 작용을 한다. 명사-형용사 어순에는 이러한 작용이 없어 결합이 비교적 느슨하다. 그리고 형용사는 전치할 때(AN)보다 후치할 때(NA) 술어 성질을 가지므로 주술 구조가 모든 구조 중에서 가장 느슨한 구조이다.

말뭉치 자료에서 명사는 한 개 이상의 수식어를 갖는 경우가 많다. 관형어가 여러 개인 경우 배열 순서는 임의로 정해지지 않으며 일정한 규칙을 따르게 된다. 예를 들어 '대형 자동 전력 세탁기'라고는 하지만 '전력 자동 대형 세탁기'라고는 하지 않는다. 명사구 내에서 가장 기본적인 관형어인 지시사, 수사, 형용사를 예로 설명하기로 한다. Hawkins(1983:120)는 형용사는 핵심 명사에 전치하는데 지시사나 수사는 후치하는 경우는 없다고 하였다. 다시 말하면 지시사와 수사는 반드시 형용사보다 더 핵심 명사에 전치해야만 한다. 지시사와 형용사가 명사를 기준으로 같은 쪽에 있다면 배열순서는 다를 수 있다. 명사가 뒤에 위치할 경우 기본 어순은 늘 [지시사-형용사-명사]이고, 명사가 앞에 위치할 경우 [명사-지시사-형용사]와 [명사-형용사-지시사]가 모두 기본 어순이 될 수 있다. 즉, 수식 성분이 명사의 왼쪽에 있으면 성분 간의 어순이 비교적 안정적이어서 일반적으로 한 가지 어순만 있으며, 수식 성분이 명사의 오른쪽에 있으면 안정성이 약하여 여러 가지 어순이 나타날 수 있다. 이는 5.5.2에서 언급하는 의미 근접성 원리와 식별도 우선 원리로 분석할 수 있다. 관형어가 명사의 좌측에 위치하는 것은 두 가지 원리에 부합하는 배열이기 때문에 어순이 안정적이다.

5.2.2. 지시사와 명사

지시사는 반드시 독립된 단어로만 쓰이지는 않으며 (6)의 구데(Gude)어[3]와 같이 접사가 지시사일 수도 있다(Hoskison 1983:45).

(6) a. zəmə-na   b. zəmə-ta
       음식-이것   음식-저것.원지시
     이 음식   저 음식

---

[2] [역자 주] 식별도란 지시성, 유정성, 수량, 경계성 등을 포함한 개념으로 식별도가 높은 대상은 쉽게 인식, 구별되고 식별도가 낮은 대상은 인식이나 구별이 쉽지 않다(5.5.2 참조).

[3] [역자 주] 나이지리아와 카메룬에서 사용되는 언어로 아프로아시아어족에 속하며 사용 인구는 9만 명 정도이다.

인류 언어에서 지시사와 명사의 어순 유형은 대체로 6가지가 존재한다(http://wals.info/chapter/88 참조).[4]

(7) i. 지시사-명사(DemN) 542
　　ii. 명사-지시사(NDem) 561
　　iii. 지시접두사 9
　　iv. 지시접미사 28
　　v. 지시사-명사-지시사(DemNDem) 17
　　vi. 우세 어순이 없는 경우 67

(7)에서 i의 지시사-명사와 ii의 명사-지시사가 비교적 자주 나타나는 어순이다. 그리고 접미사는 명사-지시사에, 접두사는 지시사-명사 유형에 각각 귀납할 수 있다. v는 지시사가 명사 전후에 동시에 출현하는 경우이며 밀랑(Milang)어,[5] 니시(Nishi)어,[6] 라이(Lai)어,[7] 등의 언어에서 그 예가 보인다(Dryer 2013a에서 재인용).

(8) 밀랑어(Tayeng 1976:iv)
　　yo　miu　yo
　　이　소년　이
　　이 소년

(9) 니시어(Hamilton 1900:20)
　　sa　mindui　sî
　　여기　물소　이
　　이 물소

---

[4] [역자 주] 원서에서 출처로 제시한 Dryer(1992)에는 관련 내용이 없으며 Dryer(2005, 2013)에 해당 내용이 있으나 언어 수가 본서의 내용과 일치하지 않는다. 5.2의 관련 수치는 WALS의 Dryer(2013)를 기초로 모두 새로 기재하였다.

[5] [역자 주] 인도 북동부의 시앵(Siang) 위쪽과 아루나찰프라데시(Arunachal Pradesh)에서 사용하는 언어이다.

[6] [역자 주] 인도 아루나찰프라데시와 아삼 지역의 니시족이 사용하는 언어이며 사용 인구는 2001년 기준 약 22만 명 정도이다.

[7] [역자 주] 미얀마의 친(Chin)의 하카(Hakha), 인도의 미조람(Mizoram) 지역의 라이 사람들이 사용하는 언어이며 방글라데시의 바움(Bawm) 사람들도 사용한다.

(10) 라이어(Hay-Neave 1953:37,44)
   a. mah   lam hi
      지시사 길 이
     이 길

   b. mah   mipa khi
      지시사 남자 저
     저 남자

(8)-(10)에는 조금씩 차이가 있다. (8)은 명사 전후에 동일한 지시사가 위치하고 (9)는 명사 전후에 서로 다른 지시사가 위치한다. (10)의 경우 명사 앞의 지시사는 동일한데 뒤의 지시사는 거리의 원근에 따라 다른 것을 사용하였다. 중국어에서 근거리 지시 '这'와 원거리 지시 '那'는 모두 这书(이 책), 那山(저 산)과 같이 핵심 명사 앞에 위치하며 영어에서도 this, that은 핵심 명사에 전치한다. 그런데 일부 언어에서는 근거리 지시와 원거리 지시의 위치에 차이가 있다. 티그레(Tigré)어[8]에서 근거리 지시는 명사에 전치하고 원거리 지시는 후치한다.

(11) 티그레어(Raz 1983:45)
   a. ʔəllan   ʔamʕəlāt
      이.여성.복수 날들
     요즘

   b. ʔəb laʔawkād lahay
      -에 시간 그.남성
     그 때

명사-지시사와 지시사-명사 어순은 OV와 VO 언어에서 모두 보편적이다. 즉, 명사와 지시사 간의 어순은 술어와 목적어 간의 어순과 관련성이 적다. 그런데 기존의 통계에 의하면 OV 언어든 VO 언어든 지시사-명사 어순이 조금 더 보편적이다. 이는 지시사의 식별도가 명사보다 높기 때문이다.

---

[8] [역자 주] 북아프리카 에리트레아(Eritrea)에서 사용하는 언어 중 하나이다. 사용 인구는 약 105만 명 정도이다.

5.2.3. 수사와 명사

수사는 기수사와 서수사로 나눌 수 있다. 영어와 중국어에서 기수사와 서수사는 모두 명사 앞에 위치한다.

(12)　four chairs　　　四把椅子　　　의자 네 개
　　　the fourth chair　　第四把椅子　　네 번째 의자

그런데 어떤 언어에서는 기수사 및 서수사와 명사의 어순이 일치하지 않는다. 예를 들어 구데어에서 기수사는 명사에 후치하고 서수사는 명사에 전치한다(Hoskison 1983).

(13) a.　Mbusə　pu'
　　　　　호박　　10-기수사
　　　　　호박 열 개

　　　b.　tufə-nə nga tihinə
　　　　　5-서수사　-의　말
　　　　　다섯 번째 말

蔣仁萍(2007)은 중국의 112개 언어의 서수사와 기수사의 분포를 조사하여 (14)의 함축적 보편성을 도출하였다.

(14) 어떤 언어에서 서수사가 명사에 전치한다면 기수사도 명사에 전치한다.

蔣仁萍(2007)의 조사 결과는 [표 1]과 같다. 어떤 언어는 수사 전치와 후치 모두 가능하여 통계 처리에서 두 어순에 모두 포함되었으므로 표에서 어순의 총 수량은 112가지가 넘는다.

[표 1] 중국 112개 언어의 서수사와 기수사의 어순 관계

서수사의 위치	기수사의 위치	
	기수사-명사	명사-기수사
명사-서수사	17	53
서수사-명사	62	0

대다수의 언어에서 기수사와 서수사의 위치는 일치하여 모두 명사에 전치하거나(62개), 모두 후치(53개)한다. 두 가지의 위치가 일치하지 않는다면 일반적으로 기수사는 전치하고 서수사는 후치한다(17개). 물론 이것 역시 경향성을 띤 보편성일 뿐이며 절대적이지는 않다. (13)이 그 반례이다.

수사는 일반적으로 기수사를 가리키며 인류 언어에서 수사는 전치와 후치가 모두 보편적인데 명사에 후치하는 경우가 조금 더 보편적이다(http://wals.info/chapter/89 참조). 그리고 술어와 목적어간의 어순과는 관련성이 약하여 그것에 근거하여 수사와 명사의 어순을 정확히 예측할 수는 없다.

(15) i. 수사-명사(NumN)   479
　　 ii. 명사-수사(NNum)   607
　　 iii. 우세 어순 없이 두 가지가 공존   65

두 가지 어순이 모두 존재하는 언어도 있는데 이 경우 의미상 차이가 있다. 예를 들어 니아스(Nias)어[9]에서 수사가 명사에 전치할 경우 이 명사는 비한정적인 것이고 수사가 후치할 경우 명사는 한정적인 것이다. 즉, [수사-명사] 구조는 비한정적이고 [명사-수사]는 한정적이다(Brown 2005, Dryer 2013b에서 재인용).

(16) a. öfa　geu　m-baβi　s=afusi
　　　　 4　 분류사　통격-돼지　관계사=희다
　　　　 하얀 돼지 네 마리

　　 b. baβi-ra　　　　s=afusi　　si=öfa　geu
　　　　 돼지-3인칭.복수.소유　관계사=희다　관계사=4　분류사
　　　　 그들의 하얀 돼지 네 마리

어떤 언어는 수사 내부에서도 구분이 있어 일부는 명사에 전치하고 일부는 후치한다. 예를 들어 이집트 아랍어에서 수사 1과 2는 명사 뒤에 위치하고 2보다 큰 수사는 명사 앞에 위치한다(Gary & Gamal-Eldin 1982:111, Dryer 2013b에서 재인용).

---

[9] [역자 주] 인도네시아 수마트라(Sumatra) 북부의 니아스섬과, 바투(Batu) 섬에서 주로 사용하는 언어로 오스트로네시아어족에 속하며 사용 인구는 2000년 기준 약 77만 명이다.

(17) a. binteen ʔitneen
　　　　소녀.양수　2
　　　두 소녀

　　b. talat　banaat
　　　　3　　소녀.복수
　　　세 소녀

모로코 아랍어에서는 수사 1만 명사에 후치하고 다른 수사는 명사 앞에 위치한다 (Harrell 1962:206, Dryer 2013b에서 재인용).

(18) a. mṛa　weḥda
　　　　여자　1.여성
　　　한 여자

　　b. žuž　ktub
　　　　2　　책
　　　책 두 권

이와 같은 상황은 일반적으로 1에서 n까지의 수사와 n이상의 수사가 각각 명사의 양측에 위치한다고 할 수 있다. 예를 들어 n이 4라면 1에서 4까지의 수사가 명사의 한쪽에 위치하고 4보다 큰 수사는 다른 한 쪽에 위치한다. 니브흐(Nivkh)어[10]에서는 n이 5이고 룬가(Runga)어[11]에서는 n이 6이다. 즉, 큰 수가 명사 앞에 위치하고 작은 수가 뒤에 위치한다.

5.2.4. 형용사와 명사

여기에서 말하는 명사와 형용사의 관계는 주술 관계가 아니라 수식과 피수식의 관계이다. 언어에 따라 두 가지 구조의 어순이 다른 경우가 있다. 예를 들어 시메울루에(Simeulue)어[12]에서 주술 관계인 경우 형용사가 명사 앞에 위치하고 수식 관계일 때는

---

[10] [역자 주] 아무르(Amur)강의 하류를 따라 암군(Amgun)강 분지에 있는 외만주에서 사용되는 언어이다.

[11] [역자 주] 아이키(Aiki)어의 방언 가운데 하나이다. 아이키(Aiki)어는 아프리카 중부의 차드(Chad)의 마반(Maban)어이다.

명사 뒤에 위치한다(Kähler 1963:131, Dryer 2013c에서 재인용).

(19) a. mexiao luan ere
　　　　깨끗하다　강　이
　　　이 강은 깨끗하다.

b. ŋaŋ sa'a bəsaŋ sara ata tu'a-tu'a
　　이미 그때 오다 1 사람 늙다-늙다
　　그때 매우 나이 든 사람이 왔다.

중국어에서도 형용사와 명사가 주술 관계와 수식 관계를 구성할 때 어순이 다르다.

(20) i. 주술 관계: 学生很勤奋。(학생이 열심히 한다.)
　　 ii. 수식 관계: 很勤奋的学生 (열심히 하는 학생)

그리고 수식어를 담당하는 형용사는 지시사, 수사 등은 포함되지 않으며 크다, 작다, 좋다 등과 같이 명사의 속성에 대해서 기술하는 품사만 해당된다. 중국어에서 형용사, 수사, 지시사는 모두 명사에 전치할 수 있다. 예를 들어 红色的旗子(붉은 깃발), 三面旗子(깃발 세 폭), 这旗子(이 깃발)와 같이 표현한다. 한편 어떤 언어에서는, 형용사, 수사, 지시사와 명사 간의 어순이 다르게 나타난다. 어떤 언어는 형용사의 종류에 따라 형용사와 명사 간에 어순이 반드시 일치하지 않는 경우가 있다. 예를 들어 우와스테카 나와틀(Huasteca Nahuatl)어[13]에서 크다, 좋다라는 의미의 형용사는 명사 앞에 위치하지만 다른 형용사는 명사 뒤에 위치한다. 또한 형용사가 모든 언어에서 독립된 품사인 것은 아니며 명사에 포함되기도 하고 동사에 포함되기도 한다. 따라서 형용사와 명사의 어순을 연구할 때 형용사의 귀속문제를 고려해야 한다.

과거에는 VO 언어에서 형용사는 명사에 후치하는 경향이 있고 OV 언어에서는 명사에 전치한다는 견해가 있었다. 즉, 술어-목적어 어순과 명사-형용사 어순이, 목적어-술어 어순과 형용사-명사 어순이 함께 나타난다는 것이다. Greenberg(1963)도 동사가 앞에

---

[12] [역자 주] 인도네시아 수마트라 서부 연안에 있는 시메울루에섬에서 사용하는 언어이다.
[13] [역자 주] 멕시코의 라 우와스테카(La Huasteca) 지역에서 사용하는 언어로 사용 인구는 백만 명이 넘는다.

위치하는 언어에서 형용사가 명사에 후치하는 경향이 있다고 하였다. 그러나 언어 표본이 확대되면서 Dryer(1988, 1992)는 OV 언어든 VO 언어든 명사-형용사가 형용사-명사보다 보편적임을 확인하였다(http://wals.info/chapter/87 참조).

 (21) i. 형용사-명사(AN)   373
    ii. 명사-형용사(NA)   878
    iii. 우세 어순 없이 두 가지가 공존 110

즉 명사-형용사/형용사-명사는 술어-목적어/목적어-술어와 상관성이 없으며 어떤 언어가 VO이거나 OV인 것으로 이 언어의 형용사와 명사의 어순을 예측할 수는 없다. 이상의 자료를 통해 어떤 언어에서 명사-형용사 어순과 형용사-명사 어순이 공존할 수 있으며 우세 어순은 없다는 것을 확인할 수 있다.

5.2.5. 소유 성분과 명사

인류 언어에서 소유 성분과 핵심 명사의 어순은 주로 세 가지 상황이 존재한다(http://wals.info/chapter/86 참조).

 (22) i. 소유 성분-명사(GN)   685
    ii. 명사-소유 성분(NG)   468
    iii. 우세 어순 없이 두 가지가 공존 96

중국어는 첫 번째 유형에 속하여 张三的笔(장싼의 펜)처럼 소유 성분이 명사 앞에 위치한다. 영어는 세 번째 유형에 속하여 the girl's cat(그 소녀의 고양이)와 같이 전치도 가능하고 the building of the house(그 집의 건축)와 같이 후치도 가능하여 어느 것이 우세 어순인지 확정할 수 없다. 물론 구체적으로 활용하는 과정에서 소유 성분-명사, 명사-소유 성분 중 어느 어순을 선택하는가에는 의미, 통사 등 복잡한 요인이 작용한다.
 한편 the girl's cat(그 소녀의 고양이)와 张三的书(장싼의 책)와 같은 예는 전형적인 소유 구조이지만 소유 구조의 소유주와 핵심 명사에는 다른 의미 관계가 존재하기도 한다. 예를 들어 John's death(존의 죽음)는 주술 관계와 유사하고 the building of the

house(그 집의 건축)는 술목 관계가 된다.

소유 구조는 양도 가능 여부에 따라 두 가지 유형이 있다. 중국어에서는 我的笔(나의 펜), 我爸爸(나의 아버지)와 같이 두 가지 유형의 어순이 같다. 그런데 어떤 언어에서는 두 유형의 어순이 상반된다. 예를 들어 마이브라트(Maybrat)어[14]에서는 양도할 수 없는 소유 구조는 소유 성분-명사가 되고 양도할 수 있는 소유 구조의 어순은 명사-소유 성분이 된다(Dol 1999:93,97, Dryer 2013d에서 재인용).

    (23) a. Sely m-me
           셀리 3인칭.여성.소유-엄마
         셀리의 엄마

       b. amah ro-Petrus
           집   소유격-페트루스
         페트루스의 집

중국어에서는 소유주가 명사든 인칭 대명사든 소유 성분이 张三的笔(장싼의 펜), 我的笔(나의 펜)처럼 모두 명사에 전치한다. 그러나 어떤 언어에서는 명사인가 인칭 대명사인가에 따라 어순이 달라진다. 예를 들어 타우야(Tauya)어[15]에서는 명사성 소유 성분은 핵심 명사에 전치하며 대명사성 소유 성분은 후치한다(MacDonald 1990:133,191, Dryer 2013d에서 재인용).

    (24) a. ʔe fanu-na wate
           그 남자-소유격 집
         그 남자의 집

       b. wate ne-pi
           집   3인칭-소유격
         그의/그녀의 집

OV 언어에서 소유 성분은 전치 경향이 두드러지며, VO 언어에서는 후치하는 경향이

---

[14] [역자 주] 파푸아뉴기니의 도베라이 반도(Bird's Head Peninsula)에 있는 마이브라트의 아야마루(Ayamaru)와 캐런 도리(Karon Dori) 사람들이 사용하는 파푸아어이다.
[15] [역자 주] 파푸아뉴기니 마당(Madang)에서 사용하는 언어로 사용 인구는 약 350명가량 된다.

있지만 경향성이 명확하지는 않다.

   (25) i. OV 언어: 소유 성분-명사
        ii. VO 언어: 명사-소유 성분 (경향성은 약함)

5.2.6. 관계절과 명사

관계절의 어순 문제는 유형론에서 많이 연구된 영역이기도 한다. 핵심 명사와 관계절은 논리적으로 명사-관계절과 관계절-명사 두 가지 어순이 가능하다. 동사와 목적어의 어순(VO/OV)과 관련하여 논리적으로 네 가지 어순이 가능하다.

   (26) i. 유형1: VO와 관계절-명사(RelN)
        ii. 유형2: VO와 명사-관계절(NRel)
        iii. 유형3: OV와 관계절-명사(RelN)
        iv. 유형4: OV와 명사-관계절(NRel)

실제 언어에서는 유형 2, 3, 4가 보편적이며 유형1은 드물다. 이로부터 (27)의 함축적 보편성을 도출해 낼 수 있다.

   (27) 어떤 언어가 VO 형이면 관계절은 명사 뒤에 위치한다. 또는 어떤 언어에서 관계절이 명사 앞에 위치하면 목적어는 동사 앞에 위치한다.

기존의 통계에 따르면 관계절이 명사 뒤에 위치하는 경우가 우세 어순이다(http://wals.info/chapter/90 참조).

   (28) i. 명사-관계절(NRel)   579
        ii. 관계절-명사(RelN)   141
        iii. 명사가 관계절 내부에 위치   24

OV 언어든 VO 언어든 관계절이 후치하는 어순이 보편적이다. OV 언어에서 관계절의 후치 및 전치 비율이 37:26이며 VO 언어에서는 60:1이다. VO 언어에서는 관계절이 후치하는 경향이 더 많음을 알 수 있다. 金立鑫, 于秀金(2012)에 따르면 SVO 언어에서 관계절이 주어와 목적어인 명사의 앞에 위치하면 [관계절 + 주어 + 동사 + 관계절 + 목적어]와 같은 어순이 가능하다. 이렇게 되면 동사와 목적어 사이에 복잡한 관계절이 삽입되고 주어의 우선적 지위가 감소하여 식별도 우선 원리에 위배되며, 또한 의미 근접성 원리도 위배되어 목적어가 동사로부터 멀어지게 된다. 반대로 [주어 + 관계절 + 동사 + 목적어 + 관계절] 어순을 채택하게 되면, 주어와 동사 사이에 복잡한 관계절이 삽입되기는 하였지만 주어와 동사는 구조상 본래 상대적으로 느슨한 편이어서 둘 사이에 휴지를 허용하기도 한다. 그리고 주어의 종속절이 주어 뒤에 위치하게 되면 주어를 두드러지게 할 수 있다. 문제는 두 가지 경우에서 각각 목적어와 주어가 관계절에 의하여 동사에 근접하지 않는다는 것이다. 그러나 [주어 + 관계절 + 동사 + 목적어 + 관계절]과 같이 관계절이 목적어에 후행하는 것이 주어의 식별도 우선 원리와 동사와 목적어의 의미 근접성 원리에 모두 부합한다.

SOV 언어에서는 관계절이 명사 뒤에 위치하면 [주어 + 관계절 + 목적어 + 관계절 + 동사]의 어순을 이루게 되는데, 이런 구조에서 주어는 식별도 우선 원리를 따르지만 동사와 목적어의 의미 근접성 원리에 위배된다. 그리고 관계절이 명사 앞에 위치하게 되면 [관계절 + 주어 + 관계절 + 목적어 + 동사] 어순이 되어 동사와 목적어의 의미 근접성 원리는 따르지만 주어의 식별도 우선 원리는 위배하게 된다. 따라서 SOV 언어에서는 식별도 우선 원리와 의미 근접성 원리가 서로 경쟁하여 관계절과 명사의 순서를 결정하기 어렵다. SOV 언어에서 어떤 조합을 채택하는지는 그 언어에서 어떤 기제를 더 중요하게 보는지에 따라 결정된다. 이는 또한 SOV 언어에서 명사를 기준으로 관계절의 전치와 후치 상황이 대체로 비슷한 이유이기도 하다.

어떤 언어에서는 핵심 명사가 관계절 내부에 위치하기도 한다. (29)의 디에구에뇨(Deigueño)어[16]의 예에서 gaat(고양이)가 그러하다(Couro & Langdon 1975:186-187, Dryer 2013e에서 재인용).

---

[16] [역자 주] 미국 캘리포니아 남부와 멕시코 북서부에서 사용되는 언어로 유마(Yuma)어족에 속하며 사용 인구는 2010년 기준 430명 정도이다.

(29) ['ehatt gaat akewii]=ve=ch   chepam
     [개   고양이   잡다=한정지시=주어 도망치다]
     그 개가 잡은 고양이가 도망쳤다.

이러한 현상은 주로 OV 언어에서 나타난다.

5.2.7. 복수사와 명사

명사의 복수는 books의 -s와 같이 대부분 명사에 접사를 첨가하는 방식으로 나타낸다. 물론 어떤 언어에서는 독립된 단어를 사용하기도 한다. VO 언어에서 복수사는 명사 앞에 위치하거나 뒤에 위치하는 두 가지 어순이 모두 나타난다. 테툼(Tetum)어[17](Van klinken 1999, Shopen 2007에서 재인용)에 그러한 예가 나타난다.

(30) a. te mau fare
        그 복수 집
        그 집들
     b. hotu kakehe sia
        모든 팬   복수
        모든 팬들

OV 언어에서 복수사는 명사에 후치하는 경향이 높다. (31)은 시로이(Siroi)어[18]의 예이다.

(31) kulim kat nuɲe
     누이 복수 그의
     그의 누이들

동사와 목적어 간의 어순과 명사와 복수사 간의 어순이 구성하게 되는 네 가지 조합

---

[17] [역자 주] 말레이제도 남부 소순다열도에 속하여 있는 티모르(Timor)섬에서 사용되며 오스트로네시아어족에 속한다.

[18] [역자 주] 파푸아뉴기니의 마당 지역에서 사용하는 언어로 트랜스뉴기니(Trans-New Guinea)어족에 속하며 사용 인구는 약 1,300명이다.

중에서 네 번째 유형은 실제 언어에서 드문 편이다.

    (32) i. 유형1: VO와 명사-복수사(NPlur)
        ii. 유형2: VO와 복수사-명사(PlurN)
        iii. 유형3: OV와 명사-복수사(NPlur)
        iv. 유형4: *OV와 복수사-명사(PlurN)

따라서 4분적 방식에 따라 (33)과 같은 함축적 보편성을 귀납할 수 있다.

    (33) 어떤 언어에서 목적어가 동사 앞에 위치하면 복수사가 명사 뒤에 위치한다.

5.3. 동사구의 어순

5.3.1. 절의 기본 어순

한 언어의 기본 어순이란 일반적으로 주어(S), 동사(V), 목적어(O) 간의 상대적 어순을 가리킨다. 전형적인 타동절에서 주어, 동사, 목적어의 배열 순서를 보면 기본 어순을 쉽게 파악할 수 있지만 실제로는 그렇게 간단하지 않다. 예를 들어 중국어는 我吃了饭(SVO)이라고도 할 수 있고 饭我吃了(OSV)라고도 할 수 있다. 이 때문에 학자들에 따라 중국어를 OV형 언어라고도 하고 VO형 언어라고도 하며, 혹자는 VO형과 VO형이 혼합된 언어라고도 한다(金立鑫, 于秀金 2012).

논리적으로 S, V, O 간에는 SOV, SVO, VSO, VOS, OVS, OSV의 6가지 배열이 존재한다. 이 어순 유형들은 (34)에서 볼 수 있듯이 인류 언어에 모두 존재한다(Dryer 1992, http://wals.info/chapter/81에서 재인용).

    (34) a. S-O-V (일본어)
           John   ga   tegami   o   yon-da
           존   주격   편지   목적격   읽다-과거
           존이 편지를 읽었다.

b. S-V-O (표준중국어)
Zhāng Sān　shōudào-le　yì-fēng　xìn
장싼　　　받다-완료　　하나-양사　편지
장싼이 편지 한 통을 받았다.

c. V-S-O (아일랜드어)
Léann　na　　sagairt　　na　　leabhair
읽다.현재　그.복수　신부.복수　그.복수　책.복수
(그) 신부들이 책을 읽고 있다.

d. V-O-S (니아스어)
i-rino　　　　　　vakhe　ina-gu
3인칭.단수.실재-요리하다　통격.밥　어머니-1인칭.단수.소유격
우리 어머니가 밥을 하셨다.

e. O-V-S (히스카랴나(Hixkaryana)어[19])
toto　　y-ahosi-ye　　kamara
남자　3인칭-잡다-원시.과거　재규어
재규어가 그 남자를 잡았다.

f. O-S-V (나댑(Nadéb)어[20])
awad　　kalapéé　　hapúh
재규어　　아이　　　보다.직설법
(그) 아이가 재규어를 본다.

만약 다른 제약 요소가 없다면 (34)의 6가지 어순은 인류 언어에 고르게 분포해야 하며, 다른 어순보다 더 보편적이거나 드물게 나타나는 어순이 없어야 한다. 그러나 이들 어순의 분포는 실제적으로 (35)와 같이 불균형적인 양상을 보인다(WALS 참조).

(35) i.　주어-목적어-동사(SOV):　497
　　 ii.　주어-동사-목적어(SVO):　436
　　 iii.　동사-주어-목적어(VSO):　85
　　 iv.　동사-목적어-주어(VOS):　26
　　 v.　목적어-동사-주어(OVS):　9
　　 vi.　목적어-주어-동사(OSV):　4

---

[19] [역자 주] 브라질 서북부 아마조나스(Amazonas)의 나문다(Nhamundá)강 상류에서 사용하는 언어로 카리브(Carib)어족에 속하며 사용 인구는 약 600명이다.

[20] [역자 주] 브라질 서북부의 아마조나스 지역에서 사용하는 언어로 나다훕(Nadahup)어족에 속하며 사용 인구는 약 400명이다.

가장 보편적인 어순은 SOV와 SVO로 전체 표본언어의 88.3%를 차지한다. 반면 OVS와 OSV는 1.2% 밖에 되지 않는다. 이를 통해 S, V, O의 상대적인 어순을 결정하는 데 있어 어떤 제약요소가 존재한다는 것을 알 수 있다. 이를테면 주어는 목적어에 비해 구정보를 나타내거나 유정성이 높은 성분일 경우가 많으므로 식별도가 높은 주어가 목적어보다 앞에 위치하는 경향이 강하다. 또한 목적어와 동사 간의 의미 거리가 주어와 동사 간의 의미 거리보다 가깝기 때문에 일반적으로 목적어가 동사에 더 근접한다. SOV와 SVO는 모두 주어가 목적어 앞에 위치하고, 상대적으로 주어보다 목적어가 동사에 가깝다. 따라서 두 가지 요건을 다 만족하는 SOV와 SVO가 가장 높은 분포를 보인다. 다만 언급해야할 것은 SVO에서 주어와 목적어는 모두 동사에 근접하고 동일한 선형적 거리를 유지하지만, 의미적 거리에서 보면 후치 논항이 전치 논항보다 동사와 더 밀접한 관계를 가지므로 목적어와 동사와의 의미 거리가 더 가깝다고 할 수 있다. 반면 OVS와 OSV는 모두 주어가 목적어에 후치하고, 목적어보다 주어가 동사에 더 근접한다. 이는 인류 언어의 보편적인 규칙을 위배하므로 낮은 분포도를 보이는 것이다.

5.3.2. 부정 불변화사와 동사

부정 불변화사(negative particle)는 동사와 결합하는 부정 접사(negative affix)나 부정 조동사(negative auxiliary verb)와 다르다. 부정 불변화사가 동사에 후치(VNeg)하는 어순과 동사에 전치(NegV)하는 어순은 OV와 VO 언어에 모두 존재하지만, NegV가 조금 더 우세하다.

동사에 전치하는 부정 불변화사는 일반적으로 동사의 바로 앞에 위치한다. (36)의 와스키아(Waskia)어[21]의 예를 보자(Ross & Paol 1978:14, http://wals.info/chapter/144).

(36) SOV 언어: Neg + V
 ane yu me nala bage-sam
 1인칭.단수 물 부정 마시다 유지-현재.1인칭.단수
 나는 절대 물을 마시지 않는다.

---

[21] [역자 주] 파푸아뉴기니에서 주로 사용하는 언어로 트랜스뉴기니어족에 속하며 사용 인구는 약 2만 명이다.

반면 SVO 언어에서 동사에 후치하는 부정 불변화사는 (37)의 바기르미(Bagirmi)어[22] 와 같이 문말에 위치하는 것이 일반적이다.

(37) SVO 언어: V + Neg
 deb-ge tol tobio li
 사람-복수 죽이다 사자 부정
 (그) 사람들이 사자를 죽이지 않았다.

부정 불변화사가 동사에 전치하는지 후치하는지는 동사와 목적어의 어순과는 직접적인 관련이 없지만, 주어와 동사의 어순과는 어느 정도 관련이 있는 것으로 보인다. 즉, VS 언어에서 부정 불변화사는 동사에 전치하는 경향이 있지만, SV 언어에서는 부정 불변화사가 동사에 후치하는 경향이 강하다.

5.3.3. 동사와 부치사구

부치사구(PP)와 동사 간의 어순은 동사와 목적어의 어순과 관련이 있다. (38)의 레즈긴(Lezgin)어[23]에서 볼 수 있듯이 OV 언어에서 부치사구는 동사에 전치하는 경향이 강하다.

(38) OV 언어: PP + V
 [duxtur-r-in patariw] fe-na
 의사-복수-소유격 -로/향하여 가다-비한정과거완전상
 병원에 갔다.

반면 (39)와 같이 영어와 피지(Fiji)어[24] 등의 VO 언어에서는 부치사구가 동사에 후치하는 경향이 강하다.

---

[22] [역자 주] 아프리카 중부의 차드, 나이지리아에서 사용하는 언어로 나일사하라어족에 속한다. 사용 인구는 차드에서만 약 45,000명으로 추정된다.
[23] [역자 주] 러시아와 아제르바이잔, 조지아 등지에 거주하는 레즈긴인이 사용하는 언어로 북동 코카서스어족에 속하며 사용 인구는 약 65만 명이다.
[24] [역자 주] 남태평양 서부에 위치한 피지 공화국의 공용어로 오스트로네시아어족에 속하며 사용 인구는 약 34만 명이다.

(39) VO 언어: V + PP
    a. Mary   cut   the   fish   [with the knife]
       3인칭.단수 자르다.과거 정관사 물고기.단수 -로 정관사 칼
       메리는 칼로 (그) 물고기를 잘랐다.
    b. Au   na   talai   Elia   [i 'Orovou]
       1인칭.단수 미래 보내다 엘리아 -로 오로보우
       나는 엘리아를 오로보우로 보낼 것이다.

5.3.4. 주요 동사와 조동사

VO 언어에서 조동사(auxiliary verb)는 동사에 전치(AuxV)한다. (40)은 영어의 예이다.

(40) VO 언어: Aux + V
    She   is   sleeping
    그녀   조동사   자다.진행
    그녀는 자는 중이다.

반면 OV 언어에서는 (41)의 시로이어와 같이 조동사가 동사에 후치(VAux)한다 (Shopen 2007).

(41) OV 언어: V + Aux
    Pasa   min-gen
    말하다   조동사-1인칭.복수.과거
    우리는 이야기를 나누고 있었다.

조동사와 목적어는 동사를 중심으로 어순이 결정된다. 목적어가 동사의 왼쪽에 위치하면 조동사는 동사의 오른쪽에 위치하며, 반대로 목적어가 동사의 오른쪽에 위치하면 조동사는 동사의 왼쪽에 위치한다.

조동사는 일반적으로 시제 조동사와 양태 조동사를 모두 포함한다. 일부 언어에서는 시제와 양태 범주를 조동사가 아닌 불변화사로 나타내는 경우가 있는데, 이때 불변화사와 동사 간의 어순은 동사와 목적어의 어순, 즉 OV 또는 VO와는 직접적인 관련이 없다.

5.3.5. 계사와 술어

많은 언어에서 술어가 동사가 아닐 경우 계사(copula verb)를 필요로 하며, 이 때 계사와 실제 술어 간의 어순은 목적어와 동사의 어순과 직접적으로 관련된다. 즉, OV 언어에서 계사는 술어에 후치하고, VO 언어에서는 계사가 술어에 전치한다.

(42) i. VO 언어: 계사 + 술어
    ii. OV 언어: 술어 + 계사

5.4. 종속절의 어순

5.4.1. 보문소와 종속절

보문소(complementizer)는 종속절의 시작 혹은 끝을 표시하며, 해당 종속절은 주절 동사의 목적어나 주어로 쓰인다. VO 언어에서 보문소는 일반적으로 종속절의 문두에 위치한다. (43)의 영어 보문소 that이 대표적이다.

(43) VO 언어: 보문소 + 종속절
    The   teacher knows   [that Billy ate   the   cookies]
    정관사 선생님   알다.3인칭.단수.현재 보문소 빌리   먹다.과거 정관사 쿠키.복수
    선생님은 빌리가 쿠키를 먹은 것을 알고 있다.

반면 OV 언어에서는 보문소가 종속절의 문말에 위치한다. (44)의 슬레이비(Slavey)어[25] -n이 그 예이다.

---

[25] [역자 주] 캐나다 서북부 및 알래스카의 내륙 지방 등지에서 사용되며 아타바스칸(Athabaskan, Athapaskan)어의 일종이다. 데네예니세이안(Dené-Yeniseian)어족에 속하며 사용 인구는 약 2,350명이다.

(44) OV 언어: 종속절 + 보문소
　　　[ʔelá táhɪta　　　n] kodeyishá yíle
　　　보트　3인칭.도착하다　보문소　1인칭.알다　부정
　　　나는 보트가 도착한 것을 알지 못했다.

5.4.2. 부사절과 주절

부사절과 주절 간의 어순은 동사와 목적어의 어순과 관련이 있다. 즉, OV 언어에서 부사절은 주절에 전치하는 경향이 강하고, VO 언어에서는 부사절이 주절에 후치하는 경향이 강하다. 반면 일부 언어에서는 (45)의 영어와 같이 주절과 부사절의 어순이 비교적 자유롭고 특정한 우세 어순이 존재하지 않는다.

(45) a. [Because it was raining], the children came into the house.
　　　비가 왔기 때문에, 아이들은 집 안으로 들어왔다.
　　b. The children came into the house, [because it was raining].
　　　아이들이 집 안으로 들어왔다. 비가 왔기 때문에.

한편 부사절의 유형에 따라 주절과의 어순도 달라질 수 있는데, Greenberg(1963)의 보편성 14에 따르면 모든 언어의 조건 진술문은 조건절이 결과절에 선행하는 것을 기본 어순으로 한다.

5.5. 어순 보편성에 대한 해석

5.5.1. 우세와 조화

우세(dominance)와 조화(harmony)는 어순의 함축적 보편성을 해석하기 위해 Greenberg (1963)가 제시한 개념이다.

우세란 동일 부류의 사물을 서로 비교한 결과로서 비교를 통해서만 우세를 판단할 수 있다. 예를 들어 어떤 언어에서 A, B 두 성분이 AB와 BA 두 가지 어순을 가질 때, 만약 BA어순이 AB어순보다 많이 출현하면 BA가 바로 우세 어순이며 AB는 상대적으로 열세 어순이 된다. 즉, 우세와 열세의 구분은 일반적으로 출현 빈도로 판단하며, 출현 빈도가 높은 어순이 낮은 어순에 비해 우세 어순이다. 또한 모어 화자가 가장 자연스럽고 정상적이라고 여기는 것이 우세 어순이며, 사용 제약이 적은 무표지 어순 역시 우세 어순이다. 그러나 이러한 판단은 명확하지 않고 객관적인 기준을 제시하기 어렵기 때문에 Greenberg는 우세 어순을 (46)과 같이 정의한다.

(46) 우세 어순(dominant order)은 항상 출현할 수 있는 반면, 열세 어순(recessive order)은 그것과 조화를 이루는 어순이 출현하는 경우에만 출현할 수 있다.

Greenberg의 정의에 따라 陆丙甫(출간예정)는 두 가지 다른 유형의 우세 어순과 열세 어순을 구분하였다. 첫째는 동일한 성분이 서로 다른 어순을 형성할 때의 우세와 열세이고, 둘째는 동일 어순에서 핵심 성분과 상응하는 성분이 다를 경우의 우세와 열세이다. (47)의 Greenberg 보편성 25를 예를 들어 살펴보자.

(47) 보편성 25: 만약 대명사 목적어가 동사에 후치하면, 명사 목적어 역시 동사에 후치한다.

(47)의 보편성 25에 따르면, 어떤 언어에서 대명사 목적어가 동사의 뒤에 위치하는 것은 명사 목적어가 동사 뒤에 위치하는 것을 함축한다. 다시 말해서 명사 목적어가 대명사 목적어보다 동사에 후치하는 경향이 강하다. 역으로 어떤 언어에서 명사 목적어가 동사의 앞에 위치하면 대명사 목적어 또한 동사 앞에 위치한다. 즉, 대명사 목적어가 명사 목적어보다 동사에 전치하는 경향이 강하다. 따라서 대명사 목적어가 전치(ProV)하는 것이 우세 어순이며, 대명사 목적어가 후치(VPro)하는 것이 열세 어순이다. 이것이 동일한 성분이 서로 다른 어순을 형성할 때의 우세와 열세이다. 반면 명사 목적어가 후치(VN)하는 것이 우세 어순이라면 대명사 목적어가 후치(VPro)하는 것은 열세 어순이다. 이는 동일 어순에서 성분이 다를 경우의 우세와 열세이다. 이와 마찬가지로 대명사 목적어가 전치(ProV)하는 것이 명사 목적어가 전치(NV)하는 것보다 우세하며, 명사 목적어가 후치(VN)하는 것이 명사 목적어가 전치(NV)하는 것보다 우세하다. 이를 정리하면 (48)과 같다.

(48) i. [ProV]가 [NV]보다 우세: 동일 어순, 다른 성분 간의 우열 관계
　　　 ii. [VN]이 [VPro]보다 우세: 동일 어순, 다른 성분 간의 우열 관계
　　　 iii. [ProV]가 [VPro]보다 우세: 동일 성분, 다른 어순 간의 우열 관계
　　　 iv. [VN]이 [NV]보다 우세: 동일 성분, 다른 어순 간의 우열 관계

이와 같은 우열 관계가 존재하는 것은 대명사의 식별도가 명사보다 높아서 대명사의 전치 경향이 훨씬 강하기 때문이다. Greenberg의 보편성 25는 (49)의 4분적 논리 관계로 표현할 수 있는데, 이중 두 번째 경우를 제외하고 나머지 어순은 모두 인류 언어에 존재한다.

(49) i. 대명사 목적어 후치, 명사 목적어 후치
　　　 ii. *대명사 목적어 후치, 명사 목적어 전치
　　　 iii. 대명사 목적어 전치, 명사 목적어 전치
　　　 iv. 대명사 목적어 전치, 명사 목적어 후치

대명사 목적어의 전치(ProV)와 명사 목적어의 후치(VN)를 우세 어순이라고 할 때, 상술한 4가지 논리 관계는 (50)과 같이 형식화할 수 있다.

(50) i. [VPro]-[VN]: 열세-우세
　　　 ii. *[VPro]-[NV]: 열세-열세
　　　 iii. [ProV]-[NV]: 우세-열세
　　　 iv. [ProV]-[VN]: 우세-우세

(50) i과 같이 열세 어순인 [VPro]는 조화를 이루는 [VN]이 존재할 경우에만 출현하며, iii의 열세 어순인 [NV]도 조화를 이루는 [ProV]가 출현할 경우에만 출현한다. [ProV]와 [VN]은 우세 어순이기 때문에 [ProV]와 [VN]이 포함된 i, iii, iv는 반드시 출현한다.
　Greenberg(1963)의 어순 조화는 Lehmann(1978)의 지배어-피지배어 조화 이론과 Hawkins(1983)의 범-범주 조화(cross-category harmony) 등으로 그 범위가 확장, 발전되었으며, 이들의 이론에서 범 범주란 서로 다른 범주의 핵심어와 의존어를 가리킨다. Dryer(1992:87)는 조화 이론을 (51)의 핵심-의존어 이론(Head-Dependent Theory)으로 설명한다.

(51) 핵심-의존어 이론: 동사류는 핵심어이고 목적어류는 의존어이다. 만약 X, Y 두 성분에서 X가 핵심어이고 Y가 의존어이면, XY는 OV 언어보다 VO 언어에서 월등히 높은 비율로 나타난다.

예를 들어 부치사구 in the classroom에서 부치사 in은 핵심어이고 명사 the classroom은 의존어이다. (51)의 핵심-의존어 이론에 따르면 VO 언어에서는 전치사구가 후치사구에 비해 월등히 많고, OV 언어에서는 후치사구가 전치사구보다 월등히 많다. 다시 말해서 VO 어순은 전치사구와 조화를 이루며 OV 어순은 후치사구와 조화를 이룬다. 이와 유사한 조화 현상으로 AN(관형어 전치)과 OV(목적어 전치), NA(관형어 후치)와 VO(목적어 후치) 등이 있다.

5.5.2. 의미 근접성과 식별도 우선

언어유형론 연구에서 어순에 대한 해석은 매우 다양하다. 그 중에서 비교적 영향력 있는 해석으로 (52)의 Haiman(1985:237-238)의 3가지 도상성 원리를 들 수 있다.

(52) i. 개념적으로 가까운 성분이 구조적으로도 가깝다.
　　　ii. 구정보가 신정보에 선행한다.
　　　iii. 현저성이 가장 높은 것부터 우선적으로 발화된다.

陆丙甫(1998, 2005a, 2005b)는 어순 형성에 영향을 미치는 도상성 원리를 의미 근접성 원리와 식별도 우선 원리로 설명한 바 있다. 의미 근접성 원리란 다른 조건이 같을 경우 핵심어와 의미적으로 가까운 성분이 위치적으로도 가까운 것을 말하며, 陆丙甫는 Haiman의 도상성 원리를 궤도 구조와 결합시켜 이를 구체화, 명시화하였다. 여러 가지 성분들 중에서 어떤 성분이 핵심어와 더 가까운 거리에 위치하는지 (53)의 다항 관형어를 가지는 명사구를 예로 살펴보자(金立鑫 2011:149-151).

(53) 大型 ― 搪瓷 ― 自动 ― 电力 ― **洗衣机**
　　　대형 ― 에나멜 ― 자동 ― 전기 ― 세탁기

(53)의 명사구는 태국어26에서 (54)와 같이 완전히 상반된 어순으로 배열된다.

(54) 洗衣机 — 电力 — 自动 — 搪瓷 — 大型
　　　세탁기 — 전기 — 자동 — 에나멜 — 대형

이를 통해 다항 관형어의 어순은 중국어와 태국어에서 (56)과 같이 대칭을 이루고 있음을 알 수 있다.

(55) 大型　　搪瓷　　自动　　电力　　洗衣机　　电力　　自动　　搪瓷　　大型
　　　　　　(중국어)　　　　　　　　핵심어　　　　　　　　(태국어)

핵심 명사 洗衣机(세탁기)에 대해 大型(대형)은 외형, 搪瓷(에나멜)는 재료라는 외부 특징을 나타내고, 自动(자동)은 기능, 电力(전기)는 기본 속성이라는 내부적 특징을 나타낸다. (56)에서 볼 수 있듯이 洗衣机의 본질적 속성과 내부 특징을 나타내는 수식어가 洗衣机에 구조적으로 훨씬 근접한 위치에 배열되고 있다. 다시 말해서 핵심어의 내재적 특징을 나타내는 수식어가 핵심어에 더 가깝게 위치한다.

핵심어와 의미적으로 가까운 성분이 구조적으로도 가깝다는 것은 바꿔 말하면 핵심어와 의미적으로 먼 성분은 구조적으로도 먼 위치에 배열된다는 것을 의미한다. 만약 핵심어와의 거리가 너무 멀어 의미 관계를 명확하게 나타낼 수 없다면 명시적 표지를 통해 그 관계를 표시해야 한다. 이를 거리-표지 대응 규칙이라고 한다(陆丙甫 2004). 즉, 동일한 조건에서 핵심어와 멀리 떨어진 성분일수록 의미 관계를 나타내는 명시적 표지가 필요하다. (56)의 예를 살펴보자.

(56) a. 他在图书馆认真(地)看书。
　　　　그는 도서관에서 열심히 책을 본다.
　　　b. 他认真地在图书馆看书。
　　　　그는 열심히 도서관에서 책을 본다.
　　　c. *他认真在图书馆看书。

26　[역자 주] 태국의 다수 종족인 타이(Thai)족의 언어이자 태국의 공용어이다. 따이까다이(Tai-Kadai) 어족에 속하며 사용 인구는 약 2,000만 명이다.

(56a)에서 볼 수 있듯이 认真이 동사에 근접하여 수식하는 경우 부사어 표지 地의 사용은 수의적이다. 그러나 (56b), (56c)와 같이 认真이 다른 성분에 의해 동사와 분리되는 경우에는 地를 반드시 사용해야 한다.

陆丙甫(1998, 2005a, 2005b)는 어순 배열에 직접적인 영향을 미치는 또 다른 요인으로 식별도를 제시하였다. 식별도란 지시성, 유정성, 수량, 경계성 등을 포함한 개념으로, 식별도가 높은 대상은 쉽게 인식 또는 구별되고, 식별도가 낮은 대상은 인식이나 구별이 쉽지 않다. 식별도를 결정짓는 세부 요인은 (57)과 같다.

(57) 식별도 등급: ('>'는 좌측 항목이 우측 항목보다 정도가 높음을 나타냄)

구정보	>	신정보
화제	>	평언
지시성	>	묘사성
구별성이 높은 것	>	구별성이 낮은 것
유정성이 높은 것	>	유정성이 낮은 것
배경	>	전경
틀	>	초점
큰 단위	>	작은 단위
전체	>	부분
큰 수	>	작은 수
경계성	>	무경계성

陆丙甫의 식별도 우선 원리에 따르면 식별도는 (58)과 같이 어순 배열에 직접적인 영향을 미친다.

(58) i. 다른 조건들이 동일한 경우, 식별도가 높은 성분이 낮은 성분에 선행한다.
    ii. 다른 조건들이 동일한 경우, 식별도가 높은 성분일수록 전치하는 경향이 강하다.

전체의 식별도는 부분보다 높기 때문에 (59)와 같이 전체를 나타내는 성분이 부분을 나타내는 성분에 선행한다.

(59) a. I loaded the truck with the hay.
我把(整辆)卡车(都)装上了干草。
*我把卡车装上了所有的干草。
나는 트럭(전체)을 건초로 채웠다.
b. I loaded the hay onto the truck.
我把(所有)干草(都)装上了卡车。
*我把干草装上了整辆卡车。
나는 건초를 (모두) 트럭에 실었다.

모든 품사가 동일한 식별도를 가지는 것은 아니다. 이에 대해 陆丙甫(2004)는 (60)의 품사별 식별도 등급을 제시하였다.

(60) 품사별 식별도 등급: 명사 > 동사 > 형용사 > 허사

동사구와 명사구 어순의 좌우 비대칭 현상 또한 식별도 등급으로 설명할 수 있다. 식별도가 높은 성분이 뒤에 위치하면 앞으로 이동하려는 경향이 강하고, 식별도가 낮은 성분이 앞에 위치하면 뒤로 이동하려는 경향이 강하다. 따라서 [식별도가 낮은 성분-식별도가 높은 성분]의 어순 배열이 [식별도가 높은 성분-식별도가 낮은 성분]보다 긴밀하다. 즉, [명사-동사(NV)]나 [명사-형용사(NA)]보다 [동사-명사(VN)]와 [형용사-명사(AN)]가 훨씬 긴밀하고 안정적이다(陆丙甫, 应学凤 2013).

5.6. 소결

5장에서는 명사구, 동사구, 절의 어순 유형을 소개하고, 어순 단위, 기본 어순, 조화, 우세 등의 기본 개념과 식별도 우선, 의미 근접성 등의 어순 배열 원리에 대해서 간단히 살펴보았다. 이를 통해 현대 언어유형론이 어순 현상을 기술하고 상이한 어순 간의 관련성을 해석하는 방법에 대해 논하였다.

어순은 형태 변화가 풍부한 언어나 형태 변화가 거의 없는 언어에서 모두 가장 보편적인 문법 수단의 하나로서 중요한 작용을 한다. 이러한 이유로 어순 문제는 언어유형론

연구에 있어서 매우 중요한 지위를 차지한다. Greenberg(1963)에 의해 처음 어순 문제가 제기된 이후, 어순유형론 학자들은 어순에 대한 기술 뿐 아니라 어순 현상에 대한 기능적 해석, 즉 기능주의에 입각한 해석에 주력하였다. 물론 X-bar 이론을 통해 품사 간 조화 현상을 설명하는 것처럼 형식주의에 입각한 해석도 존재한다.

참고문헌

Comrie, B., 1989, *Language Universals and Linguistic Typology* (2nd edition), Chicago: University of Chicago Press.

Croft, W., 2003, *Typology and Universals* (2nd edition), Cambridge: Cambridge University Press.

Dryer, M. S., 1992, The Greenberg Word Order Correlation, *Languages* 68.1:81-138.

Dryer, M. S., 2013a, Order of Demonstrative and Noun, In M. S. Dryer and M. Haspelmath (eds.) *The World Atlas of Language Structures Online*, Leipzig: Max Planck Institute for Evolutionary Anthropology, http://wals.info/chapter/88.

Dryer, M. S., 2013b, Order of Numeral and Noun, In M. S. Dryer and M. Haspelmath (eds.) *The World Atlas of Language Structures Online*, Leipzig: Max Planck Institute for Evolutionary Anthropology, http://wals.info/chapter/89.

Dryer, M. S., 2013c, Order of Adjective and Noun, In M. S. Dryer and M. Haspelmath (eds.) *The World Atlas of Language Structures Online*, Leipzig: Max Planck Institute for Evolutionary Anthropology, http://wals.info/chapter/87.

Dryer, M. S., 2013d, Order of Genitive and Noun, In M. S. Dryer and M. Haspelmath (eds.) *The World Atlas of Language Structures Online*, Leipzig: Max Planck Institute for Evolutionary Anthropology, http://wals.info/chapter/86.

Dryer, M. S., 2013e, Order of Relative Clause and Noun, In M. S. Dryer and M. Haspelmath (eds.) *The World Atlas of Language Structures Online*, Leipzig: Max Planck Institute for Evolutionary Anthropology, http://wals.info/chapter/90.

Greenberg, J. H., 1963, Some Universals of Grammar with Particular Reference to the Order of Meaningful Elements, In J. H. Greenberg (ed.), *Universals of Language*, Cambridge: MIT Press, pp.73-113.

Haiman, J., 1985, *Natural Syntax*, Cambridge: Cambridge University Press, pp. 237-238.

Haspelmath, M., M. S. Dryer, D. Gil and B. Comrie (eds.), 2005, *The World Atlas of Language Structure*, Oxford: Oxford University Press.

Hawkins, J. A., 1983, *Word Order Universals*, New York: Academic Press.

Hawkins, J. A., 1994, *A Performance Theory of Order and Constituency*, Cambridge: Cambridge University Press.

Hoskison, J. T., 1983, *A Grammar and Dictionary of the Gude Language*, Doctoral dissertation,

The Ohio State University.

Lehmann, W. P. (ed.), 1978, *Syntactic Typology*, Austin: University of Texas Press.

Lu, Bingfu, 2001, What is the Chunk in Linguistic Structure?, *Proceedings of the Third International Conference on Cognitive Science*, Hefei: University of Science and Technology of China Press, pp.452-457.

Ross, M. and J. N. Paol, 1978, A Waskia Grammar Sketch and Vocabulary, Dept. of Linguistics, Research School of Pacific Studies, Australian National University, pp.14.

Shopen, T. (ed.), 2007, *Language Typology and Syntactic Description* vol.1, Cambridge: Cambridge University Press.

Siewierska, A. (ed.), 1998, *Constituent Order in the Language of Europe*, Berlin: Mouton de Gruyter.

Song, J. J., 2001, *Linguistic Typology: Morphology and Syntax*, Harlow: Pearson Education Ltd.

Thomason, S. G. and T. Kaufman, 1988, *Language Contact, Creolization and Genetic Linguistic*, Berkeley: University of California Press.

Whaley, L. J., 1997, *Introduction to Typology: The Unity and Diversity of Language*, London: Sage Publication.

蒋仁萍, 2007,『基数词与序数词的类型学研究』, 硕士论文, 南昌:南昌大学.

金立鑫, 2011,『什么是语言类型学』, 上海:上海外语教育出版社, pp.149-151.

金立鑫, 于秀金, 2012,「从与OV-VO相关和不相关参项考察普通话的语序类型」,『外国语』2:22-29.

陆丙甫, 1993,『核心推导语法』, 上海:上海教育出版社.

陆丙甫, 1998,「从语义、语用看语法形式的实质」,『中国语文』5:353-367.

陆丙甫, 2004,「作为一条语言共性的'距离-标记对应率'」,『中国语文』1:3-15.

陆丙甫, 2005a,「语序优势的认知解释: 论可别度对语序的普遍影响(上)」,『当代语言学』1:1-15.

陆丙甫, 2005b,「语序优势的认知解释: 论可别度对语序的普遍影响(下)」,『当代语言学』2:132-138.

陆丙甫, 2006,「不同学派的'核心'概念之比较」,『当代语言学』4:289-310.

陆丙甫, (출간예정),『语言类型学及其认知基础』, 北京: 北京大学出版社.

陆丙甫, 应学凤, 2013,「节律和形态里的前后不对称,『中国语文』5:387-405.

6장 명사 형태 표지의 의미 범주

언어유형론 연구는 주로 기능 범주에서 시작하여 형식에 대한 논의로 진행한다. 수 범주, 인칭 범주, 사동 범주, 소유 범주 등의 기능 범주는 모든 인류 언어에 존재한다. 그러나 어떤 특정 형식이 모든 언어에 존재하는 것은 아니다. 예를 들어 형태의 굴절이나 교착 성분이 없는 언어도 상당히 많다. 특정 언어에만 나타나는 일부 형식은 더 말할 필요가 없다. 언어유형론이 주요하게 다루는 문제는 기능 범주가 서로 다른 언어에서 부호화되는 형식의 유형적 보편성, 형식의 보편적인 제약 조건, 유사한 형식들의 함축적 기능 등이다. 6장은 언어유형론에서 자주 논의되는 연구대상인 수 범주, 성 범주, 인칭 범주, 소유 범주, 사동 범주 등에 대한 논의를 다루고 있다. 일반적으로 수, 성, 인칭은 명사와 관련되기 때문에 범주의 표지도 주로 명사의 의미적 개념을 나타낸다. 이에 반해 소유와 사동은 구조와 관련되므로 일반적으로 구조적 형식에 따라 범주가 표현된다. 따라서 명사 형태와 관련된 범주는 6장에서 논의하고, 소유 범주와 사동 범주는 7장에서 논의한다. 동사와 관련된 시간 범주, 상 범주, 양태 범주는 9장에서 논의한다.

6.1. 수 범주

수 범주(number)는 언어에서 사물이나 사건을 양적 개념으로 부호화하는 문법 범주로, 사물의 단수와 복수를 구분하고 대상의 종류 및 사물을 표지한다. 수사나 양사가 없을 경우 문법 범주인 수 범주는 명사성 성분의 형태 변화나 통사적 일치 관계(agreement)로 표현된다. 6.1은 수 범주의 유형적 분류, 형식적 표현 및 관련된 제약 요소를 논의한다.

 범언어적으로 수 범주는 사물이나 사건을 양적 개념으로 부호화하기 때문에 명사 수(nominal number)와 동사 수(verbal number)로 나눌 수 있다. 명사 수는 명사나 명사성 성분을 수량화하는 특징을 나타내는데, 명사의 형태 변화 및 통사적 일치 관계를 통하여 수 범주가 부호화된다. 영어를 예로 들면, 명사나 인칭 대명사는 주로 복수 표지 -s나 보충법(suppletion)[1]으로 단수와 복수의 의미를 구분한다. 또한 Those students were studying in the classroom(그 학생들이 교실에서 공부하고 있었다)과 같이 한정사 those와 술어 성분 were studying이 복수 형식을 취하여 주어인 명사 students와 수를 일치시킨다.

 동사 수는 두 가지 의미가 있다. 첫 번째 의미는 동사의 형태 변화가 사건이 일어난 횟수를 양적으로 부호화하는 것이다. 라파누이(Rapa Nui)어[2]에서 동사 ruku는 물에 뛰어든다는 의미인데, 중첩 형식인 ruku ruku로 물에 뛰어드는 사건이 한 차례가 아님을 나타낸다. 두 번째 의미는 동사 수가 사건의 참여자나 참여물의 수량을 표현하는 것이다. 영어의 동사 eat와 drink가 둘 다 섭취의 의미가 있지만 섭취되는 음식물의 종류에 따라 구분되어 사용되는 것처럼 클라마트(Klamath)어[3]는 술어 동사가 목적어의 형상과 유정성에 따라 달라진다. 이 언어에서 '주다'를 의미하는 동사는 주는 사물이 평평한지, 둥근지의 형상에 따라 달라질 뿐만 아니라 사물의 수량에 따라서도 달라진다. 따라서 '둘 이상의 물건을 주다'라는 의미를 표현할 때는 목적어의 수량을 나타내는 동사인 sʔewanʔ을 사용한다(Corbett 2004:243-248).

 동사 수는 사건과 참여자의 수도 표시할 수 있다. 이는 동사에 내재하는 어휘적 의미의 표현으로 명사 수의 개념과는 다르다. 영어 문장 The people are coming(그 사람들이 오고 있다)에서 주어 people은 단수 형식이지만 복수 형식인 술어 are coming과 수를 일치함으로써 복수의 의미가 표현되는데, 이 문장에서 복수 형식의 술어는 명사 수를

---

[1] [역자 주] 보충법은 영어에서 man의 복수형이 men, go의 과거형이 went인 것과 같은 불규칙적인 굴절을 가리킨다. 보충법은 출현 빈도가 매우 높은 어휘에만 나타나는 경향이 있다.

[2] [역자 주] 폴리네시안 동부 라파누이 섬에서 사용하는 언어로 오스트로네시아어족에 속하며, 유창한 화자는 약 800명에 불과하다.

[3] [역자 주] 미국 오레곤(Oregon) 남부와 캘리포니아(California) 북부에 위치한 클라마트 호수(Klamatha Lake) 부근에서 사용하는 언어로 프라토 페누시안(Plateau Penutian)어족에 속하며, 더 이상 유창한 화자가 남아 있지 않다.

부호화한 것이지 동사 수가 아니다.

전통적으로 명사는 가산 명사와 불가산 명사로 나뉜다. 따라서 모든 명사에 수를 나타내는 형태 변화가 있는 것은 아니다. 가산 명사는 형태나 통사의 방식을 통하여 단수와 복수를 구분한다. 불가산 명사는 단수 형식 또는 복수 형식만 있으며, 기본적 수 형태의 변화는 없다. 영어의 air, information이나 noodles, thanks 등이 불가산 명사의 예이다. 그러나 가산 명사와 불가산 명사의 경계가 절대적인 것은 아니다. 많은 명사가 재범주화(recategorization)를 통하여 가산 명사에서 불가산 명사가 되기도 하고, 불가산 명사에서 가산 명사가 되기도 한다. 이러한 변화는 어휘 층위의 의미 변화에 그치는 것이 아니라, 한정사나 관사, 양화사(quantifier) 등의 형식적 수단으로도 표현된다. 즉, 어휘 의미의 변화와 통사 변화가 함께 발생한다. 예를 들어 영어의 불가산 명사 beer(맥주)는 beers로 재범주화하여 How much beer?(맥주 어느 정도?)를 How many beers?(맥주 몇 개?)라고 할 수 있다. 이 때 양화사 many와 much는 beer의 의미 특징, 즉 가산인지 불가산인지를 판단하는 데에 중요한 작용을 한다.

가산과 불가산의 구분 이외에, Corbett(2004)는 Jackendoff(1991)에 기초하여 경계성(boundedness)과 내부 구조(internal structure) 두 가지 의미 특징으로 (1)과 같이 명사를 개체(individual), 집합(group), 물질(substance), 총체(aggregate) 네 종류로 분류하여 설명한다(자세한 논의는 Corbett 2004:78-82 참조).

(1) 경계성과 내부 구조에 따른 명사 분류
    i. 개체(+ 경계, - 내부 구조) a book
    ii. 집합(+ 경계, + 내부 구조) a committee
    iii. 물질(- 경계, - 내부 구조) water
    iv. 총체(- 경계, + 내부 구조) books

개체 명사 a book이 [+ 경계]인 것은, 그것이 지칭하는 사물을 분할하면 한 권의 책으로 성립할 수 없기 때문이다. 이에 반해 물질 명사인 water가 가리키는 사물은 분할하더라도 여전히 물이다. 따라서 water는 a book에 비하여 [-경계]이다. 한편, 원형 명사의 복수형인 총체 명사 books와 물질 명사 water는 모두 [-경계]이지만, 만약 더 작게 나누면 books는 한 권씩 구분 가능한 책이 되지만 water는 그렇지 않다. 따라서 books는 내부 구조를 갖는 반면 water는 내부 구조를 갖지 않기 때문에, There are books all over the floor(바닥이 온통 책이다)와 There is water all over the floor(바닥이 온통 물이다)라고 한다.

경계와 내부 구조는 순수한 물리적 개념이 아니라, 가산과 불가산에 대한 인지의 차이가 언어에 표현되는 방식을 반영한다. 즉, 어떤 사물이 어느 정도의 경계성이나 내부 구조가 있다고 인지되는가의 언어적 반영이다. 예를 들어, 영어에서 potato와 pea는 모두 [+ 경계], [-내부 구조]인 개체 명사로, a potato와 potatoes, a pea와 peas처럼 단수와 복수 형식이 있다. 그러나 러시아어는 kartofel(감자), gorox(콩)와 같은 많은 과일과 채소류 명사를 개체 명사로 보지 않으며, 따라서 단수와 복수의 형식 구분도 없다. 또한, 영어에서 명사 tree는 [+ 경계], [-내부 구조]인 개체 명사이지만, 아랍어의 shajar는 불가산 물질 명사이다. 만약 shajar로 단수의 나무를 나타내려면 접사를 추가하여 shajar-a라고 해야 한다. 또한 물질 명사인 shajar와 개체 명사인 shajar-a는 각각 shajār, shajarāt로 복수화할 수 있다. shajār는 불가산이 가산으로 재범주화한 것으로 많은 종류의 나무라는 의미이지만, shajarāt는 사물이 많은 것을 나타내는 복수로 여러 그루의 나무를 의미한다(Cruse 1994:2858, Corbett 2004:78-82).

범언어적으로 수 범주의 표현 형식은 다양하지만 주요한 형식은 다음과 같다.

1) **전문적 수 표지**(number marker)

수 표지는 독립 형식(independent form) 또는 의존 형식(dependent form)이다. 미스키투(Miskitu)어[4]에서 nani는 독립 형식의 수 표지로 명사나 대명사 뒤에서 복수의 의미를 나타내는 규칙성을 보인다.

(2) 미스키투어(Corbett 2004:134)
   a. aras   nani
       말   복수
    말들
   b. yang   nani   kauhw-ri
       1인칭   복수   넘어지다-1인칭.과거.비한정
    우리는 (모두) 넘어졌다.

---

[4] [역자 주] 니카라과(Nicaragua) 동북부와 온두라스(Honduras) 동부에서 사용하는 언어로 미수말판(Misumalpan)어족에 속하며, 사용 인구는 약 150,000명이다.

타갈로그어에서 mga는 의존 형식의 복수 표지로, (3)과 같이 명사나 형용사 앞에서 복수의 사물을 나타내거나 불가산 명사를 재범주화한다.

(3) 타갈로그어(Corbett 2004:134)
    a. mga-   bahay
       복수   집
      집들

    b. mga-   tubi
       복수   물
      물 몇 잔

    c. mga-   ma-puti
       복수   상태-하얗다
      하얀 것들

2) 통사적 방식

통사적 방식으로 수 범주를 나타내는 방법은 주로 명사와 지시사, 동사 간의 수 일치이다. 그러나 관사, 형용사, 대명사, 명사, 소유 성분, 부사, 부치사, 보문소 등과 관련되는 언어도 있다. 예를 들어, 영어에서 Those pupils are studying in the classroom(그 학생들이 교실에서 공부를 하고 있다)의 수 일치는 명사구 those pupils 내부에서 발생하고, 명사구 외부인 주술 관계에서도 발생한다. 이 때 pupils는 일치 관계의 통제항(controller)이며, 그에 대응되는 목표항(target)은 지시사 those와 술어 are studying이다. 스페인어에서 수의 일치는 형용사와 명사 사이에도 발생한다. (4)와 같이 단수와 복수 형용사는 각각 단수와 복수 명사에 대응되는데, 형용사의 어미 형태와 명사의 어미 형태는 대체로 비슷하다.

(4) 스페인어
    a. libro   rojo
       책.단수   붉다.단수
      붉은 책

    b. libros   rojos
       책.복수   붉다.복수
      붉은 책들

또한 아메레(Amele)어[5]는 수 범주가 반드시 술어 동사에 표시되어야 하며, 주어 명사의 수 표지는 선택적이다. 이 언어에서 동사 ho(오다)는 각각 -i, -si, -ig 3개의 통사 표지와 결합할 수 있는데, 각각 주어 명사의 단수, 양수, 복수 의미를 표현한다. 그러나 이렇게 술어 동사의 수 표현에 의존적인 언어는 보편적이지 않다.

(5) 아메레어(Corbett 2004:136-137)[6]
    a. Dana   (uqa)   ho-i-a
       남자   3인칭 단수   오다-3인칭.단수-오늘 내 과거
      남자가 왔다.
    b. Dana   (ale)   ho-si-a
       남자   3인칭 양수   오다-3인칭.양수-오늘 내 과거
      두 남자가 왔다.
    c. Dana   (age)   ho-ig-a
       남자   3인칭 복수   오다-3인칭.복수-오늘 내 과거
      남자들이 왔다.

3) 형태적 방식

형태적 방식으로 수 범주를 표현하는 것은 범언어적으로 매우 보편적이지만, 언어마다 형식은 다르다. 러시아어는 어미의 굴절 변화로 단수와 복수의 의미를 표현한다. komnata(방, 단수 명사)와 komnaty(방, 복수 명사)를 예로 들면, 이 두 단어에서 komnat-는 어간이며 -a와 -y는 어미로 격 범주를 나타내는 동시에 각각 단수와 복수를 나타내는 형태 굴절이다. 실루크(Shilluk)어[7]에서 명사의 단수와 복수 의미는 성조 변화로 표현된다. 예를 들어 '저-고' 성조의 kiîy와 '고-저' 성조의 kiîy는 모두 식용 식물의 뿌리를 가리키지만, 수의 의미는 다르다. 일로카노(Ilocano)어에서 명사는 어간 중첩을 통하여 복수 의미를 나타내는데, púsa(고양이, 단수 명사)와 pus-púsa(고양이, 복수 명사)가 그 예이다. 또한 모음 변화나 영표현(zero expression), 다중 표지(multiple marking)[8] 등의

---

[5] [역자 주] 파푸아뉴기니에서 사용하는 언어로 트랜스뉴기니어족에 속하며, 사용 인구는 약 5,300명이다.
[6] 문장에서 단어 구성 성분 -a는 오늘 내 과거를 나타낸다.
[7] [역자 주] 수단(Sudan)에서 사용하는 언어로 나일사하라어족에 속하며, 사용 인구는 약 175,000명이다.
[8] 브레톤(Breton)어에서 지소 복수(diminutive plural)는 '어간 – 복수 – 지소 – 복수'와 같이 복수 표지

방식으로 수 범주를 표현하는 언어도 있다. 영어에서 goose와 geese는 모음 변화로 수의 범주를 표현하는 예이며, fish와 sheep는 단수와 복수 의미의 형태적 차이가 없는 영 표현의 예이다(Corbett 2004:138-155).

4) 어휘적 방식

어떤 언어는 서로 다른 어휘로 수 구분을 나타낸다. 이러한 언어는 두 종류가 있는데, 첫 번째 종류는 체계성이 없는 임의의 어휘 항목의 대립으로 수의 구분을 나타낸다. 오볼로(Obolo)어[9]에서 사람을 가리키는 단수와 복수 명사는 각각 ògwú(사람, 단수 명사)와 èbí(사람, 복수 명사), gwúñ(아이, 단수 명사)와 bón(아이, 복수 명사)인 것과 같다. 두 번째 종류는 보충법으로, 계열 관계에서 기본적인 수의 구분이 불규칙 형식 변화를 통하여 표현된다. 영어 인칭 대명사의 단수와 복수 형식인 I와 we 또는 he/she와 they를 예로 들 수 있다. 보충법은 주로 언어에서 비교적 상용하는 어휘 항목에 존재한다(Corbett 2004:155-159).

상술한 여러 가지 수 형식 표현 가운데 명사나 명사성 성분 내부에 기초한 수 표현을 내재적(inherent) 수라고 하고, 명사성 성분이 아닌 다른 통사 성분에 기초한 표현을 관련적(contextual) 수라고 한다(Corbett 2006:123-124). 한 언어에서 수 범주의 표현은 종종 형태적 방식과 통사적 방식을 함께 사용하거나 형태적 방식과 수 표지를 함께 사용하는 경우도 있고, 심지어 여러 종류의 방식을 동시에 사용하기도 한다. 예를 들어 세리(Seri)어[10]와 촌탈(Chontal)어[11]에는 복수를 표현하는 방식이 11가지가 있고, 일부 명사는 4가지 방식을 동시에 사용하여 복수 의미를 표현하기도 한다(Turner 1976).

중국어에서 명사의 단수와 복수 의미는 형태적 방식이 아니라 주로 문맥이나 통사적 방식으로 표현된다. 我买书(나는 책을 산다)라는 문장에서 명사 书는 단수 의미일 수도

가 두 개 쓰인다. 예를 들어 bag(배)의 지소는 bagig(작은 배)이고 복수는 bagoù(배들)이며, 지소 복수는 bagoùigoù(작은 배들)이다. 또한 중세 영어에서 복수 단어 childre는 복수 표지를 하나 더 추가하여 오늘날의 복수 형식 children이 되었다(Corbett 2004:153).

[9] [역자 주] 나이지리아에서 사용하는 언어로 니제르콩고어족에 속하며, 사용 인구는 약 25만 명이다.

[10] [역자 주] 멕시코 소노라(Sonora) 지역에서 사용하는 언어로 호칸(Hokan)어족으로 추정되며, 사용 인구는 약 760명이다.

[11] [역자 주] 멕시코 오아하카(Oaxaca) 지역에서 사용하는 언어로 호칸어족으로 추정되며, 사용 인구는 약 4,400명이다.

있고 복수 의미일 수도 있다. 我买这/两本书(나는 이 책/두 권의 책을 산다)처럼 지시사, 수사, 양사 등의 형식에 의하여 수를 명확히 표현할 수 있다. 명사와는 달리, 중국어 인칭 대명사의 복수 표현 형식은 여러 가지이다. 규칙적인 수 표지인 们, 拉, 家, 侬 등이나 합음, 변조 등과 같은 형태적, 음운적 방식으로 수가 표현된다. 산시(陕西)성 단펑(丹凤)방언에서 [ŋuo²¹]가 1인칭 단수, [ŋuo⁵¹]가 1인칭 복수를 나타내는 것을 음운적 수 표현의 예로 들 수 있다. 이로부터 중국어 인칭 대명사가 일반 명사에 비하여 우선적으로 수 범주 형식을 표현하게 되었다는 것을 알 수 있다.

이상에서 논의한 수 범주 표현 형식 외에, 그다지 보편적이지 않은 3가지의 형식이 있다(Corbett 2004:159-171). 첫 번째 형식은 반수(inverse number)로, 반수 표지는 어간이 원래 지니고 있는 수의 의미를 변화시킨다. (6)의 키오와(Kiowa)어[12]에서 유정 명사의 기본 형식은 단수이거나 양수인데, 반수 표지 -gɔ̀나 -dɔ̀를 더하면 복수 의미로 변화한다. 반면, 무정 명사의 기본 형식은 양수이거나 복수인데, 반수 표지 -gɔ̀나 -dɔ̀를 더하면 단수로 변화한다.

(6) 키오와어(Corbett 2004:159)
    a. cê   a'. cê-gɔ̀
        말.단수/양수   말.복수
        말/말 두 마리   말들
    b. á   b'. á-dɔ̀
        막대기.양수/복수   막대기.단수
        막대기 두 개   막대기

두 번째 형식은 최소 증가 표지(minimal-augmented system)로, 절대적인 의미 없이 그것이 결합하는 수에 의하여 의미가 결정되는 수 표지이다. 예를 들어, 렘바른가(Rembarrnga)어[13]에서 수 표지 **-bbarrah**는 인칭의 논리적 최소 단위(logical minimum)에 한 사람이 더해질 때 사용된다. 이 언어에서 1인칭 포괄식(inclusive) 양수는 yʉkkʉ이고, 1인칭 3수(trial)는 ngakorr**bbarrah**, 1인칭 복수는 nagkorrʉ이다. 양수는 포괄식 1인칭의

---

[12] [역자 주] 미국 오클라호마(Oklahoma) 지역에서 사용하는 언어로 타노안(Tanoan)어족에 속하며, 유창한 화자는 약 100명에 불과하다.
[13] [역자 주] 오스트레일리아 북부에서 사용하는 언어로 암헴(Arnhem)어족에 속하며, 유창한 화자가 거의 남아 있지 않다.

최소 단위이며, 3수는 최소 단위인 양수에 비하여 한 사람이 더해진 것이므로 수 표지 -bbarrah를 사용한다. 그러나 1인칭 복수는 양수에서 한 사람이 추가되는 것이 아니기 때문에 수 표지 -bbarrah를 사용할 수 없다.

마지막 형식은 구성수(constructed number)로, 서로 다른 통사 성분의 수 표지가 서로 맞지 않을 때 또 다른 수의 의미가 생기는 경우이다.

(7) 호피(Hopi)어[14](Corbett 2004:169)
   a. Pam   wari
      그.단수   달리다.완료상.단수
      그/그녀가 달렸다.
   b. Puma   yùutu
      그.복수   달리다.완료상.복수
      그들이 달렸다.
   c. Puma   wari
      그.복수   달리다.완료상.단수
      그들 둘이 달렸다.

(7a) Pam wari(그/그녀가 달렸다)와 (7b) Puma yùutu(그들이 달렸다)에서 단수 동사 wari(달리다)와 복수 동사 yùutu(달리다)는 각각 단수 대명사 주어 pam(그/그녀)과 복수 대명사 주어 puma(그들)와 함께 출현한다. 복수 대명사 주어와 단수 동사는 함께 출현할 수 없을 것 같지만, (7c)와 같이 동시에 출현하면 주어는 양수의 의미를 표현하여 '그들 둘'을 의미하게 된다. 또한 수 범주의 형식 표현은 (8)의 유정성 등급(animacy hierarchy)과 밀접한 관련이 있다.

(8) 화자(1인칭 대명사) > 청자(2인칭 대명사) > 3인칭 대명사 > 친족 호칭 > 유정 명사 > 무정 명사

많은 언어에서 수 구분은 (8)의 왼쪽 끝에 있는, 즉 유정성 등급에서 상위에 위치하는

---

[14] [역자 주] 미국 아리조나(Arizona)에서 사용하는 언어로 우토아즈텍(Uto-Aztecan)어족에 속하며, 사용 인구는 약 6,800명이다.

명사나 대명사성 성분에 국한된다. 영어와 같이 인칭 대명사와 유정 명사, 무정 명사에 모두 단수와 복수의 형식 변화가 있는 언어는 그다지 많지 않다. Corbett(2004:56, 67, 70)는 수 범주와 유정성 등급의 관계를 (9)와 같이 추론한다.

(9) 수 범주와 유정성 등급의 관계
    i. 개별 언어에서 단수와 복수 형식의 구분은 유정성 등급이 높은 항목을 포함한다.
    ii. 유정성 등급을 고려할 때 (형태적) 수 표지가 불규칙적인 어휘 항목이 있을 수 있지만, (통사적) 수 일치는 규칙적이다.[15] 역은 성립하지 않는다.
    iii. 유정성 등급이 낮아질수록 수 구분이 될 가능성은 단순감소한다(decrease monotonically).

Corbett(2004:78-87)는 또한 유정성 등급으로 재범주화 현상을 해석한다. 즉, 유정성 등급이 낮은 항목일수록 단수와 복수의 기본적 구분이 보편적이지 않으므로 재범주화가 되기 쉽다. (10)과 같이 영어의 무정 명사 coffee와 table은 모두 재범주화가 가능하다 (Corbett 2004:81-82).

(10) a. I'd like **a coffee** please.
     b. There's **not enough table** for everyone to sit at.

여러 언어에서 자주 보이는 수 범주에는 다음의 유형이 있다(Corbett 2004:19-38).

  i. 단수(singular): 명사나 명사성 성분의 수량이 하나임을 나타내며, 단수의 형식적 특징을 갖는다. 영어 health(*healths)와 같은 단수 명사(singularia tantum)를 예로 들 수 있다. committee와 같은 일반수(general number) 명사는 명사에 수 형식을 나타내지 않지만, 주어와 술어의 일치 관계로 단수와 복수 의미를 나타낸다. The committee has/have been decided(위원회가 결정되었다)에서 주어 committee는 단수 형식의 일반수 명사이다.

---

[15] [역자 주] This sheep has been cloned. These sheep have been cloned. 두 문장에서 sheep는 유정 명사이지만 형태적으로 단수와 복수 형식의 구분이 없으므로 유정성과 수 표지의 관계에 있어 불규칙적인 어휘 항목이다. 그러나 this/these, has/have와의 통사적 수 일치는 규칙적이다(Corbett 2004:66).

ii. 복수(plural): 명사나 명사성 성분의 수량이 많음을 나타내며, 영어 jeans와 noodles처럼 복수 명사(pluralia tantum) 형식으로 쓰일 수 있다.
iii. 비교적 큰 복수(greater plural): 복수를 세분한 것으로, 사물이나 사건이 양이 과도함을 나타낸다.
iv. 양수(dual): 명사나 명사성 성분의 수량이 둘임을 나타내며, 쌍을 이루는 자연 사물에도 사용된다.
v. 3수(trial): 명사나 명사성 성분의 수량이 셋임을 나타낸다.
vi. 소수(paucal): 명사나 명사성 성분의 수량이 서로 구분 가능한 소수의 개체임을 나타낸다.
vii. 비교적 큰 소수(greater paucal): 소수를 세분한 것으로, 명사나 명사성 성분의 수량이 소수보다 많음을 나타낸다.
viii. 일반수(general number): 명사나 명사성 성분이 반드시 수량을 구분하지는 않음을 나타낸다. 일반수는 대개 단수의 형식을 취하지만, 화자의 필요에 따라 단수의 의미를 표현할 수도 있고 복수의 의미를 표현할 수도 있다. 바이소(Baiso)어[16]와 같은 몇몇 언어에는 전문적인 일반수 표지가 있다.

상술한 수 범주 중에서 단수와 복수로 2분하는 언어가 가장 보편적이다. 단수, 복수와 더불어 양수가 있을 수도 있다. 양수가 있을 경우, 복수는 3개 이상의 사물을 나타낸다. 단수, 양수, 복수가 있는 언어에는 3수나 전문적인 소수가 있을 수도 있다.

6.2. 성 범주

성 범주(gender)는 유정성, 형상 등과 마찬가지로 명사를 분류하는 특징이다. 성 범주는 개별 언어에서 명사의 기본적 속성의 분류를 나타내기도 하고, 성 범주와 관련된 여러 가지 형식적 표현을 가리키기도 한다. 따라서 성 범주는 명사의 내재적 특성일 수도 있고, 형태적, 통사적 관련 특징일 수도 있다. 성 범주는 인도유럽어족, 드라비다(Dravidian)어족[17]에 비교적 보편적으로 보이지만, 다른 언어에는 그다지 많이 보이지

---

[16] [역자 주] 에디오피아 아바야 호수(Lake Abaya) 지역에서 사용하는 언어로 아프로아시아어족에 속하며, 사용 인구는 약 5,500명이다.

않는다. Corbett(2013)가 분석한 257개 언어 가운데 절반 이상인 144개 언어에 성 범주가 없으며, 두 가지 성을 구분하는 언어가 50개, 3가지 이상의 성을 구분하는 언어가 26개, 4가지 성을 구분하는 언어는 12개이다. 24개 언어는 5가지 이상의 성 구분이 있지만, 이는 보편적이지는 않다.

　성 범주의 핵심은 그것이 개별 언어에서 성을 인지하고 분류하는 체계, 즉 성분류체계(gender assignment)라는 점이다. 언어에는 주로 의미 기반, 형식 기반, 의미와 형식 기반의 3가지 성분류체계가 있다(Corbett 2001:6335-6340). 의미 기준이 엄격하게 적용되는 의미 기반 성분류체계에서 명사의 성은 의미에 의해 결정된다. 예를 들어, 칸나다(Kannada)어[18]에서 남성을 가리키는 명사는 모두 남성이고, 여성을 가리키는 명사는 모두 여성이다. 또한 신선, 귀신과 요괴, 천체도 자신의 성을 가지며, 영아나 동물 등의 명사는 모두 중성(neuter)으로 구분된다(Sridhar 1990:198). 의미 기준이 유연하게 적용되는 성분류체계에서는 역사, 문화, 전통 및 화자의 관념 등으로 인한 의미 규칙의 예외가 발생할 수 있다. 이러한 체계는 의미 기준이 엄격하게 적용되는 성분류체계에 비하여 광범위하게 분포한다. 예를 들어, 드라비다어의 명사는 남성과 비인간 생명체, 여성, 비육류 음식물, 기타 4종류로 나뉘지만, 상당히 많은 예외가 존재한다. 이 언어에서 달은 남성, 태양은 여성인데, 이는 이 언어의 신화에서 달이 태양의 남편인 것과 관련된다(Dixon 1972).

　의미와 문화는 모두 성분류체계의 중요한 요소이다. 의미 기준이 엄격하게 적용되는 성분류체계에서 의미 규칙은 비교적 명확하다. 그러나 의미 기준이 유연하게 적용되는 성분류체계에서는 의미 규칙 이외에도 개별 언어의 사회, 역사, 문화 환경 등의 요소를 종합적으로 고려하여야 한다. 일반적으로 이 2가지 성분류체계는 모두 의미 형식을 반복적으로 적용할 수 있다. 예를 들어 유정 vs. 무정, 인간 vs. 비인간, 남성 vs. 여성 등에 기초한 성 구분을 애칭이나 비육류 음식물, 곤충 등으로 확장하기도 한다. 한편, 성 구분이 형상이나 크기와 관련된 언어도 있다. 마남부(Manambu)어[19]는 명사가 지칭하는 사물이 길고 크면 남성으로 구분하고, 작고 둥글면 여성으로 구분한다(Aikhenvald

---

[17] [역자 주] 인도 남부와 스리랑카 등 아시아 남부와 남동부에서 사용하는 어족이다.
[18] [역자 주] 인도 카르나타카(Karnataka) 지역에서 사용하는 언어로 드라비다어족에 속하며, 사용 인구는 약 3,770만 명이다.
[19] [역자 주] 파푸아뉴기니 세픽(Sepik)강 지역에서 사용하는 언어로 세픽(Sepik)어족에 속하며, 사용 인구는 약 2,100명이다.

2006:464). 또한 일부 명사에 둘 이상의 성이 할당되는 언어도 있다. 라크(Lak)어[20]에서 ħakin(의사)은 3가지 성이 할당되는데, 의사가 남성인지, 나이가 많은 여성인지, 젊은 여성인지에 따라서 성이 구분된다. 아치(Archi)어[21]에서 lo(아이)와 misgin(가난한 사람) 같은 명사는 성별에 따라서 2가지 성이 구분되며, 성별이 불명확하거나 중요하지 않을 때에는 기타 성으로 구분된다(Corbett 1991:181). 한 언어에서 성을 구분하는 기준이 다른 언어에는 적용될 수 없는 경우가 많이 있는데, 이는 성 구분이 개별 언어의 특정한 역사 및 문화와 관련되기 때문이다.

 명사의 내재적 의미 특징으로 성을 구분하는 것 이외에 음운이나 형태, 통사의 방식으로도 성을 구분할 수 있는데, 이 경우 의미 규칙은 더 이상 중요한 요소가 아니다. 아파르(Qafar)어[22]에서 명사의 성은 주로 음운 특징으로 구분된다. karmà(가을)처럼 어말 강세 모음이 있으면 명사를 여성으로 구분하고, gliàl(겨울)처럼 어말 약강세 모음이 있으면 명사를 남성으로 구분한다. 또한 어말에 -e, -o 모음이 있는 명사는 여성이고, 어말에 -a 모음이 있는 명사도 여성인 경우가 많다(Corbett 1991:74). 이 언어는 남성과 여성을 의미하는 명사와 음운 규칙이 기본적으로 부합된다. 그러나 만약 음운 규칙이 의미 규칙과 상충하면 의미 규칙이 우선이다. 예를 들어, abbà(아버지)라는 단어는 어말 강세 모음이 있지만 의미 규칙에 따라 남성으로 구분된다. 또한 gabbixeèra(허리가 가는 여성)는 어말 강세 모음이 없지만 여성으로 구분된다(Parker & Hayward 1985). 프랑스어는 음운체계에 기초하여 성을 구분하는 규칙은 없지만, 어말에 모음 [ɛ̃]가 출현하는 938개의 명사의 99%가 모두 남성이다. le pain [pɛ̃](빵)가 그 예이다. 또한 le ménage [mena:ʒ]처럼 어말에 [ʒ]가 출현하는 1,453개 명사 가운데 94.2%가 남성으로, 이를 통하여 일정한 경향성을 볼 수 있다(Tucker et al. 1977).

 음운 규칙 외에 형태 규칙도 있다. 러시아어는 다른 인도유럽어와 마찬가지로 성을 구분할 수 있는 명사를 남성과 여성으로 나누고, 다른 명사들은 형태 변화에 따라서 남성, 여성, 중성으로 나눈다. 러시아어 명사에는 4가지 종류의 주요 굴절 변화가 있는

---

[20] [역자 주] 러시아 다게스탄 자치구에서 사용하는 언어로 북동 코카서스어족에 속하며, 사용 인구는 약 157,000명이다.
[21] [역자 주] 러시아 다게스탄 남부에서 사용하는 언어로 북동 코카서스어족에 속하며, 사용 인구는 약 970명이다.
[22] [역자 주] 에디오피아, 에리트레아(Eritrea), 지부티(Djibouti)에서 사용되는 언어로 아프로아시아어족에 속하며, 사용 인구는 약 1,990,800명이다.

데, 각 종류에 수천 개의 명사가 포함된다. 제1류 굴절 변화의 명사는 남성, 제2류와 제3류는 여성, 제4류는 중성이다. 러시아어 화자는 각 단어의 굴절 변화를 잘 알아야 단어를 정확하게 사용할 수 있다. 예를 들어, mal'čik(남자 아이)는 제1류 굴절 변화에 속하고, djadjia(숙부)와 devuška(여자 아이)는 모두 제2류 굴절 변화에 속한다. 러시아어에서 어말 모음이 -a인 단어는 기본적으로 여성이지만, 제2류인 djadjia(숙부)는 제1류인 mal'čik(남자 아이)와 함께 남성 명사에 속한다. 반면 devuška(여자 아이)는 여성 명사에 속한다. 이는 러시아어에서 의미 특성에 의한 성 구분과 굴절 변화 유형에 의한 성 구분이 대체로 상응하며, 형태 규칙에 의한 성 구분 체계에서 의미도 작용을 한다는 것을 설명한다(Corbett 2001:6337-6338).

성분류체계는 굴절어 또는 교착어, 즉 고립어가 아닌 언어의 전형적인 특징이다. 바스크어, 핀란드어, 터키어, 헝가리어 등과 같이 인도유럽어족에 속하지 않는 많은 언어에 성분류체계가 없다. 인도유럽어족 언어에서 성 구분이 실현되는 주요 방식은 명사의 성이 다른 통사 성분과 성 일치 관계를 유지하는 것이다. 이러한 일치 관계는 명사구의 내부나 외부에서 형성되는데, 명사가 동사나 형용사, 한정사, 지시사, 수사, 초점 표지, 부사 등과 성 일치 관계를 지니는 것을 예로 들 수 있다. 또한 언어에서 성 범주가 수 범주나 인칭 범주, 격 범주 등과 혼합 표지를 형성하여 통합적으로 표현되는 경우도 많다.

6.3. 인칭 범주

인칭 범주(person)는 지칭에 사용되는 문법 범주로, 언어 환경에서 의사소통의 기본 구조, 즉 화자가 중심이 되어 화자와 청자, 관련 대상을 부호화한다. 인칭 범주는 형식과 기능이 다양하며, 성이나 수, 격 등의 범주와도 관련성을 갖는다. 6.3은 여러 언어에 나타나는 인칭 범주의 주요한 유형적 특징을 소개한다.

대다수의 언어는 폐쇄성의 형식을 사용하여 서로 다른 언어 참여자를 지칭하는데, 이를 인칭 형식(person form) 또는 인칭 표지(person marker)라고 한다. 인칭 형식과 일반 명사의 차이는 인칭 형식은 언어 환경에서 여러 참여자의 역할을 지칭하는 데 전문적으로 사용된다는 점이다. 예를 들어 영어 문장 Mummy will give Ben a kiss(엄마가

벤에게 뽀뽀해 줄게)에서 Mummy(엄마)와 Ben(벤)은 각각 화자 자신과 청자를 지칭한다. 그러나 Mummy와 Ben은 인칭 대명사인 I와 you와 다른데, 전자는 여전히 어휘적 의미를 지니므로 전문적인 인칭 표지가 아니기 때문이다.

다른 통사 범주와 마찬가지로 인칭 범주는 형태, 통사, 의미적으로 표현되며, (11)과 같은 등급의 영향을 받는다(Silverstein 1976, Comrie 1981, Givón 1976:152, Croft 1988:162, Siewierska 2004:148-162).

(11) i. 인칭 등급: 1인칭 > 2인칭 > 3인칭
 ii. 명사성 등급: 대명사 > 명사
 iii. 유정성 등급: 인간 > 유정 > 무정 > 추상
 iv. 지시 등급: 한정 > 비한정 지시 > 비지시
 v. 초점 등급: 비초점 > 초점
 vi. 통사 기능 등급: 주어 > 직접 목적어 > 간접 목적어 > 기타 논항성 성분
 vii. 의미 역할 등급: 행위자 > 수령자/경험자 > 수동자

인칭 등급을 예로 들면, 인칭의 일치 관계 표현이 선택적인 언어에서는 등급에서 왼쪽에 위치할수록 인칭의 일치 관계를 나타낼 가능성이 크다. (12)와 같이, 구마와나(Gumawana)어[23]는 주어와 술어 간에 비교적 전형적인 인칭의 일치 관계가 표현된다(Siewierska 2004:120).

(12) 구마와나어
 a. Yau   a-mwela
    나   1인칭.단수-오르다
    나는 올라갔다.
 b. Komu ku-mwela
    너   2인칭.단수-오르다
    당신은 올라갔다.
 c. Kalitoni i-paisewa
    칼리토니 3인칭.단수-일하다
    칼리토니는 일했다.

---

[23] [역자 주] 파푸아뉴기니에서 사용하는 언어로 오스트로네시아어족에 속하며, 사용 인구는 약 470명이다.

인칭의 일치 관계가 1, 2, 3인칭에서 모두 표현되는 언어가 많이 있지만, 1인칭 또는 1, 2인칭에서 일치 관계가 표현되는 언어도 다수 존재한다. 1, 2인칭에서 일치 관계가 표현되는 언어가 1인칭에서만 표현되는 언어보다 더 자주 보인다. 그러나 인칭 등급은 일종의 경향성이지 절대적인 보편적 등급은 아니다. 인칭의 일치 관계가 3인칭에만 국한된 언어도 많이 있는데 대부분 수동자와 관련된다. 영어와 같이 현재 시제 she come-s 에서 3인칭만 주어와 술어 일치 관계가 표현되고 1, 2인칭에는 일치 관계가 표현되지 않는 상황은 비교적 드물다(Siewierska 2004:149-150).

의미 역할 등급의 경우, 한 언어에 의미 역할에 기초하는 일치 관계가 존재하면 술어는 행위자와 일치 관계를 유지할 가능성이 크다. 그 다음은 수령자(recipient)와 경험자(experiencer)이고, 수동자가 가장 가능성이 작다. (13)의 코본(Kobon)어[24]는 동사가 행위자와만 인칭의 일치 관계를 유지한다. 반면 (14)의 야와(Yawa)어[25]는 동사가 수동자와만 인칭의 일치 관계를 유지한다.

(13) 코본어(Siewierska 2013, WALS)
    yad   kaj   pak-nab-in
    나   돼지   치다.미래.1인칭.단수.행위자
    나는 돼지를 죽일 것이다.

(14) 야와어(Siewierska 2013, WALS)
    Dorpinus   po   Marianna   r-anepata
    도피누스   능격.3인칭.단수.남성.   마리아나.3인칭.여성. 수동자-치다
    도피너스는 마리아나를 때리고 있다/있었다.

통사 기능 등급의 경우, 한 언어에 문법화된 주어나 목적어가 통사 형식의 일치 관계가 있으면, 주어가 술어와 인칭의 일치 관계를 유지할 가능성이 가장 크고, 그 다음은 직접 목적어나 간접 목적어와 일치 관계를 유지할 가능성이 크다. 즉, 한 언어에서 동사와 직접 목적어가 인칭의 일치 관계를 유지하면 주어와도 일치 관계를 유지한다. (15)처

---

[24] [역자 주] 파푸아뉴기니에서 사용하는 언어로 트랜스뉴기니어족에 속하며, 사용 인구는 약 10,000명이다.

[25] [역자 주] 인도네시아 야펜섬(Yapen Island) 중부에서 사용하는 언어로 서부 파푸아(West Papuan) 어족에 속하는 것으로 추정되며, 사용 인구는 약 10,000명이다.

럼 월라이타(Wolaytta)어[26]의 문장에서 동사 eha-는 주어 aa와만 인칭 일치 관계를 유지한다.

(15) 월라이타어(Siewierska 개인 담화)
aa　　ʔaa-w　　gutta　　haatka　　eha-ssu
그녀　　그-여격　　약간　　물　　가져다주다-3인칭.단수
그녀는 그에게 약간의 물을 가져다주었다.

(16)의 아푸리나(Apurinã)[27]어 예문에서 동사 -suka-는 주어 및 직접 목적어와 3인칭, 여성의 일치 관계를 유지한다.

(16) 아푸리나어(Siewierska 개인 담화)
O-suka-ro　　　　owa　　uwa-mokaru　　nu-serep.i
3인칭.여성-주다-3인칭.여성　3인칭.여성　3인칭.남성-에게　1인칭.단수-화살(여성)
그녀는 내 화살을 그에게 주었다.

인칭 범주의 형식 특징은 인칭 범주의 문법화 정도를 반영한다. 범언어적으로 인칭 형식은 독립 형식(independent form)과 의존 형식(dependent form)으로 나눌 수 있다. 독립 형식은 주로 강세를 지닐 수 있으며 단독으로 사용가능한 인칭 대명사를 가리키는데, (17)과 같은 특징을 지닌다(Sugamoto 1989, 刘丹青, 强星娜 2009).

(17) i. 폐쇄성 구성원
　　　ii. 형태적, 음운적 안정성 부족
　　　iii. 특정한 의미 내용 부족
　　　iv. 문체나 사회언어학적 함의 부족
　　　v. 문법적으로 인칭을 표현함
　　　vi. 관형어를 수반하지 못함
　　　vii. 지시의 해석에 제약이 있음

---

[26] [역자 주] 에디오피아 등에서 사용하는 언어로 아프로아시아어족에 속하며, 사용 인구는 약 160만 명이다.
[27] [역자 주] 브라질 아마존 지역에서 사용하는 언어로 아라와크(Arawakan)어족에 속하며, 사용 인구는 약 2,800명이다.

독립 형식은 명사성에서 대명사성에 이르는 등급적 특성을 지닌다. 대명사에 가까운 인칭 형식일수록 (17)의 속성을 더 많이 지닌다. 폴란드어나 영어의 인칭 형식은 대명사성이 강하고 태국어의 인칭 형식은 명사성이 강하다(Siewierska 2004:9). 독립 형식과 달리, 의존 형식은 일반적으로 강세를 지닐 수 없고 음운이 상대적으로 축약된다. 또한 술어와 같은 다른 성분에 의존하거나 분포에 있어서 제약이 있는데, 대체로 (18)과 같이 구분할 수 있다.

(18) i. 영형식(zero form)
영형식은 인칭에 대한 의미적 해석은 있지만, 상응하는 분절음이나 초분절음의 음운형식은 지니지 않는다. 영형식은 인칭 표지의 한 종류로 상당히 많은 언어에 존재한다. 영어 문장 ø get away(떠나라)는 영형식 주어의 예이다. 영형식이 반드시 다른 의존 형식이 약화된 것은 아니며, 중국어나 일본어 같은 언어의 영형식은 겸손 등의 화용적 요소에 의한 생략으로 인한 것이다.

ii. 교착 성분(bound form)
교착 성분은 어근에 부가되어 인칭을 표시하는 접사를 가리키며, 접두사(prefix), 접미사(suffix), 접요사(infix)가 있다. 교착 성분은 어근과 하나의 음운 단위를 구성하는데, 어근의 음운 변화나 성조 변화로 인칭 형태를 표현하는 것도 넓은 의미의 교착 성분이다. 예를 들어 고디(Godié)어[28]에서 낮은 성조의 한정 동사는 2인칭 목적어 동반을 나타내며, 높은 성조의 한정 동사는 1인칭 목적어 동반을 나타낸다(Siewierska 2004:26).

iii. 접어(clitic)
접어는 교착 성분과 독립 형식 대명사의 중간인 인칭 표지이다. 접어는 영어 Give [em]/them back처럼 대명사의 축약 형식이거나 다른 인칭 형식의 이형태(allomorph)이다. 일반적으로 접어가 단어의 앞에 놓이면 전접어(enclitic)라고 하고, 단어의 뒤에 놓이면 후접어(proclitic)라고 한다. 어떤 접어는 독립적인 단어로 쓰일 수 있으며 특정한 환경에서는 강세를 지닐 수도 있다. 접어는 교착 성분에 비하여 독립성이 강하며, 교착 성분과 달리 항상 어근에 부가되어야 하는 것은 아니다. 또한 접어는 강세와 같은 단어의 운율 특징에 영향을 미치지 않지만, 교착 성분은 운율적으로 단어의 한 부분을 형성한다.

---

[28] [역자 주] 아이보리 코스트(Ivory Coast)에서 사용하는 언어로 니제르콩코어족에 속하며, 사용 인구는 약 26,000명이다.

iv. 약형식(weak form)

약형식은 대명사의 축약식으로, 음운, 형태적으로 다른 성분에 의존하지 않는다. 그러나 통사 분포와 음운 구조에 있어서 독립 형식 대명사와 동일하지 않다. 월리아이안(Woleaian)어[29]에서 약형식 i(1인칭 단수), go(2인칭 단수)는 각각 독립 형식 대명사 gaang(1인칭 단수), geel(2인칭 단수)에 상응한다(상세한 논의는 Siewierska 2004:16-67, 刘丹青, 强星娜 2009 참조).

인칭 범주는 가장 보편적인 언어 문법 범주의 하나이다. 어떤 언어가 화자와 청자와 같이 문법적으로 두 종류의 기본 참여자를 구분하면, 그 언어에는 인칭 범주가 있다. 범언어적으로 인칭 범주는 대체로 (19)와 같은 유형이 있다(Siewierska 2004:1-16, Cysouw 2009:1-35).

(19) i. 1인칭: 화자, 화자와 청자, 화자와 제3자를 지칭. 그에 따라 1인칭 단수, 1인칭 포괄식과 1인칭 배재식에 해당
ii. 2인칭: 청자 지칭
iii. 3인칭: 화자와 청자 외의 기타 참여자 지칭
iv. 3인칭 근칭: 한명이나 다수의 기타 참여자로, 화자와 비교적 가까이 있는 사람 지칭
v. 3인칭 원칭: 한명이나 다수의 기타 참여자로, 화자와 비교적 멀리 있는 사람 지칭
vi. 인식자 대명사(logophor)와 원거리 재귀 대명사: 주어, 화자, 언어 참여자의 서로 다른 시점이나 감정이입(empathy) 표현

지칭 기능 이외에 강조를 나타내는 인칭 형식이 있는데 이를 강조사(intensifier)라고 한다. 강조사는 인칭 대명사나 다른 명사성 성분과 함께 출현하여, 여러 가지 강조 의미를 표현한다. 영어에서 He himself did it(그 자신이 그것을 하였다)의 himself는 관형사성 강조사(adnominal intensifier), He did it himself(그는 스스로 그것을 하였다)의 himself는 부사성 강조사(adverbial intensifier)로, 대조, 의외, 배타, 강조 등의 의미적,

---

[29] [역자 주] 미크로네시아연방 공화국(Federated States of Micronesia)의 월리아이(Woleai) 섬과 부근의 섬에서 사용하는 언어로 오스트로네시아어족에 속하며, 사용 인구는 약 1,600명이다.

화용적 기능을 나타낸다. 중국어의 自己, 터키어의 kendi, 영어의 x-self와 같은 재귀 대명사는 모두 강조사로 사용될 수 있다. 그러나 관형사성 강조사와 재지시에 사용되는 재귀 대명사의 형식이 동일하지 않은 언어도 많이 있다. 독일어의 selbst와 sich, 이탈리아어의 stesso와 mi, 폴란드어의 sam와 się 등이 그 예이다.

인칭 범주와 수 범주는 밀접한 관계가 있지만, 인칭의 수와 일반 명사의 수가 동일한 것은 아니다. 일반적으로 인칭 복수는 참여자 수의 많고 적음을 나타낼 뿐만 아니라, 화자 관점을 중심으로 사람들을 구분하여 부류의 개념(associative meaning)을 형성한다. 유정성 등급인 '1인칭 > 2인칭 > 3인칭 > 친속 명사 > 사람 > 유정 명사 > 무정 명사'에서 각 등급의 어휘 항목은 수 형태를 표현할 수 있지만, 이 등급에서 왼쪽으로 갈수록, 즉 유정성 등급이 높은 성분일수록 부류의 개념을 형성할 가능성이 높다. 반대로, 유정성 등급이 낮은 성분일수록 일반적인 수로 해석될 가능성이 높다(Corbett 2004:84). 따라서 1인칭 수 범주의 표현과 구분이 가장 복잡하고 유형의 차이도 큰데, 이는 (20)과 같이 구분할 수 있다(상세한 논의는 Cysouw 2013 참조).

(20) i. 전문적인 수 표지가 없음: 피라하(Pirahã)어[30]에서 1인칭 대명사(qíxai)와 2인칭 대명사(ti)를 함께 사용하여 1인칭 복수 의미를 나타낸다.
  ii. 단수와 복수가 동일: 1인칭 단수와 복수의 형태가 동일하여 맥락을 통해서 단수와 복수의 의미를 구분할 수 있다. 카와스카(Qawasqar)어[31] 1인칭 대명사 cecaw가 예이다.
  iii. 포괄식과 배제식의 대립이 없음: 영어의 1인칭 복수 we, 몽누아(Hmong Njua)어[32]의 두 가지 1인칭 비단수 형식인 양수 wb와 복수 peb가 예이다.
  iv. 포괄식만 존재: 1인칭 복수는 포괄식만 있고, 1인칭 배제식은 단수와 형식이 동일하다. 카넬라크라호(Canela-krahô)어[33]의 1인칭 포괄식 cu, 1인칭 단수와

---

[30] [역자 주] 브라질 아마존 지역에서 사용하는 언어로 무라(Mura)어족에 속하며, 사용 인구는 약 360명이다.
[31] [역자 주] 칠레 남부에서 사용하는 언어로 사용 인구는 알라카루프(Alacalufan)어족에 속하며, 약 12명 정도의 화자만 남아 있다.
[32] [역자 주] 중국, 베트남, 라오스, 미안마, 태국 등의 지역에서 몽(Hmong)인이 사용하는 언어로 몽미엔(Hmong-Mien)어족에 속하며, 사용 인구는 약 370만 명이다.
[33] [역자 주] 브라질의 마라냥(Maranhão), 파라(Pará), 토칸칭스(Tocantins) 등지에서 사용하는 언어로 마크로게(Macro-Ge)어족에 속하며, 사용 인구는 약 5,100명이다.

배제식 복수 wa가 그 예이다.

v. 포괄식과 배제식 존재: 1인칭에 포괄식과 배제식의 구분이 있다. 예를 들어 차모로(Chamorro)어[34]에서 1인칭 단수는 hu, 1인칭 포괄식은 ta, 1인칭 배제식은 in이다. 또한 이러한 인칭 체계에는 '화자+단수 청자'를 의미하는 최소 포괄식(minmal inclusive)이 존재하기도 하는데, 라부카레브(Lavukaleve)어[35]에서 최소 포괄식은 두 명을 의미하는 mel이지만, 두 명을 초과하는 포괄식은 me이다.

1인칭 범주와 수 형식의 관계는 개별 언어의 특정한 통사적 위치에서 비교적 안정적으로 실현된다. 이를 인칭 표지의 계열 구조(paradigmatic structures for person marker)라고 한다. 서로 다른 언어의 인칭 체계에 동일한 유형의 계열 구조가 출현하면 이 언어들의 인칭 체계가 유사하다고 판단할 수 있다. 이는 언어 간 비교를 위한 유형론적 기초가 된다(Cysouw 2009, 吳建明 2013).

또한 인칭 형식은 풍부한 사회적 화용 기능을 지니는데, 언어 참여자 간의 지위의 높고 낮음, 멀고 가까움, 나이의 차이 등의 복잡한 사회적 관계를 반영한다. 주요 표현 수단은 (21)과 같다.

(21) i. 수의 변화: 타밀(Tamil)어[36]는 인칭 복수 형식으로 존칭을 나타낸다. 중국어 방언에서 인칭의 소유 구조도 복수 형식으로 단수 의미를 나타내어 여러 사회적 화용 가능을 담당하는 경우가 많다(刘丹青 2013:141-161).
ii. 인칭 변화: 마라티(Marathi)어[37]에서 재귀 형식은 예의와 존경을 나타내는 환경에서 사용될 수 있다.
iii. 특정한 인칭 표지로 존칭이나 비존칭을 나타낸다. 태국어의 1, 2, 3인칭은 각각 27, 22, 8 종류의 형식이 있는데 각각 서로 다른 사회적 화용 기능을 나타내는 데에 사용된다.

---

[34] [역자 주] 마리아나 섬(Mariana Islands)에서 사용하는 언어로 오스트로네시아어족에 속하며, 사용 인구는 약 47,000명이다.
[35] [역자 주] 솔로몬 섬(Solomon Islands)에서 사용하는 언어로 중부 솔로몬(Central Solomons)어족에 속하며, 사용 인구는 약 1,800명이다.
[36] [역자 주] 인도 남부에서 사용하는 언어로 드라비다어족에 속하며, 사용 인구는 약 7천만 명이다.
[37] [역자 주] 인도 서부의 마하라스트라(Maharashtra)와 고아(Goa) 지역에서 사용하는 언어로 인도유럽어족에 속하며, 사용 인구는 약 7,300만 명이다.

또한 언어는 인칭 형식의 생략, 명사 대체 등의 수단을 통하여 다양한 의사소통 기능을 표현한다. 일본어는 익숙한 사람이나 지위가 평등한 사람들 사이에 1인칭과 2인칭 주어가 자주 생략된다. 중국어도 겸손을 목적으로 1인칭이 자주 생략된다. 인명, 직함, 친속어 등의 명사가 직접 지칭 대신 사용되어 예의나 존경을 나타내는 경우도 많다. 예를 들어 大哥(형님), 師傅(선생님), 叔叔(삼촌)는 2인칭 대명사를 대체한다(자세한 논의는 Siewierska 2004:214-235 참조). 인칭 형식이 담당하는 사회적 화용 기능도 언어 비교 연구의 중요한 영역이다.

6.4. 소결

언어유형론의 언어 비교 연구는 수 범주(단수, 양수, 복수 등), 성 범주(여성, 남성, 중성 등), 인칭 범주(1, 2, 3인칭 등) 등의 다양한 문법 범주를 다룬다. 6장은 수 범주에서 명사와 동사의 수 형식 표현, 수 범주 영역 및 관련 제약 요소를 논의하였다. 또한 성 범주에 있어 의미, 형식, 그리고 의미와 형식에 기초하는 세 종류의 성 구분 체계를 논의하였으며, 인칭 범주에 있어 언어 간 인칭 형식의 유형과 기능, 인칭 범주 영역 및 관련 제약 등급을 다루었다. 이와 같은 문법 범주는 개별 언어의 기술 및 언어의 유형론적 연구에서 중요한 지위를 차지한다. 이들은 인류의 인지 개념 체계의 분류와 구성을 드러내며, 언어 형식과 관련된 사회 문화, 언어 변화, 언어 접촉 등의 요소를 반영하므로 더욱 심도 있는 연구가 필요하다.

■ 참고문헌

Aikhenvald, A. Y., 2006, Classifiers and Noun Classes: Semantics. In K. Brown (ed.) *The Encyclopedia of Language and Linguistics* (2nd edition), Oxford: Elsevier, pp.463-471.
Corbett, C. G., 1991, *Gender*. Cambridge: Cambridge University Press.
Corbett, C. G., 2001, Grammatical Number. In B. Njsapb (ed.) *International Encyclopedia of the Social and Behavioral Sciences IX*. Amsterdam: Elsevier, pp.6340-6342.
Corbett, C. G., 2004, *Number,* Cambridge: Cambridge University Press.
Corbett, C. G., 2006, *Agreement,* Cambridge: Cambridge University Press.
Corbett, C. G., 2013, Number of Genders, In M. Haspelmath, M. S. Dryer, D. Gil and B. Comrie (eds.) *The World Altas of Language Structures (WALS)*, Leipzig: Max Planck Institute for Evolutionary Anthropology.
Comrie, B., 1981, *Language Universals and Linguistic Typology*, Chicago: University of Chicago Press.
Corft, W., 1988, Agreement vs. Case Marking in Direct Objects. In M. Barlow and C. A. Ferguson (eds.) *Agreement in Natural Language: Approaches, Theories, Descriptions.* Stanford: Center for the study of Language and Information, pp.159-180.
Cruse, D. A., 1994, Number and Number Systems, In R. E. Asher (ed.) *The Encyclopedia of Language and Linguistics*, Oxford: Pergamon Press, pp.2857-2861.
Cysouw, M., 2009, *The Paradigmatic Structure of Person Marking*, Oxford: Oxford University Press.
Cysouw, M., 2013, Inclusive/Exclusive Distinction in Independent Pronouns, In M. S. Dryer and M. Haspelmath (eds.) *The World Altas of Language Structures (WALS)*, Leipzig: Max Planck Institute for Evolutionary Anthropology.
Dixon, R. M. W., 1972, *The Dyirbal Language of North Queensland*, Cambridge: Cambridge University Press.
Givón, T., 1976, Topic, Pronoun and Grammatical Agreement, In C. N. Li (ed.) *Subject and Topic*, New York: Academic Press, pp.149-188.
Jackendoff, R., 1991, Parts and Boundaries, *Cognition* 41:9-45.
Parker, E. M. and R. J. Hayward, 1985, *An Afar-English-French Dictionary (with Grammatical Notes in English)*, London: SOAS, University of London.
Siewierska, A., 2004, *Person*, Cambridge: Cambridge University Press.

Siewierska, A., 2013, Vernal Person Marking, In M. S. Dryer and M. Haspelmath (eds.) *The World Altas of Language Structures (WALS)*, Leipzig: Max Planck Institute for Evolutionary Anthropology.

Silverstein, M., 1976, Hierarchy of Features and Ergativity, In R. M. W. Dixon (ed.) *Grammatical Categories in Australian Languages*. Canberra: Australian Institute of Aboriginal Studies. pp.112-171.

Sridhar, S. N., 1990, *Kannada, Descriptive Grammar Series,* Cambridge: Cambridge University Press.

Sugamoto, N., 1989, Pronominality: A Noun-Pronoun Continuum. In R. Corrigan, F. Eckman and M. Noonan (eds.) *Linguistic Categorization*, Amsterdam: Johm Benjamins, pp.267-291.

Tucker, G. R., W. E. Lambert and A. A. Rigault, 1977, *The French Speakers' Skill with Grammatical Gender: An Example of Rule-governed Behavior*, The Hague: Mouton.

Turner, P. R., 1976, Pluralization of Nouns in Seri and Chontal, In M. Langdon and S. Silver (eds.) *Hokan Studies*: *Papers from the first Conference on Hokan Languages*, San Diego, California, April 23-25, 1970 (Janua Linguarum, Series Practica 181), The Hague: Mouton, pp.297-303.

刘丹青, 强星娜, 2009, 「人称范畴介评」, 『南开语言学刊』 1:156-166.

刘丹青, 2013, 「汉语方言领属结构的语法库藏类型」, 『语言研究集刊』 10:141-161.

吴建明, 2013, 「人称"聚合结构"的汉语视角」, 『当代语言学』 4:393-404.

7장 소유 구조와 사동 구조

7.1. 소유 구조

　소유 구조와 사동 구조는 유형론에서 상당히 많이 논의되는 주제이다. 소유 구조는 소유 관계를 나타내고 주로 체언적 성질을 가지며, 구조 내 소유주는 관형어이고 소유물이 핵심어가 된다. 소유 관계는 'X가 Y를 가지다'라거나 'X가 있는 장소에 Y가 존재한다'와 같이 용언성 구조로 나타날 수도 있는데, 7장에서는 이에 대해 다루지 않는다.
　소유 관계의 부호화 형식은 언어에 따라 다양하게 나타나며, 하나의 언어에서도 소유 관계는 다양한 방식으로 부호화될 수 있다. 이는 소유 관계의 구체적인 내용과 관련이 있다. 소유 관계에는 我的书(나의 책)와 같은 협의의 소유 의미 외에도, 鲁迅的弟弟/妻子(루쉰의 남동생/부인)와 같은 친족 관계, 鲨鱼的鳍(상어의 지느러미)나 长城的砖(만리장성의 벽돌)과 같은 전체와 부분의 관계, 电扇的用途(선풍기의 용도)와 같은 사물과 속성의 관계, 张三的老师李四(장싼의 선생님인 리쓰)와 같은 사회적 관계 등이 포함된다. 7.1에서는 각기 다른 언어에 나타나는 각각의 소유 관계가 소유 구조로 부호화되는 다양한 방식들에 대해 논의할 것이다.

7.1.1. 명사적 소유 구조의 부호화 유형

　소유 구조는 형식적으로 어순이나 형태를 통해 표현된다.

7.1.1.1. 어순

소유 구조는 我爸爸(내 아빠)와 같은 중국어의 예처럼 소유주-소유물의 순서도 있지만 (1)의 인도네시아어처럼 언어에 따라서는 소유물-소유주 순서로도 나타난다(林优娜 2008:144).

(1) Ibukota Indonesia
    수도   인도네시아
    인도네시아의 수도

7.1.1.2. 형태

형태적 수단은 전치사나 후치사를 첨가하는 방법, 접사를 첨가하는 방법, 음운적 변화로 나타내는 방법 세 가지가 있다. 중국 내 관련연구에서는 전치사나 후치사를 일반적으로 조사(助词)로 처리한다. 중국어에서 접사는 첨가되는 단위가 단어이면 词缀, 구이면 语缀로 구분하기도 한다. 형태적 표지가 첨가되는 위치가 핵심어인지 관형어인지에 따라 핵심어 표지, 의존어 표지 및 이중 표지의 세 가지로 구분된다(8.4.1 참조).

1) **의존어 표지**(dependent-marking)

소유 관계의 표지가 소유주 성분에 첨가되는 방식을 가리키며, 소유격(genitive) 표지라고도 한다. 의존어에 첨가되는 표지는 핵심어가 앞에 오는 언어와 핵심어가 뒤에 오는 언어 모두에서 나타나는데, (2)와 (3)은 각각 위구르(Uyghur)어[1](孙宏开 외 2007:1640)와 둥샹(东乡)어[2](孙宏开 외 2007:1898)의 예이다.

---

[1] [역자 주] 중국 신장 위구르족 자치구와 카자흐스탄, 우즈베키스탄, 키르기스스탄 등의 지역에서 사용되는 위구르족의 언어로 투르크어족에 속하며 사용 인구는 약 1,300만 명이다.

[2] [역자 주] 중국 깐수성(甘肃省) 린샤(临夏) 회족 자치주의 둥샹족 자치현과 신장(新疆) 이리(伊犁) 코자크 자치주에서 주로 사용되는 둥샹족의 언어로 알타이(Altaic)어족에 속하며 사용 인구는 약 27만 명이다.

(2) qoʁunlar silɛr-niŋki
     참외   당신들-소유격
    당신들의 참외

(3) ada-ni   mori
    아빠-소유격 말
    아빠의 말

Dixon(2010:268-269)에 따르면 디르발(Dyirbal)어[3]의 접사 -ŋu는 소유주를 나타내는 구에 속하는 모든 단어 뒤에 첨가되어야 한다.

(4) [ba-ŋu-l   yara-ŋu   midi-ŋu]   guda
    한정사-소유격-남성 남자-소유격   작다-소유격   개
    그 키 작은 남자의 개

음운 변화도 일종의 소유 표지이다. 바이마(白马)어[4]에서 1인칭 대명사 ŋa³⁵는 소유 구조에 쓰이면 ŋo³⁵로 바뀌어야 한다.

(5) ŋo³⁵   a¹³pa⁵³
    나의   아버지
    나의 아버지

일부 언어는 모음 변화, 성조 변화, 굴절 변화를 모두 소유 관계 표지로 사용하기도 한다. 孙宏开 외(2007:222)에 따르면 지노(Jino, 基诺)어[5]에서 ɛ¹는 소유격을 나타내는 조사이다.

---

[3] [역자 주] 오스트레일리아 북서 퀸즈랜드(northeast Queensland)에서 사용되는 언어로 파마늉안어족에 속하며 더벌어, 지루발(Djirubal)어라고도 한다. 약 15-28명의 화자가 사용하는 것으로 알려져 있다.

[4] [역자 주] 중국 쓰촨, 깐수성 일대에서 사용되는 티베트족 바이마인의 언어로 중국티베트(Sino-Tibetan)어족 티베트버마어파에 속하며 사용 인구는 약 1만 명 정도이다.

[5] [역자 주] 중국 윈난(云南)성 시솽반나(西双版纳) 다이(傣)족 자치주와 부위안산(朴远山) 지역의 지노족이 사용하는 언어로 중국티베트어족 티베트버마어파에 속하며 사용 인구는 약 21,000명 정도이다. 키뇨어로 불린다.

(6) pɹə⁴jo²　ɛ¹　　mɛ⁴tu³
　　브러요　소유격　옥수수
　　브러요의 옥수수

그러나 1인칭 복수를 나타내는 단어가 구성하는 소유 구조에서 소유격 조사 ɛ¹는 vɛ¹로 읽힌다.

(7) ŋa¹　vɛ¹　tso⁴
　　우리　소유격　집
　　우리의 집

2) **핵심어 표지**(head-marking)

핵심어 표지란 소유물에 소유 관계를 나타내는 표지를 첨가하는 방식으로, 속격(pertentive)이라고도 한다.[6] 핵심어 표지는 접두사 형식과 접미사 형식 두 가지로 나뉜다. Dixon(2010:269)에 따르면 카르비(Karbi)어[7]는 소유물 앞에 접두사 a-를 사용한다.

(8) tebul　　a-keŋ
　　탁자　　속격-다리
　　탁자의 다리

시버(锡伯)어[8]는 소유주와 접미사 -ni가 붙은 소유물로 3인칭 단수 혹은 복수의 소유 관계를 나타낸다(孙宏开 외 2007:2001).

(9) əsəj　　bandʐ-ni
　　그들　　생활-속격
　　그들의 생활

---

[6] pertensive는 Dixon(2010)이 핵심어에 첨가되는 소유 표지를 나타내기 위해 사용한 용어이다.
[7] [역자 주] 인도 북동부 아삼(Assam) 지역 등지에서 사용되는 언어로 중국티베트어족에 속하며 미키르(Mikir)어, 알렝(Arleng)어로도 불린다. 사용 인구는 약 42만 명으로 알려져 있다.
[8] [역자 주] 중국 신장 이리 카자흐 자치주의 시버족이 사용하는 언어로 퉁구스어족에 속하며 사용 인구는 약 3만 명이다. Sibo, Sibe, Xibo 등의 표기로도 알려져 있다.

3) 이중 표지(double-marking)

소유주와 소유물에 모두 소유 관계가 표지되는 방식이다. 케추아(Quechua)어가 이에 해당한다. (10)과 (11)은 각각 Crapo & Aitken(1986:vol.2, 13), 戴庆厦, 汪锋(2014:178)에서 인용한 예이다.

(10) runa-q alqu-n
   남자-소유격 개-3인칭.단수.속격
  그 남자의 개

(11) hwan-pa wasi-n
   존-소유격 집-3인칭.단수.속격
  존의 집

7.1.2. 부호화 형식과 소유주 유정성의 관련성

소유주의 특징에 따라 둘 이상의 표지를 구분하여 사용하는 언어도 많다. 대명사, 고유 명사, 친족 명칭 등 소유주 성분의 성질과 유정성 같은 소유주 성분의 의미자질의 차이가 소유격 표지를 결정한다. 저지 노르만 프랑스어(Jèrriais)[9]는 세 가지 표기 전략을 사용한다(Liddicoat 1993).

A. 소유주가 대명사면 소유주 + 소유물 어순을 사용한다.

(12) mã   frɛð
   1인칭.단수.소유격 형제
  나의 형제

B. 소유주가 사람을 가리키는 고유 명사나 친족 명칭이면 소유물 + a + 소유주 형식을 사용한다.

---

[9] [역자 주] 프랑스 노르망디 해협 채널 제도(Channel Islands)의 저지(Jersey) 섬에서 사용되며, 저지 섬과 사크(Sark) 섬의 공용어로 인도유럽어족 이탈리아어파 서부 로망스어군에 속한다. 사용 인구는 제2언어 화자를 포함하여 약 2천 명이다. 저지어, 저지 프랑스어, 저지 노르만 프랑스어 등으로 불린다.

(13) lɛːð   ɛːfãːz   a   ma   fil
　　관사.한정.복수 아이들   소유격   1인칭.단수.소유주.여성   딸
　　내 딸의 아이들

C. 소유주가 사람이 아니면 소유 구조는 소유물＋d＋소유주의 형식을 사용한다.

(14) l   ɛːgjiːð   d   la   pɑːrɛːs
　　관사.한정.단수.여성 교회   소유격   관사.한정.단수.여성   교구
　　그 교구의 그 교회

이상 세 가지 표지 전략의 변화는 대명사의 식별도가 높기 때문에 전치하기 쉽다는 식별도 우선 원리가 반영된 것이다(10.3.5 참조).

7.1.3. 부호화 형식과 소유 관계 하위범주의 관련성

소유 구조는 여러 가지 의미를 나타낼 수 있다. 예컨대 钱钟书的书(첸중수의 책)는 첸중수가 쓴 책(钱钟书所写的书)이나 첸중수가 소장하고 있는 책(钱钟书所收藏的书) 또는 첸중수를 다룬 책(与钱钟书有关的书) 등을 나타낸다. 소유 관계에는 여러 가지 대립적인 하위범주가 나타나는데, Dixon(2010:275)에 따르면 디르발어는 소유하는 시간에 따라 단기 소유와 장기 소유를 형식적으로 구별한다.

(15) a. Tami-ŋu   waŋal
　　　　톰-소유격   부메랑
　　　　톰의 부메랑
　　 b. Jani-mi   waŋal
　　　　존-소유격   부메랑
　　　　존의 부메랑

(15a)의 -ŋu는 톰이 지금 부메랑을 가지고 있음을 나타낸다. (15b)의 -mi는 지금 부메랑을 일시적으로 다른 사람이 가지고 있더라도 원래 존의 소유임을 나타낸다.
　소유 관계는 또한 양도 불가한 소유 관계(inalienable possession)와 양도 가능한 소유 관계(alienable possession)로 구분하기도 한다. 서부 그린란드의 에스키모어는 명사형 접

사 -ati를 통해 양도 가능하거나 임시적인 소유를 전문적으로 나타낸다(Fortescue 1984).

(16) aningaasa   -ati   -qar   -punga
     돈   - 양도 가능 -가지다   -1인칭.단수.직설법
     나는 돈을 가지고 있다.

양도 불가한 소유 관계에서는 소유주와 소유물의 의미 관계가 긴밀하다. 둥샹(东乡)어에서 양도 불가한 소유 관계 구가 문장에 사용되면 소유 관계를 나타내는 조사 da^{31}가 생략될 수 있다(孙宏开 외 2007:694-695).

(17) go^{55} ba^{31} tai^{55} vai^{55} (da^{31})   a^{31}ga^{r55} tɕhə^{55}pai^{53}
     1인칭.단수   부정   보다   3인칭.단수   소유   형   도끼
     나는 그의 형의 도끼를 보지 못했다.

어떤 언어에서는 접사를 통해 화자·청자와 소유물의 상대적인 거리를 구분하기도 있다. 브라질의 와레케나(Warekena)어[10]에서 -ne는 소유물과 화자의 공간적 거리가 가까움을 나타내며, -te는 소유물과 화자의 공간적 거리가 먼 반면 청자와는 상대적으로 가까움을 나타낸다.

(18) a. nu   -waru   -ne
        1인칭.단수 앵무새   속격.근칭
        (화자 쪽에 가까이 있는)나의 앵무새
     b. pi   -waru   -te
        2인칭.단수 앵무새   속격.비근칭
        (청자 쪽에 가까이 있는)너의 앵무새

와레케나어의 친족 언어인 바니와(Baniwa, Baniva)어[11]는 서로 다른 접사를 통해 소유주와 소유물 간의 주관적인 거리를 표시한다(Aikhenvald 2000:143).

---

[10] [역자 주] 브라질과 베네수엘라에서 사용되는 아라와크어의 일종으로 사용 인구는 약 650명이다.
[11] [역자 주] 콜럼비아, 베네수엘라 및 브라질 아마존 일대에서 사용되는 아라와크어의 일종이다. 사용 인구는 1만 명으로 알려져 있다. 카루(Karu)어라고도 한다.

(19) a. nu   -tʃinu   -ni
       1인칭.단수   -개   -속격.근칭
   나의 개("이 개는 내가 키우는 개이다"라는 의미일 경우)

   b. nu   -tʃinu   -te
       1인칭.단수   -개   -속격.비근칭
   나의 개("이 개는 내가 발견한 개이다"는 의미일 경우)

언어에 따라 소유 관계 표지가 여러 가지인 경우도 있다. 명사성 소유 구조의 표지는 소유물의 유형, 주로는 양도 가능 여부에 따라 결정된다. 그러나 소유, 친족, 전체와 부분, 특징이나 속성, 방위와 장소, 사회적 관계 등 소유주와 소유물의 관계를 나타내는 여섯 가지 하위 부류에 대한 처리는 언어마다 다르게 나타난다.

어떤 언어는 양도 가능과 양도 불가의 2분법적 표기 체계를 사용한다. 침시안(Tsimshian, Chimmesyan)어[12]는 소유를 양도 가능한 관계로 처리하고 나머지 다섯 가지는 양도 불가한 관계로 처리한다(Boas 1911). 캐나다의 아타바스칸(Athapaskan)어족에 속하는 슬레이비어도 침시안어와 유사하게 2분법적인 방식을 사용한다. 즉, 소유는 양도 가능으로 처리하고, 전체와 부분 관계에 속하는 인체의 배설물이나 흉터는 양도 가능으로도 양도 불가로도 처리할 수 있다(Rice 1989). 크리크(Creek)어[13]도 2분법적 표기를 사용하여 소유를 양도 가능한 관계로 처리한다. 흥미로운 것은, 크리크어는 일반적으로 양도 불가한 관계로 처리되는 신체부위를 더 세분하여 늑골이나 생식기 같은 일부 신체부위, 땀이나 오줌, 자녀, 손자, 손녀, 장모 등 일부 친족 명칭을 양도 가능한 관계로 처리한다는 점이다(Martin 1991).

어떤 언어는 3분법적 표기 체계를 사용한다. 또 다른 아타바스칸어족 언어인 코유콘(Koyukon)어[14]는 친족 관계를 별도의 한 부류로 처리하고, 소유 관계와 인체의 혈액, 눈물, 소변, 대변 등을 묶어 하나의 부류로, 사회적 관계와 사람, 동물, 식물 같은 유정물의 기타 부분을 또 하나의 부류로 처리한다(Thompson 1996).

---

[12] [역자 주] 캐나다 북서부 브리티시컬럼비아와 알라스카 남동부의 침시안(Tsimshian, Chimmesyan)족이 사용하는 언어로, 사용 인구는 약 2,200명 정도로 추산된다.

[13] [역자 주] 미국 오클라호마주와 플로리다주 일대에 거주하는 머스코지(Muscogee)족의 언어로 사용 인구는 5,000명이다. 마스코키(Mvskoke, Maskókî)어, 세미놀(Seminole)어로도 불린다.

[14] [역자 주] 알라스카 서부 내륙의 유콘(Yukon) 강중류, 코여쿡(Koyukuk)강 일대에서 사용되는 아타바스카어의 일종이다. 사용인구는 약 300명이며 대부분 영어를 공용하는 이중언어 화자이다.

4분법적 표기 체계를 사용하는 언어도 있다. 북미 인디안 언어의 일종인 수(Siouan)어[15]는 소유 관계와 친족 관계를 각각 하나의 부류로 처리하고, 인체의 코, 어깨, 무릎, 머리카락, 늑골, 간, 폐, 혈액, 뼈 등의 부위를 또 하나의 부류로, 인체의 입, 입술, 눈, 팔, 손, 발, 생식기, 귀 등의 부위와 영혼을 한 부류로 처리한다(Boas & Deloria 1941). (20)은 3분법 체계를 사용하는 코유콘어의 예이다.

(20) a. se-　　　　　tlee
　　　　1인칭.단수.접두사　머리
　　　　나의 머리

　　　b. be-　　　　　to
　　　　3인칭.단수.접두사　아버지
　　　　그의 아버지

　　　c. se-　　　　　tel　　-e
　　　　1인칭.단수.접두사　양말　-속격
　　　　내 양말

(20a)와 (20b)는 모두 대명사 접두사를 소유물 앞에 사용하였는데, 코유콘어에서 친족 명칭이 소유주 위치에 있을 때 앞에 위치하는 소유주가 완전한 명사(full noun)인지의 여부와 상관없이 언제나 소유를 나타내는 접두사가 필요하다.

현대 중국어에서 我的爸爸(나의 아빠)와 我爸爸(내 아빠)처럼 양도 불가한 관계는 종속 표지 的를 사용하지 않을 수 있다. 한편 양도 불가한 관계에는 양방향의 소유 관계가 포함된다는 점이 특징이다. 예컨대 我们(우리)과 学校(학교)는 我们이 学校에 속함과 동시에 学校도 我们에 소속되므로 我们学校(우리 학교)와 같은 표현이 가능하다. 한편 중국어에서 我的手(나의 손)는 왜 양도 가능한 소유 관계에 속하는지를 생각해볼 필요가 있다. 徐阳春(2008)은 중국어의 양도 불가한 관계는 반드시 상호의존적이라고 주장한다. 즉, 我父亲(내 아버지)은 아버지와 자녀의 관계로 아버지와 자녀 두 개념이 상호의존적이다. 반면 我的手에는 이러한 상호의존적 관계가 없으므로 이를 양도 불가의 관계로 보지 않으며, 我的手가 단독으로 사용될 때에는 的를 생략할 수 없다. 따라서

---

[15] [역자 주] 북아메리카 대평원(Great Plains) 지역, 오하이오, 미시시피 계곡 및 북부 캐럴라이나에 걸쳐 분포하는 어족이다.

현대 중국어에서 的의 사용 여부는 다양한 요소의 영향을 받으므로 명사성 소유 구조는 더 심도 있는 분석이 필요하다.

어떤 언어에 양도 가능한 소유 관계와 양도 불가한 소유 관계가 형식적으로 구분된다면 일반적으로 다음과 같은 특징을 보인다.

(21) i. 양도 가능한 소유 구조는 언제나 양도 불가한 소유 구조보다 복잡하다. 양도 가능한 소유 구조가 통사성분의 수량이 더 많고 길이도 길다.
 ii. 양도 가능한 소유 구조는 분류사(classifier)의 사용을 요구하나 양도 불가한 소유 구조는 분류사가 필요하지 않다.
 iii. 양도 가능한 소유 구조에서만 명시적인 표지가 나타난다.

7.2. 사동 구조

사동(causative) 범주란 사역 범주라고도 하며, 두 사건 간의 인과 관계를 말한다. 다시 말해서 사동주(causer)의 어떤 행위가 피사동주(causee)로 하여금 어떤 변화를 갖거나 행위를 하게 만드는 것을 나타내며, 이는 '사건A(사동사건)에 의해 사건B(결과사건)가 출현하게 됨'이라 할 수 있다. 사동 범주를 나타내는 언어 형식으로 영어의 '주어-사동동사-목적어-목적어보어(S-V-O-C)'가 대표적이며, (22)의 중국어 겸어식 구조도 이에 해당된다.

(22) 张三招呼李四坐下。
 장싼은 리쓰에게 앉으라고 지시했다.

(22)는 사동주 张三의 행위(사동사건)의 결과로 피사동주 李四가 어떤 행위를 하거나 변화가 발생(결과사건)했음을 기술하고 있다. 이 두 개의 사건은 각각 동사 招呼와 坐下로 표현되며, 원인-결과의 어순에 따라 배열된다.

사동 구조는 의미, 화용적으로 다양한 논의와 분석이 가능하다. 특히 사동 구조의 부호화 형식과 의미 간의 관련성에 대한 연구가 활발히 진행되었는데, 직접사동과 간접사동의 부호화 방식의 차이에 대한 논의가 그 예이다.

7.2.1. 사동 구조의 부호화 방식

사동 구조는 부호화 형식의 결합 정도에 따라 분석형, 형태형 그리고 어휘형으로 나눌 수 있다.

1) 분석형 사동 구조

사동 구조 중에서 의미, 형태적 결합 정도가 가장 낮은 것이 분석형 사동 구조이다. 분석형 사동 구조의 술어부는 두 개의 독립된 동사로 구성되며, 이들 동사는 각각 하나의 사건을 나타낸다. 이 때 피사동주는 영어 문장 I caused him to go(나는 그를 가게 만들었다)의 him과 같이 일반적으로 사동 동사의 목적어(여격이나 도구격, 일부의 경우 주격으로 나타나기도 함)로 부호화 된다. 만약 결과 동사가 계사일 경우에는 (23), (24)와 같이 생략되는 경우가 많다.

(23) It's the good weather that makes Spain (be) such a popular tourist destination.
좋은 날씨가 스페인을 이렇게 인기 있는 관광지가 될 수 있게 만들었다.

(24) Our teachers make us (be) successful.
우리 선생님들이 우리를 성공하게 만들었다.

중국어의 겸어문도 대표적인 분석형 사동 구조에 해당한다. 겸어라는 명칭에서도 알 수 있듯이 피사동주에 해당되는 성분은 사동 동사의 목적어와 결과 동사의 주어 역할을 겸한다. 그러나 발화시 휴지의 위치로 판단하면, 이를 목적어로 분석해야함이 마땅하다. 피사동주가 목적어라는 것은 把자문으로의 전환에서도 증명된다. 예를 들어 我请他到我家里(나는 그를 우리 집에 오도록 청하였다)의 他는 我把他请到我家里(나는 그를 우리 집에 모셨다)와 같이 把를 사용하여 전치시킬 수 있으며, 이를 통해 피사동주 他는 실제적으로 사동 동사의 목적어임을 알 수 있다. 그리고 사동 구문의 결과 동사는 (25)의 眼泪와 같이 또 다른 주어를 가지기도 한다.

(25) a. 我说得这些人眼泪都流出来了.
내 말로 이 사람들이 모두 눈물을 흘렸다.

b. 我把这些人说得眼泪都流出来了。
　　내 말이 이 사람들을 모두 눈물 나게 만들었다.

영어에서 피사동주는 목적어가 아닌 주어로 부호화되기도 한다. 예를 들어 I caused him to go는 I brought it about that he went(나는 그가 가게 만들었다)라고도 할 수 있는데, 다만 이 문장은 더 이상 사동 구조로 보지 않고 동사가 하나의 목적어절을 가지는 경우로 보는 것이 일반적이다. 이처럼 언어마다 사동 구조와 구분이 어려운 구문들이 존재한다. (26)의 카넬라크라호어의 예를 보자(Popjes & Popjes 1986).

(26)　Capi　te　　　　[i-jõt　　　　　na]　　　i-to
　　　Capi　과거.행위자　1인칭.단수.주어-자다　종속접속사　1인칭.단수.목적어-사동
　　　카피가 나를 잠자게 했다.

na가 이끄는 종속절에서 i(나)는 주어이지만, 주절에서는 사동 동사의 목적어이다. 이는 주절과 종속절의 경계 구분이 복잡한 교차구조가 존재함을 시사한다.

이상에서 사동 구조의 피사동주가 주어 혹은 목적어로 부호화되는 경우를 살펴보았다면, 다음으로 사동사건과 결과사건의 결합 정도를 살펴보도록 한다. 분석형 사동 구조에서 두 개의 사건을 나타내는 동사들은 명확히 분리되어 있고, 이는 분석형으로 분류되는 기준이 된다. 그러나 (27)의 프랑스어와 같이 두 개의 동사가 상당히 긴밀하게 연결되기도 한다.

(27) a. J'ai fait courir Paul.
　　　　나는 이미 폴이 달리게 했다.
　　 b. J'ai demandé à Paul de courir.
　　　　나는 이미 폴이 달리게 요구했다.
　　 c. J'ai demandé à Paul de manger les pommes.
　　　　나는 이미 폴이 사과를 먹도록 요구했다.

프랑스어에서 사동 동사 faire(-게 하다/만들다)로 구성된 사동 구조는 두 개의 술어로 구성된 문장과는 다른 특징을 가진다. 두 개의 술어로 이루어진 문장은 두 술어가 구조적으로 분리되고, 각각 서로 다른 명사를 목적어로 가질 수 있다. (27b)의 동사 demandé

(요구하다)는 전치사 à가 이끄는 간접 목적어 Paul을 가지고 있으며, (27c)의 demandé (요구하다)와 manger(먹다)는 각각 Paul(폴)과 les pommes(사과)를 목적어로 가진다 (Comrie 1989:169). 반면 사동 구조인 (27a)는 사동 동사 faire[16]와 결과 동사인 자동사 courir가 긴밀히 연결되어 그 사이에 다른 명사구가 출현할 수 없다. 이 때 faire와 courir 사이에 위치해야 하는 Paul은 두 동사에 후치되어, faire와 courir가 결합된 사동 구조가 단일한 합성어로서 하나의 목적어를 가지는 형식을 구성한다. 이런 구조적 특징은 다음에서 살펴볼 형태형 사동 구조와 매우 유사하다.

2) 형태형 사동 구조

상술한 프랑스어 사동 동사 faire가 좀 더 문법화된다면 아마도 사동 동사의 접두사가 될 가능성이 높다. 형태형 사동 구조란 일반 동사에 접사와 같은 사동 표지가 더해진 것으로, 두 개의 사건을 나타내는 성분이 형태적으로 결합하여 복합 사건을 나타내는 하나의 동사로 부호화된 것을 말한다. 중국어의 他气得我说不出话(그가 나를 말도 잇지 못하도록 화나게 만들었다/그가 나를 화나게 해서 나는 말도 잇지 못했다)와 같은 구문들도 사동 구조의 한 유형이라 할 수 있다. 이에 대해 陆丙甫, 屈正林(2008)은 해당 구문의 得를 사동 구조를 만들거나 일반 동사를 사동 동사화 시키는 사동 접사라고 하면서, 이렇게 만들어진 사동 구조를 가리켜 파생된 형태 유형이라 지적한 바 있다. 그러나 일반적인 사동 접사의 기능은 결과사건의 주어를 피사동주로 만드는 것인데, 위의 得는 결과사건을 이끄는 역할만 할 뿐이다. 즉, 동사 气는 원래 명사 목적어 我만 가질 수 있지만 得로 인해 결과사건인 说不出话까지 나타내게 된다.

중국어의 결과보어야말로 사동 동사와 결과 동사가 결합된 하나의 합성어로서 분석형 사동 구조에 매우 근접한 형태형 사동 구조이다. 그 중에서도 생산성이 높은 弄死, 弄开, 弄大, 弄坏 등의 弄은 프랑스어의 faire와 마찬가지로 사동 접두사와 유사한 기능을 가진다. 다른 결과보어 형식들도 사동 방식을 나타내는 선행 동사의 어휘 의미가 弄보다는 구체적이지만, 하나의 합성어를 구성할 수 있다는 점에서 형태형 사동 구조라고 보는 것이 합당하다.

두 개의 사건이 더욱 긴밀하게 결합된 사동 구조를 만드는 방법으로 접사의 첨가,

---

[16] fait는 faire의 복합 과거시제 직설법 형식.

모음과 자음의 교체, 중첩, 자음 중복, 모음의 장음화, 성조 변화 등이 있다. 이에 대한 Dixon(2012), 黃成龙(2014)의 논의를 예로 들어 살펴보자. (28)에서 왼쪽은 동사의 기본 형식이고, 오른쪽은 사동 형식이다.

(28) a. 접두사 첨가
　　　gəbba　　　ɑ-gəbba　　(암하라(Amhara)어[17], Amberber 2000)
　　　들어가다　　들어가게 하다
　b. 접미사 첨가
　　　xachíi　　　xachíi-ɑ　　(크로(Crow)어[18], Graczyk 2007)
　　　이동하다　　이동시키다
　c. 중첩
　　　bengok　　be-bengok　(자바(Java)어[19], Suhandano 1994)
　　　소리 지르다　소리 지르게 하다
　d. 자음 중복
　　　xarab　　　xarrab　　(아랍(Arab)어[20], Holes 1990)
　　　망가지다　　망가뜨리다
　e. 모음의 장음화
　　　mar　　　ma:r　　(카슈미르(Kashmiri)어[21], Wali & Koul 1997)
　　　죽다　　　죽게 하다
　f. 내부 변화
　　　tikti　　　tɑ́ɑiktyi　(리투아니아(Lithuania)어[22], Senn 1966)
　　　알맞다　　알맞게 하다

---

[17] [역자 주] 아프리카 에디오피아의 암하라족이 사용하는 언어로 아프로아시아어족에 속하며, 사용 인구는 약 2,100만 명이다.

[18] [역자 주] 미국 몬태나(Montana) 지역의 원주민인 크로족이 사용하는 언어로 수(Siouan)어족에 속하며 사용 인구는 약 3,000명이다.

[19] [역자 주] 인도네시아 자바 섬 지역에서 사용하는 공용어로 오스트로네시아어족에 속하며 사용 인구는 약 9,400만 명이다.

[20] [역자 주] 이집트, 시리아, 레바논, 사우디아라비아, 이라크 등의 아랍 연맹과 소수의 인근 국가에서 사용하는 언어로 아프로아시아어족에 속한다. 사용 인구는 약 2억 9000만에서 4억 2000만 명으로 추정된다.

[21] [역자 주] 인도 북서부의 잠무 카슈미르(Jammu Kashmir) 지역에서 주로 사용하는 언어로 인도유럽어족에 속하며 사용 인구는 약 560만 명이다.

[22] [역자 주] 북유럽 발트 해 연안의 리투아니아와 인근 국가에서 사용하는 언어로 인도유럽어족에 속하며 사용 인구는 약 300만 명이다.

내부 변화를 통해 파생된 사동 동사에는 성조 변화도 포함된다. 예를 들어 중국어의 空은 형용사로 쓰일 때는 1성이지만, 사동 동사로 쓰일 때는 4성이 된다. 이러한 성조 변화는 중국어의 친족 언어인 티베트(Tibet)어[23]에서 자주 사용되는데, 티베트어에서 성조 변화는 성모 변화와 함께 사동 의미를 나타내는 중요한 수단이다(孙宏开 2007:180). 예를 들면 (29)와 같다.

(29) a. 断   tɕhɛ$^{?53}$ tɕɛ$^{?53}$
              부러지다   부러뜨리다
     b. 燃   par^{14} par^{55}
              타다   태우다
     c. 散   tʂam^{14} tʂam^{55}
              분산되다   분산시키다

3) 어휘형 사동 구조

형태형 사동 구조가 한 단계 더 결합되면 어휘형 사동 구조가 될 수 있다. 그러나 어휘형 사동 구조라고해서 모두 형태 결합을 통해 형성되는 것은 아니다. 위에서 언급한 형태형 사동 구조에서 만약 어떤 파생 형식이 더 이상 생산성을 가지지 않고 기본 형식과의 연원 관계도 파악하기 어렵다면, 사람들은 이들을 별개의 단어라고 인식하게 된다. 예를 들어 영어의 사동 동사 lie(눕히다)와 자동사인 lay(눕다)는 모두 고대 영어 lecgan에서 유래했지만, 현재는 서로 관련이 없는 별개의 단어로 여겨지는 것이 일반적이다. 이 때문에 lie는 단순 사동 동사로 분류된다. (30)도 그러한 예이다.

(30) a. die   kill
           죽다   죽이다
     b. go in   put in
           -에 들어가다   -에 들여놓다

---

[23] [역자 주] 중국의 티베트, 칭하이(青海), 쓰촨, 간쑤, 윈난 지역과 인도, 부탄, 네팔 등지에서 사용하는 언어로 중국티베트어족에 속하며 사용 인구는 약 615만 명이다.

반면 (31), (32)와 같이 타동(사동) 용법과 자동 용법을 겸하는 동사들도 다수 존재한다.

(31) a. The car accelerated smoothly away.
그 차는 부드럽게 속도를 높였다.
b. He accelerated the car.
그는 차를 가속시켰다.

(32) a. Fat tends to accumulate around the hips and thighs.
지방은 엉덩이와 허벅지에 축적되기 쉽다.
b. The fat was accumulated during these ten years.
그 지방은 최근 10년 동안 쌓였다.
c. The cow have accumulated so much fat over the years.
그 소는 10년 이상 많은 지방을 쌓아왔다.

동사 accelerate는 (31a)에서는 자동사로 쓰이며, (31b)에서는 타동사로 쓰인다. 그리고 (32a)의 accumulate는 자동사이지만, (32b)에서는 수동 용법으로 쓰이면서 (32c)와 마찬가지로 타동사 용법을 가진다. 이러한 현상 또한 영파생이라 할 수 있으며, 중국어의 眼界开阔了(견문이 넓어지다)/开阔了眼界(견문을 넓히다)와 思想解放了(생각이 자유로워지다)/解放了思想(생각을 자유롭게 하다) 등도 그 예이다.

상술한 사동 구조의 3가지 부호화 방식은 두 사건 간의 의미적 거리와 밀접한 관련이 있다. 일반적으로 사건 간의 의미 거리가 가까우면 어휘형 사동 구조로 부호화되는 경향이 강하다. 즉, 어휘형 사동 구조를 구성하는 두 개의 사건은 인지적으로 하나의 사건으로 병합되어 인식된다. 예를 들어 영어의 kill은 죽이고 죽는 것이 결합된 하나의 사건을 나타내기 때문에 he killed her, but she didn't die(그는 그녀를 죽였지만, 그녀는 죽지 않았다)라고 할 수 없다. 반면 분석형 사동 구조인 to make somebody to die(누군가를 죽게 만들다)의 make는 그 행위가 시작되고 상대방이 죽기까지 일정 시간이 소요될 수도 있고, 그 결과가 실패로 끝날 가능성도 있다. 중국어의 杀死도 분석형과 어휘형의 중간 단계에 있는 일종의 형태형 합성어라고 할 수 있으며, 이 때 두 사건 간의 의미 거리 역시 분석형 사동 구조와 어휘형 사동 구조의 중간 정도이다.

(33)　　어휘형　　　　　형태형　　　　　분석형
　　　　←─────────────────────→
　　　　결합도 높음　　　　　　　결합도 낮음

영어에서 별도의 노력(with effort)이 필요한 사동 행위는 주로 make 등으로 구성된 분석형 사동 구조를 통해 실현된다. (34a), (34c)의 어휘형 사동 구조에 비해 (34b), (34d)의 make로 구성된 사동 구조는 유정성이 높은 피사동주가 원하지 않음(unwilling)을 나타내고, 사동주가 결과사건을 발생시키기 위해 별도의 노력을 가한다는 두 가지 의미를 가진다(Dixon 2010).

(34) a. Tom melted a lot of gold.
　　　　톰은 많은 금을 녹였다.
　　 b. Tom made a lot of gold melt.
　　　　톰은 많은 금을 녹게 만들었다.
　　 c. She walked me to the front gate.
　　　　그녀는 나를 출입문 앞까지 걷게 했다.
　　 d. She made me walk to the front gate.
　　　　그녀는 나를 출입문 앞까지 걷게 만들었다.

7.2.2. 사동 구조 부호화 선택의 기타 기능적 요소

사동 구조에서 두 동사의 결합 방식은 각각의 동사가 나타내는 사건 간의 의미 거리 외에 전체 사건에 대한 사동주의 통제력(control)과도 관련이 있다. 일반적으로 사동주의 통제력이 강할수록 결과사건은 직접적으로 발생한다. 이를 통해 사동사건과 결과사건 간의 의미 거리는 줄어들게 되므로, 각각의 사건을 나타내는 두 개의 동사성 성분은 구조적으로 더 긴밀하게 결합된다.

사동주의 통제력은 피사동주의 결과사건에 대한 통제력과는 반비례 관계를 가진다. 예를 들어 (35)의 미스텍(Mixtec)어[24]에는 두 종류의 사동 표지가 존재하는데, 일반적으

---

[24] [역자 주] 멕시코의 오아하카, 푸에블라(Puebla), 게레로(Guerrero) 지역의 미스텍족이 사용하는 언어로 오토망게(Oto-Manguear)어족에 속하며 사용 인구는 약 48만 명이다.

로 피사동주의 통제력이 그 선택 기준이 된다(Hinton 1982:354-355, Song 2001:278-279 에서 재인용).

(35) a. s-kée
        사동접두사-먹다
    (음식을) 먹이다
  b. sáʔà   hà   nà   kee
       사동   명사화소   기원   먹다
    (음식을) 먹게 하다

(35a)의 접두사 s-는 '아이에게 음식을 먹이다(아이가 음식을 먹음)'와 같이 피사동주의 통제력이 낮거나 없는 경우에 사용되고, (35b)의 사동 동사 sáʔà는 '아이에게 음식을 먹도록 요구하다(아이가 음식을 먹지 않을 수 있음)'와 같이 피사동주가 일정 정도의 통제력을 가지고 있는 경우에 사용된다. 이때 피사동주가 음식을 먹을지 여부에서 비교적 높은 통제력과 선택권을 가지고 있다는 것은 상대적으로 사동주의 결과사건에 대한 통제력이 약하다는 것을 의미한다.

피사동주의 통제력(control) 혹은 의지(volition)는 격 표지 선택에서도 중요한 작용을 한다. 일반적으로 피사동주의 통제력과 통사적으로 실현되는 성분 간에는 (36)과 같은 등급이 존재한다.

(36) 직접 목적어(대격) < 간접 목적어(여격) < 부가어(도구격 등 포함)

(36)은 결과사건에 대한 피사동주의 통제력이 강할수록 등급의 오른쪽 형태로 부호화될 가능성이 높다는 것을 나타낸다. Comrie(1989:175-177)는 터키어를 예로 들어 이와 같은 현상에 대해 분석한 바 있다. 비슷한 예로 (37)의 케추아어를 살펴보자(Cole 1983).

(37) a. nuqa   Fan-ta   rumi-ta   apa-či-ni
     1인칭.단수.행위자 후안-대격   바위-대격   나르다-사동-1인칭.단수.행위자
    나는 후안을 바위를 나르게 했다(후안은 옮기고 싶지 않았음).
  b. nuqa   Fan-wan   rumi-ta   apa-či-ni
     1인칭.단수.행위자 후안-도구격 바위-대격   나르다-사동-1인칭.단수.행위자
    나는 후안으로 (하여금) 바위를 나르게 했다(후안은 내 요구에 자발적으로 응함).

(37a)의 피사동주 Fan(후안)은 대격 표지 -ta를 사용하고 있는데, 이 때 피사동주에게 있어서 바위를 나르는 행위는 원하지 않지만 어쩔 수 없이 하게 되는 것이다. 반면 피사동주가 통제력을 가지는 상황, 즉 자발적으로 순종하는 행위를 나타낼 때는 (37b)와 같이 피사동주에 도구격 표지 -wan을 사용한다.

반면 (38)의 스와힐리(Swahili)어[25]는 서로 다른 사동 구조를 통해 피사동주의 통제력 차이를 나타낸다(Vitale 1981:156-157).

(38) a. mwalimu hu-wa-som-esha wanafunzi kurani
    선생님 습관상-3인칭.복수-배우다-사동 학생들 코란
    선생님이 학생들에게 코란을 배우게 한다(학생들이 배우길 원함).
  b. mwalimu hu-wa-lazimisha wanafunzi wa-som-e kurani
    선생님 습관상-3인칭.복수-강요하다 학생들 3인칭.복수-배우다-주어 코란
    선생님이 학생들에게 코란을 배우도록 강요한다(학생들은 배우길 원하지 않음).

(38a)는 동사에 사동 접미사 -esha가 결합된 형태형 사동 구조이고, (38b)는 독립적인 사동 동사 lazimisha(강요하다)로 구성된 분석형 사동 구조이다. 이 두 가지 형식은 피사동주의 통제력 차이를 반영한다. (38a)는 피사동주가 자신의 행동에 통제력을 가지고 사동주의 바람에 자발적으로 따르는 상황을 기술하는 반면, (38b)는 피사동주가 자신의 의도나 의지와는 상관없이 요구받은 행동을 비자발적으로 실행하는 것을 나타낸다.

피사동주의 통제력은 결과사건의 대상 논항이 대격으로 부호화되는지, 도구격으로 부호화되는지에 의해서도 차이가 발생한다. (39)의 러시아어를 통해 살펴보자(Dixon 2010).[26]

(39) a. on na-poi-l menja vinom
    3인칭.단수.남성 접두사-마시다.사동-단수.남성.과거 1인칭.단수.대격 술.도구격.단수
    그가 나를 술로 먹였다(저항하지 않고 마심).

---

[25] [역자 주] 탄자니아, 콩고민주공화국, 케냐 등의 동 아프리카 지역에서 사용하는 언어로 니제르콩고 어족에 속하며 제1언어 사용 인구는 약 1500만 명, 제2언어 사용 인구는 약 5000만~1억 여 명이다.
[26] [역자 주] Dixon(2010)에 의하면 (39)의 예도 형태형 사동 구조와 분석형 사동 구조의 의미 차이를 논한 것으로 (39a)가 비교적 자연스럽게 발생한 결과를 기술하는 반면 (39b)는 강압에 의해 어쩔 수 없이 발생된 상황을 나타낸다고 설명한다. 그러나 본장에서는 피사동주의 통제력은 결과사건의 대상 논항이 어떤 형태 표지로 부호화되는지에 의해서도 차이가 발생한다고 간주한다.

b. on　　　za-stavi-l　　　menja　　　pitj　　　vino
　3인칭.단수.남성　접두사-사동-단수.남성.과거　1인칭.단수.대격　마시다　술.대격.단수
그가 나를 술을 마시게 했다(위협이나 강요에 의해 마심).

(39)는 일부 논항이 가지는 통제력이 전체 사건의 통제력에도 영향을 미칠 수 있음을 보여준다. 이는 관형어의 식별도에 따라 수식을 받는 명사의 식별도가 달라지는 것과 같은 이치라 할 수 있다(陆丙甫 2005a, 2005b).

7.3. 소결

소유 구조와 사동 구조는 현대유형론 연구에서 가장 많이 논의된 영역이다. 많은 언어에서 소유와 사동 범주에 대한 부호화 기제는 다양하게 나타나고 있는데, 그렇다면 다양한 언어 표본 중에서 언어 보편성은 어떻게 찾을 것인가? 이에 대해 유형론 학자들은 부호화 기제와 의미의 관련성에서 괄목할 만한 연구 성과를 이루었다. 전형적인 소유 범주는 양도 가능한 소유 관계와 양도 불가한 소유 관계로 나눌 수 있는데, 양도 가능한 소유 관계를 나타내는 구조가 그렇지 않은 것에 비해 복잡한 형태를 가진다. 형식적인 면에서도 명시적 소유 표지는 항상 양도 가능을 나타내는 소유 구조에서 나타난다. 사동 범주 역시 이와 유사한 특징을 가진다. 직접사동과 간접사동의 대립에서 직접사동의 부호화 형식이 항상 간접사동보다 단순하며, 간접사동을 나타내는 형식이 직접사동을 나타내는 형식보다 높은 생산성을 가진다. 이렇듯 언어 형식의 부호화 기제와 의미 사이의 관련성은 언어 현상을 고찰하는데 매우 중요한 기준이 된다.

언어 형식과 개념 또는 사건 간에 존재하는 도상성은 점진적으로 드러난다. 의미지도 모델을 통해 사동 구조의 생산성을 논의한 Shibatani & Pardeshi(2002)의 지적대로 언어 형식과 기능 역시 연속적이고 점진적으로 발전, 변화하고 있다.

■ 참고문헌

Aikhenvald, A. Y., 1998, Warekena, In *Handbook of Amazonian Languages* vol.4, Berlin: Mouton de Gruyter, pp.225-439.

Aikhenvald, A. Y., 2000, *Classifiers: A Typology of Noun Categorization Device*, Oxford: Oxford University Press.

Aikhenvald, A. Y., 2000, Transitivity in Tariana, In *Changing Valency: Case Studies in Transitivity,* Cambridge: Cambridge University Press, pp.145-172.

Amberber, M., 2000, Valency-Changing and Valency-Encoding Devices in Amharic, In *Changing Valency: Case Studies in Transitivity,* Cambridge: Cambridge University Press, pp.312-332.

Boas. F. (ed.) 1911, *Handbook of American Indian Language* vol.1 (Smithsonian Institution, Bureau of American Ethnology, Bulletin 40), Washington, DC: US Government Printing Office.

Boas. F. and E. Deloria, 1941, *Dakota Grammar*, Washington, DC: US Government Printing Office.

Cole, P., 1983, The Grammatical Role of the Cause in Universal Grammar, *International Journal of American Linguistics* 49:115-133.

Comrie, B., 1989, *Language Universals and Linguistic Typology: Syntax and Morphology* (2nd edition), Oxford: Basil Blackwell.

Crapo, R. H. and P. Aitken, 1986, *Bolivian Quechua Reader and Grammar-Dictionary,* Ann Arbor: Karoma.

Dixon, R. M. W., 2010, *Basic Linguistic Theory* vol.2, Oxford: Oxford University Press.

Dixon, R. M. W., 2012, *Basic Linguistic Theory* vol.3, Oxford: Oxford University Press.

Fortescue, M., 1984, *West Greenlandic*, London: Croom Helm.

Graczyk, R., 2007, *A Grammar of Crow*: *Apsáalooke Alilaóau*, Lincoln: University of Nebraska Press.

Hinton, L., 1982, How to Cause in Mixtec, *BLS* 8:354-63.

Holes, C., 1990, *Gulf Arabic*, London: Routledge.

Liddicoat, T., 1993, *Possession in Jersey Norman French* (with Reference to Standard French), Handout for Presentation in Workshop on 'Possession', ANU.

Martin, J. B., 1991, Lexical and Semantic Aspects of Creek Causative, *International Journal of American Linguistic* 57:194-229.

Popjes, J. and J. Popjes, 1986, Canela-Krahô, In *Handbook of Amazonian Languages* vol.1, Berlin: Mouton de Gruyter, pp.128-199.

Rice, K., 1989, *A Grammar of Slave*, Berlin: Mouton de Gruyter.

Senn, A., 1966, *Handbuch der Litauischen Sprache Band 1: Grammatik,* Heidelberg: Winter.

Shibatani, M. and P. Pardeshi, 2002, The Causative Continuum, In M. Shibatani (ed.) *The Grammar of Causation and Interpersonal Manipulation, Typological Studies in Language* 48, Amsterdam: John Benjamins, pp.85-126.

Song, J. J., 2001, *Linguistic Typology: Morphology and Syntax,* Harlow: Pearson Education Limited.

Suhandano, M. A. 1994, Grammatical Relations in Javanese: A Short Description. MA these, ANU.

Thompson, C., 1996, On the Grammar of Body Parts in Koyukon Athabaskan, In *The Grammar of Inalienability: A Typology Perspectives on Body Part Terms and Part-Whole Relation,* Berlin: Mouton de Gruyter, pp.651-676.

Vitale, A. J., 1981, *Swahili Syntax* vol. 5, Walter de Gruyter.

Wali, K. and O. N. Koul, 1997, *Kashmiri: A Congnitive-descriptive Grammar,* London: Routledge.

沈家煊等(译), 2010,『语言共性和语言类型』(中文版), 北京: 北京大学出版社.

戴庆厦, 汪峰, 2014,『语言类型学的基本方法与理论框架』, 北京: 商务印书馆.

黄成龙, 2014,「类型学视野中的致使结构」,『民族语文』5:3-21.

林优娜(Jona Widhagdo Putri), 2008,『印尼语、汉语定语语序之对比研究』, 硕士论文, 北京: 北京语言大学.

陆丙甫, 2005a,「语序优势的认知解释: 论可别度对语序的普遍影响(上)」,『当代语言学』1:1-15.

陆丙甫, 2005b,「语序优势的认知解释: 论可别度对语序的普遍影响(下)」,『当代语言学』2:132-138.

陆丙甫, 2010,「论'整体-部分、多量-少量'优势顺序的普遍性」,『外国语』4:2-15.

陆丙甫, 屈正林, 2008,『Linguistic Typology: Syntax and Morphology(影印本, Jae Jung Song 著)导读』, 北京:北京大学出版社.

孙宏开等, 2007,『中国的语言』, 北京: 商务出版社.

徐阳春, 2008,「也谈人称代词作定语时'的'字的隐现」,『中国语文』1:21-27.

张敏, 1998,『认知语言学与汉语名词短语』, 北京: 中国社会科学出版社.

8장 형태 유형

　유형론 연구사에서 중요한 두 가지 발전이라고 할 수 있는 어순유형론과 형태유형론은 모두 전체론적 유형론(holistic typology)과 관련이 있다. 어순유형론은 1960년대에 발달하기 시작하였으며, 형태유형론은 19세기 초부터 발달하기 시작하여 20세기 초까지 유형론의 주류를 이루었다. 형태 변화의 정도에 따라 언어를 분류하는 방법은 한때 비판을 받기도 하였지만 지금까지도 유형론 연구의 핵심적인 부분이다. 8장은 형태유형론의 발전, 격 표지, 일치 관계, 표지 위치, 기타 형태 유형, 소결의 여섯 부분으로 구성되며 WALS의 관련 내용을 기초로 한다.

8.1. 형태유형론의 발전

　초기의 형태유형론 연구는 형태 변화의 정도에 따라 언어를 고립어, 교착어, 굴절어 세 가지 유형으로 분류하였다. 포합어를 포함하여 네 가지로 분류하기도 하는데 (Schlegel 1808, Humboldt 1836, Sapir 1921, Comrie 1989:42-52 및 1장 참조), 전체 형태 유형의 동질성을 깨뜨릴 수 있다는 점에서 포합어를 포함시키지 않기도 한다. 포합어로 분류되는 추크치어, 에스키모어 등에서 구는 어휘 형태소와 문법 형태소로 나눌 수 있으며 형식 변화가 적기 때문에 교착어에 포함시키기도 한다. 그러나 이러한 이유로 포합어를 형태 유형에서 제외하는 것은 합리적이라고 할 수 없다. 특히 단어가 포함하는 형태소의 수량을 볼 때 포합어는 확실히 고립어와 대립된다. 고립어는 단어가 하나의 형태소만을 포함한다. 반면 전형적인 포합어는 하나의 문장이 하나의 단어로만 구성되며, 단어는 표현하고자 하는 의미에 상응하는 수의 형태소를 포함한다.

한 가지 참조항으로 형태 유형을 분류하는 것보다는 다음의 두 가지 참조항을 사용해야 한다. 하나는 각 단어가 포함하는 형태소의 수로 고립어와 포합어가 대립한다. 다른 하나는 단어 내의 각 형태소를 구분할 수 있는 정도로서 구분하기 쉬운 교착어와 구분할 수 없는 굴절어가 대립한다. 두 가지 참조항은 각각 포합지표와 굴절지표로 부를 수 있다. 포합어는 포합지표가 높고, 교착어는 굴절지표가 낮으며 굴절어는 굴절지표가 높다. 굴절지표는 고립어와는 무관하다.

언어의 형태 유형을 3종류 혹은 4종류로 구분하지만 세계 언어의 대부분은 어느 한 가지 유형으로 확정하기 어려우며 포합지표와 굴절지표에 있어서 양 극단 사이에 위치해 있다. 따라서 형태 유형 연구가 나타내는 것은 불연속적 유형이 아니라 연속적 유형이다. 즉, 각각의 언어는 포합지표와 굴절지표가 한정하는 연속체 상에서 그 위치를 찾을 수 있다.

지표로 형태 유형을 판단하는 방법은 여전히 많은데 예를 들어 Greenberg(1960)는 각 단어의 형태소 수, 교착 정도, 어근/파생/굴절 형태소의 비율, 접두사/접미사의 비율, 어순, 일치(concordial)굴절, 비일치굴절의 사용빈도의 10가지 지표를 제시하였다. 그 중 몇 가지 지표는 이미 단어 내부 형식을 벗어나 통사와 관련된다(Stump & Finkel 2013: 19-20, Nichols *et al.* 2006).

형태 변화의 정도에 따른 분류는 어떤 언어의 형태 구조 유형의 개괄적인 모습을 드러내지만 형태만을 다룰 뿐 다른 참조항 간의 상관성은 살필 수 없다는 한계가 있다. 이를 극복하기 위해 유형론은 전체론적 유형론에서 부분 유형론(partial typology)으로 발전하였으며 점차 참조항 간의 상관성을 밝히는 것을 중시하기 시작하였다. 이는 유형론의 방법론적 발전이며 전통유형론과 현대유형론의 영역을 구분하는 기준이기도 하다. 형태유형론은 문법 관계(grammatical relation)나 관계유형론(relational typology, Plank 1985) 연구에서 새로운 발전을 이루었다. 격 표지, 일치 관계, 표지 위치 및 기타 형태 유형 참조항의 논의에도 문법 관계와 밀접하게 관련된 부분이 많다.

8.2. 격 표지

격 표지(case marking)와 일치 관계(agreement)는 유형론에서 정렬(alignment)이라고

통칭한다. 이 용어는 Plank(1979:3-36)에서 쓰였는데 능격/대격 정렬(ergative/accusative alignment)은 격 표지와 일치 관계를 포괄하였다. WALS에서는 각각 격 표지 정렬(alignment of case marking)과 동사 인칭 표지 정렬(alignment in verbal person marking)이라고 한다. 격 표지 정렬은 명사구와 인칭 대명사의 격 표지를 포함하며 동사 인칭 표지 정렬은 동사에 붙는 인칭 표지를 가리킨다. 좀 더 명료하게 구분하기 위해서 격 표지 정렬을 격 표지라고 하고 동사 인칭 표지 정렬을 동사 일치라고 하며 두 가지를 합쳐서 기본 정렬 체계로 부르기로 한다. 8.2에서는 주로 Comrie(2013a, 2013b)에 근거하여 격 표지에 대하여 소개하고 동사 일치는 8.3에서 소개하기로 한다.

8.2.1. 격 표지의 구별 작용

일반적으로 격을 사용하는 것은 의미역이나 문법 관계와 밀접한 관련이 있다. 예를 들어 방위격은 방위를 나타내는 격이고 탈격은 동작에서 멀어짐을 나타내는 격이다. 주격은 주어를 나타내는 격이고 목적격은 직접 목적어를 나타내는 격이다. 주격은 행위자와 관련되고 목적격은 수동자와 관련된다. 형식과 의미, 기능의 관계가 성립되면 형식은 그 의미와 기능을 명시하거나 구별하는 역할을 한다.

격 표지의 직접적인 기능은 명사성 성분의 문법과 의미 지위를 명시하는 것이다. 그중 가장 중요한 작용은 명사성 논항과 동사의 관계를 변별하는 것이다(8.2.2와 4장 참조). 또한 격 표지는 각각의 명사성 논항의 역할과 지위를 구분한다. SOV, OSV, VSO, VOS 어순의 언어에서 핵심 논항을 구분하는 격 표지가 특히 중요하다. 이러한 언어에서 핵심 논항 S와 O는 모두 동사 V의 왼쪽에 위치하거나 오른쪽에 위치하기 때문에 명시적 표지가 없으면 행위자와 수동자를 구별할 수 없기 때문이다. Comrie(1989:127)가 언급하였듯이 격 표지의 기능은 행위자와 수동자를 구분하는 것이다. Greenberg(1963)의 보편성 41도 이와 밀접한 관련이 있다.

(1) 어떤 언어에서 동사가 명사성 주어와 목적어에 후치하는 것이 우세 어순이라면 이 언어는 대부분 격 체계를 갖추고 있다.

SOV 언어를 예로 들면 행위자와 수동자가 모두 동사에 전치하기 때문에 격 표지를 써서 구분하지 않으면 행위자와 수동자의 관계를 파악하기가 어렵다. 주어와 목적어의 유정성이 비슷하거나 주어의 유정성이 목적어보다 낮으면 더욱 그렇다. SOV 언어에 격 표지가 필요한 것은 다른 관련 연구에서도 확인할 수 있다. Mallinson & Blake(1981)에 따르면 100가지 표본 언어 중 SOV 언어가 41개인데 그 중 격 표지 언어가 34개이다(Blake 2001:15 참조). Siewierska(1998)에 의하면 표본 언어 171개 가운데 SOV 언어가 69개인데 격 표지 언어가 49개이다.

8.2.2. 격 표지 체계

명사구와 대명사의 격 표지 유형에는 중립 체계, 주-대격 체계, 능-통격 체계, 3분할 체계, 행위성 체계의 5가지 유형이 있다. 주-대격 체계는 다시 표준과 비표준으로 구분된다. 격 표지를 논의할 때 명사구와 대명사를 구분하는 것은 명사구와 대명사의 격 표지가 다른 언어들이 있기 때문이다. Comrie(2013a, 2013b)는 190개 언어의 명사구 격 표지와 172개 언어의 대명사 격 표지를 조사하여 격 표지 유형별 수량을 파악하였다.

[표 1] 명사구, 대명사의 격 표지 유형

번호	격 표지 체계	명사구	대명사
1	중립 체계	98	79
2	표준 주-대격 체계	46	61
3	비표준 주-대격 체계	6	3
4	능-통격 체계	32	20
5	3분할 체계	4	3
6	행위성-비행위성 체계	4	3
7	기타 유형	0	3
	총계	190	172

각 유형에 대하여 소개하면 다음과 같다.

1) 중립 체계

중립(neutral) 표지 체계는 자동사의 논리주어(S, 이하 주어로 칭함), 타동사의 행위자(A), 타동사의 수동자(P)가 같은 표지를 사용하거나 표지를 사용하지 않는 것을 가리킨다. 예를 들어 중국어 人来了(사람이 왔다), 张三骂了李四(장싼이 리쓰를 꾸짖었다) 두 문장에서 주어 人, 행위자 张三, 수동자 李四는 모두 격 표지가 없다.

2) 주-대격 체계

주-대격(nominative-accusative) 체계는 행위자(A)와 주어(S)가 주격이고 수동자(P)는 대격인 체계를 가리킨다. 다음의 세 가지 유형에서 i, ii는 표준 주-대격 체계이고 iii은 비표준 주-대격 체계이다.

i. 주격은 표지가 없고 대격은 표지가 있는 경우: 많은 언어가 여기에 해당한다. 현대 영어의 인칭 대명사 체계에도 나타난다. 예를 들어 He walks(그가 걷는다) He hit her(그가 그녀를 때렸다)에서 he는 영형식 주격이고 her는 대격이다.

ii. 주격과 대격 모두 표지가 있는 경우: 일본어, 한국어, 라트비아(Latvia)어 등이 해당된다.

iii. 주격은 표지가 있고 대격은 표지가 없는 경우: 이러한 표지 방식을 사용하는 언어는 많지 않다. Dixon(1994:64-65)에 따르면 오모(Omotic)어파[1]의 제이스(Zayse)어[2], 아프로아시아(Afro-Asiatic)어족에 속하는 베르베르어파의 언어와 쿠시(Cushitic)어파[3]의 일부 언어가 해당된다. (2)는 쿠시어파에 속하는 하라르 오로모(Harar Oromo)어[4]의 예이다.

(2) 하라르 오로모어(Owens 1985:101, 251)
   a. sárée-n adíi-n   ní   iyyi-t-i
       개-주격   흰색-주격 초점 짖다-여성-비완료상
    저 흰 개가 짖고 있다.
   b. haat-tíi   okkóttée goot-t-i
       어머니-주격 솥   짓다-여성-비완료상
    어머니가 밥을 짓고 있다.

---

[1] [역자 주] 에티오피아(Ethiopia) 남서부 지역에서 사용되는 언어로 아프로아시아어족에 속한다.

[2] [역자 주] 에티오피아 남서부 지역에서 사용되며 오모어파에 속한다. 사용 인구는 2007년 기준 19,000명 정도이다.

[3] [역자 주] 아프리카의 뿔 지역인 소말리아, 에리트레아, 지부티, 에티오피아와 나일강 유역의 수단과 이집트, 아프리카 대호수 지역의 탄자니아, 케냐에서 주로 사용하며 아프로아시아어족에 속한다.

[4] [역자 주] 에티오피아의 오로모족이 사용하는 언어로 사용 인구는 3,460만 명 정도이며, 케냐 북부와 동부에서도 약 50만 명이 사용한다.

(2)에서 주어(S)와 행위자(A)는 주격 표지를 취하고 수동자(P)는 대격 표지가 없다. 이는 표준 체계와 반대이며(Handschuh 2014 참조), 이러한 격 표지 체계를 지니는 언어는 드물다. 일반적으로 목적어가 주어보다 표지를 더 사용하거나 표지 정도가 비슷하며 주어에 항상 표지가 사용되는 것은 아니다.

3) 능-통격 체계

어떤 언어에서는 주-대격 체계와 반대로 타동사의 수동자(P)와 자동사의 주어(S)를 같은 격 표지, 즉 통격으로 나타내며 타동사의 행위자(A)는 다른 격 표지 즉 능격(ergative)을 사용한다. 호주의 디르발어가 능격 언어이다.

(3) 디르발어(Dixon 1994:10)
   a. ŋuma   banaga-nʸu
      아버지.통격 돌아오다-비미래
    아버지가 돌아오셨다.
   b. ŋuma   yabu-ŋgu   bura-n
      아버지.통격 어머니-능격 보다-비미래
    어머니가 아버지를 보았다.

능-통격 체계에는 세 가지가 있다.

i. 능격에 표지가 있고 통격에 표지가 없는 경우: 가장 자주 보이는 유형으로 (3)의 디르발어가 해당된다.
ii. 능격과 통격에 모두 표지가 있는 경우: 투캉 베시(Tukang Besi)어[5] 같은 언어에서 나타난다(Donohue 1999:51).
iii. 능격에 표지가 없고 통격에 표지가 있는 경우: Comrie(2013a)에 따르면 이러한 표지 체계는 니아스(Nias)어에서만 나타난다.

---

[5] [역자 주] 인도네시아 술라웨시(Sulawesi) 동남부 투캉 베시 섬에서 사용하는 언어로 사용 인구는 약 25만 명 정도이다.

능-통격 언어의 보편적인 표지 체계는 능격 성분이 통격 성분에 비하여 표지를 더 취하는 것으로, 통격 성분은 항상 표지가 사용되는 것은 아니다.

4) 3분할 체계

3분할(tripartite)은 행위자(A), 주어(S), 수동자(P)에 서로 다른 표지 방식을 사용하는 것으로, 와론고(Warrongo)어[6], 힌디어 등이 해당된다.

  (4) 힌디어(Comrie 2013a)
     a. laRkaa kal aay-aa
        남자아이 어제 오다.부정과거완성형-단수.남성
        저 남자아이가 어제 왔다.
     b. laRke   ne   laRkii ko   dekh-aa
        남자아이.사격 능격 여자아이 대격 보다-단수.남성
        저 남자아이가 저 여자아이를 보았다.

(4a)에서 주어(laRkaa)에는 표지가 없고 (4b)에서 행위자(laRke)는 후치사 ne를 썼고 수동자(laRkii)는 대격 후치사 ko를 사용하였다.

5) 행위성-비행위성 체계

행위성-비행위성(active-inactive) 체계에서 주어(S)는 행위성 정도에 따라 Sa, Sp 두 종류로 나뉜다. Sa의 표지는 행위자(A)와 일치하며, Sp의 표지는 수동자(P)와 일치한다. Sa는 행위성, Sp는 비행위성에 해당한다(Klimov 1973, 1974와 Comrie 2013a 참조).

Dixon의 용어 체계에서 주어(S)는 분열 S(split-S)와 유동 S(fluid-S)로 구분된다. 분열 S는 주어(S)가 분명하게 Sa, Sp로 구분되는 것을 가리킨다. 유동 S는 Sa와 Sp 사이에 교집합이 존재한다. 교집합의 주어(S)는 구체적인 언어 환경에 따라 Sa나 Sp가 된다. [그림 1]은 두 가지 상황을 도식화한 것이다(Dixon 1994:72,79를 약간 수정함)

---

[6] [역자 주] 호주 원주민 언어의 하나로 퀸즈랜드 타운스빌(Townsville)에 사는 와론고(Warrongo) 사람들이 사용하였다. 이 언어의 마지막 모어 화자인 알프 파머(Alf Palmer)는 1981년 사망하였다.

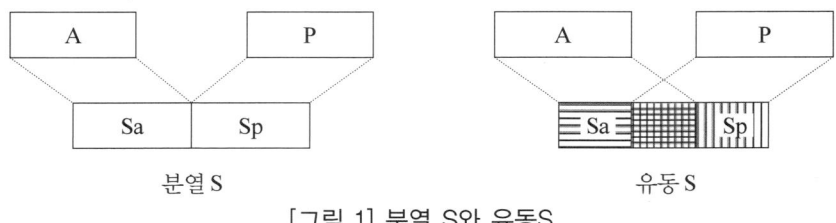

[그림 1] 분열 S와 유동S

왼쪽의 분열 S체계에서 Sa와 Sp는 S 전체를 구성하고 오른쪽의 유동 S체계에서 Sa와 Sp 사이에는 교차하는 부분이 있다. 이 부분이 유동의 범위에 해당하며 구체적인 언어 상황에 따라 Sa나 Sp가 된다. Dixon(1994:73-80)에 의하면 분열 S 언어가 비교적 넓게 분포하며 유동 S 언어도 존재한다. 티베트어의 라싸 구어가 유동 S 언어에 속한다. 예를 들어 '나는 라싸에 갔다'라는 문장에서 '나'는 표지가 Sa가 되면 '내가 일부러 라싸에 간다'를 나타내고 Sp가 되면 자의가 아닌 상황을 나타내어 '내가 라싸에 끌려간다'를 의미한다(Chang & Chang 1980:21).

8.3. 일치 관계

8.3.1. 명사, 대명사와 동사

8.2에서 명사, 대명사의 표지 체계에 대하여 살펴보았는데 8.3에서는 동사의 인칭 표지 정렬(alignment of verbal person marking) 즉 동사에 부가하는 인칭 범주의 부호화 체계를 다룬다. 전통형태론 연구에서도 명사, 동사의 형태 구분을 중시하였다. 명사, 대명사, 형용사의 굴절 변화를 격 변화(declension)라고 하며 동사의 굴절 변화를 동사의 활용(conjugation)이라고 한다. 언어유형론에서도 이러한 구분이 갖는 의의를 중시한다. Nichols(1986, 1992)는 명사, 대명사의 격 표지는 의존어 표지이고 동사 일치는 핵심어 표지라고 하였다(8.4 참조). 그러나 격 표지와 동사 정렬은 본질적으로 같은 문법 관계 표지이며 표지 위치만 다를 뿐이다. 격 표지는 명사, 대명사 표지이고 동사 정렬은 동사에 붙는 표지이다.

8.3.2. 일치 유형

동사의 인칭 정렬에는 중립, 대격, 능격, 행위, 등급, 분열 등의 체계가 있다(Siewierska 2013). 중립, 대격, 능격, 행위는 명사, 대명사의 격 표지 체계와 비슷하다. 중립은 동사에 인칭 표지가 없는 것을 말한다. 대격은 행위자(A)와 주어(S)가 동일한 표지로 동사와 일치 관계를 나타내고 수동자(P)는 다른 표지를 쓰는 것을 가리킨다. 능격은 주어(S)와 수동자(P)가 동일한 표지로 동사와 일치 관계를 나타내고 행위자(A)는 다른 표지를 쓰는 것을 나타낸다. 행위는 주어(S)가 Sa, Sp 두 가지로 나뉘는데 Sa는 행위자(A)와 동일한 표지를 써서 동사와 일치 관계를 나타내는 경향이 있고 Sp는 수동자(P)와 동일한 표지를 써서 동사와 일치 관계를 나타내는 경향이 있다. Siewierska(2013)는 380개의 언어를 고찰하여 동사의 일치 관계를 [표 2]와 같이 분석하였다.

[표 2] 동사의 일치 관계 유형

번호	유형	수량
1	중립	84
2	대격	212
3	능격	19
4	행위	26
5	등급	11
6	분열	28
총계		380

Siewierska(2013)에 근거하여 능격, 행위, 분열, 등급 네 종류의 동사 일치 관계를 살펴보면 다음과 같다.

1) 능격 체계

동사의 능격 정렬(ergative alignment)은 주어(S)와 수동자(P)가 동일한 표지로 동사와 일치 관계를 나타내고 행위자(A)는 다른 표지를 사용하는 것을 나타낸다. 주어(S)와 수동자(P)의 표지는 자주 생략되기도 한다. (5)의 콘조(Konjo)어[7]의 예에서 na는 능격 성분(A)의 단독 표지이고 i는 통격 성분(S, P)의 공통 표지이다.

(5) 콘조어(Friberg 1996:140-141)
 a. na-peppe'-i   Amir   asung-ku
    3인칭.행위자-때리다-3인칭.수동자 아미르 개-1인칭
    아미르가 나의 개를 때렸다.
 b. a'-lampa-i   Amir
    자동-떠나다-3인칭.주어 아미르
    아미르는 떠난다.

2) 행위 체계

코아사티(Koasati)어[8]의 예에서 1인칭 단수 표지 -li는 (6a)에서는 행위자(A)를 나타내고 (6b)에서는 주어(S)를 나타낸다. 1인칭 단수 표지 ca-는 (6c)에서는 수동자(P)를 나타내고 (6d)에서는 주어(S)를 나타낸다. 이것이 동사의 행위(active) 일치 관계이다.

(6) 코아사티어(Kimball 1991:189, 204, 120, 118)
 a. okolcá hóhca-li-halpí:s
    우물   파다-1인칭단수.행위자-능력
    나는 우물을 팔 줄 안다.
 b. tálwa-li-mp
    노래하다-1인칭단수.주어-전해들음
    그는 내가 노래하고 있다고 한다.
 c. ca-pa:-batápli-t
    1인칭단수.수동자-처격-때리다-과거시제
    그가 내 등을 때렸다.
 d. ca-o:w-ílli-laho-V
    1인칭단수.주어-처격-죽다-비실재-구말표지
    나는 빠져 죽을지 모른다.

---

[7] [역자 주] 인도네시아 술라웨시(Sulawesi)에서 사용하는 언어로 산악 콘조어와 해안 콘조어는 약 75%의 어휘적 유사성을 지니고 있다.

[8] [역자 주] 무스코기(Muskogee)어파에서 기원한 미국 원주민 언어로 루이지애나의 엘튼(Elton)에 거주하는 쿠샤타(Coushatta) 사람들이 사용하는 언어이다.

3) 분열 체계

분열 정렬(split alignment)은 동사 일치 방식이 단일하지 않고 대격, 능격, 중립, 행위, 등급 중에서 두 가지 이상이 있는 것을 가리키며 그 중에서 적어도 하나는 중립이 아니다. 분열을 제약하는 요인에는 여러 가지가 있는데 주로 인칭, 시제, 상 등이 포함된다. 인칭의 경우 1인칭, 2인칭의 동사 일치 체계가 3인칭과 대조를 이루는 것이 보편적이다. 예를 들어 아무샤(Amuesha)어,[9] 코아사티어, 틀링기트(Tlingit)어,[10] 위치타(Wichita)어[11] 등과 같이 1, 2인칭이 행위 일치인 언어에서는 3인칭은 대부분 중립 일치가 된다. 트루마이(Trumai)어[12]와 같은 일부 언어에서는 3인칭은 능격 일치가 되고 1인칭과 2인칭은 중립 일치를 이룬다.

4) 등급 체계

등급 정렬(hierarchy alignment)은 행위자(A)와 수동자(P)의 표지 체계가 지시, 존재성(ontological) 등급과 긴밀히 연관된 것을 가리킨다. 등급이 높은 경우 특수한 형태 표지가 있고 등급이 낮으면 없다. 예를 들어 크리(Cree)어[13]의 인칭 표지 등급은 2인칭>1인칭>3인칭으로 나타는데 이 언어의 2인칭은 그것의 통사 기능이 행위자(A)이든 수동자(P)이든 항상 동사에 접두사 ki-를 붙여 나타낸다.

(7) 크리어(Siewierska 2013)
    a. ki-wāpam-i-n
       2인칭.행위자-보다-직접목적어-1인칭.수동자
    네가 나를 보았다.

---

[9] [역자 주] 페루(Peru) 중앙 및 동부 파스코(Pasco) 지역의 아무샤(Amuesha)인이 사용하는 언어로 사용 인구는 2000년 기준 약 9,800명이다.

[10] [역자 주] 알래스카 남동부와 캐나다 서부의 틀링키트(Tlingit)인이 사용하는 언어이며 사용 인구는 2007년 기준 약 500명 정도이다.

[11] [역자 주] 미국 오클라호마의 위치타(Wichita)족이 사용했던 언어로, 마지막 유창한 화자인 도리스 라마르-맥레모어(Doris Lamar-McLemore)가 2016년 사망하였다.

[12] [역자 주] 브라질의 멸종 위기에 처한 언어로, 2006년 기준 51명의 화자가 이 언어를 사용한다.

[13] [역자 주] 캐나다 노스웨스트 준주(Northwest Territories)와 알버타(Alberta)에서 라브라도(Labrador)에 걸쳐 사용되며 사용 인구는 약 12만 명이다.

b. ki-wāpam-iti-n
2인칭.수동자-보다-역순-1인칭.행위자
내가 너를 보았다.

c. ki-wāpam-ikw-ak
2인칭.수동자-보다-역순-3인칭.복수.행위자
그들이 너를 보았다.

8.2와 8.3의 내용을 종합하면, [표 3]과 같이 정렬에는 명사구와 대명사의 격 표지, 동사의 인칭 표지 두 가지 종류가 있다.

[표 3] 명사, 대명사, 동사의 정렬 체계

(대명사의) 격 표지	(명사의) 격 표지	(동사의 인칭) 일치
능격 ergative(A/SP)	능격	능격
행위 active(ASa/SpP)	행위	행위
3분할 tripartite(A/S/P)	3분할	/
대격 accusative(AS/P)	대격	대격
중립 neutral	중립	중립
		등급 hierarchy
		분열 split

8.4. 표지 위치

일반적으로 격 표지는 명사, 대명사에 부가되고 일치 관계는 동사에 나타난다. 동사를 문장의 핵심어로 보고 명사와 대명사를 의존어로 본다면 격 표지는 의존어 표지(dependent-marking)이고 일치 관계는 핵심어 표지(head-marking)이다. 8.4는 Comrie(1989:52-54)와 Nichols(1986, 1992), Nichols & Bickel(2013a, 2013b, 2013c)에 기초한다.

8.4.1. 핵심어/의존어 표지와 표지 위치

Nichols(1986, 1992)에 따라 핵심어 표지와 의존어 표지를 기준으로 하면 문법 관계의 표지 위치는 네 가지 유형이 가능하다.

    (8) i. 핵심어 표지
       ii. 의존어 표지
       iii. 핵심어, 의존어 모두 표지
       iv. 핵심어, 의존어 모두 무표지

핵심어 표지는 지표(index)라고도 하며 구조 내에서 성분 간의 관계를 명시하는 표지를 핵심어가 담당하는 것을 가리킨다. 즉, 동사구의 동사, 명사구의 명사, 전치사구의 전치사에 명시적 표지가 붙는다. (9)의 헝가리어의 예에서 명사구의 소유 관계를 나타내는 명시적 표지는 핵심 명사에 붙는다.

    (9) 헝가리어(Comrie 1989:53)
       az   ember   ház-a
       이   남자   집-그의
       이 남자의 집

의존어 표지는 표식(flagging)이라고도 한다. 영어 the man's house(그 남자의 집)는 소유 관계 표지가 소유주인 man에 붙어 의존어 표지가 쓰인다. 한편 표지가 없을 수도 있다. 하루아이(Haruai)어[14]의 nö(남자), ram(집) 등이 그 예이다. 또는 (10)의 터키어처럼 핵심어, 의존어에 모두 표지가 쓰이는 언어도 있다.

    (10) 터키어(Comrie 1989:53)
       Adam-ın   ev-i
       남자-소유격   집-그의
       그 남자의 집

어떤 언어는 구조에 따라 핵심어 표지와 의존어 표지가 서로 다른 정도로 사용된다. 예를 들어 인도유럽어족의 언어는 기본적으로 의존어 표지를 사용한다. 그러나 동사에

---

[14] [역자 주] 파푸아뉴기니 마당 지역에서 사용하는 언어로 사용 인구는 2000년 기준 약 2,000명이다.

주어의 인칭, 수 정보가 포함되기 때문에 동사 핵심어 표지의 특징이 나타나기도 한다. 주어의 격 표지는 주어에 포함되므로 의존어 표지이다. (11)의 라틴어의 예가 해당된다.

(11) 라틴어(Comrie 1989:53)
    Puer   puell-as   am-at.
    남자아이-주격   여자아이들-대격 좋아하다-단수
    남자아이가 여자아이들을 좋아한다.

이러한 유형론적 참조항은 핵심어 표지와 의존어 표지의 차이를 보여주며 이러한 표지의 차이가 언어 구조의 다른 특징과 관련된다는 것을 나타낸다. Nichols는 핵심어 표지는 동사가 앞쪽에 위치하는 언어에 많이 출현한다는 점을 발견하였다. 이는 핵심어 표지를 통하여 동사와 논항의 문법 관계를 절의 앞부분에서 나타낼 수 있기 때문으로 해석할 수 있다. 반면 동사가 뒤쪽에 위치하는 언어에서는 핵심어 표지를 사용하면 무표지의 명사구가 먼저 출현하고 동사구가 출현하기 때문에 문법 관계를 인지하는 데에 효율적이지 않다. Nichols & Bickel(2013a, 2013b, 2013c)은 핵심어 표지와 의존어 표지를 표지 위치(locus)로 통칭하였다. 즉, 특정 통사 구조에서 각 성분 간의 관계를 나타내는 형식 표지가 붙는 위치를 가리킨다. 그들의 연구에 따르면 표지 위치는 주로 절, 소유 구조 및 언어 전체 유형의 세 가지 각도에서 고찰할 수 있으며, 이는 8.4.2-8.4.4에서 각각 논의한다.

8.4.2. 절 구조의 표지 위치

절 구조의 표지 위치(locus of marking in the clause)는 절 구조에서 핵심어인 동사와 의존어인 논항 사이의 문법 관계 표지가 붙은 위치를 가리킨다. [표 4]는 236개 언어의 주어, 목적어의 표지 체계를 나타낸다. 그런데 모든 언어가 주어, 목적어의 표지 방식이 동일한 것은 아니다. [표 4]는 주어와 목적어의 표지 방식에 차이가 있는 경우 직접목적어(P)의 표지 방식을, 명사와 대명사의 표지 방식이 동일하지 않은 경우 명사 논항의 표지 방식을 분석한 것이다.

[표 4] 절 구조의 표지 위치

번호	유형	수량
1	(P)핵심어 표지	71
2	(P)의존어 표지	63
3	(P)모두 표지	58
4	(P)무표지	42
5	기타	2
	총계	236

여기에서 핵심어 표지는 동사에 붙는 표지를 가리킨다. 주어와 목적어는 어순으로 판별하며 그 자체에는 표지가 붙지 않는다. 예를 들어 (12)의 akk'aalaa7(남자아이들)과 aab'aj(돌)에는 주어와 목적어 역할을 명시하는 표지가 없으며 주어, 목적어 표지는 모두 동사 k'aq(던지다)에 붙는다.

(12) 추투힐(Tzutujil)어[15](Dayley 1985:75, 282)
 jar akk'aalaa7[16] x-ø-kee-k'aq   aab'aj pa   rwi7 ja   jaay
 저 남자아이들   보문소-3인칭단수-3인칭복수-던지다 돌 -까지 위   저   집
 저 남자아이들이 돌을 지붕 위로 던졌다.

의존어 표지를 사용하는 예로 오스트레일리아에서 사용되는 우라드히(Uradhi)어[17]가 있다. (13)에서 주어 wutpu(노인)와 목적어 uma(땔감)에 모두 통사 기능을 나타내는 표지가 있는데, 목적어의 통격 표지는 영형식이다. 반면 동사 apa(줍다)에는 주어, 목적어와 일치하는 표지가 없다.

---

[15] [역자 주] 과테말라(Guatemala) 아티틀란(Atitlán) 호수 남쪽의 추투힐인이 사용하는 마야 언어이다. 사용 인구는 2002년 기준 약 6만 명이다.
[16] [역자 주] 7은 성문파열음 [ʔ]에 해당한다.
[17] [역자 주] 호주 퀸즈랜드 케이프 요크(Cape York) 반도의 우라드히인이 사용하던 언어로 멸종되었다.

(13) 우라드히어(Crowley 1983:339)
wutpu-ŋku　uma-ø　apa-n
노인-능격　　땔감.통격　줍다-과거시제
저 노인이 땔감을 주웠다.

모두 표지는 의존어 표지와 핵심어 표지를 함께 사용하는 것을 가리킨다. 많은 인도유럽어는 절 구조에서 의존어 표지가 나타나지만 동사에 주어의 인칭과 수 정보가 자주 포함되기 때문에 동사 핵심어 표지의 특징도 나타난다. (14)의 벨하르(Belhare)어[18]에서 kubaŋ(원숭이)와 pitcha(아이)에는 모두 격 표지가 있어 통사 기능을 명시하고 있으며 동사 ten(때리다)에도 접사가 붙어 격 표지가 쓰였다. 따라서 주어와 목적어는 모두 표지를 사용하고 있다.

(14) 벨하르어(Nichols & Bickel 2013a)
kubaŋ-chi-ŋa　pitcha-chi　n-ten-he-chi
원숭이-비단수-능격　아이-비단수.통격　3인칭.비단수.행위자-때리다-과거시제-3인칭.비단수.수동자
저 원숭이들이 저 아이들을 때렸다.

한편 표지가 없는 언어도 있는데 중국어의 절 구조는 핵심 명사나 의존어에 모두 형태 표지가 없다. 예를 들어 张三打了李四(장싼이 리쓰를 때렸다)에서 두 명사 논항 张三(장싼)과 李四(리쓰)는 지칭하는 것 외에는 다른 정보가 없고 동사 打(때리다)에는 상 표지 了 외에는 명사 논항의 정보를 찾을 수가 없다. 그러나 부치사도 표지로 간주한다면 중국어에서 의존어에 부치사가 있는 동사구는 의존어 표지를 사용한 것으로 볼 수 있다.

상술한 논의가 모든 언어를 포괄할 수는 없다. 다른 소수의 표지 위치가 있을 수도 있다. Nichols & Bickel(2013a)의 236개 언어 중에서 2개의 언어가 그러하다.

---

[18] [역자 주] 네팔 동부 히말라야 남쪽 벨하라(Belhara) 언덕에 살고 있는 사람들이 사용하는 언어로 사용 인구는 2011년 기준 약 600명이다.

8.4.3. 소유 구조의 표지 위치

소유 명사구의 표지 위치(locus of marking in possessive noun phrases)에도 핵심어 표지, 의존어 표지, 이중 표지, 무표지 유형이 있다. 소유 구조에서 소유물이 핵심어이고 소유주가 의존어이다. 예를 들어 桌上的书(책상 위의 책)의 桌上(책상 위)은 의존어이고 书(책)는 핵심어이다. Nichols & Bickel(2013b)은 236개 언어를 대상으로 소유주의 표지 위치의 분포를 [표 5]와 같이 귀납하였다.

[표 5] 소유 구조의 표지 위치

번호	유형	수량
1	소유주가 핵심어에 표지	78
2	소유주가 의존어에 표지	98
3	소유주 이중 표지	22
4	소유주 무표지	32
5	기타	6
총계		236

소유주가 핵심어에 표지된 예로 (15)의 아코마(Acoma)어[19]가 있다. 명사 핵심어 gâam'a(집)에 3인칭 단수 정보가 포함되는데 이것이 일종의 핵심어 표지이다.[20]

(15) 아코마어(Miller 1965:177)
　　　S'adyúmə　　gâam'a
　　　1인칭.단수.형제　3인칭.단수.집
　　　내 형제의 집

소유주가 의존어에 표지된 예로는 영어의 the man's house에서 소유 표지가 소유주에 붙어 있는 경우를 들 수 있다. 소유주 이중 표지의 예로는 남부 시에라 미워크(Southern

---

[19] [역자 주] 미국 뉴멕시코에서 사용하는 언어로 케레스(Keres)어파의 서부 지역 방언으로 분류된다.
[20] [역자 주] 소유주 표지는 소유격 표지일 수도 있고 소유주에 관한 인칭, 수, 성 표지 등도 포함한다.

Sierra Miwok)어[21]를 들 수 있다. (16)에서 소유주와 소유물에 모두 소유 표지가 있다.

(16) 남부 시에라 미워크어(Broadbent 1964:133)
cuku-ŋ   hu:ki-ʔ-hy:
개-소유격   꼬리-주격[22]-3인칭.단수

개의 꼬리

무표지의 예로 (17)의 티위(Tiwi)어[23]가 있다.

(17) 티위어(Osborne 1974:74)
j:r:k:pai   tuwaɻa
악어   꼬리

(하나/저) 악어의 꼬리

Nichols & Bickel은 두 가지 유형을 겸하여 부류를 확정하기 어려운 경우는 다루지 않았다. 중국어의 소유 명사구는 소유 표지 的의 출현에 따라 의존어 표지와 무표지가 결정된다. 예를 들어 我的爸爸(나의 아버지)라고도 할 수 있고 我爸爸라고도 할 수 있다. 的가 나중에 출현하였다는 점에서 보면 중국어의 소유 명사구 표지는 무표지에서 의존어 표지로 변화하는 과정을 거쳤다고 할 수 있다. 다만 이 과정은 아직 완성되지 않아 두 가지가 함께 쓰이는 단계에 있다. 한편 *我书와 我的书(나의 책)의 예에서 알 수 있듯이 모든 소유 명사구가 이러한 과정에 있는 것은 아니다. 또한 소유 표지는 的 이외에 之도 있다.

---

[21] [역자 주] 미국 북 캘리포니아의 남부 시에라 미워크의 원주민 언어이다. 이 언어를 구사하는 화자는 1994년 기준 7명밖에 되지 않아 거의 멸종 위기에 있다.

[22] [역자 주] Broadbent(1964:133)에서 ʔ는 주격 표지이며 인칭 대명사의 주격 형태(ʔ-hY)를 통해 소유 형식을 나타내었다.

[23] [역자 주] 호주 북부 해안의 티위(Tiwi) 제도에서 사용하는 원주민 언어로, 사용 인구는 2006년 기준 약 1,700명이다.

8.4.4. 표지 위치의 통합적 유형

표지 위치의 통합적 유형(locus of marking: whole-language typology)은 절 구조와 소유 구조의 표지 위치의 통합적 상황을 가리킨다. Nichols & Bickel(2013c)에 따르면 236개 언어의 분포 상황은 [표 6]과 같다.

[표 6] 표지 위치의 통합적 유형

번호	유형	수량
1	모두 핵심어 표지	47
2	모두 의존어 표지	46
3	모두 이중 표지	16
4	모두 무표지	6
5	불일치 또는 기타	121
총계		236

모두 핵심어 표지는 절 구조와 소유 구조의 표지 위치가 모두 핵심어 표지인 것을 가리킨다. 절 구조 및 소유 구조 참조항의 논의에서 이미 상세히 설명했으므로 각각에 대한 소개는 생략한다.

8.5. 기타 형태 유형

WALS에서 형태 유형과 직접적으로 관련된 참조항은 10여 개 정도 된다. 8.5에서는 유형 비교에 있어 자주 보이는 형태 참조항인 접사와 중첩에 대하여 소개하기로 한다.

8.5.1. 접사

Dryer(2013)는 굴절 형태 중의 접두사(prefix)와 접미사(suffix)를 고찰하여 접사(affix)를 10가지로 귀납하였다.

(18) i. 명사의 격 접사
 ii. 동사의 대명사 주어 접사
 iii. 동사의 시제와 상 접사
 iv. 명사의 복수 접사
 v. 명사의 대명사 소유 접사
 vi. 명사의 한정/비한정 접사
 vii. 동사의 대명사 목적어 접사
 viii. 동사의 부정 접사
 ix. 동사의 의문 접사
 x. 동사의 부사어 종속 성분 접사

Dryer(2013)가 969개의 언어를 고찰한 바에 따르면 접두사, 접미사의 사용 경향은 [표 7]과 같다. 표에 나타난 바와 같이 세계 언어는 접미사를 주로 사용한다. 접미사가 우세한 원인에 대한 분석은 다양하다. 접두사를 사용하면 어근을 식별하기가 어렵다. 반면 접미사를 사용할 경우 이러한 문제가 없다. 어미가 단어 항목을 식별하는 데 크게 영향을 미치지 않기 때문이다. 그러나 범주에 따라 접미사의 사용 경향은 다르게 나타난다. 예를 들어 격 접미사의 경우 접미사를 사용하는 경향이 더욱 두드러지고 접두사는 드물다. 대명사 소유 접사의 경우 접두사와 접미사의 사용 비율이 비슷하다.

[표 7] 접사 유형

번호	유형	수량
1	접사가 없거나 극소수의 굴절 형태 사용	141
2	접미사가 절대적으로 우세	406
3	접미사가 약간 우세	123
4	접두사와 접미사 비슷하게 사용	147
5	접두사가 약간 우세	94
6	접두사가 절대적으로 우세	58
총계		969

접사와 부치사는 후치 표지가 전치 표지에 비해 결합 성분과의 관계가 긴밀하다. 예를 들어 영어에서 의존어 소유 표지인 of와 -s에 대해 of는 전치사로 간주하고 -s는 후치

접사로 간주하는데, 이는 -s가 결합 성분과의 관계가 매우 긴밀하기 때문이다. 고대 중국어의 之는 전치 핵심어 표지이고 현대 중국어의 的는 후치 의존어 표지이다. 的 역시 전치하는 결합 성분과의 관계가 더욱 긴밀하여 접사로 간주한다.

8.5.2. 중첩

중첩은 폭넓게 사용되는 형태 수단이다. 세계 언어는 대체로 중첩을 문법 수단으로 사용하지 않는 경우, 완전 중첩과 부분 중첩을 사용하는 경우, 완전 중첩을 사용하는 경우의 세 가지 유형으로 나눌 수 있다. 완전 중첩(full reduplication)이란 단어 전체, 어간(어근과 접사) 혹은 어근을 중첩하는 것을 가리킨다. 예를 들어 네즈 퍼스(Nez Perce)어[24]는 단어 전체를 중첩하는데, té:mul(우박)을 중첩하면 temulté:mul(진눈깨비)가 된다(Aoki 1963:43). 타갈로그어에서는 어근을 중첩한다. 예를 들어 mag-isip(생각하다)의 어근 isip를 중첩하면 mag-isip-isip(열심히 생각하다)가 된다. 부분 중첩(partial redupliciation)은 방식이 비교적 많은데 자음 중첩이나 모음 연장 등과 같은 불완전 중첩은 모두 부분 중첩에 해당한다. 팡가시난(Pangasinan)어[25]는 [표 8]과 같이 여러 가지 부분 중첩을 통해 명사의 복수 형식을 구성한다(Rubino 2001:540).

[표 8] 팡가시난어의 중첩 방식

중첩 방식	단수	복수
CV-	toó 사람	totóo
-CV-	amigo 친구	amimígo
CVC-	báley 소도시	balbáley
C_1V-	plato 접시	papláto
CVCV-	manók 닭	manómanók
Ce-	duég 물소	deréweg

---

[24] [역자 주] 미국 북서부의 네즈 퍼스(Nez Perce)인이 사용하는 언어로 이 언어를 구사하는 화자는 100명이 되지 않는다.

[25] [역자 주] 필리핀 팡가시난(Pangasinan) 지역에서 사용하는 언어로 필리핀의 주요 언어 중 하나이다.

Rubino(2013)는 368개 언어를 고찰하여 생산적 중첩 형태 수단(productive reduplication)의 유형을 [표 9]와 같이 분류하였다.

[표 9] 중첩 유형

번호	유형	수량
1	완전 혹은 부분 중첩	278
2	완전 중첩	35
3	중첩을 사용하지 않는 경우	55
	총계	368

부분 중첩과 완전 중첩은 함축적 관계가 있을 수 있다. 어떤 언어에서 부분 중첩을 자주 사용한다면 완전 중첩도 종종 사용한다(Moravcsik 1978:328).

중첩에는 특정한 말소리 형식이 없으며 구체적인 중첩 규칙에 따라 정해진다. 어떤 중첩 규칙은 특정한 기능을 갖기도 한다. 예를 들어 年年(해마다)과 人人(사람마다)은 각기 중첩되는 구체적인 말소리는 완전히 다르지만 '-마다'라는 포괄성을 띠는 의미를 공통으로 갖는다. 중첩의 실현 방식은 여러 가지이지만 형식과 기능의 대응 관계를 설명하기 위해서는 중첩을 형태 형식으로 간주할 필요가 있다. 이는 표준중국어의 er-화(儿化)가 구체적으로 실현되는 말소리는 다르지만 동일한 er-화 형태소로 간주하는 것과 같다.

8.6. 소결

8장에서는 형태유형론의 발전을 소개하고 WALS의 형태유형론 성과를 소개하였다. 주로 격 표지와 동사의 일치 관계 두 가지 주요 논제를 포함하여 표지 위치와 기타 형태 유형을 소개하여 형태유형론 연구의 기본 상황과 주요 분야를 살펴보았다. 유형론의 표준적인 연구 방법은 범주 의미에서 시작하여 그것이 여러 언어에서 실현되는 형식을 고찰하는 것이다. 이와 반대로 여러 형태 수단이 의미와 통사에 대해 가지는 제약을 고찰할 수도 있다. 이 두 가지 방법은 각각 장점이 있지만 후자가 유형론의 연구 방법에 있어서 중요한 발전이라고 할 수 있다. 형태-의미, 형태-통사간의 상호 관계를 밝히는 것은 유형론 연구 와 일반 언어 구조 연구에 있어서 주요한 내용이 되었다. 형태유형론에 대한 최근 연구로는 Moravcsik(2013:109-147), Stump & Finkel(2013)을 참조할 수 있으며 유형론적 형태론 연구에 대한 소개는 Haspelmath & Sims(2010), Spencer & Zwicky(1998), Malchukov & Spencer(2009) 등을 참조할 수 있다.

■ 참고문헌

Aoki, H., 1963, Reduplication in Nez Perce, *International Journal of American Linguistics* 29, Chicago: University of Chicago Press, pp.42-44.

Blake, B. J., 2001, *Case* (2nd edition), Cambridge: Cambridge University Press.

Broadbent, S., 1964, *The Southern Sierra Miwok Language*, Berkeley: University of California Press.

Chang, K. and B. S. Chang, 1980, Ergativity in Spoken Tibetan, *Bulletin of the Institute of History and Philology, Academia Sinica* 51.1:15-32. 中译"西藏口语中的动词", 胡坦译, 1983, 载中国社会科学院民族研究所语言室编『民族语文研究情报资料集』(第2集).

Comrie, B., 1989, *Language Universals and Linguistic Typology* (2nd edition), Chicago: University of Chicago Press, 中译本『语言共性和语言类型』, 沈家煊、罗天华译, 陆丙甫校, 2010, 北京: 北京大学出版社.

Comrie, B., 2013a, Alignment of Case Marking of Full Noun Phrases, In M. S. Dryer and M. Haspelmath (eds.) *The World Atlas of Language Structures Online*, Chapter 98, Leipzig: Max Planck Institute for Evolutionary Anthropology.

Comrie, B., 2013b, Alignment of Case Marking of Pronouns, In M. S. Dryer and M. Haspelmath (eds.) *The World Atlas of Languages Structures Online*, Chapter 99, Leipzig: Max Planck Institute for Evolutionary Anthropology.

Crowley, T., 1983, Uradhi, In R. M. W. Dixon and J. Blake (eds.) *Handbook of Australian Languages* 3, Amsterdam: John Benjamins, pp.306-428.

Dayley, J., 1985, *Tzutujil Grammar*, Berkeley: University of California Press.

Dixon, R. M. W., 1994, *Ergativity*, Cambridge: Cambridge University Press.

Donohue, M., 1999, *A Grammar of Tukang Besi*, Berlin: Mouton de Gruyter.

Dryer, M. S., 2013, Prefixing vs. Suffixing in Inflectional Morphology, In M. S. Dryer and M. Haspelmath (eds.) *The World Atlas of Language Structures Online*, Chapter 26, Leipzig: Max Planck Institute for Evolutionary Anthropology.

Dryer, M. S. and M. Haspelmath, 2013, *The World Atlas of Language Structures Online*, Leipzig: Max Planck Institute for Evolutionary Anthropology, http://wals.info.

Friberg, B., 1996, Konjo's Peripatetic Person Markers, In H. Steinhauer (ed.) *Papers in Austronesian Linguistics* 3, Canberra: Australian National University, pp.137-171.

Greenberg, J. H., 1960, A Quantitative Approach to the Morphological Typology of Language, *International Journal of American Linguistics* 26:178-194.

Greenberg, J. H., 1963, Some Universals of Grammar with Particular Reference to the Order of Meaningful Elements, In J. H. Greenberg (ed.) *Universals of Language,* Cambridge, Mass: MIT Press, pp.73-113.

Handschuh, C., 2014, *A Typology of Marked-S Languages,* Berlin: Language Science Press.

Haspelmath, M. and A. D. Sims, 2010, *Understanding Morphology,* London: Hodder Education.

Von Humboldt, W., 1836, *Über die Verschiedenheit des menschlichen Sprachbaues und ihren Einfluss auf die geistige Entwickelung des Menschengeschlechts,* Berlin: F. Dümmler.

Kimball, G., 1991, *Koasati Grammar*, Lincoln: University of Nebraska Press.

Klimov, G. A., 1973, *Očerk obščej teorii ergativnosti* (Outline of a General Theory of Ergativity), Moscow: Nauka.

Klimov, G. A., 1974, On the Character of Languages of Active Typology, *Linguistics* 12:11-26.

Malchukov, A. and A. M. Spencer, 2009, *The Oxford Handbook of Case,* Oxford: Oxford University Press.

Mallinson, G. and B. J. Blake, 1981, *Language Typology: Cross-linguistic Studies in Syntax,* Amsterdam: North Holland.

Miller, W., 1965, *Acoma Grammar and Texts,* Berkeley: University of California Press.

Moravcsik, E. A., 1978, Reduplicative Constructions, In J. H. Greenberg *et al.* (eds.) *Universals of Language,* vol.3: *Word Structure,* Stanford: Stanford University Press, pp.297-334.

Moravcsik, E. A., 2013, *Introducing Language Typology,* Cambridge: Cambridge University Press.

Nichols, J., 1986, Head-Marking and Dependent-Marking Grammar, *Language* 66:56-119.

Nichols, J., 1992, *Linguistic Diversity in Space and Time,* Chicago: University of Chicago Press.

Nichols, J. and B. Bickel, 2013a, Locus of Marking in the Clause, In M. S. Dryer and M. Haspelmath (eds.) *The World Atlas of Language Structures Online,* Chapter 23, Leipzig: Max Planck Institute for Evolutionary Anthropology.

Nichols, J. and B. Bickel, 2013b, Locus of Marking in Possessive Noun Phrases, In M. S. Dryer and M. Haspelmath (eds.) *The World Atlas of Language Structures Online,* Chapter 24, Leipzig: Max Planck Institute for Evolutionary Anthropology.

Nichols, J. and B. Bickel, 2013c, Locus of Marking: Whole-language Typology, In M. S. Dryer and M. Haspelmath (eds.) *The World Atlas of Language Structures Online,* Chapter 25, Leipzig: Max Planck Institute for Evolutionary Anthropology.

Nichols, J., Barnes, J. and D. A. Peterson, 2006, The Robust Bell Curve of Morphological

Complexity, *Linguistic Typology* 10:96-108.
Osborne, C., 1974, *The Tiwi Language,* Canberra: Australian Institute of Aboriginal Studies.
Owens, J., 1985, *A Grammar of Harar Oromo (Northeastern Ethiopia),* Hamburg: Helmut Buske Verlag.
Plank, F., 1979, *Ergativity: Towards a Theory of Grammatical Relations,* London: Academic Press.
Plank, F., 1985, *Relational Typology,* Berlin: Mouton de Gruyter.
Rubino, C., 2001, Pangasinan, In Garry, J. and Rubino, C. (eds.) *Encyclopedia of the World's Languages: Past and Present,* New York: H. W. Wilson Press, pp.539-542.
Rubino, C., 2013, Reduplication, In M. S. Dryer and M. Haspelmath (eds.) *The World Atlas of Language Structures Online,* Chapter 27, Leipzig: Max Planck Institute for Evolutionary Anthropology.
Sapir, E., 1921, *Language: An Introduction to the Study of Speech,* New York: Harcourt, Brace & Co.
Schlegel, F., 1808, *Über die Sprache und Weisheit der Indier: Ein Beitrag zur Begründung der Alterthumskunde,* Heidelberg: Mohr & Zimmer.
Siewierska, A., 1998, Variation in Major Constituent Order: A Global and a European Perspective, In A. Siewierska (ed.) *Constituent Order in the Languages of Europe,* Berlin: Mouton de Gruyter, pp.475-551.
Siewierska, A., 2013, Alignment of Verbal Person Marking, In M. S. Dryer and M. Haspelmath (eds.) *The World Atlas of Language Structures Online,* Chapter 100, Leipzig: Max Planck Institute for Evolutionary Anthropology.
Spencer, A. and A. M. Zwicky, 1998, *The Handbook of Morphology,* Oxford: Blackwell.
Stump, G. and R. A. Finkel, 2013, *Morphological Typology: From Word to Paradigm,* Cambridge: Cambridge University Press.

9장 시제, 상, 양태 유형

　의미 범주의 일종으로서의 시제(tense)는 범언어적으로 존재한다. 그러나 문법 범주로서의 시제, 엄밀히 말하면 문법과 형태적 방식으로 표현되는 시제는 일부 언어에만 나타날 뿐 모든 언어에 존재하는 것은 아니다. 특정 범주의 표현 형식은 언어마다 다르다. 유형론이 연구하고자 하는 것은 동일한 범주에 대한 형식적 보편성과 개별성이다. 그러므로 유형론 연구의 입장에서는 우선 시제를 하나의 의미 범주로서 연구한다. 그런 다음 동일한 의미 범주로서의 시제, 예컨대 과거시제가 여러 언어에서 나타나는 표현 형식과 이들 표현 형식이 대응하는 개념 범주를 비교한다. 따라서 개별 언어에서 시제와 상 등의 범주를 표현하는 특정 방식과 형식을 논의할 수는 있으나, 어떤 언어는 상만 있고 시제는 없다거나, 시제는 있으나 상은 없다는 기존의 관점은 범언어적인 대조와 유형론 연구에서는 받아들여지지 않는다.

　의미 범주로서 시제는 두 가지로 구분된다. 하나는 사건이 발생하는 시간위치이고 다른 하나는 사건이 발생하면서 소비되는 시간인 시간량이다. 일반적으로 여러 언어에서 문법화가 이루어지는 것은 시간위치이다. 시간위치가 시간량보다 더 자주 표현되는데, 문법화된 시간위치는 추상적인 개념이고, 특정 어휘로 표현된 시간위치는 구체적인 시점이다. 그러나 문법화된 시간위치도 비교적 구체적인 시점을 표현할 수 있어서, 언어에 따라 가까운 과거와 먼 과거를 구분하기도 하고, 이틀 전의 과거나 그보다 더 먼 과거를 구분하기도 한다. 그런 경우라도 더 구체적인 시간위치를 나타내기 위해서는 여전히 특정 어휘 형식을 사용해야 한다.

　구체적인 사건의 시간위치를 나타내는 방식을 언어 간 대조, 연구할 때에는 사건이 발생한 시간위치를 기준으로 삼아야 한다. 영어는 동사의 형태 변화로 사건 발생의 시간

위치를 표현하며, 중국어는 어휘나 접사의 형식을 통해 표현한다. 그러나 중요한 것은 언어마다 어떻게 서로 다른 형식을 사용하여 사건이 발생한 시간위치를 정확히 표현하는가이다.

인류가 객관적 실체를 관찰하는 것이 공간적으로 배경과 전경을 인식하는 것이라면, 사건을 관찰하는 것은 시간적으로 배경과 전경을 인식하는 것이다. 시간적으로 배경과 전경을 인식하는 방식은 두 가지가 있다. 한 가지는 사건을 시간축 위에 두고 사건의 시간위치를 관찰하는 것으로 이를 시제라고 한다. 다른 한 가지는 특정 시간위치에서 나타나는 사건의 양상이나 속성을 관찰하는 것으로 이를 상(aspect)이라 한다. 상은 어떤 사건이 발생한 시간에서 사건이 보여주는 상황을 나타낸다. 상은 시제에 비해 더 추상적이므로 시제보다 복잡하다. 시제는 시간축에서의 위치를 통해 사건의 시간을 기술하는 반면, 상은 시간위치에서 사건의 상황을 기술하므로 추상적이다. 또한 상황에 대한 민감도나 관찰하는 시각이 언어마다 다르므로 상에 대한 연구는 난이도가 높다.

시제와 상에 관련되어 또 다른 까다로운 문제는 양태(modality)이다. 시제가 비교적 객관적이라면 상은 주관성이 포함되며 양태는 가장 주관성이 강하다. 언어는 이 세 가지가 한데 얽혀있어 경계가 불분명하다. 따라서 말뭉치 자료에서는 이 세 자질의 머리글자를 이용하여 TAM(Tense-Aspect-Modality)으로 태깅(tagging)한다. 9장은 시제, 상, 양태의 유형에 대해 논의한다.

9.1. 시제 범주 유형

9.1에서는 인류 언어에 사용되는 시제 범주의 유형과 표현 형식의 유형에 대해 논의한다. 논리적으로 사건이 발생한 시간위치는 하나의 단선적인 시간축 위에 표현할 수 있다. Reichenbach(1947)의 방식을 사용하면, 발화시 S와 참조시 R을 이용하여 사건의 시제를 표현할 수 있다. 모든 사건은 특정한 참조시에 나타난다. 我明天去北京(나는 내일 베이징에 간다)이라는 문장에서 발화시는 발화가 이루어지는 현재이며, 참조시는 베이징에 가는 사건이 발생하는 내일이다. 그러므로 발화시인 현재와 참조시인 내일 사이의 관계를 통해 베이징에 간다는 사건의 시간적 속성이 미래임을 확정할

수 있다. 같은 이치로 张三上个星期去了北京(장싼은 지난주에 베이징에 갔다)의 경우, 발화시인 현재와 참조시인 지난 주 사이의 선후 관계를 통해 장싼이 베이징에 갔다는 사건이 과거에 발생하였음을 추론할 수 있다. 이를 [그림 1]의 도식을 통해 설명할 수 있다.

[그림 1] 과거, 현재, 미래의 시간축 배열

[그림 1]처럼 도식화한 시간축에서 시간은 일차원적으로 왼쪽에서 오른쪽으로 진행된다. 현재의 왼쪽은 과거이며, 현재의 오른쪽은 미래이다. 간단해 보이지만 실제로 구체적인 언어 사실을 조사하다보면 언어에 나타나는 시간 표현이 그렇게 간단하지는 않음을 발견하게 된다.

시간을 인지하는 방식은 언어 공동체마다 다르다. 특히 시간위치를 표현하는 문법적 형식에 있어 과거, 현재, 미래와 같은 시간위치는 언어마다 다른 개념화 패턴을 보인다. 어떤 언어는 과거와 비과거라는 2분법적 시제를 사용한다. 즉, 과거를 나타내는 문법적 형태와 현재 및 미래를 나타내는 문법적 형태로 구분된다. 어떤 언어는 미래와 비미래를 구분한다. 이 경우 과거와 현재를 나타내는 문법적 형태와 미래를 나타내는 문법적 형태로 나눈다.

3분법적 시제를 사용하는 언어에서는 현재, 과거, 미래가 모두 문법적으로 동등한 지위에 있으며 각기 다른 문법 형태로 표현된다. 어떤 언어는 과거와 미래 범주에서 시간의 원근을 구분하여 먼 과거시제와 가까운 과거시제, 먼 미래시제와 가까운 미래시제로 나눈다. 예컨대 미얀마의 라왕(Rawang)어[1]는 과거시제를 두 시간 이내의 과거, 두 시간 이상 이전의 과거, 일 년 이내의 과거, 일 년 이상 이전의 과거 등 네 가지 과거 형식으로 구분한다(罗仁地, 潘露莉 2002). 표준중국어는 (1)처럼 주관적인 관점

---

[1] [역자 주] 미얀마와 인도의 눙 라왕(Nung Rawang)족이 사용하는 언어로 중국티베트어족에 속하며 사용 인구는 6천 3백 명이다. 캉쿠(Krangku)어, 키우즈(Kiutze, Qiuze)어, 초파(Ch'opa)어 등으로도 불린다.

에서 가까운 과거시제와 상대적으로 먼 과거시제의 구분이 나타난다.

(1) a. 张三去了北京。
  장싼은 베이징에 갔다.
 b. 张三去过北京。
  장싼은 베이징에 가 본 적이 있다.

모어 화자의 어감에 따르면 (1a)의 사건은 최근에 발생한 일이며 (1b)는 비교적 먼 과거에 발생한 일이다. 가깝고 멀다는 것은 화자의 주관적인 의지에 의해 결정된다. 过와 了가 각각 먼 과거시제, 가까운 과거시제를 나타낸다는 것은 (2), (3)을 통해 증명된다.

(2) a. 张三昨天去过北京, 今天又去北京了。
  장싼은 어제 베이징에 갔었고, 오늘 또 베이징에 갔다.
 b. *张三昨天去了北京, 今天又去过北京了。

(3) a. 上周张三去过北京, 昨天又去北京了。
  지난주에 장싼은 베이징에 갔었고, 어제 또 베이징에 갔다.
 b. *上周张三去了北京, 昨天又去过北京了。

(2b)와 (3b)는 去过北京이 去了北京보다 상대적으로 먼 과거시제를 나타내므로, 먼저 발생한 사건이 나중에 발생한 사건에 선행한다는 시간 순서의 원리에 위배되어 성립하지 않는다(10.3.3 참조).

이로부터 논리적으로 존재 가능한 시제 체계를 [그림 2]와 같이 보일 수 있다.

1분법 시제는 과거시제만 사용하는 경우, 미래시제만 사용하는 경우, 현재시제만 사용하는 경우 등 세 가지 논리적 가능성이 있다. 앞의 두 종류는 존재 가능성이 적으나 세 번째, 즉 언어 공동체가 시간 인지에 있어 현재라는 개념만 인식하고 과거와 미래를 구분하지 않을 가능성은 높은 편이다. 이러한 언어는 현재를 표현하는 형식적 수단만 가질 것이다. 영어나 프랑스어에서 일반 현재시제는 가장 가까운 과거에 발생한 사건, 곧 발생할 사건 및 습관적으로 일어나는 사건을 표현한다. 터키어의 초월시제(Geniş Zaman, wide tense)[2]는 경계가 불분명한 시간(unbounded time)을 나타낸다. 그러나 현재

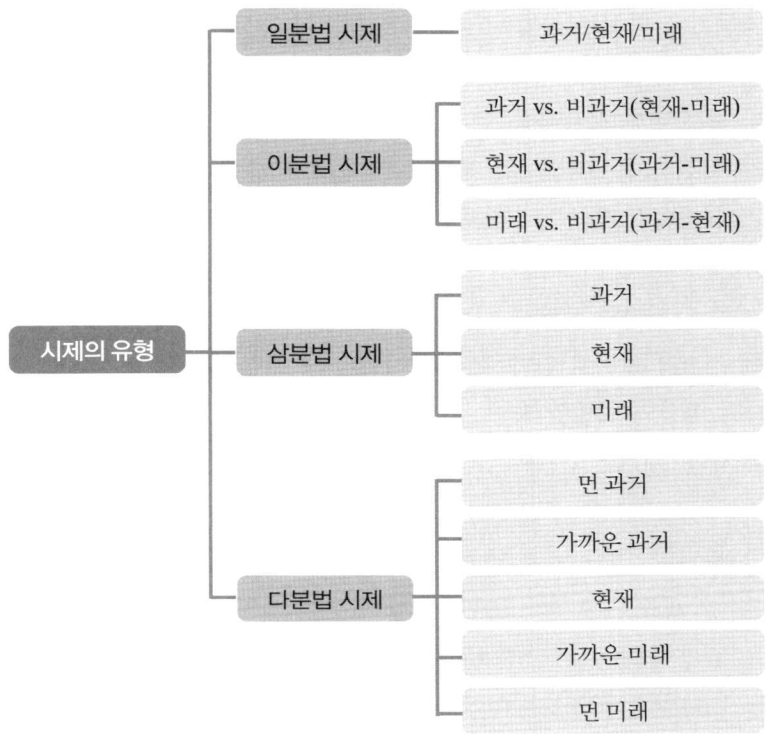

[그림 2] 논리적으로 존재 가능한 시제의 유형

만 있는 1분법 시제의 언어는 논리적 추론일 뿐 아직까지 발견되지 않았다.

현재시제는 기본적인 시제로 과거와 미래에 우선하며, 이는 대부분의 언어에 공통적으로 나타난다. 베네수엘라와 브라질에 분포하는 야노마미(Yanománi)어[3]는 명사구(NP)나 한정사구(DP)가 술어로 사용되면 계사가 시제의 제약을 받는다. 즉, 현재시제는 영형태로 나타나며, 과거시제와 미래시제는 계사 ku를 사용한다. 이와 유사한 현상은 많은 언어들에서 관찰되는데, 표준중국어의 현재시제와 영어의 단순 현재시제(simple present tense)는 모두 동사의 영형식을 사용하는 것으로 간주된다.

2분법적 시제에는 과거-비과거, 현재-비현재, 미래-비미래의 세 가지 논리적 가능성이

---

[2] [역자 주] 터키어에서 습관적으로 반복하는 행위, 변하지 않는 진리, 격언, 속담의 표현을 표현하는 데 사용되는 시제이다. 일상회화에서는 청유형 문장에도 이 시제가 사용된다.

[3] [역자 주] 베네수엘라, 브라질 북서부의 아마존 일대의 야노마미(Yanomami, Yanomamö)족이 사용하는 언어로 사용 인구는 약 2만 명이다.

존재한다. 2분법적 시제는 문법화된 표현 형식이나 형태적 수단으로 표현될 수 있다. 문법화된 형식은 과거, 현재, 미래 범주 중 두 시제가 나머지 한 시제와 다른 형식으로 부호화한다. 현재-비현재의 대립은 매우 드물어서 존재에 의문을 품는 학자도 있고, 이러한 언어를 발견하지 못하였다는 보고도 있다(Declerck 2006, Lindenlaub 2006). 또한 형태소나 기타 형태적 방식으로 현재-비현재의 대립을 나타내는 언어도 아직 발견되지 않았다. 다만 인도의 힌디(Hindi)어[4]는 kal이라는 단어로 어제나 내일을 나타내고 parson이라는 단어로 그저께와 모레를 나타내는 등, 과거와 미래를 동시에 표현할 수 있는 어휘가 있는 것으로 알려져 있다. 그러나 이 언어에 현재와 비현재의 시제 범주 대립이 존재하는지는 확인되지 않았다.

과거-비과거의 대립은 다른 두 가지 가능성에 비해 더 보편적으로 관찰된다. Comrie(1985)와 Dahl(2000)에 따르면 대부분의 유럽 언어는 문법 형식에서 과거-비과거의 대립이 나타난다. Hewson & Bubenik(1997)은 인도유럽어족에 속하는 12개 어족의 시제 체계와 상 체계를 고찰하여, 이중 9개 어족이 형태적으로 과거-비과거의 대립을 사용하고 이탈리아어파, 켈트어파와 발트어파에만 미래시제를 나타내는 형태 표지를 사용한다는 것을 발견하였다. WALS는 222개의 과거-비과거 대립 언어를 수록하고 있다. 이중 134개 언어가 문법과 형태 표지를 통해 과거-비과거 대립을 표현하며, 나머지 88개 언어는 문법 형식이 별도로 쓰이지 않는다. 대부분의 인도유럽어족 언어 외에 인도의 칸나다(Kannada)어, 오스트레일리아의 이디니(Yidiny, Yidiɲ)어[5]도 과거-비과거 대립 체계를 사용한다. (4)는 칸나다어의 예이다.

(4) a. avanu   manege   ho:-d-a
       그   집   가다-과거-남성.3인칭.단수
      그는 집에 갔다.

    b. avanu   manege   ho:gu-tt-a:nw
       그   집   가다-비과거-남성.3인칭.단수
      그는 집에 간다.(습관) / 그는 집에 갈 것이다.(미래)

---

[4] [역자 주] 인도, 네팔, 파키스탄, 피지 등 남아시아에서 널리 쓰이는 언어로 인도유럽어족 인도이란(Indo-Iranian)어파에 속하며, 사용 인구는 5억 명이다. 인도에서는 영어와 함께 공용어로 사용된다.

[5] [역자 주] 오스트레일리아 퀸즈랜드 북부의 이디니(Yidinji)족이 사용하는 언어로 파마늉안어족에 속하며 사용 인구가 10-140명으로 추정된다.

칸나다어의 과거-비과거 대립은 모두 접미사 형태소를 사용한다. 이에 비해 영어의 과거-비과거 대립은 비전형적인데, 비과거시제의 문법화가 완성되지 않았으므로 현재시제와 미래시제는 굴절 형식을 사용하지 않는다. 반면 전형적인 과거-비과거시제를 사용하는 언어는 현재시제와 미래시제에 동일한 표지를 사용한다.

2분법적 시제에서 미래-비미래의 대립은 자주 발견된다. 미얀마(Burmese)어[6]와 인도의 마니푸르(Manipur)어[7] 및 중국티베트어족 티베트미얀마어파의 여러 언어가 미래-비미래 대립 체계를 사용한다. 미얀마어는 대표적인 두 가지 시제 표지 기능어를 사용하는데, sañ은 과거와 현재를 나타내고 mañ은 미래를 표시한다. 마니푸르어는 동사 접미사인 li로 과거와 현재를, kəni로 미래를 표시한다. 그러나 이러한 표지의 속성에 대해서는 이견이 분분하다. Allott(1965)는 이러한 표지들이 양태 표지라고 간주한다. 반면 Comrie(1985:49)는 양태와 시간 지시 간에 함축 관계가 존재하므로 이들 표지를 실재(realis)-비실재(irrealis)의 상 표지로 간주할 수 있으며, 미얀마어나 마니푸르어가 상을 더 부각시키는 경향이 있다고 주장한다. 미래-비미래의 시제 대립이 나타나는 언어가 실재-비실재의 상 대립 체계를 가지는 경향을 보인다는 점에 주의해야 한다. 이런 언어로는 미얀마어와 마니푸르어 외에 오스트로네시아어족의 투캉 베시어, 오스트레일리아의 토착 디르발어 등이 있다. 호피어, 타켈마(Takelma)어[8], 라코타(Lakota)어[9], 호차크(Hocąk)어[10] 등 여러 북미 인디언어들도 미래-비미래의 대립을 사용한다. (5)는 라코타어의 예이다(Chung & Timberlake 1985:206).

---

[6] [역자 주] 미얀마의 공용어로 중국, 태국 등 동남아시아 인도차이나 반도 일대에서 사용되며 중국티베트어족 티베트버마어파에 속하고, 사용 인구는 제2언어 화자를 포함하여 약 4,200만 명이다. 영어 표기는 Myanmar language와 Burmese가 혼용된다.

[7] [역자 주] 인도 북동부 마니푸르(Manipur) 주에서 사용되는 언어로 사용 중국티베트어족에 속하며 인구는 250만 여명이다. 메이테이론(Meeteilon) 또는 메이테이(Meithei)라고도 한다.

[8] [역자 주] 미국 오레건주 로그 계곡(Rogue Valley)의 라트가와(Latgawa)인과 타켈마(Takelma)인이 사용하던 언어로 현재는 사용자가 없는 것으로 알려져 있다.

[9] [역자 주] 미국의 남다코타주, 북다코타주를 중심으로 네브라스카주 북부, 미네소타주 남부, 몬타나주 남부 등지에 거주하는 수족에 속하는 라코타인들이 사용하는 수(Siouan)어의 일종이다. 사용 인구는 1997년을 기준으로 6,000명으로 알려져 있다.

[10] [역자 주] 미국 위스콘신(Wisconsin) 주와 미네소타(Minnesota) 주에 거주하는 호-청크(Ho-Chunk)족(또는 위네바고(Winnebago)족)이 사용하는 수어의 일종으로 사용 인구는 2007년 기준 250명이다. 위네바고어, 호-청크어라고도 불린다.

(5) a. ma-khúžì
　　　 1인칭.단수-아프다.비미래
　　　 나는 아팠다. / 나는 아프다.
　　b. ma-khúžì　　　kte
　　　 1인칭.단수-아프다　미래
　　　 나는 아플 것이다.

　　미래-비미래의 대립 체계를 사용하는 언어에서 과거와 현재는 동일한 표지나 영형태 표지를 사용하는 경향이 있다. 중국어의 시간 명사, 시간 부사, 시간 조사는 모두 시제를 표시할 수 있으며, 시간 조사는 시간 명사나 시간 부사보다 문법화가 더 많이 진행되었다. 따라서 시간 조사의 시제 표시 기능을 살펴보는 것만으로 중국어의 현재, 과거, 미래 중 문법화가 가장 많이 진행된 시제를 확인할 수 있다. 이때 다른 성분의 간섭을 피하기 위해 반드시 다른 시간사를 포함하지 않는 단문을 대상으로 한다. 중국어에서 상용되는 시간 조사는 了, 着, 过와 문말의 了이다. (6)은 그 예이다.

(6) a. 他吃了一个苹果。
　　　 그는 사과 한 개를 먹었다.
　　b. 他养了一条藏獒。
　　　 그는 티베트 사자개를 한 마리 키웠다.
　　c. 台上唱着京剧。
　　　 무대 위에서 경극을 하고 있다.
　　d. 他留着八字胡。
　　　 그는 콧수염을 기르고 있다.
　　e. 她怀过孩子。
　　　 그녀는 아이를 가진 적이 있다.
　　f. 他结过婚。
　　　 그는 결혼한 적이 있다.
　　g. 小李去北京了。
　　　 샤오리는 베이징에 갔다.
　　h. 天下雨了。
　　　 비가 왔다.

　　(6a-f)는 시간 조사 了, 着, 过를 사용하고 있고, (6g-h)는 문말의 了를 각각 사용하고

있다. 이들의 표현 기능은 엄격하게 제한된다.

(7) a. *他将要吃了一个苹果。
    b. *他将要养了一条藏獒。
    c. *台上将要唱着京剧。
    d. *他将要留着八字胡。
    e. *她将要怀过孩子。
    f. *他将要结过婚。
    g. 小李将要去北京(了)。
       샤오리는 곧 베이징에 갈 것이다.
    h. 天将要下雨(了)。
       곧 비가 내릴 것이다.

(7a-f)는 하나의 사건에 서로 다른 두 가지 시간사를 사용하여 시간위치를 표시할 수는 없음을 보여준다. (7)에서 설명이 필요한 부분이 두 가지 있다. 첫째, (7a-g)에 보이듯이 문말의 了는 시간 조사와 어기 조사로 구분되며 그 차이는 了를 삭제했을 때 전체 문장이 문법적으로 성립하는가 여부에 있다. 즉, 어기 조사 了를 삭제해도 상 의미는 변화하지 않고 문장도 여전히 문법적으로 적합하다. 그러나 시간 조사 了는 삭제하면 상 의미가 변화하거나 문법적으로 적합하지 않게 된다. 그러므로 어기 조사는 시제의 표현과 무관하며, 따라서 (7g-h)의 문말 了는 어기 조사이다. 둘째, 조사 了는 기능적으로 시간 조사와 보어로 구분할 수 있다. 他会杀了你(그는 너를 죽일 수도 있어), 我会吃了他(나는 그를 먹어치울 수도 있어), 他会害了你(그는 너를 해칠 수도 있어)의 조사 了는 보어 성분으로(马希文 1983, 金立鑫 1998), 앞의 두 문장에 사용된 了는 보어 掉로 치환될 수 있으며 세 번째 문장의 了는 보어 死(죽다)로 치환 가능하다. 그러나 시간 조사 了는 이와 달리 다른 시간사를 포함하지 않는 단문에서는 동사 뒤에 보어를 첨가하더라도 了가 있어야만 한다. 그러므로 (6)에서 시간 조사 了와 문말의 了가 미래가 아닌 과거와 현재를 표시하고, 过는 과거만을, 着는 현재만을 표시할 수 있다는 것은 중국어의 시간 조사가 미래를 나타내지 않음을 의미한다. 문법화 정도만 고려하면 중국어는 미래-비미래의 대립 체계를 사용하는 언어로 간주될 수 있으나 전형적이라고 볼 수는 없다. 전형적인 미래-비미래의 대립 체계를 사용하는 언어에서 비미래는 동일한

표지를 사용하지만, (6)에서 알 수 있듯이 중국어는 그렇지 않기 때문이다.

3분법적 시제는 과거, 현재, 미래를 서로 다른 방식으로 부호화하는 것을 의미한다. 영어는 이 세 가지 시제를 각각 굴절 형태, 영형태, 조동사로 나타내므로 3분법 시제 언어로 간주된다. 리투아니아(Lithuanian)어와 인도의 쿠루흐(Kurukh)어[11]도 3분법 시제를 사용한다. (8)은 쿠루흐어의 예이다(Bhat 1999:15).

(8) a. e:n   ij-d-an
　　　　나　　　　서다-현재-1인칭.단수
　　　나는 서있다.

    b. e:n   ij-k-an
　　　　나　　　　서다-과거-1인칭.단수
　　　나는 서있었다.

    c. e:n   ijʔ-an
　　　　나　　　　서다-(미래)-1인칭.단수
　　　나는 설 것이다.

다분법적 시제의 언어는 주로 아프리카 사하라 사막 이남의 반투(Bantu)어군[12], 오스트레일리아 토착어와 북아메리카 인디안어에서 자주 관찰된다. 다분법적 시제는 현재시제를 중심으로 과거와 미래를 발화시와 참조시 사이의 시간적 거리에 따라 과거시제와 미래시제를 세분하며, 각각의 시제는 모두 동등한 문법적 지위를 가진다. 리베리아의 그레보(Grebo)어[13]와 반투어군의 코타(Kota)어[14]는 모두 한 개의 현재시제와 3개의 과거시제, 3개의 미래시제를 가진다. [표 1]은 이를 나타낸다.

---

[11] [역자 주] 인도의 오디샤(Odisha) 지역을 중심으로 방글라데시와 네팔, 부탄 일부 지역에서 사용되는 언어로 드라비다어족에 속한다. 사용 인구는 2001년을 기준으로 200만 명이다.

[12] [역자 주] 아프리카 사하라 사막 이남에 분포하는 언어군으로 니제르콩고어족의 한 갈래이다. 이 계통의 언어를 사용하는 민족을 반투족, 반투어족이라고 통칭한다. 통계에 따라 약 250가지에서 535가지 언어를 포괄한다.

[13] [역자 주] 서아프리카 라이베리아에서 사용되는 크루(Kru)어의 갈래로 니제르콩고어족에 속하며 사용 인구는 2001년 기준 39만 명이다.

[14] [역자 주] 아프리카 가봉(Gabon) 북동부와 콩고 공화국 일부 지역의 바코타(Bakota) 인들이 사용하는 언어로 니제르콩고어족에 속한다. 사용 인구는 약 34,000명으로 추산된다. 이코타(Ikota)어, 이쿠타(Ikuta)어, 코투(Kotu)어라고도 불린다.

[표 1] Grebo어와 Kota어의 다분법적 시제 표현

Grebo어		다분법 시제	Kota어	
-dá	PST_3	먼 과거(어제보다 이전) remote past	PST_3	-á……-á-sá
-dő	PST_2	어제 과거(어제) hesternal past	PST_2	-á……-á-ná
-ɛ́	PST_1	오늘 과거(오늘) hodiernal past	PST_1	-á-mo……-á
-É	PRS	현재 present	PRS	-á……-á
-ɛ̀	FUT_1	오늘 미래(오늘) hodiernal future	FUT_1	-é……-ak…-a
-á	FUT_2	내일 미래(내일) crastinal future	FUT_2	-é……-ak…-á-ná
-dó	FUT_3	먼 미래(내일보다 이후) remote future	FUT_3	-é……-ak…-á-sá

카메룬의 옘바(Yémba)어[15]는 5개의 과거시제와 5개의 미래시제를 사용한다. 다분법적 시제가 과거와 미래를 세분하는 데 있어 상호대칭적인 체계를 가지는지는 언어마다 다르겠지만 전체적으로는 과거시제가 미래시제에 비해 더 상세하게 구분되는 경향이 있다. 예컨대 케냐의 하야(Haya)어[16]는 3개의 과거시제와 2개의 미래시제를, 인도유럽어족의 아르메니아(Armenian)어[17]는 다수의 과거시제와 2개의 미래시제를 사용한다.

시제의 논리적 분류는 이상적인 체계일 뿐이며 실제 언어에 나타나는 시제는 이렇게 몇 가지 유형으로 정연하게 구분되지 않는다. 영어는 3분법적 시제를 사용하는 것으로 알려져 있으나 학자들에 따라서는 현재시제와 미래시제를 굴절 형태로 표지하지 않으므로 이 둘을 하나의 시제로 간주하여 영어를 과거-비과거시제를 사용하는 언어로 분류한다. 그러나 영어의 현재시제와 미래시제는 동일한 표지를 사용하지 않으므로 전형적인 과거-비과거의 2분법적 시제 체계를 사용하는 언어라고 할 수 없다. 중국어의 미래를 나타내는 시간 부사는 비미래를 나타내는 시간 조사보다 문법화가 덜 진행되었기 때문에 미래-비미래 유형의 언어로 볼 수 있다. 그런데 중국어의 시간 조사들은 비미래를 나타내는 단문에 등장할 수 있지만 그것이 비미래 시제를 나타내기 위한 필수적인 문법

---

[15] [역자 주] 아프리카 중서부 카메룬에서 주로 사용되며 니제르콩고어족 그래스필즈(Grassfields) 어군의 갈래이다. 1992년 기준 사용 인구는 30만 명 정도이다.

[16] [역자 주] 아프리카 동부 탄자니아의 하야(Haya) 족이 사용하는 언어로 니제르콩고어족에 속하며, 사용 인구는 2006년 기준 130만 명이다.

[17] [역자 주] 아르메니아 공화국(Republic of Armenia)과 아르차흐 공화국(the Republic of Artsakh)의 공식 언어로 인도유럽어족의 독립적인 어파를 구성한다. 사용 인구는 8백만-12백만 명으로 추산된다.

성분이라거나 강제적으로 사용되는 표지는 아니다. 그러므로 중국어는 전형적인 미래-비미래의 2분법 시제를 사용하는 언어라고 할 수 없다. 한편 3분법 시제를 사용하는 언어의 표지를 고려하면 영어와 중국어는 전형적인 3분법 시제 언어라고 할 수도 없다. 과거, 현재, 미래를 나타내는 문법 형식이 3분법 시제 언어처럼 고도로 문법화된 형태 표지를 형성하지 않았기 때문이다. 영어와 중국어의 시제를 2분법이나 3분법으로 구분하는 분류법은 상대적이며, 두 언어 모두 과거, 현재, 미래를 나타내는 방식을 갖고 있고 다만 그 방식들이 문법화된 정도의 차이가 있을 뿐이다.

9.2. 상 범주 유형

범주로서의 상은 문장이 표현하는 핵심사건의 상태를 가리키는데, 주로 주절의 주요 동사가 표현하는 상태이다. 그러므로 상은 문장 층위의 범주이며 문장이 있어야만 상의 개념을 파악할 수 있다. 구와 단어 층위는 9.3에서 상세하게 다룰 것이다.

상을 관찰하는 관점은 언어마다 다른데, 대체로 완전상(perfective)-비완전상(imperfective) 같은 공간적 관점상과 완료상(perfect)-비완료상(imperfect) 같은 시간적 관점상의 두 가지 유형으로 나뉜다. 전자의 예로는 러시아어, 핀란드어가 있고, 후자의 예로는 영어, 중국어 등이 있다. 이런 두 종류의 상 유형은 문법화 정도와 관점의 강제성, 상의 등급성, 상과 시제의 결합 등 네 가지 측면에서 차이를 보인다.

9.2.1. 공간적 관점상

공간적 관점상을 가지는 언어의 완전상-비완전상은 문법화가 많이 진행되었으므로, 완전상-비완전상은 일반적으로 완전히 문법화된 동사 형식의 대립으로 실현된다. 일부 동사는 동일한 어근에 다른 어간이 결합된 형식으로 상 대립을 표현하기도 한다. 완전상-비완전상은 사태의 경계성 유무 또는 전체성 여부에 중점을 둔다. 완전상은 사태를 경계성을 갖춘 게슈탈트 형식의 완전체로 간주하며, 시점(時點) 또는 시간 범위일 수 있다. 또한 공간적 관점은 강제성이 높아서 사태가 시작되는 기점, 지속 시간, 종점의 시간 범위가 경계성이 있는 통합된 전체로 강제된다. (9)는 러시아어의 예로 완전상으로 표현되었지만, 관점이 바뀌면 (10)처럼 비완전상으로 표현될 수 있다.

(9) a. Он   записал.
      그   완전상.쓰기 시작하다.과거.남성
      그는 쓰기 시작했다.

   b. Он   полежал.
      그   완전상.눕다(잠시 동안).과거.남성
      그는 (잠시 동안) 누워 있었다.

   c. Он   писал.
      그   완전상.쓰다(잠시 동안).과거.남성
      그는 (잠시 동안) 썼다.

   d. Он   дописал.
      그   완전상.끝내다.적다.과거.남성
      그는 쓰는 것을 끝냈다.

(10) a. Он   дописывл.
      그   비완전상.끝내다.쓰다.과거.남성
      그는 쓰는 것을 끝냈다.(그 이후로 쓰지 않았다.)

   b. Он   писал.
      그   비완전상.적다.과거.남성
      그는 쓰는 중이었다.

(9)와 (10)에서 완전상-비완전상은 문법화된 명시적 관점상이고, 시작, 상태의 지속, 동작의 진행, 종료의 의미는 동사에 내재된 상황이다. 동사에 내재된 상황은 중국어 화자에게 비명시적인 상 의미로 받아들여진다. 이처럼 관점상은 명시적인 상과 비명시적인 상으로 구분된다. (9a)와 (9d)에서 보이듯이 일반적으로 사태의 기점과 종점을 내포하는 동사는 완전상으로 나타난다. 반면 (9b-c)와 (10a-b)처럼 사태의 지속 혹은 진행을 내포하는 동사는 완전상이나 비완전상으로 쓰일 수 있다. 사태의 경계에 대한 인지를 기준으로 표현하는 완전상-비완전상은 핀란드어에서 매우 전형적으로 나타난다. Kiparsky(1998:19)는 핀란드어의 이러한 특징을 4분표(tetrachoric table) 방식을 통해 [표 2]와 같이 제시한다.

[표 2] 목적격-부분격과 완전상-비완전상의 대응

	[+경계성] 목적어	[-경계성] 목적어
[+경계성] 동사 (종결성)	Russian:napisal (완전상) pis'ma Finnish:kirjoitti kirjeet (목적격) '그 편지들을 썼다'	Russian:pisal (비완전상) pis'ma Finnish:kirjoitti kirjeitä (부분격) '편지들을 썼다'
[-경계성] 동사 (비종결성)	Russian:pisal (비완전상) pis'ma Finnish:kirjoitti kirjeitä (부분격) '그 편지들을 쓰고 있었다'	Russian:pisal (비완전상) pis'ma Finnish:kirjoitti kirjeitä(부분격) '편지들을 쓰고 있었다'

핀란드어의 명사 격 표지는 상과 관련이 있어서, 목적격(ACC)은 완전상(PFV)에 대응하며 부분격(PART)은 비완전상(IMPFV)에 대응한다. [표 2]는 3개의 비완전상과 1개의 완전상을 보여준다. 동사와 목적어가 모두 경계성이 있을 때에만 완전상을 나타내며, 동사와 목적어 중 하나만 경계성이 없는 경우에는 비완전상을 나타낸다.

공간적 관점상 체계를 사용하는 언어는 상과 시제의 결합에 제한이 있다. 러시아어, 핀란드어, 폴란드어, 체코어와 조지아(Georgian)어[18]에서 비완전상은 과거시제, 현재시제, 미래시제와 결합할 수 있지만 완전상은 제한적이다. 이 언어들의 전통 문법에서 일반적으로 완전상은 과거시제와 자유롭게 결합하지만 현재시제와 결합하면 미래시제로 해석된다. 완전상은 사실상 현재시제와 결합하지 않는다. 러시아어, 폴란드어 및 체코어에서 '하다', '처리하다'라는 뜻을 나타내는 완전상 동사는 각각 закончить, zrobić, udĕlat인데, 과거시제를 나타내는 형태소가 없으면 미래시제를 가리킨다. 완전상과 현재시제의 결합이 나타나지 않는다는 것은 이 언어들에 영어의 현재완료에 해당하는 의미가 없음을 뜻한다. 실제로 영어의 현재완료 의미는 이 언어들에서 과거시제-비완전상으로 표현되고, 과거완료는 과거시제-완전상으로 표현된다. (11)은 러시아어의 예이다.

(11) a. Ты   смотрел   этот   фильм?
      당신   비완전상.보다.과거.남성   이   영화
   당신은 이 영화를 본 적이 있습니까? (Have you seen this film?)

---

[18] [역자 주] 조지아의 공식 언어이며 주변국인 러시아, 터키, 이란, 아르메니아에서 사용되는 언어로 카르트벨리어족에 속한다. 사용 인구는 약 450만 명으로 추산된다.

b. Ты   посмотрел   этот   фильм?
   당신   완전상.보다.과거.남성   이   영화
   당신은 이 영화를 봤습니까? (Did you see this film?)

이와 같은 시제와 상의 결합은 Malchukov(2009:27)가 제안한 (12)의 시제와 상의 결합 제한 등급에 부합한다.

(12) 완전상과 현재시제 > 완전상과 미래시제 > 완전상과 과거시제

Malchukov의 이 등급은 왼쪽으로 가까워질수록 결합이 더 제한적이거나, 존재하지 않거나, 더 많은 표지가 필요하다는 것을 의미한다. 이 등급은 또한 왼쪽의 시제-상 조합이 오른쪽의 시제-상 조합을 함축한다는 의미에서 함축적 보편성을 나타낸다. 그러나 Malchukov는 언어 간에 나타나는 여러 가지 상 유형을 구분하지 않았으며 완전상과 완료상을 혼용하였다. 따라서 이 등급은 공간적 관점상 체계를 사용하는 언어에만 적용되며 시간적 관점상 체계를 사용하는 언어에는 적용되지 않는다.

9.2.2. 시간적 관점상

완료상-비완료상은 시간적 관점상의 유형으로 영어와 중국어가 이러한 상 체계를 사용한다. 영어의 완료상은 사태의 종점에만 중점을 두며 사태의 전체성과는 관련이 없다. 비완료상은 동작의 진행상, 상태의 지속상, 습관상, 반복상을 포함하므로 단일한 상 범주라고 보기 어렵다. 문장의 상은 다양한 형식으로 표현되는 문법 범주이다. 따라서 상 의미는 각각의 문법 성분의 영향을 받으므로 합성적이다. (13)은 영어의 예이다.

(13) a. He has stood for ten minutes.
     그는 10분째 서있다.
   b. He has lived here since 1945.
     그는 1945년부터 여기서 살고 있다.
   c. He ate a slice of pork.
     그는 돼지고기 한 조각을 먹었다.
   d. He ate pork.
     그는 돼지고기를 먹었다.

영어 동사의 have + 분사 형태와 과거시제 형태는 완료상의 충분조건이 아니다. (13a)에는 상태를 나타내는 동사 stand(서다)와 시간 부사어 for ten minutes(10분 동안)가 사용되었고, (13b)에도 상태를 나타내는 동사 live(살다)가 사용되었다. 따라서 (13a)와 (13b)의 전체 문장은 완료상을 나타낼 수 없다. (13c)는 완료상이지만 (13d)는 과거시제의 습관상으로 해석될 수 있다. 이러한 예로 보아 완료상은 동사가 가지는 내부 논항의 영향을 받는다는 것을 알 수 있다. 중국어 문장의 상도 마찬가지로 합성성이 있다. (14)로부터 알 수 있듯이 중국어 조사 了와 着는 완료상과 진행상을 나타낼 수 있지만 강제적인 표지는 아니다.

(14) a. 我们刚刚到达机场。
  우리는 막 공항에 도착하였다.
 b. 他(正)在读书。
  그는 (마침) 책을 읽는 중이다.
 c. 他养了一只波斯猫。
  그는 페르시아 고양이 한 마리를 길렀다.
 d. 黑板上写着监考须知。
  칠판 위에 시험감독 안내가 적혀져 있다.

(14a)의 완료상과 (14b)의 진행상은 각각 시간 부사 刚刚(막)과 (正)在(마침 하는 중이다)를 통해 실현된다. (14c)와 (14d)는 모두 지속상으로, (14c)는 동사 养(기르다)이 나타내는 상태와 상황의 영향을 받은 것이고, (14d)는 黑板上(칠판 위)이라는 장소 논항의 영향을 받은 것이다. 따라서 조사 了와 着는 완료상과 진행상을 나타내기는 하지만 필수적이지 않다는 것을 알 수 있다. 이에 따라 吳福祥(2005)은 중국어의 완료상과 진행상의 문법화가 충분히 진행되지 않은 것으로 보았다. 사실상 중국어 문장에서 상의 부호화 형식은 다양한 의미 기능을 나타낸다. 예컨대 刘丹青(2011)에 따르면 这双鞋大了一号(이 신발은 한 치수 크다)에서처럼 조사 了는 양이 지나침을 나타내는데, 이는 了의 부차적인 의미 기능이다.

영어와 중국어의 시간적 관점상은 공간적 관점상처럼 강제적이지 않다. 사태의 기점, 지속 또는 진행 시간을 나타내는 상 의미는 일반적으로 시작상, 지속상, 진행상이며, 완료상으로 해석할 수 없다. 공간적 관점상의 언어에서 동사는 상위의 완전상-비완전상을 포함할 뿐만 아니라 영어나 중국어 문장의 상에서 나타나는 시작, 지속, 진행 및 완료 등과 유사한 하위 상을 포함한다. 그런데 영어나 중국어에서 동사의 속성은 문장 상을 실현하는 데 영향을 주기도 하지만 문장의 상에 직접 표현되지는 않는다. 9.1에서 실재-비실재의 상 대립을 언급한 바 있는데, 이를 영어와 중국어의 상위 상으로 간주할 수 있다. 이로써 상의 상하위 관계, 시제와 상의 결합 제한이라는 두 가지 문제를 해석할 수 있다. 즉, 실재-비실재를 상위 상으로 보아 시작상, 진행상, 완료상을 실재상의 하위 상으로, 가까운 시작상(immediate inceptive aspect, immediate future), 가까운 진행상, 가까운 완료상을 비실재상의 하위 상으로 분류하여 상의 등급성을 구분한다. 시제와 상의 결합에서 과거시제와 현재시제는 실재-비실재와 모두 결합할 수 있는 반면, 미래시제는 비실재와만 결합할 수 있다.

　실재와 비실재는 미얀마어, 마니푸르어, 투캉 베시어, 디르발어나 타켈마어에도 존재한다. (15)는 타켈마어의 예인데(Chung & Timberlake 1985:204), 실재-비실재 상 표지가 시제 표지보다 동사에 더 가까이 위치한다. 이는 동사와 굴절 접사의 거리 등급인 '결합가 < 태 < 상 < 시제 < 양태 < 인칭이나 수'[19]에도 부합한다(Bybee 1985). 다만 여기서 말하는 실재-비실재 표지는 양태 표지가 아닌 상 표지이다.

(15) a. yaná-t'ē
　　　가다 -비실재.1인칭.단수.미래
　　　나는 갈 것이다.
　　b. yān-t'ēʔ
　　　가다-실재.1인칭.단수.비미래
　　　나는 갔다/가고 있다/가려고 한다.

　영어와 중국어의 완료상과 시제의 결합에 대한 논의는 독립된 절(clause)에 국한하며, 하나의 술어에 대한 시제와 상만을 다룰 것이다. 이로써 조사 了의 시제-상 기능에 대한 학계의 연구에 혼선을 줬던 我们吃了饭去图书馆(우리는 밥을 먹고 나서 도서관에 간다)과 같은 중국어의 특수한 단문을 논의에서 배제할 수 있다. 이때 완료상과 시제의 결합 제한에 대해서는 '완료상과 미래시제 > 완료상 현재시제 > 완료상과 과거시제'

---

[19] [역자 주] 결합가가 가장 동사와 가깝고, 인칭이나 수 표지가 동사에서 멀리 떨어져 있음을 뜻한다.

의 등급을 가정할 수 있다. 완료상은 실재상에 속하며 가까운 완료상과는 성격이 다르므로 완료상과 미래시제의 결합 제한이 가장 크기 때문이다.

시제와 상은 종종 양태와 명확하게 구분되지 않는다. 특히 미래시제가 형태적으로 결여되었거나 미래시제 개념이 충분히 문법화되지 않은 언어에서, 미래시제는 종종 화자의 바람을 나타내는 어휘를 통해 표현된다. 영어와 중국어도 유사한 현상이 나타난다. 영어의 will과 중국어의 要는 모두 양태와 미래시제가 혼합되어 있다.

이 밖에도 많은 언어들이 일반적인 완료, 진행 등 행위의 상적 의미를 구별할 뿐만 아니라 이러한 행위의 확실성과 불확실성을 구분한다. 바오안(Baoan)어[20]의 시제는 [±확실성] 양태와 합쳐져 분리가 불가능하다.

(16) 바오안어의 시제 표지
    i. [+ 확실성] 과거시제 표지: -o
    ii. [-확실성] 과거시제 표지: -tɕ
    iii. [+ 확실성] 현재시제 표지: -m
    iv. [-확실성] 현재시제 표지: -nə

그러나 상과 양태는 분리가 가능하다.

(17) 바오안어의 상과 양태 표지
    i. [+ 확실성] 진행상: -dzi i / gi
    ii. [-확실성] 진행상: -dzi o / ginə

현대 표준중국어에서 동사 뒤에 了를 쓸 것인가 的를 쓸 것인가의 문제도 확실성과 불확실과 관련이 있다.

(18) a. 张三昨天去了上海。
       장싼은 어제 상하이에 갔다.

---

[20] [역자 주] 중국 간쑤(甘肅)성 린샤(临夏) 후이(回)족 자치주 및 칭하이(青海)성 퉁런(同仁)현 일대의 바오안(保安)족과 투(土)족이 사용하는 언어로 알타이어족 몽골어군에 속한다. 사용 인구는 약 9천 명이며 대부분 중국어를 유창하게 구사한다.

b. 张三昨天去的上海。
   장싼은 상하이에 간 것은 어제이다.
c. 张三昨天回来了。
   장싼은 어제 돌아왔다.
d. 张三昨天回来的。
   장싼이 돌아온 것은 어제이다.

(18b)와 (18d)의 확실성은 (18a)와 (18c)보다 높다. 한편 (18c)의 문말에 사용된 了는 새로운 상황을 보고하거나 뉴스성 정보를 알려주는 함의를 나타내는데 이 또한 일종의 양태이다.

양태와 긴밀한 관계를 가지는 것으로 또 다른 개념 범주인 서법(mood)이 있는데 이에 대해서는 9.4에서 상세하게 논의할 것이다.

9.3. 동작 유형, 상황 유형과 상의 관계

9.1과 9.2에서 사건은 시간적 성질이 있는 하나의 과정이며, 사건을 표현하는 핵심성분인 동사 역시 시간적 속성이 있음을 보였다. 동사의 시간적 속성에 대해서는 이미 많은 학자들이 주목하고 있다. 하나의 행위가 기점이나 종점과 같은 시간축 상에서 나타내는 여러 상태를 관찰하면 동사가 표현하는 시간적 속성들은 논리적으로 다음 네 가지 경우를 포함한다는 것을 알 수 있다.

(19) i. 기점과 종점이 겹치는 경우로 순간동사라고도 함: 贏(이기다)
   ii. 기점도 종점도 없는 경우, 일부 계사: 二加二等于四(2 더하기 2는 4)의 等于(…과 동등하다)
   iii. 기점은 있으나 종점이 없는 경우: 问题出现了(문제가 나타났다)의 出现(나타나다)
   v. 기점은 없으나 종점이 있는 경우: 考试结束了(시험이 종료했다)의 结束(종료하다)

행위가 일정 시간동안 지속 가능한지에 따라 동사의 시간적 속성을 더 세밀하게 구분할 수 있을 것이다. 예컨대 昏迷(혼미하다)같은 동사는 시작과 지속은 있지만 종점은 없으며, 提高了三个百分点(3퍼센트 포인트를 끌어올렸다)의 提高(끌어올리다)같은 동사는 지속도 있고 종점도 있지만 기점이 불분명하다(郭锐 1993 참고).

동사의 이러한 시간적 속성에 따라 동사를 분류한 것을 기존에는 동작 유형(aktionsart)라는 명칭을 사용하였다. aktionsart는 독일어로 aktion-s-art으로 분석되는데, 중간의 s는 접요사이고 앞부분은 영어의 action, 즉 동작이나 행위에 해당하며, 마지막 부분인 art는 유형, 종류를 뜻한다. 즉, 단어 전체의 축자적 의미는 동작의 종류(kinds of action)이다. 중국어에서는 학자에 따라 aktionsart를 动相으로 번역하기도 하는데, 실제로는 동사가 표현하는 동작을 시간적으로 분류한 것이다.

동작 유형에 관한 연구는 그리스어와 독일어처럼 동사 자체의 어휘적 형식이 동작의 시간적 속성을 표현하는 언어들에서 가장 먼저 시작되었다. 이러한 언어들에서 aktionsart는 어휘상(lexical aspect)으로 간주되었다. 상이 문법적 형식을 통해 표현되는 문장 층위에 속하는 문법 범주라면, 동작 유형은 어휘 층위에 속하여 어휘에 내재한 의미적 유형으로 다양한 동작의 유형을 표현하는 어휘 범주이다. 그리스어와 독일어, 일부 슬라브어에서 동사의 동작 유형은 문장의 상 유형에 직접 반영된다.

19세기말 그리스어 문법학자들은 그리스어의 동사를 특정 시각(punctual) 또는 순간적(momentary)으로 발생하여 완성되는(completed) 동작이나 사건, 끊임없이 지속되거나 항상적인 동작이나 사건, 과거 어떤 시각에 발생하여 일정 시간 동안 유지된 후 종료되는 동작이나 사건의 세 가지 유형으로 분류하였다. [그림 3]은 세 유형을 직관적으로 나타낸 것이다.

첫 번째 유형: ●
두 번째 유형: ⎯⎯> 또는 ·······>
세 번째 유형: ●⎯⎯>|

[그림 3] 그리스어의 세 가지 동작 유형

동작이나 사건의 상태로 그리스어 동사의 의미 기능을 해석하는 이러한 관점은 널리 인정을 받아서 동작 유형은 19세기말에서 20세기에 걸쳐 그리스어 경전에 나타나는 동사의 의미 기능을 연구하는 주도적인 이론이 되었다. 그리스어와 마찬가지로 독일어도 모든 동사의 상 유형을 나타낼 수 있는 체계적인 형태 특징이 없다. 독일어는 주로 동사 자체의 의미에 따라 각각의 상 유형을 구분하므로, (20)과 같이 시간에 따라 두 가지로 분류할 수 있다.

(20) i. 비완전상 동사(die imperfektive Verben)
blühen(꽃이 피다, 개화하다), Schlafen(자다, 수면하다) 등 시간 경계가 없는 행위를 나타낸다.
ii. 완전상 동사(die perfektive Verben)
시간 경계가 있는 행위, 행위의 시작, 변환 혹은 종결 등의 의미를 나타내며 다시 3가지 하위부류로 나뉜다.
  a. 시작상 동사(die ingressiven Verben): entflammen(불타오르게 하다), erblicken((바라)보다, 관찰하다) 등 행위 동작의 시작을 나타낸다.
  b. 변환상 동사(die mutativen Verben): altern(늙다, 노화하다), erkranken(병에 걸리다) 등 행위 동작이 하나의 상태에서 과도기를 거쳐 다른 상태로 넘어가는 것을 나타낸다.
  c. 종결상 동사(die eggressiven Verben): verklingen(울림이 멎다, 사라지다), preisgeben(포기하다, 체념하다) 등 행위 동작의 종결을 나타낸다.

동일한 상황이 러시아어에도 존재한다. 러시아어의 상 유형도 동사 자체의 어휘 형식으로 표현된다(Dahl 1985:27). "러시아어 동사의 상은 일종의 원형적(prototype) 범주로, 시간적인 경계성-비경계성, 전체성-비전체성의 각도에서 행위의 확장, 또는 분포적 특징을 반영한다"(Пешковский 1935:95).

이러한 어휘상을 사용하는 언어는 동사의 동작 유형이 대부분 문장의 상 유형에 직접적인 영향을 미친다. 앞에서 논의한 러시아어 등 공간적 관점상의 언어는 대부분 이에 속한다. 사실상 그리스어, 독일어, 러시아어뿐만 아니라 중국어와 영어의 동사도 각자의 동작 유형을 가지고 있다. 동사의 동작 유형은 시제-상을 나타내는 특정한 형태 혹은 기능어를 사용해야 한다.

(21) a. John is building a house.
    존이 집을 짓는 중이다.
  b. *John is knowing the answer.

(22) a. Build a house!
　　　집을 지어라!
　　b. *Know the answer!

　　(21)과 (22)에서 know(알다)와 build((건물을)짓다)는 시간적 속성이 각기 다르다. know는 종점이라는 시간적 특징이 있으며 과정은 무시된다. build는 행위가 일정 시간 지속된다는 시간적 특징이 있으므로 현재진행의 시제-상 개념을 표현할 수 있고 심지어 이를 통해 명령 의미를 나타낼 수도 있다. 반면 know는 이러한 의미들을 나타낼 수 없다.
　　한편 현대 중국어의 어떤 동사들은 상 표지 了를 사용할 수 없다.

(23) 省得(…하지 않도록), 值得(…할 만하다), 认为(여기다), 期望(기대하다), 据说(말하는 바에 따르면 …라 한다), 同情(동정하다)(*同情了他)

또한 일부 동사는 상 표지 着를 사용할 수 없다.

(24) 死(죽다), 加入(가입하다), 成为(…이 되다), 举办(거행하다)(*加入着)

시량 보어를 사용할 수 없는 동사들도 있다.

(25) 缺乏(결여하다), 在(존재하다), 需要(…할 필요가 있다), 把握(포착하다), 向(…으로 향하다)(*缺乏了一个小时)

　　문제는 일부 언어에서 동사의 동작 유형이 문장 층위에 직접 투사되어 문장의 상 의미에 직접적으로 반영될 수 있는 반면, 어떤 언어의 동사 유형은 문장 상 의미의 일부만을 구성한다는 것이다. 이때 전체 문장의 상 의미는 동사의 동작 유형 외에도 문장 내 기타 성분들, 특히 시제-상 표지 등과 관련된다. 그러므로 동사의 시간적 속성은 문장의 시제-상 표현의 기초이다. 어떤 동사는 특정한 한 종류의 시제-상 형태를 선택할 수 있을 뿐이다. 이 경우 다른 시제-상 형태는 선택할 수 없거나 특정한 부가 조건이나 제약이 반드시 필요하다. 언어학적 연구는 동사와 시제-상의 형태적 유형 간의 대응 관계 및 조건에 집중되어 있다.

　동작 유형은 그리스어, 독일어 등의 언어에서 동사 자체의 형식을 통해 표현되며, 동사마다 다른 동작 유형을 나타내고 시제-상을 표시하는 문법 성분을 필요로 하지 않는다. 그러나 동작 유형에 대한 연구를 영어 등의 언어에 대입하면 상황이 달라진다. 영어의 일부 동사는 전형적인 동작 유형을 표현할 수 있다. 그러나 더 많은 동사들은 각각의 동작 유형을 나타내기 위해 일반적으로 결합가 성분, 수량이나 시간적 특징이 있는 기타 성분에 의존해야 하며 이 성분들이 하나의 구를 이루어 동작 유형을 나타낸다. 그러므로 영어의 동작 유형은 독일어처럼 동사만으로 확정 가능한 동작 유형과는 완전히 다르다. 이와 같이 동사 및 동사의 결합가 성분, 수량과 시간 등을 나타내는 성분이 구성하는 구를 통해 사건의 시간적 유형을 표현하는 것을 상황 유형(situation type) 또는 상황상(situation aspect)이라고 한다.

　상황 유형에 대한 연구 중 가장 고전적인 것은 Vendler(1957)의 분류이다. Vendler(1957)는 상태(state), 활동(activity), 완수(accomplishment), 성취(achievement) 등 네 가지 개념 체계를 최초로 제시하였다. Vendler의 모형은 동사의 시간적 유형에 대한 이론이 아니라 동사와 일정 성분이 구성하는 구가 표현하는 사건의 시간적 유형에 대한 이론이다. 따라서 동일한 동사가 결합하는 성분에 따라 각기 다른 상황에 속할 수 있다. 예컨대 Are you smoking?(담배 피는 중이세요?)이라는 질문은 활동에 대한 물음이지만, Do you smoke?(담배 피세요?)라고 묻는 것은 상태에 대한 물음이다. 영어의 동작 유형은 동사 자체에 의해 확정되는 것이 아니기 때문이다. 동사 run(달리다)이 a cart(수레)와 결합하여 run a cart(수레를 몰다)라는 구를 구성하면 종점이 없지만, a mile(1마일)과 결합하여 run a mile(1마일을 달리다)라는 구를 구성하면 완수에 속해 종점을 갖게 된다. 그러므로 run은 동사 자체만 고려하면 비종결(atelic) 유형이지만, a mile처럼 일정한 수량을 나타내는 명사와 결합하면 종점이 있는 종결(telic) 유형으로 바뀐다. 따라서 상황 유형은 동사와 그것이 결합하는 관련 성분에 의해 결정된다. 예시한 바와 같이 비종결의 동사와 수량을 확정하는 성분이 결합한 동사구는 종결성을 갖게 되며, 동일한 동사가 수량이 확정되지 않은 성분과 결합하여 구성하는 동사구는 비종결성을 갖게 되는 것이다. 독일어와 러시아어는 문장의 상 의미가 동사의 어휘상에 따라 결정되는데 비해, 영어나 중국어의 상 의미는 동사구의 상황 유형이 기초가 된다.

9.4. 양태 범주와 부호화 유형

9.4.1. 서법과 양태의 관계

서법(mood)과 양태(modality)는 변별이 매우 어려운 개념으로 기능적으로는 모두 화자의 주관적인 태도를 나타낸다.

서법은 인도유럽어의 전통 문법에서 주로 동사의 형식이 표현하는 주관적 태도를 가리킨다. 영어, 러시아어, 독일어의 동사는 직설법(indicative mood), 명령법(imperative mood), 가정법(subjunctive mood)의 세 가지 서법 형식을 가진다. 직설법은 행위나 사건에 대한 화자의 긍정과 부정을 서술하거나 의문을 제기하는 것으로 평서문, 의문문 및 일부 감탄문에 주로 사용한다. 명령법은 화자의 명령, 요구, 권고 등을 나타내며 동사의 형식은 일반적으로 동사의 원형으로 나타난다. 가정법은 화자의 주관적 바람, 가설이나 추측 등을 나타내며 비객관적 사실에 주로 사용한다. 현대 중국어의 동사는 인도유럽어의 동사와 달리 형태 변화가 없으며, 전통 문법에서 서법의 분류와 표현 형식도 인도유럽어와 달리 일반적으로 서술, 의문, 명령, 감탄의 네 가지로 구분한다. 또한 억양, 어기사를 사용하거나 주술도치문으로 감탄과 명령을 나타내고 술어의 긍정, 부정 형식을 연속 사용하여 의문을 나타내는 등 통사구조 형식을 통해 서법을 표현한다.

서법과 양태의 관계에 대해 학계에서는 아직 일치된 견해를 보이지 않는다. 학자에 따라 서법을 modality와 mood로 지칭하여 서법과 양태를 엄격하게 구분하지 않는다. 또한 전통 문법의 서법과 고전적인 양태 의미인 인식 및 의무를 모두 서법 범주에 귀납시키기도 한다. Bhat(1999:63)는 서법과 양태를 동일한 개념으로 간주하여 mood를 양태 체계의 통칭으로 사용하였다. Palmer(2007:4)는 서법과 양태를 문법적 시각에서 언어보편적인 양태 체계를 해석하는 서로 다른 개념으로 간주한다. 독일어나 중부 포모(Central Pomo)어[21]에서는 서법과 양태가 모두 명확히 구분되지만 대다수 언어에서는 한 범주만 부각된다. Velupillai(2012:214)는 서법, 양태 및 방식(mode) 세 개념을 구분한다. 그에 따르면 서법은 실재성과 비실재성이라는 명제의 진실 여부를 표현하는 것이며, 양태는 사건에 대한 화자의 태도를 나타내는 의미적 라벨(semantic label)로 구분하고,

---

[21] [역자 주] 미국 북캘리포니아주에서 사용된 포모(Pomo)어의 한 갈래로 사용 인구는 1996년 기준 8명이었다.

방식은 서법과 양태의 통칭이다. Lyons(1977)과 Whaley(2009)는 모두 서법을 문법 범주로, 양태를 의미 범주로 보고, 서법이 양태의 문법적 실현이라고 간주한다. Whaley(2009:219)는 서법이 기술된 사건이나 상태의 발생 여부에 대해 화자가 가지는 신념을 나타낸다고 보아 서법의 개념 영역(conceptual domain)을 양태로 간주한다. Bybee & Fleischman(1995:2)은 서법을 동사 형태로 표현되는 문법화된 범주라고 주장하며 이 범주가 양태적 의미를 갖는 것으로 본다.

여러 학자들은 서법을 문법 범주로, 양태를 의미 범주로 간주하며 서법 형식이 양태 의미를 표현하는 것으로 본다. 그런데 Bybee & Fleischman(1995)에 따르면 어떤 언어들, 특히 인도유럽어에서 양태 범주의 일부는 이미 동사의 형태의 변화로 문법화되어 서법 범주가 된 반면, 다른 일부의 양태 의미는 아직 문법화가 진행되지 않아 다른 방식들로 표현된다. 이에 따르면 서법 범주가 표현하는 양태 의미는 양태 범주의 일부이다. [그림 4]는 이를 도식화한 것이다.

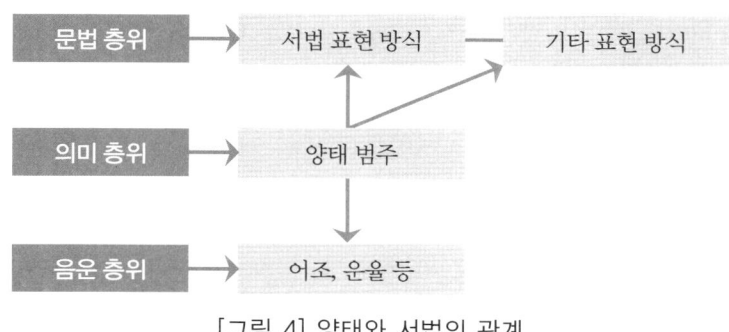

[그림 4] 양태와 서법의 관계

9.4.2. 양태의 분류

Halliday(2000:91)는 양태를 (26)과 같이 분류하였다.

(26) i. 양태화(modalisation): 명제의 담화 기능에 기반한 분류
    a. 가능성(probability): 가능성 있음(possible), 충분히 개연성 있음(probable), 확실함(certain)
    b. 일상성(usuality): 가끔씩(sometimes), 일상적(usually), 언제나(always)
  ii. 조정(modulation): 제안의 담화 기능에 기반한 분류

  a. 의무(obligation): 허락됨(allowed), (하기로)예정됨(supposed), (필수로)요구됨(required)
  b. 의향(inclination): 기꺼움(willing), 간절히 원함(keen), 확고하게 결심함(determined)

Palmer(2007:8-9)는 양태를 (27)과 같이 분류하였다.

(27) i. 명제적 양태(propositional modality)
  a. 인식 양태(epistemic)
    추측 양태(speculative)
    추리 양태(deductive)
    추정 양태(assumptive)
  b. 증거 양태(evidential)
    보고 양태(reported)
    감지 양태(sensory): 시각 양태/비시각 양태/청각 양태
 ii. 사건 양태(event modality)
  a. 의무 양태(deontic)
    허가 양태(permissive)
    책무 양태(obligative)
    언약 양태(commissive)
  b. 능동 양태(dynamic)
    능력 양태(abilitive)
    의지 양태(volitive)

  Mithun(1999:173)에 따르면 실재는 실현된 상황에 대해 이미 발생하였거나 발생하고 있음을 기술하므로 직접적인 감각과 지각을 통해 인식 가능하다. 반면, 비실재는 순전히 사고의 영역에서 이루어지며 상상을 통해 상황을 인식한다. Comrie(1985:39-40)는 실재를 이미 발생했거나 발생하고 있는 상황으로, 비실재를 실재 이외의 모든 상황을 가리키는 것으로 보았다. Palmer(2007)가 이 두 개념을 서법 체계에 귀납하기는 하였으나 세계 언어를 살펴보면 실재-비실재를 명확하게 특정한 의미 범주로 귀납하기는 어렵다. 언어마다 실재와 비실재에 대한 인지가 달라 서로 다른 의미 범주와 연관될 수도 있기 때문이다. 실재-비실재 의미의 표현 형식이 언어별로 문법화에 차이를 보이므로, 내용어,

기능어 또는 접어(clitic) 형태소나 접사 등으로 표현된다.

범언어적으로 볼 때 실재-비실재 표지가 나타내는 의미는 일반적으로 시제, 양태와 관련된다. 중국어나 영어에서 '곧 …할 것이다'라는 의미를 나타내는 표현인 將会와 will은 동시에 미래시제, 비실재상, 예측이나 기대의 양태를 표현할 수 있으며, 일반적인 상황에서 세 범주 중 미래시제 의미가 상이나 양태 의미보다 더 두드러진다. (28)은 무유(Muyuw)어[22]의 예이다.

(28) 무유어(Bugenhagen 1994:18, Palmer 2007:145 재인용)
　　yey　　　b-a-n　　　　　　Lae　　　nubweig
　　나　　　비실재-1인칭.단수-가다　라에[23]　내일
　　나는 내일 라에에 갈 것이다.

그러나 어떤 언어에서 실재-비실재는 양태 의미만 표지한다. 미국 원주민 언어인 카도(Caddo)어[24]에서 비실재 표지는 부정, 금지의 명령, 의무 및 조건 등을 나타내는 양태에 사용된다.

(29) 카도어(Chafe 1995:351-359, Palmer 2007:146 재인용)
　　a.　kúy　　t'a　　　　　　　yibahw
　　　　부정　 1인칭.행위자.비실재　 보다
　　　　나는 (그를) 보지 않는다.

　　b.　kaš　　sah?　　　　　　yibahw
　　　　금지　 2인칭.행위자.비실재　 보다
　　　　너 보지 마!

　　c.　kas　　sa　　　　　　　 náy?aw
　　　　사격　 3인칭.행위자.비실재　 노래하다
　　　　그는 노래해야 한다.

　　d.　hí　　 t'a　　　　　　　yibahw
　　　　조건　 1인칭.행위자.비실재　 보다
　　　　내가 (그것을) 보면 …

---

[22] [역자 주] 파푸아 뉴기니 동부의 우드락 제도(Woodlark Islands)에서 사용되는 오스트로네시아어족의 언어로 사용 인구는 1998년 기준 6천 명 정도이다.
[23] [역자 주] 라에는 파푸아 뉴기니의 지명이다.
[24] [역자 주] 미국 오클라호마 주 서부지역의 카도 족이 사용하는 언어로, 2007년 조사 5300명 가량의 카도족 중 카도어 화자는 기준 25명이다.

미얀마, 오스트로네시아어족의 투캉 베시어 등에서 실재-비실재 표지는 주로 상 의미와 관련된다.

(30) 투캉 베시어(Donahue 1999:153)
    a. no   baiara   'e
       3인칭.단수.주어.실재   지불하다   3인칭.단수.목적어
      그녀는 그것을 지불했다.
    b. na   baiara   'e
       3인칭.단수.주어.실재   지불하다   3인칭.단수.목적어
      그녀는 그것을 지불하려고 한다.

그러므로 실재-비실재가 시제, 상, 양태 중 어느 범주에 귀속되는지는 각 언어의 구체적인 상황에 따라 정해지며 문법화 정도도 모두 차이가 있다. 실재-비실재 표지가 양태 의미를 나타내는 데 사용된다면, 이 양태 의미는 언어마다 다른 표지를 사용할 수도 있다. 즉, 동일한 명령 양태를 나타내기 위해 어떤 언어에서는 실재 표지를 사용하고 다른 언어에서는 비실재 표지를 사용할 수 있다(Palmer 2007:2). 양태는 사태의 현실성에 대한 화자의 의견이나 판단, 화자가 그러한 판단을 내리는데 필요한 증거, 화자 또는 다른 사람이 이 사태에 관여하거나 행동을 취하도록 하는 필요성의 세 가지 참조항과 관계되어 있다(Bhat 1999:63). 판단과 증거는 인식 양태에 속하고, 필요성은 의무 양태에 속하는데, 이 중 화자의 의견이나 판단이 가장 기본적이며 증거와 필요성의 전제가 된다.

따라서 실재-비실재는 양태 체계의 기초이자 전체 양태 체계의 상위 개념이라는 가설을 세울 수 있다. 다만 언어에 따라 실재와 비실재를 인식하는 데는 차이가 있다. 실재-비실재가 문법화된 정도는 각 언어별로 다르다. 실재-비실재의 문법화가 많이 진행된 언어에서 실재-비실재 표지가 출현함과 동시에 인식, 증거, 의무, 능동 표지가 나타난다면, 이는 두 가지로 해석될 수 있다. 첫째, 인식, 증거, 의무, 능동 표지는 양태 표지이고, 실재-비실재는 시제나 상 표지이다. 둘째, 상위 양태 범주인 실재-비실재가 특정한 형태 표지로 나타나면 하위 양태 범주인 인식, 증거, 의무, 능동 양태는 일반적으로 문법화되지 않고 의미적으로만 해석된다. 예컨대 러시아어의 독립절에 나타나는 동사는 문법화된 완전상-비완전상 표지를 통해 실재-비실재의 양태를 나타내며, 동시에 동사 자체의 어휘 의미로 인식, 증거, 의무, 능동 등의 하위 양태를 나타낸다.

Palmer(2007)을 기반으로 양태 체계를 [표 3]과 같이 정리할 수 있다. 이 양태 체계는 이론적 가설일 뿐이다. 전통 문법의 서법은 양태 체계에 포함시켜 [표 3]에는 제외하였다. 영어, 러시아어, 독일어의 전통 문법에서 사용하는 직설법은 '인식 > 단언 > 확신'의 양태에 포함되며, 'It is required that…(…할 것이 요구된다)'과 같은 일부 명령법과 가정법은 '의무 > 책무' 양태에 포함되었다. 또한 'I wish…(…하기를 바란다)'와 같은 일부 가정법은 '능동 > 의지'에 포함된다. 중국어의 전통 문법에서 사용하는 평서문, 의문문, 감탄문은 단언성 정도의 차이만 있으므로 '인식 > 단언' 양태에 포함되며, 명령문은 '의무 > 책무' 양태에 포함된다.

부호화 방식의 측면에서 실재-비실재를 살펴보면 중국어와 영어는 문법화 정도가 상대적으로 낮아 특정한 형태 표지가 없다. 또한 실재-비실재는 양태의 고유한 의미가 아니며 시제나 상과 관련되어 있다. 중국어와 영어에는 미래+비실재, 비미래+실재, 비미래+비실재의 시제와 상 결합이 존재하는데, 비미래는 과거와 현재를 포함하므로 결과적으로는 미래+비실재, 과거+실재, 과거+비실재, 현재+실재, 현재+비실재의 다섯 가지 결합이 나타난다. 이중 실재-비실재는 양태와 상 두 범주의 최상위 개념이다. 중국어에서 부정사 没(有)를 실재의 부정에 사용하고 부정사 不(要)와 別는 비실재의 부정에 사용하는 것이 그 예이다.

[표 3] 양태 체계

상위 층위		하위 층위		범주 유형
양태 체계	실재 /비실재	인식 양태	추론 양태	추측	명제 양태 (화자의 판단과 증거)
				연역적 추리	
				추정 판단	
			단언 양태	확신	
				강조	
				감탄	
				질의	
			감정 양태	완곡	
				예의	
				임의	
				의아	
				터득	

양보 양태	다행		사건 양태 (잠재적 또는 미래 사건에 대한 화자의 태도)
	가정		
	전제		
증거 양태	보고 양태		
	감각지각 양태	시각	
		비시각	
		청각	
의무 양태	허가		
	책무		
	승낙		
능동 양태	능력 양태		
	의지 양태		

Dahl(1985)에 따르면, 지리적, 계통적으로 다양한 64개 언어를 살펴본 결과 언어의 시제-양태-상(Tense-Mood-Aspect, TMA) 세 범주가 부호화되는 방식은 명확히 구분되지 않는다. 영어의 will과 shall은 미래시제와 양태를 모두 나타내지만 양태는 이차적인 의미이다. 과거시제의 형식도 과거시제와 양태 의미를 모두 나타낼 수 있는데, 과거시제로 가정법이나 완곡, 예의 등의 양태를 나타낼 때에는 양태가 주요 의미이며 과거시제가 이차적인 의미이다.

9.4.3. 양태의 부호화 방식

양태는 복잡한 체계로, 주로 어떤 행위 혹은 사건에 대한 화자의 견해와 태도를 나타내며 이는 여러 가지 주관적인 의미를 포괄한다. 양태 의미는 명제에 부가되며, 양태 성분은 문장의 기초적이거나 필수적인 성분은 아니므로 실현 형식이 다양하게 나타난다(陆丙甫 2008:311).

WALS의 Auwera & Ammann(http://wals.info/chapter/76)은 양태를 상황 양태(situational modality)와 인식 양태(epistemic modality)로 구분하는데, 이들이 구분하는 상황 양태는 의무 양태와 유사하다. 상황 양태와 인식 양태는 가능성(possibility)과 필연성(necessity)에 따라 각각 두 하위 부류로 구분될 수 있다. 이 네 부류는 언어마다 다른 방식으로 부호화되는데, Auwera & Ammann은 207개 언어로부터 다음의 세 가지 사실을 발견하였다.

(31) i. 의무 양태와 인식 양태를 나타내는 동일한 표지가 가능성과 필연성 두 부류에서 모두 사용되는 언어 36개
ii. 의무 양태와 인식 양태를 나타내는 동일한 표지가 가능성 혹은 필연성 부류에서 사용되는 언어 66개
iii. 의무 양태와 인식 양태를 동일한 표지로 부호화하지 않는 언어 105개

의무 양태(…해도 좋다, …해야 한다)와 인식 양태(…일지도 모른다, 반드시 …일 것이다)를 나타내는 동일한 표지가 가능성과 필연성 두 부류에서 모두 사용되는 언어로 영어의 may와 must가 있다.

(32) a. You *may* go home now. [의무 가능]
당신은 이제 집에 가도 좋다.
b. You *must* go home now. [의무 필연]
당신은 이제 집에 가야 한다.

(33) a. Bob *may* be mistaken about the cause of the accident. [인식 가능]
밥은 사고의 원인을 잘못 파악했을 수 있다.
b. Terry *must* be from Northumberland. [인식 필연]
테리는 분명히 노섬버랜드 출신일 것이다.

(32)와 (33)에서 may와 must는 의무 양태와 인식 양태를 모두 나타낼 수 있다. 그러나 의무 양태를 표시하는 ought to, have to와 인식을 표시하는 maybe, will 같은 다른 표지들은 구분이 된다. 서그린란드(Greenland)어[25]도 의무 양태와 인식 양태를 나타내는 동일한 표지가 가능성과 필연성 두 부류에 모두 사용되는 언어이다.

---

[25] [역자 주] 그린란드에서 사용되는 그린란드어의 표준방언으로 에스키모알류트(Eskimo-Aleut)어족에 속한다. 사용 인구는 1995년 조사 기준 5,300명이다. 칼랄리수트(Kalaallisut)어라고 알려져 있다.

(34) a. Inna-jaa-**ssa**-atit. [의무 필연]
자러 가다-일찍-필연성-직설법.2인칭.단수
너는 일찍 자러 가야 한다.

b. København-mii-**ssa**-aq. [인식 필연]
코펜하겐-~에 있다-필연성-직설법.3인칭.단수
그녀는 코펜하겐에 있어야 한다.

c. Timmi-**sinnaa**-vuq. [의무 가능]
날다-~할 수 있다-직설법.3인칭.단수
그는 날 수 있다.

d. Nuum-mut aalla-reer-**sinnaa**-galuar-poq... [인식 가능]
누크-모두   떠나다-이미-~할 수 있다-그러나-3인칭.단수.직설법
그가 누크를 이미 떠났을지도 모르지만, 그러나…

의무 양태와 인식 양태를 나타내는 동일한 표지가 가능성 혹은 필연성 부류에서 사용되는 언어의 예로는 아이누어가 있다.

(35) a. A kor nispa, hokure **kuni** a cisehe orun e hosipi. [의무]
나 한정 남편   서두르다 필연성 우리 ~의 집 향격 당신 돌아오다
여보, 당신 서둘러서 우리 집으로 돌아와야 해요.

b. Tapan hekaci poro yakun, isanispa ne   an **kuni** p ne. [인식]
이   젊음 커지다 만약 의사 ~로/~로서 이다 필연성 것 되다
이 아이는 자라서 의사가 되어야 한다.

의무 양태와 인식 양태를 구분하여 부호화하지 않는 언어로는 에벤키(Evenki)어[26]가 있다.

(36) a. Ulguchen-**d'enge** bejetken amakan eme-d'e-n. [의무 가능]
말하다-분사   남자아이 곧   오다-미래-3인칭.단수
말할 수 있는 남자아이가 곧 올 것이다.

b. Minggi girki-v   ilan-duli chas-tuli suru-**mechin**-in. [의무 필연]
내   친구-1인칭.단수.소유격 셋-병격   시간-병격 가버리다-필연성-3인칭.단수
내 친구는 3시간 안에 가야만 한다.

---

[26] [역자 주] 러시아와 몽골, 중국의 에벤키족이 사용하는 언어로 퉁구스(Tungus)어족에 속하며 사용 인구는 약 1만 7천 명이다. 퉁구스(Tungus)어 또는 솔론(Solon)어로도 알려져 있다.

c. Ga-**na**-m. [인식 가능]
　　가지다-가능성-1인칭.단수
　　내가 가져갈/가져갔을 수도 있겠다.

d. Su　tar　asatkan-me　sa:-**na**-s. [인식 필연]
　　당신　그/저　여자아이-대격.한정지시　알다-필연성-2인칭.복수
　　당신은 아마도 그 여자아이를 알 것이다.

중국어의 应该(…하는 것이 마땅하다, 마땅히 …할 것이다)와 要(…해야만 한다, …할 것이다)는 모두 의무 양태와 인식 양태를 나타낸다. 그러나 의무 양태는 可以(…해도 된다)와 必须(반드시 …해야 한다) 등, 인식 양태는 可能(아마도)과 一定(반드시) 등 각기 다른 표지로 부호화하여 가능성과 필연성을 구분한다. 의무 양태나 인식 양태 모두 정도의 차이가 있어서, 의무 양태의 정도는 可以 < 应该 < 要 < 必须이고 인식 양태의 정도는 可能 < 应该 < 会 < 一定, 必定(기필코), 必然(필연적으로)으로 나타난다.

이상의 논의를 종합하면 범언어적으로 양태의 부호화 형식은 다양하게 나타나며, 하나의 언어에서도 다양한 형식으로 표현된다는 것을 알 수 있다. 영어는 '할 수 있다' 또는 '가능하다'라는 뜻으로 조동사 can, 형용사 able, 명사 (to have the) ability (to do), 부사 probably를 사용한다. 중국어의 양태 표현 형식도 다양해서 억양을 이용하거나, 能, 会, 可以, 应该, 必须, 可能 등의 양태 조동사, 难道(설마), 幸亏(다행히), 就(바로), 才(겨우), 恰恰(바로, 딱)와 같은 양태 부사, 的, 了, 吗, 呢, 啊, 呀, 吧, 呗, 哦 등의 어기 조사, 哎, 哎呀, 哎哟, 哇噻, 呵呵같은 감탄사 등이 사용된다.

9.4.4. 시제-상-양태의 범언어적 보편성

양태 의미는 매우 다양하며 체계가 복잡하고 여러 가지 부호화 형식이 사용된다. 따라서 범언어적 보편성을 살펴볼 필요가 있다. 王晓华(2014)는 중국어와 일본어의 양태 표현을 비교하였는데, 이에 따르면 중국어와 일본어 양태 표현은 주관성이 강할수록 동사(구)에서 멀리 위치한다. 두 언어의 양태 표현은 동사를 중심으로 좌우 양측에 대칭적으로 나타나며, 이는 양태의 문법화 정도를 반영한다.

(37) (중국어) 인식 > 의무 > 능동　V　능동 < 의무 < 인식 < 설명 < 태도 (일본어)

양태 등급이 더 세밀하게 구분될 수 있는지, 언어별로 어떤 경향성을 나타내는지에 대해서는 더 많은 언어를 대상으로 고찰할 필요가 있다. 언어에서 개념의 부호화는 경제성 원리와 도상성 원리 사이에서 적절한 균형점을 찾으려 한다. 시제-상-양태의 부호화도 마찬가지이다. 경제성 원리에 따라 언어 부호가 가능한 한 더 많은 의미를 담당하고자 하지만, 지나치게 많으면 중의성이 발생할 수 있다. 그러나 도상성 원리에 따르면 언어 표현은 가능한 한 정확하고 분명해야 한다. 시제-상-양태의 세 범주 역시 언어에서 가장 적절한 균형점을 찾을 필요가 있다.

시제-상-양태는 모두 사태에 대한 서술과 관련되어 있다. 2분법적 구분을 적용하면, 사태는 실재-비실재로 나눌 수 있다. 언어마다 실재-비실재에 대한 인지는 다를 것이다. 어떤 언어는 실재-비실재를 일종의 상 대립으로 간주하여 시작상, 진행상, 완료상을 실재상의 하위 부류로 귀속시키고 가까운 시작상, 가까운 진행상과 가까운 완료상을 비실재상으로 귀속시킬 수 있다. 어떤 언어는 실재-비실재를 일종의 양태 대립으로 간주하고 각각의 하위 양태 범주 체계를 갖출 것이다.

시간적 관점상 체계를 사용하는 언어에서 실재-비실재 개념은 시제와 관련이 있다. 실재성 사태는 미래시제의 관점에서 표현될 수 없다. 즉, 미래시제는 비실재성 사태만 표현할 수 있으므로 미래시제는 비실재를 내포하거나, 실재가 비미래 시제를 내포한다고 할 수 있다.

시제-상-양태는 매우 밀접하게 관련되며 경제성 원리와 도상성 원리를 동시에 준수한다. 어떤 언어에 시제-상-양태가 각각 부호화되면 이는 도상성 원리가 경제성 원리에 우선함을 의미한다.

세계 언어에서 시제-상-양태는 다양한 방식으로 부호화되지만 경향성도 존재한다. Bybee(1985)에 따르면, 시제와 상, 양태와 상, 양태와 시제를 각각 구분하는 표지가 있으면 시제, 상, 양태와 동사의 어간 사이에는 다음과 같은 관계가 나타난다(오지브웨(Ojibwe)어[27]는 예외).

(38) 시제-상-동사 어간 ; 양태-상-동사 어간 ; 양태-시제-동사 어간

---

[27] [역자 주] 미국과 캐나다의 오지브와(Ojibwa) 족이 사용하는 알곤킨(Algonquian)어족에 속하는 언어이다. 사용 인구는 약 9만 명으로 추산된다. 오지브와(Ojibwa)어, 오지브웨이(Ojibway)어, 치페와(Chippewa)어, 오치프웨(Otchipwe)어 등으로 알려져 있으며 스스로는 아니시나페모윈(Anishinaabemowin)이라 부른다.

이로부터 양태-시제-상-동사 어간이라는 순서를 도출할 수 있다. 이는 부호화된 시제-상-양태의 거리 보편성이라고 볼 수 있다. (39)는 그 예이다.

(39) a. 바스크어(Primus 2011:304)
   aita   lan-era   joa-n   d-a
   아버지[절대격] 일하다-향격   가다-완료   3인칭.단수.절대격-현재
   아버지는 일하러 가셨다.

   b. 스와힐리어(Nurse 2008:15)
   tu-li-kuwa   tu-ki-kimbia
   1인칭.복수-과거-이다   1인칭.복수-진행상-달리다
   우리는 달리고 있었다.

   c. 자바어(Klok 2010:10)
   asu   kuwi   mungkin   wis   ucul
   개   한정   인식....일 것이다 완료   도망가다
   그 개는 도망간 것 같다.

   d. 일본어
   太郎-は   花子-に   ピアノ-を   習-わせ
   타로-화제격   하나코-여격   피아노-대격   배우다-사동
   てぃ   な-かった   よう   です
   모양   부정-과거   ...인 것 같다.양태   경어
   타로는 하나코에게 피아노를 가르치지 않은 것 같습니다.

(40)은 영어와 중국어의 예이다.

(40) a. I will have finished my homework before 9 o'clock.
      나는 9시 전까지 내 숙제를 끝낼 것이다.
   b. (If I had been there,) I would have helped him.
      (내가 거기 있었더라면) 내가 그를 도왔을 것이다.
   c. 他大概正在上课。
      그는 아마도 수업 중일 것이다.
   d. 小李去法国了。
      샤오리는 프랑스에 갔다.
   e. 小李要去法国(了)。
      샤오리는 곧 프랑스에 갈 것이다.

(40a-b)에서 will과 would는 모두 양태와 시제 표시를 담당하며, have + -ed와 동사의 내적 시간 속성은 상을 표현하므로, 동사 어간으로부터 상, 시제, 양태의 거리 순서를 따른다. (40c)에서 大概(아마도)는 양태를, 正在는 시제와 상을 나타내므로, 역시 동사 어간으로부터 상, 시제, 양태의 거리 순서로 나타난다. (40d)의 문말 시간 조사 了는 시제와 상을 나타내며 동사 去의 내적 시간 속성도 상을 나타내므로 동사 어간으로부터의 거리가 상, 시제 순서이다. (40e)의 要는 양태 및 시제와 상(실재-비실재)을 표현하며, 동사 去의 내적 시간 속성도 상을 나타내므로 동사 어간으로부터의 거리가 상, 시제, 양태 순서이다.

서법은 문법화가 완성된 양태 표현으로 형식에 대한 논의가 상당히 진행되었다. 양태는 매우 다양한 주관적 의미를 포함한다. 양태 범주는 단계적 체계로 표현되며, 양태의 부호화는 범언어적으로 매우 다양하다. 실재-비실재는 상 범주와 양태 범주를 아우르는 최상위 개념이나, 실재-비실재가 양태로 나타나는지 상으로 나타나는지는 언어별로 다르다. 일반적으로 시제-상-양태가 모두 부각되는 언어는 매우 적다. 또한 실재-비실재가 각 언어마다 문법화된 정도가 다르므로, 동사 어간과의 거리에 따라 실재-비실재가 시, 상, 양태 중 어느 것을 나타내는지를 판단할 수 있다. 시제-상-양태의 범언어적 보편성은 이론적 가설이므로 대규모의 언어 표본을 통한 검증이 필요하다.

9.5. 소결

시제, 상, 양태는 본질적으로 의미 범주이다. 그러나 언어마다 이 세 범주의 표현을 문법화하는 정도가 다르며, 사태에 대한 인지적 시각과 민감도도 다르다. 이로 인해 세 범주의 표현형식과 유형이 상이하다.

시간은 움직임의 존재 방식이다. 논리적으로 시간은 과거, 현재, 미래로 구분된다. 그러나 이는 각 언어마다 문법화 정도가 다르다. 많은 언어는 문법적으로 시간을 과거와 비과거로 양분하는 경향이 있다. 영어의 경우, 과거시제는 문법적 형태 표지가 있지만 현재와 미래시제에는 없다. 기후 등 여러 환경적 영향으로 인해 일부 언어는 과거와 미래를 세분하는 방식의 차이가 있어 서로 다른 언어 유형을 형성한다.

시제가 사건이 움직이는 시간적 배경이라면 상은 사건 자체가 움직이는 상태이다.

현재까지 파악된 언어 표본들에 따르면 인류 언어의 상 유형은 공간적 관점상과 시간적 관점상 두 가지로 구분된다. 공간적 관점상은 주로 완전상과 비완전상의 대립으로 나타나며, 시간적 관점상은 주로 실재상과 비실재상, 또는 완료상과 비완료상의 대립으로 표현된다. 실재상은 다시 완료와 진행 또는 완료와 지속의 대립으로 표현된다. 한 언어의 상 범주를 분석할 때 공간적 관점상과 시간적 관점상이 동시에 적용될 수 있다.

시제와 상의 문제는 매우 복잡해서, 과거완료, 현재완료, 현재진행 등 시제와 상이 서로 결합하여 복잡한 시제-상 표현을 형성한다. 시제-상의 의미는 문장 층위에 속하지만 시제-상 범주가 표현되는 핵심 성분은 동사이다. 어떤 언어는 동사의 동작 유형이 문장에 투사되어 직접 시제나 상을 부호화한다. 그러나 어떤 언어에서는 동사구가 반영하는 상황 유형이 문장에 투사되어 시제나 상을 부호화한다.

양태는 사건에 대한 화자의 견해와 태도를 나타낸다. 언어 사용자의 문화적 배경과 환경의 차이로 인해 객관적 사건에 대한 견해와 태도가 상이할 수 있다. 양태 범주의 분류는 이론적 가설이므로 양태 의미의 범주화는 언어 사용자에 따라 다르다. 또한 양태는 조동사, 형용사, 부사, 접사 등의 다양한 표현 방식으로 부호화되는데 이는 개별 언어에서뿐만 아니라 범언어적으로 나타나는 현상이다. 이는 명제에 부가되는 주관적 의미와 관련되어 있다. 범언어적으로 시제-상-양태 부호화의 보편성은 양태-시제-상-동사 어간이라는 동사 어간과의 거리 관계로 표현된다. 이는 세 범주가 의미 근접성 원리에 따라 부호화됨을 보여준다. 세 범주가 모두 부각되는 언어는 드물며 서로 결합하여 부호화되는 경우가 많다. 이러한 결합은 상대적으로 추상화 정도가 큰 의미 영역과 관련될 수 있다.

■ 참고문헌

Allott, A. J., 1965, Categories for the Description of the Verbal Syntagma in Burmese, In G. B. Milner and E. é. J. A. Henderson (eds.), *Indo-Pacific Linguistic Studies* vol.2, New York: North Holland Publishing Company, pp.283-309.

Bhat, D. N. S., 1999, *The Prominence of Tense, Aspect and Mood*, Amsterdam: John Benjamins.

Bybee, J. L., 1985, *Morphology: A Study of the Relation between the Meaning and Form*, Philadelphia: John Benjamins.

Bybee, J. and Fleischman, S., 1995, Modality in Grammar and Discourse: An Introductory Essay, In J. L. Bybee and S. Fleischman (eds.), *Modality in Grammar and Discourse*, Amsterdam: John Benjamins, pp.1-14.

Chung, S. and A. Timberlake, 1985, Tense, Aspect, and Mood. In T. Shopen (ed.) *Language Typology and Syntactic Description* vol.3, Cambridge: Cambridge University Press, pp.202-259.

Comrie, B., 1985, *Tense*, Cambridge: Cambridge University Press.

Dahl, Ö., 1985, *Tense and Aspect System*, Bath: The Bath Press.

Dahl, Ö., 2000, The Tense-aspect Systems of European Languages in a Typological Perspective, In Ö. Dahl (ed.) *Tense and Aspect in the Languages of Europe*, Berlin: Mouton de Gruyter, pp.3-25.

Declerck, R., 2006, *The Grammar of the English Verb Phrase* Vol.1: *The Grammar of the English Tense System*, Berlin: Mouton de Gruyter.

Donohue, M., 1999, *A Grammar of Tukang Besi*, Berlin: Mouton de Gruyter.

Halliday, M. A. K., 2000, *An Introduction to Functional Grammar*, Beijing: Foreign Language Teaching and Research Press.

Hewson, J. and V. Bubenik, 1997, *Tense and Aspect in Indo-European Languages: Theory, Typology, Diachrony*, Philadelphia: John Benjamins.

Kiparsky, P., 1998, Partitive Case and Aspect, In M. Butt and W. Geuder (eds.) *The Projection of Arguments: Lexical and Compositional Factors*, Stanford: CSLI Publications, pp.265-307.

Klok, V., 2010, On the Semantics of Future Markers in East Javanese, *Austronesian Formal Linguistics Association*(AFLA XVII), New York: Stony Brook University.

Lindenlaub, J., 2006, *How to Talk about the Future: A Study of Future Time Reference with*

Particular Focus on the Hocąk Language, Erfurt: University of Erfurt.

Lyons, J., 1977, *Semantics*, Cambridge: Cambridge University Press.

Malchukov, A., 2009, Incompatible Categories: Resolving the "Present Perfective Paradox" In L. Hogeweg *et al*. (eds), *Cross Linguistic Semantics of Tense, Aspect and Modality*, Amsterdam: John Benjamins, pp.13-32.

Mithun, M., 1999, *The Languages of Native North America*, Cambridge: Cambridge University Press.

Nurse, D., 2008, *Tense and Aspect in Bantu*, Oxford: Oxford University Press.

Palmer, F. R., 2007, *Mood and Modality*, Beijing: World Publishing Corporation.

Primus, B., 2011, Case-Marking Typology, In J. J. Song (ed.) *The Oxford Handbook of Linguistic Typology*, Oxford: Oxford University Press, pp.303-321.

Reichenbach, H., 1947, *Elements of Symbolic Logic*, New York: Free Press.

Timberlake, A., 1990, Aspect, Tense, Mood, In T. Shopen (ed.) *Language Typology and Syntactic Description* Vol.3: *Grammatical Categories and the Lexicon* (2nd edition), Cambridge: Cambridge University Press. pp.202-259.

Van der Auwera, J. and A. Ammann, 2013, Overlap between Situational and Epistemic Modal Marking, In M. S. Dryer, and M. Haspelmath (eds.) *The World Atlas of Language Structures Online*, Leipzig: Max Planck Institute for Evolutionary Anthropology, http://wals.info/chapter/76.

Velupillai, V., 2012, *An Introduction to Linguistic Typology*, Amsterdam: John Benjamins.

Vendler, Z., 1957, Verbs and Times, *The Philosophical Review* 66.2: 143-160.

Whaley, L. J., 2009, *Introduction to Typology*, Beijing: World Publishing Corporation.

Пешковский А. М., 1935, *Русский синтаксис в научном освещении*, Москва: Учпедгиз.

郭　锐, 1993,「汉语动词的过程结构」,『中国语文』6:410-419.

金立鑫, 1998,「试论"了"的时体特征」,『语言教学与研究』1:105-119.

刘丹青, 2011,「语言库藏类型学构想」,『当代语言学』4: 289-303.

陆丙甫, 2008,「从语言类型学看模态动词的句法地位」,『语法研究和探索』第14辑, 北京:商务印书馆, 306-314.

罗仁地, 潘露莉, 2002,「信息传达的性质与语言的本质和语言的发展」,『中国语文』3:203-209.

马希文, 1983,「关于动词词"了"的弱化形式[.lou]」,『中国语言学报』1:1-14.

王晓华, 2014,「汉日情态共现的差异与共性」,『外语教学与研究』2:202-213.

吴福祥, 2005,「汉语体标记"着", "了"为什么不能强制性使用」,『当代语言学』3:237-250.

10장 이론적 해석

10.1. 함축적 보편성의 기술과 유형론의 기능적 해석

10.1.1. 함축적 보편성과 4분법적 진리표

Greenberg(1963)에 의해 제시된 함축적 보편성은 현대 언어학에서 유형론과 다른 언어학파를 구분 짓는 가장 중요한 특징 중의 하나이다. 함축적 보편성은 개별 언어의 특징을 기술할 때도 쓰이지만, 주로 인류 언어의 분포적 특징을 기술할 때 사용된다. (1)의 Greenberg 보편성 25를 예로 들어 함축적 보편성에 대해 살펴보자.

(1) 보편성 25: 어떤 언어에서 대명사 목적어가 동사에 후치하면[VPro], 명사 목적어도 동사에 후치한다[VN].

(1)의 보편성 25는 어떤 언어에서 대명사 목적어의 후치는 명사 목적어의 후치를 함축한다는 것을 나타낸다. Greenberg의 함축적 보편성은 단방향의 함축명제이므로 명사 목적어가 동사에 후치한다고 해서 대명사 목적어도 반드시 동사에 후치하는 것은 아니다. 반면 (1)의 등가명제인 '명사 목적어가 후치하지 않으면 대명사 목적어도 후치하지 않는다'는 반드시 성립한다. 즉, 어떤 언어에서 명사 목적어가 동사에 전치하면[NV], 대명사 목적어도 동사에 전치한다[ProV].

Greenberg의 함축적 보편성은 4분법으로 표현할 수 있다. (1)의 함축적 보편성은 '대명사 목적어가 후치한다[VPro]'는 선항(P)과 '명사 목적어가 후치한다[VN]'는 후항(Q)

의 조합에 따라 (2)의 4가지 가능성을 포함한다.

(2) i. [VPro] [VN]: (참) 대명사 목적어와 명사 목적어 모두 후치
ii. *[VPro] [NV]: (거짓) 대명사 목적어가 후치하고 명사 목적어는 전치
iii. [ProV] [VN]: (참) 대명사 목적어가 전치하고 명사 목적어는 후치
iv. [ProV] [NV]: (참) 대명사 목적어와 명사 목적어 모두 전치

(2)의 4가지 가능성 중에 i, iii, iv의 3가지 조합은 가능하지만, ii의 조합은 기본명제인 'P이면 Q이다'와 상충하므로 존재하지 않는다. Greenberg의 4분법은 함축 관계를 해석하기 위한 것으로, 조화(harmony)와 우세(dominance) 두 가지 개념을 통해 그 관계를 설명한다. 조화는 핵심어와 의존어 간의 어순 배열이 서로 일치하는 것을 가리키며, 우세는 (3)과 같이 설명할 수 있다.

(3) 우세 어순은 늘 출현하지만, 열세 어순은 그와 조화를 이루는 구조가 출현할 때만 출현한다.

(3)의 정의에 의하면 (2)의 [ProV]와 [VN]은 조합을 이루는 구조의 어순과 상관없이 항상 출현하므로 우세 어순이고, [VPro]와 [NV]는 이와 조화를 이루는 [VN]과 [ProV]가 출현할 때만 출현하므로 열세 어순이다.

조화는 어순에서의 일치성을 의미하기 때문에 그 자체로 기능적 가치를 가지지만, 우세는 어떤 기능적 가치를 가지는지 Greenberg의 설명으로는 답을 구하기 어렵다. 따라서 Greenberg의 조화와 우세는 기본적으로 함축적 보편성에 대한 형식적 기술이지 기능적 해석이라 할 수 없다. 기능적 관점에서 함축적 보편성을 해석하는 방법으로 가능성 등급과 두 가지 요소의 상호작용을 들 수 있다(陆丙甫, 金立鑫 2010).

10.1.2. 가능성 등급

가능성 등급은 '가능성이 작은 형식이 존재하는 것은 가능성이 큰 형식이 존재하는 것을 함축한다'를 가리키며, 이 때 가능성의 정도는 기능에 의해 결정된다. 가능성 등급을 통해 (1)의 보편성 25를 해석하면, 첫째, 후치 가능성이 낮은 대명사 목적어가 후치하

였으므로 다른 요소의 간섭이 없다면 후치 가능성이 높은 명사 목적어도 후치한다. 둘째, 전치 가능성이 낮은 명사 목적어가 전치하였으므로, 다른 요소의 간섭이 없다면 전치 가능성이 높은 대명사 목적어도 전치한다. 가능성 등급은 다른 조건이 동일하다는, 즉 동사의 동일 유형 목적어라는 전제 하에 성립한다. 다시 말해서 함축 관계에 있는 선항(P)과 후항(Q)이 최소대립쌍(minimal pair)을 구성하는 경우에만 가능성 등급이 적용된다.

대명사가 명사보다 전치 가능성이 높다는 것은 정보의 측면에서 해석할 수 있다. 일반적으로 대명사는 구정보이거나 유정성이 높다. 그리고 많은 언어 현상을 통해 구정보나 유정성이 높은 정보가 전치 경향이 강하다는 것이 증명되었다(10.3.5 참조). 따라서 보편성 25는 전치 가능성 등급으로 해석할 수 있으며, 이 때 대명사가 명사보다 더 높은 등급을 갖는다. 즉, 전치 가능성이 낮은 명사 목적어가 전치하는 것은 전치 가능성이 높은 대명사 목적어가 전치하는 것을 함축한다. 대명사가 명사보다 전치 가능성이 높다는 것은 목적어뿐만 아니라 (4), (5)와 같이 다른 통사 성분에도 해당된다.

(4) a. Here comes John.
여기 존이 온다.
b. *Here comes he.
c. Here he comes.
여기 그가 온다.

(5) a. "Everybody's business is nobody's business.", said John.
"공동 책임을 지는 일은 무책임하게 되기 쉽다."라고 존이 말했다.
b. *"Everybody's business is nobody's business.", said he.
c. "Everybody's business is nobody's business.", he said.
"공동 책임을 지는 일은 무책임하게 되기 쉽다."라고 그가 말했다.

(4), (5)를 통해 영어에서 대명사 주어의 전치 가능성이 명사 주어보다 높다는 것을 알 수 있다. 마찬가지로 소유 구조에도 이와 유사한 보편성이 존재한다. Ultan(1978:24)에 따르면 어떤 언어에서 명사 의존어가 핵심 명사에 전치하면 대명사 의존어도 전치한다. 즉, 대명사 의존어가 명사 의존어보다 전치 가능성이 높다. 대명사가 명사보다 전치 경향이 높은 것은 인류 언어에서 보편적으로 발견된다. 따라서 보편성 25로부터 도출된

'명사 목적어가 전치하는 것은 대명사 목적어가 전치하는 것을 함축한다'로부터 '다른 조건이 동일한 경우, 명사가 전치하는 것은 대명사가 전치하는 것을 함축한다'라는 함축 관계를 도출할 수 있다. 이 때 동일한 조건이란 명사와 대명사가 동일한 통사 성분으로 실현되는 경우를 말한다.

Hawkins(1983:120)가 제시한 함축적 보편성 '형용사 관형어가 핵심 명사에 전치하면, 지시사 관형어와 수사 관형어도 전치한다'도 전치 가능성 등급을 통해 '전치 가능성이 낮은 형용사 관형어가 전치하면 전치 가능성이 높은 지시사와 수사 관형어도 전치한다'고 해석할 수 있다. 이에 대해 陸丙甫(2005a, 2005b)는 확장된 식별도 등급을 적용하여 '핵심 명사의 식별에 공헌한 정도가 큰 관형어가 전치할 가능성이 높다'고 재해석하였다.

전치 가능성 등급 외에도 함축 관계와 관련된 많은 가능성 등급이 의사소통을 위한 필요 정도와 정보 처리의 난이도라는 두 가지 기본 요소와 관련된다. 이는 각각 시장에서 상품의 존재를 결정하는 기본 요소인 수요와 대가와 유사하다.

1) 의사소통을 위한 필요도

사치품과 같이 필요도가 낮은 상품을 구매하는 사람이라면 일상용품과 같이 필요도가 높은 상품도 당연히 구매할 것이다. 이는 필요도가 낮은 형식이 존재한다는 것은 필요도가 높은 형식도 존재한다는 것을 함의한다. 예를 들어 어떤 언어에서 n인칭에 성 범주가 존재하면, n+1인칭에도 성 범주가 존재한다(Greenberg 보편성 44, Plank *et al.* 보편성 93, 519).[1] 이는 직접 대면하여 대화할 때는 쌍방이 남성인지 여성인지 알 수 있기 때문에 자리에 있지 않은 제3자, 즉 3인칭보다 성별을 구별해야 할 필요가 낮기 때문이다. 그리고 대화의 참여자 중 화자는 한 명이지만 청자는 그 이상일 수도 있으므로 2인칭이 1인칭보다 성별을 구별해야 할 필요가 크다. 이와 유사한 함축적 보편성으로 'n인칭 재귀 대명사가 존재하면, n+1인칭 재귀 대명사도 존재한다(Falzs 1985:120)'가 있다.

---

[1] Greenberg의 보편성 44은 '어떤 언어에서 1인칭에 성의 구분이 존재하면, 2인칭이나 3인칭 혹은 2, 3인칭 모두 성의 구분이 존재한다'이며, Flank *et al.*의 보편성 93은 '2인칭 단수에 성 범주가 있으면, 3인칭 단수에도 성 범주가 존재할 가능성이 높다'이다. 흥미로운 것은 중국어 구어에서 모든 대명사는 성에 대한 구분이 없지만, 글말에서 3인칭(他, 她)은 성을 구분한다는 것이다. 홍콩 및 대만 지역에서는 간혹 2인칭(你, 妳)에서도 성을 구분하는 경우가 존재하나, 1인칭에서는 성을 구분하지 않는다.

2) 정보 처리의 난이도

춤을 출 수 있는 사람이라면 길을 걷는 것도 문제가 없을 것이다. 그리고 동일한 조건에서 성적이 좋지 않은 학생이 시험에 통과했다는 것은 성적이 좋은 학생도 통과했음을 함의한다. 이를 통해 '정보 처리가 어려운 형식이 존재하면 정보 처리가 쉬운 형식도 존재한다'는 함축 관계를 도출할 수 있다. Greenberg의 보편성 26에 따르면, 한 언어에 불연속 접사가 존재하면 접두사나 접미사가 존재한다. 이는 접요사와 같은 불연속 접사의 정보 처리가 기타 접사보다 어렵기 때문이다. 관계 종속절에서 명사의 접근성 등급 또한 마찬가지이다. 접근성이 낮은 성분이 관계 종속절의 수식을 받으면 접근성이 높은 성분도 관계 종속절의 수식을 받을 수 있다(Keenan & Comrie 1977).[2] 의사소통을 위한 필요도와 정보 처리의 난이도는 일치하는 경우가 많다. 예를 들어 필요도가 높은 것일수록 더 많이 하게 되고, 숙련이 된 후엔 자연히 더 쉽게 처리하게 된다. 길을 걷는 것이 춤을 추는 것보다 더 일상적이고 평이한 일인 것과 같이 필요도가 높을수록 처리의 난이도는 감소한다. 이 때 필요도의 증가가 일차적인 역할을 담당한다면, 난이도의 감소는 이차적인 역할을 한다.

의사소통을 위한 필요도와 정보 처리의 난이도 외에 다른 가능성 등급도 존재한다. 예를 들어 Croft(1990:68)가 제시한 '단수가 비영형식 표지를 가지면 다수도 비영형식 표지를 가진다'는 함축 관계는 언어의 도상성이 반영된 것으로, 의미적으로 간단한 단수가 표지가 없는 간단한 형식으로 표현된다는 복잡성의 원리(10.3.2 참조)로 설명된다.[3] 이는 '도상성 원리에 부합하지 않는 형식이 존재한다는 것은 도상성 원리에 부합하는 형식이 존재한다는 것을 함축한다'는 가능성 등급으로 표현할 수 있다. 즉, 간단한 개념인 단수가 복잡한 형식으로 표현된다면, 복잡한 개념인 다수도 복잡한 형식으로 표현되

---

[2] [역자 주] Keenan & Comrie(1977)는 관계 종속절의 수식에 있어서 '주어 > 직접 목적어 > 간접 목적어 > 부가어(사격)'라는 명사구 접근성 등급(noun phrase accessibility hierarchy)을 제시하였다. 해당 등급에서 어떤 성분이 관계화가 가능하면, 즉 관계 종속절이 해당 성분에 접근 가능하면 그 왼쪽에 위치한 성분도 관계화가 가능하다.

[3] 이 보편성은 Greenberg의 보편성 35 '모든 언어에서 비단수는 비영형식 형태로 표현되며, 일부 언어에서는 단수만 영형식으로 표현하고 양수와 3수는 거의 영형식을 사용하지 않는다'에서 유추할 수 있다. 양수와 3수가 영형식을 거의 사용하지 않는다는 것은 양수와 3수 같이 사용 빈도가 낮은 범주는 복잡한 형식을 사용해도 무방하다는 경제성 원리로 해석할 수 있다. 만약 양수와 3수를 넓은 의미에서 다수(비단수)라 한다면, '단수에 비영형식 표지가 있다는 것은 다수에도 비영형식 표지가 존재한다'는 함축 관계가 성립한다. 이 역시 경제성과 도상성 원리로 설명할 수 있다.

는 것이다. 그렇다면 '대명사가 명사보다 전치 가능성이 높다'가 가지는 가능성 등급은 좁은 의미에서의 의사소통을 위한 필요도와 정보 처리의 난이도가 아닌 정보 구조의 도상성에 의한 것이라 할 수 있다. 하지만 도상성에 부합하는 어순이 정보 처리가 쉬우므로, 도상성에 기초한 가능성 등급도 넓은 의미의 난이도 등급으로 간주할 수 있다.

Greenberg의 45개 보편성 중에서 가능성 등급으로 설명할 수 있는 함축적 보편성은 (6)과 같다.

(6) i. 보편성 29

어떤 언어에서 굴절 현상이 존재하면 파생 현상도 존재한다. 이는 발생 과정의 난이도로 해석할 수 있다. 일반적으로 굴절이 파생에 비해 문법화 정도가 높고 문법화 과정에 더 많은 시간이 소요되므로, 굴절 현상의 발생이 파생 현상보다 어렵다고 할 수 있다. 따라서 발생 과정에 난이도가 높은 현상이 난이도가 낮은 현상을 함축한다.

ii. 보편성 32

어떤 언어에서 동사가 명사성 주어나 목적어와 성의 일치 관계를 가지면, 수의 일치 관계도 가진다. 의사소통의 측면에서 수 개념의 필요도가 성 개념보다 높다. 수를 표현하는 형태 범주가 존재하지 않는 언어도 수를 표현하는 다른 수단이 있기 마련인데, 예를 들어 중국어에는 수의 형태 범주는 없지만 수사나 些, 个로 수의 개념을 나타낸다. 그리고 중국어에서 사람이나 생물 명사에 男, 女, 雌, 雄을 사용하여 성을 구분하는 경우가 수를 구분하는 경우보다 훨씬 적은 것처럼 수 범주에 비해 성 범주는 의사소통을 위한 필수적인 정보는 아니다. 이는 대상의 성별보다 수의 식별이 훨씬 쉽다는 정보 처리의 난이도와도 관련된다.

iii. 보편성 34

양수(双数)가 존재하는 언어에는 3수(三数)도 존재하며, 다수(多数)가 있는 언어에는 양수(双数)도 존재한다. 이는 의사소통을 위한 필요도와 판단의 난이도와 관련된다. 단수-비단수의 2분법, 단수-양수-다수의 3분법, 단수-양수-3수-다수의 4분법 구분에서 단수-비단수의 2분법 구분의 필요도가 가장 높고 구분이 가장 용이하기 때문이다.

iv. 보편성 36

어떤 언어에서 성 범주가 존재하면 수 범주도 존재한다. 이는 의사소통을 위한 필요도(보편성 32 참조)와 정보 처리의 난이도와 관련된다. 비단수에서 성 범주를 확정하는 것은 거의 불가능하며, 따라서 성 범주가 존재한다는 것은 수 범주도 존재한다는 것을 함축한다.

v. 보편성 37

어떤 언어에서 비단수에 성 범주가 존재할 가능성은 단수에 성 범주가 존재할 가능성보다 높지 않다. 이는 정보 처리의 난이도와 관련된다. 비단수에서 성을 구분하는 것은 단수에서 성을 구분하는 것보다 어렵기 때문이다.

vi. 보편성 43

어떤 언어에서 명사에 성 범주가 존재하면 대명사에도 성 범주가 존재한다. 이는 의사소통을 위한 필요도와 정보 처리의 난이도와 관련된다. 대명사가 명사보다 사람을 가리키는 경우가 많고, 사람의 성별을 구분하는 것은 의사소통에서 매우 중요하다. 또한 대명사는 주로 이미 알고 있는 특정 인물을 가리키므로 성별을 식별하기가 쉽다.

vii. 보편성 45

어떤 언어에서 대명사의 복수에 성 구분이 있으면 대명사의 비단수에도 성 구분이 존재한다. 이 또한 보편성 37과 마찬가지로 정보 처리의 난이도와 관련된다.

이 밖에 (7)의 함축적 보편성도 가능성 등급으로 해석할 수 있다.

(7) i. Itkonen(1998:158)

어떤 언어에서 자동사의 주어에 격 표지가 존재하면, 타동사의 주어에도 격 표지가 존재한다. 이는 타동사의 주어는 목적어와 구분하기 위해 격 표지가 필요하지만, 자동사의 주어는 그럴 필요가 없기 때문이다. 즉, '필요도가 낮은 형식의 존재는 필요도가 높은 형식의 존재를 함축한다'는 의사소통을 위한 필요도와 관련된다.

ii. Siewierska(2004:133)

어떤 언어에서 술어 동사로 쓰이는 자동사에 인칭 일치를 표지하면, 타동사에도 인칭 일치를 표지한다. 이에 대한 해석은 Itkonen의 보편성과 기본적으로 동일하며, 인칭 일치가 논항 성분이 아니라 핵심 동사에 표지된다는 점에 차이가 있다.

10.1.3. 두 가지 요소의 상호작용

가능성 등급으로 설명하기 어려운 함축적 보편성은 두 가지 요소의 상호작용으로 해석할 수 있다. (8)은 목적어와 부사어가 모두 동사의 한쪽에 위치하는 경우로 의미 근접성 원리와 식별도 우선 원리의 상호작용으로 설명할 수 있다(陆丙甫 2005a, 2005b).

(8) (P = 목적어가 동사에 근접한다, Q = 목적어가 부사어에 전치한다, ㄱ = 부정)
  i. 동사-목적어-부사어: (P, Q)
    read the book carefully
    신중하게 책을 읽는다.
  ii. *동사-부사어-목적어: *(ㄱP, ㄱQ)
    *read carefully the book
  iii. 부사어-목적어-동사: (P, ㄱQ)
    认真地把书看了
    진지하게 책을 읽었다.
  iv. 목적어-부사어-동사: (ㄱP, Q)
    把书认真地看了
    책을 진지하게 읽었다.

(8)의 4가지 가능성을 통해 'ㄱP가 Q를 함축한다'와 'ㄱQ가 P를 함축한다'는 함축 관계를 도출할 수 있다. 즉, 목적어와 동사가 멀어지면 목적어가 부사어에 전치하고, 목적어가 부사어에 후치하면 목적어가 동사에 근접한다. 이 때 P의 목적어와 동사 간의 거리와 Q의 목적어와 부사어의 선후 관계는 동일 범주에 속하는 현상이 아니므로 최소 대립쌍을 구성하지 않는다. 따라서 이들 사이의 함축 관계는 가능성 등급으로 설명할 수 없다.

그러나 (8)의 P와 Q는 인류 언어의 보편적 경향을 반영하고 있으며 인지 기능적 원리에 기인한다. 첫째, P는 의미 근접성 원리로 해석할 수 있다. 의미적으로 부사어보다 목적어가 동사와 긴밀한 관계를 가지기 때문에 목적어가 동사에 더 가깝게 위치하는 것이다. 둘째, Q는 식별도 우선 원리를 반영한다. 陆丙甫(2005a, 2005b)의 범 범주 식별도 등급에 의하면 목적어의 식별도가 부사어보다 높으므로 전치 경향이 더 크다. 따라서 (8)의 P와 Q는 각각 우세 어순이 되며 i, iii, iv가 성립하는 충분조건이 된다. 즉, 의미 근접성 원리와 식별도 우선 원리 중에 한 가지라도 부합하는 조합이어야 성립 가능한 어순이 되며, 한 가지도 부합하지 않으면 성립하지 않는다. 의미 근접성 원리와 식별도 우선 원리의 부합 여부는 각기 다른 어순의 출현 빈도를 반영하고, 어순의 우세 정도와 관련된다. 두 가지 원리에 모두 부합하는 어순은 우세와 우세의 조합이므로 가장 안정적이고 보편적인 어순이며, 모두 부합하지 않는 어순은 열세와 열세의 조합이므로 거의 존재하지 않는다. (9)와 같이 직접 목적어와 간접 목적어가 모두 동사의 한쪽에 위치하는 경우도 두 가지 원리의 상호작용으로 해석할 수 있다(陆丙甫, 罗天华 2009).

(9) (P = 직접 목적어가 동사에 근접한다, Q = 간접 목적어가 직접 목적어에 전치한다, ㄱ = 부정)
  i. 간접 목적어-직접 목적어-동사: (P, Q)
  ii.*직접 목적어-간접 목적어-동사: *(ㄱP, ㄱQ)
  iii. 동사-직접 목적어-간접 목적어: (P, ㄱQ)
  iv. 동사-간접 목적어-직접 목적어: (ㄱP, Q)

(9)의 P와 Q도 언어의 보편적 경향을 반영하며 각각 우세 어순이 된다. 첫째, 의미적으로 직접 목적어가 간접 목적어보다 동사와 가깝기 때문에 동사에 근접한다. 둘째, 한정성과 유정성 면에서 수령자나 피해자를 나타내는 간접 목적어의 식별도가 직접 목적어보다 높기 때문에 간접 목적어가 직접 목적어에 전치한다.

지시사, 수사, 상태형용사와 명사 간의 어순 보편성 역시 의미 근접성 원리와 식별도 우선 원리로 해석할 수 있다. Greenberg의 보편성 20에 따르면 관형어 성분인 지시사, 수사, 상태형용사가 모두 명사의 좌측에 출현하면 기본적으로 지시사-수사-상태형용사의 어순을 갖는다. 만약 이들이 명사의 우측에 출현하면 지시사-수사-상태형용사로 배열되거나 그 반대인 상태형용사-수사-지시사의 어순을 갖는다.[4] 이를 4분법으로 표현하

---

[4] 이후 조사에서 다른 어순의 가능성도 발견되었기 때문에 '만약 이들 관형어가 명사의 우측에 출현

면 P(관형어가 명사에 후치한다), ㄱP(관형어가 명사에 전치한다), Q(관형어의 어순이 지시사-수사-상태형용사로 고정적이다), ㄱQ(관형어의 어순이 고정적이지 않다)이며, 이 중 ㄱP ㄱQ (관형어가 명사에 전치하고, 관형어의 어순이 고정적이지 않다)의 조합은 존재하지 않는다.

이때 {지시사{수사{상태형용사{명사}}}}의 어순은 의미 근접성 원리로 해석할 수 있으며, 지시사, 수사, 상태형용사 간의 어순은 잠재적 식별도에 의한 식별도 우선 원리로 해석할 수 있다. 잠재적 식별도란 관형어가 핵심 명사의 식별에 공헌한 정도를 의미하며, 공헌 정도가 큰 관형어일수록 앞 쪽에 놓이는 경향이 높기 때문에 지시사-수사-상태형용사 순서로 어순이 배열된다. 이 세 가지 성분이 모두 명사에 전치하여 {지시사{수사{상태형용사{명사}}}}(ㄱP,Q)의 순서로 배열되면, 의미 근접성과 식별도 우선성을 모두 만족시키므로 가장 안정적인 우세 어순이 된다. 그러나 이들 성분이 명사에 후치하여 {{{{명사}지시사}수사}상태형용사}(P,Q)나 {{{{명사}상태형용사}수사}지시사}(P,ㄱQ)의 순서로 배열되면, 전자는 식별도 우선 원리만을 만족시키고 후자는 의미 근접성 원리에만 부합하므로 두 요인이 서로 충돌하게 된다. 따라서 이 두 가지 어순은 범언어적으로나 개별 언어에서 불안정한 분포 양상을 보인다(陆丙甫 2005a, 2005b).

이밖에도 新编英汉词典(신편영한사전), *英汉新编词典(영한신편사전), 新英汉词典(신영한사전), 英汉新词典(영한신사전)의 성립여부와 张三追累了李四가 가지는 중의성인 张三追而李四累(장싼이 리쓰를 쫓아서 리쓰가 지쳤다), *张三累而李四追(장싼이 지쳤고 리쓰가 장싼을 쫓았다), 张三追并且张三累(장싼이 리쓰를 쫓았고 장싼이 지쳤다), 李四追并且李四累(리쓰가 장싼을 쫓았고 리쓰가 지쳤다)도 4분법을 통해 분석할 수 있다(陆丙甫 2006).[5] 언어 현상은 여러 가지 요인에 의해 결정되기 때문에 개별 언어 사실만 가지고는 해석할 수 없다. 따라서 여러 언어의 자료를 연구 대상으로 삼는 현대 언어유형론은 방법론적으로 우월하다.

함축 관계는 최소대립쌍, 상보적 분포, 표지론을 잇는 중요한 언어 기술 방법이며,

하면 지시사-수사-상태형용사로 배열되거나 그 반대의 어순을 갖는다'는 것은 정확한 결론이라 할 수 없다. 이에 대해 Hawkins(1983:117-123)는 '예측할 수 있는 것이 없다'고 지적한 바 있다. 그러나 이와 같은 조사 결과는 10장의 분석에는 영향이 없음을 밝혀 둔다.

[5] [역자 주] *张三累而李四追(장싼이 지쳤고 리쓰가 장싼을 쫓았다)에서 * 표시는 통사적 비문을 가리키는 것이 아니라 이와 같은 의미적 해석이 존재하지 않음을 나타낸다.

언어 간의 분포 양상 기술에 매우 유용하다. 함축 관계를 통해 언어의 보편적 규칙을 발견할 수 있으며, 최소한의 언어 자료에서 최대한의 규칙을 발견할 수도 있다. 그러나 언어 현상을 4분법으로 기술하는 것이 언어 현상과 관련된 모든 요인을 설명하는 것은 아니다. 本次列车开往成都, 沿途经过郑州、西安等地(이번 열차는 청두행 열차로 정저우와 시안 등지를 경유합니다)에서 等, 地와 그 이음절 형식인 等等, 地方은 4분법을 통해 等地, *等等地, 等地方, 等等地方의 네 가지 조합 가능성을 가지는데, 이 중 等等地는 성립하지 않는다. 이를 통해 '等等이 地方을 함축한다' 또는 '地가 等을 함축한다'라는 함축 관계를 도출할 수 있지만, 각각의 함축 관계에서 선항과 후항이 최소대립쌍이 되지 못하므로 이 관계는 가능성 등급으로 해석할 수 없다. 의미 근접성 원리와 식별도 우선 원리의 상호작용으로도 논리 관계를 결정짓는 충분조건이나 우세 형식을 결정하는 기능적 요인을 찾기 어렵다. 따라서 이에 대한 해석을 위해서는 관련 현상에 대한 더욱 폭넓은 관찰과 분석이 필요하다. 4분법은 기능적 요인을 파악하는 데 도움을 주지만, 이는 기술 방법일 뿐 해석은 아니다. 金立鑫(2007:393)이 지적한 바와 같이 형식적 기술은 언어 현상에 존재하는 조건과 결과의 논리 관계를 보여주지만 논리 관계를 설명하지는 못한다. 그러나 기술은 해석을 위한 필수불가결한 과정이라고 할 수 있다.

10.2. 언어의 경제성과 도상성

가능성 등급 및 의미 근접성 원리와 식별도 우선 원리의 상호작용을 결정짓는 주요 기능적 원리로 언어의 경제성과 도상성이 있다.

10.2.1. 언어의 경제성

언어의 경제성과 관련하여 많이 알려진 것으로 언어형식이 간단한 것은 사용빈도가 높기 때문이라는 지프의 법칙(Zipf's law)이 있다(Zipf 1935:29). 일반적으로 기능어의 간단한 형식과 음운 약화 현상 역시 언어 경제성의 결과라 볼 수 있다. Grice(1967/1989:26)의 대화 격률 중에서 양의 격률(maxim of quantity)인 '현재 대화의 목적에 요구되는 만큼만 정보를 제공하라. 필요 이상으로 많은 정보를 담지 말라'도 언어의 경제성을 반영하고 있다.

　Aissen(2003)의 구별적 목적어 표지(differential object marking)도 경제성 원리로 설명할 수 있다. 목적어 표지가 존재하는 대다수의 언어에서 목적어 표지의 사용은 절대적이 아니라 선택적이다. 예를 들어 주어와 목적어가 모두 사람이거나 사물이어서 의미 관계가 불분명한 경우 목적어에 표지를 사용하는 것이 일반적이다. 이는 표지의 사용과 구조의 정보성이 밀접한 관계가 있음을 말해준다. 의미 관계가 불분명하거나 중의가 생기는 경우 형태 표지의 필요성은 증가하며, 이 때 유정성이나 지시성이 높은 목적어에 표지하는 것이 일반적이다. (10)은 스페인어의 예로 유정성과 지시성이 높은 목적어에만 형태 표지를 한다. (10d)의 al은 목적어 표지 a와 정관사 el이 결합된 형식이다.

(10) a. El　　director　busca　un　　　automóvil.
　　　　정관사　감독　　　찾다　부정관사　자동차
　　　그 감독이 자동차를 찾는다.

　　b. El　　director　busca　el　　automóvil.
　　　　정관사　감독　　　찾다　정관사　자동차
　　　그 감독이 그 자동차를 찾는다.

　　c. El　　director　busca　un　　　empleado.
　　　　정관사　감독　　　찾다　부정관사　비서
　　　그 감독이 비서를 찾는다.

　　d. El　　director　busca　al　　　　　empleado.
　　　　정관사　감독　　　찾다　정관사.목적격　비서
　　　그 감독이 그 비서를 찾는다.

　또한 많은 언어에서 동사가 유정성이 높은 주어와 목적어를 수반할 때만 일치 관계를 표지한다. 반면 (11)의 암하라어는 한정적인 목적어에만 일치 관계를 표지한다(Givón 1976:161-162).

(11) a. Kassa　borsa-w-in　　wässädä-w
　　　　카사　지갑-한정-목적격　가져가다-한정
　　　카사가 그 지갑을 가져갔다.

　　b. Kassa　borsa　wässädä
　　　　카사　지갑　가져가다
　　　카사가 지갑을 가져갔다.

Croft(2003:134)의 의미지도의 연속성(11장 참조)은 언어의 도상성과 경제성을 모두 반영한다. 도상성이 서로 연관된 의미 기능이 동일한 부호 형식으로 나타나는 것을 가리킨다면, 경제성은 몇 가지 연속하는 의미 기능을 하나의 부호 형식으로 나타낼 수 있다는 것을 의미한다. 이는 언어의 도상성과 경제성이 상위의 언어책략에서는 서로 일치하고 있음을 시사한다.

屈正林(2011)은 중국 35개 소수 민족 언어의 관형어 표지 분포를 조사하였다. (12)의 조사 결과에 따르면, 유형1을 제외한 유형2, 3, 4는 모두 지시사 관형어와 수량사 관형어를 다른 표지 형식을 가지는 관형어와 구분한다. 반면 명사, 형용사, 동사 관형어는 하나의 연속체를 구성하며, 이 중 유형3과 유형4는 형용사가 동사와 명사의 중간적 특성을 가진다는 것을 명확히 보여준다. 명사, 형용사, 동사 각각의 품사가 가지는 의미 특징에 따라 관형어로서의 지시성에도 안정성의 차이가 존재한다.

(12) 35개 소수민족 언어의 관형어 표지 분포[6]

유형	지시사	수량사	명사	형용사	동사	수량
1	═══	═══	═══	═══	═══	7
2			═══	═══	═══	14
3			═══	‖‖‖	‖‖‖	13
4			═══	═══		1

10.2.2. 언어의 도상성

도상성(iconicity)이란 의사소통 기능과 부호 형식 간의 일치성을 말한다. 복잡한 언어 현상은 기능과 형식면에서 서로 일치하지 않는 양상을 보이지만, 합리적인 각도에서 어떤 기능과 어떤 형식이 상호대응 관계를 가지는지 파악하는 것이 중요하다. (13)과 같이 중국어와 영어의 부사어는 표면적으로 상반된 어순을 가진다. 그러나 핵심 동사를 기준으로 각각의 부사어와 핵심 동사 사이의 거리는 일치한다.

---

[6] [역자 주] (12)의 표에서 원문은 음영 차이로 표시했던 것을 더 명확히 구분하기 위해 가로줄과 세로줄로 표시하였다. 빈칸은 표지가 없음을 나타내고, 가로선과 세로선은 해당 언어에서 동일한 표지가 사용됨을 나타낸다.

(13) a. 중국어: 시간 - 장소 - 방식 - **동사**
　　　b. 영어:　　　　　　　　　**동사** - 방식 - 장소 - 시간

(13)에서 부사어와 핵심 동사 사이의 거리 순서가 동일한 것은 구조적 거리와 의미의 긴밀도가 서로 관련되며 일치하기 때문이다. 표면적으로 다르게 나타나는 현상에 대한 해석은 현상들 간에 존재하는 공통된 기제, 즉 일치성을 발견하는 것으로 시작한다. 그리고 여러 가지 일치성을 발견하고 그로부터 연관성을 지니는 일치성과 연관성을 지니지 않는 일치성을 구분한다. 이 과정을 통해 일치성 간에 존재하는 상위의 일치성을 발견할 수 있다. 일치성을 통해 표면적으로 일치하지 않는 현상을 해석할 때 어떤 기능과 형식이 일치성을 갖는지 발견하는 것이 문제의 핵심이다. (14)의 중국어 希望(희망하다)과 失望(실망하다)의 대상은 각각 동사의 뒤와 앞에 위치하여 상반된 어순을 가진다.

(14) a. **很希望** + 대상
　　　　 -를 희망하다
　　　b. 对 + 대상 + **很失望**
　　　　 -에 대해 실망하다

희망하는 일은 바라는 시점에서 아직 발생하지 않은 미래이고, 실망하는 일은 대부분 그 시점에서 이미 발생한 과거이다. 이를 통해 동사와 대상 간의 어순과 표현 내용, 즉 객관 현상의 발생 순서가 일치함을 알 수 있다.

　도상성과 경제성 두 가지 기능적 요소 중에서 일차적 요소는 도상성이다. 도상성이 언어의 본질적 요소라면 경제성은 언어 참여자인 화자와 청자의 필요에 의하여 결정되는 이차적 요소이다.

10.3. 6가지 주요 도상성 원리

10.3.1. 말소리의 도상성

　말소리 도상성(sound iconicity)은 일반적으로 의성어와 같이 구체적이고 형상적이며

비교적 간단한 도상성이라 이해된다. 그러나 말소리 도상성 역시 복잡하고 추상적인 경우가 있다. 예를 들어 영어와 중국어에서 동일한 성분으로 구성된 표현은 강세 유형을 통해 전체성이 높은 명사성은 강-약 구조로, 전체성이 낮은 동사성은 약-강 구조로 구분된다(2.3 참조).

명사성과 개념의 전체성 간의 관계는 통사적으로도 증명된다. (15), (16)과 같이 이미 종결된 사건은 전체성이 부각되므로 명사성이 높은 성분으로 부호화되는 것이 그 예이다.

(15) a-1. 开始认真的讨论。 a-2. 开始认真地讨论。
   진지한 토론을 시작했다.   진지하게 토론하기 시작했다.
   b-1. 结束认真的讨论。 b-2. *结束认真地讨论。
   진지한 토론을 마쳤다.

(16) a. 开始讨论一些学术问题。
   몇 가지 학술문제를 토론하기 시작했다.
   b. *结束讨论一些学术问题。

(15), (16)에서 볼 수 있듯이 结束가 나타내는 사건이 开始가 나타내는 사건보다 전체성이 강하기 때문에 명사성 구조로 부호화된다. 영어의 begin과 finish도 사건의 전체성에 따라 (17)과 같이 각기 다른 목적어를 가진다.

(17) a-1. to begin V-ing   a-2. to begin to V
   b-1. to finish V-ing   b-2. *to finish to V

영어의 동명사 V-ing가 부정사 to V 보다 명사성이 강함을 증명하는 예는 쉽게 찾을 수 있다. (18)의 예를 보자.

(18) a. To make a living, Tom had tried writing, painting, and various other things.
   생계를 위해서 톰은 글쓰기와 그림그리기, 그리고 여러 다른 일들을 시도하였다.
   b. *To make a living, Tom had tried to write, to paint, and various other things.

(18a)의 동명사 writing과 painting은 명사구 various other things와 병렬 관계를 이루

지만, (18b)의 부정사 to write와 to paint는 불가능하다. 이를 통해 동명사 V-ing가 부정사 to V 보다 명사성이 강하다는 것을 확인할 수 있다.

10.3.2. 복잡성의 도상성

복잡성의 도상성(complexity iconicity)이란 양의 도상성(quantity iconicity)이라고도 하며, 의미와 기능의 양과 형태의 양이 비례한다는 것을 의미한다. 즉, 의미나 기능이 복잡할수록 복잡한 형식을 가진다. 陆丙甫(2002)는 (19)와 같이 간단한 동작을 나타내는 언어 단위가 명사로 쓰일 때는 간단한 형식을 사용하고, 복잡한 사건을 나타내는 언어 단위는 동사의 파생을 통해 형성된 복잡한 형식을 사용한다는 것을 발견하였다.

(19) a. act: action/activity
  (특정한) 행동: (어떤 목적이나 문제 해결을 위한) 움직임, 활동
 b. move: movement
  이동, 움직임: (사회, 정세 등의) 움직임이나 동향, 조직적 운동

(20)의 예도 마찬가지이다.

(20) a clap of hands: a clapping of hands
  박수 한 번: 박수 한 차례

상대적으로 간단한 형식인 a clap of hands의 clap은 박수 한 번을 나타내고, 복잡한 형식인 a clapping of hands의 clapping은 박수 한 차례를 나타낸다. 간단한 동작과 복잡한 사건의 중간 사태를 표현하는 단위가 명사로 쓰일 경우에는 간단한 동작명사나 복잡한 사건명사가 아닌 동명사 형식을 사용하는 경우가 많다. 이를 비교하면 (21)과 같다.

(21) i. 간단사건(동작명사-영파생): move(움직임), pull(끌기), push(밀기)
  ii. 중간사건(동명사-규칙파생): moving(이사), climbing(등산)
  iii. 복잡한 사건(사건명사-자유파생): movement(조직적 운동), revolution(혁명)

형태의 복잡성 면에서 (21) i의 동명사가 ii의 동작명사와 iii의 사건명사 사이에 위치

한다. ii는 파생형식이 제한적이고 규칙적인데 반해, iii의 사건명사는 다양한 형식의 접사를 가진다는 점에서 차이가 있다.

다른 예로 (22)의 begin, commence와 push, promote를 비교해보자.

(22) a-1. begin → beginning a-2. commence → commencement
    시작하다 → 시작   시작하다 → 시작, 개시
  b-1. push → push   b-2. promote → promotion
    밀다 → 밀기   촉진, 고취하다 → 주창, 옹호

begin이나 push에 비해 commence와 promote가 시작하고 촉진하는 일은 일상생활 속의 간단한 행위가 아닌 복잡한 사회적 사건이다. 따라서 그 사건을 부호화할 때 상대적으로 복잡한 형식을 사용하며 대부분 특정 사건명사가 존재한다. 반면 '기억하다'와 '망각하다'는 의미적으로 대등한 반의어임에도 (23)과 같이 각각 명사성이 강한 memory(기억)와 명사성이 약한 forgetting(잊음)으로 부호화된다.

(23) The struggle of humanity against tyranny is the struggle of **memory** against **forgetting**.
                      - Milan Kundera
  독재에 대항하는 인류의 투쟁은 망각에 항거하는 기억의 몸부림이다.
                        - 밀란 쿤데라

'기억하다'가 '망각하다'에 비해 명사성이 강한 성분으로 부호화되는 것은 이미 망각한 일에 비해 대뇌에 머무는 시간이 길어 구체적이고 분명하기 때문이다. 이 또한 전체성이 높은 명사성이 동사성과 구분되는 특징 중 하나이다(10.3.5 참조).

복잡성의 도상성은 (24), (25)의 문장 단위에서도 드러난다. 복잡한 행위는 일반적으로 복잡한 구문으로 부호화된다(Langacker 1991).

(24) a. We **could** see he was too old.
    우리는 그가 매우 늙었음을 알 수 있었다. (쉽게 알 수 있음)
  b. We **were able to** see that he was too old.
    우리는 그가 매우 늙었음을 알 수 있었다. (노력해야 알 수 있음)

(25) a. He got so moved he bought the book.
그는 너무 감동받아서 (그 자리에서) 그 책을 샀다.
   b. He got so moved **that** he bought the book.
그는 너무 감동받은 나머지 그 책을 사게 되었다 .

10.3.3. 순서의 도상성

순서의 도상성(sequence iconicity)이란 언어 성분의 배열 순서가 사건의 물리적 발생 순서나 사건 해석의 논리 순서와 평행하다는 것을 의미한다. Greenberg(1963)는 보편성 14 '모든 언어에서 조건절이 결과절에 선행하는 것이 일반적인 어순이다'와 보편성 15 '명사성 목적어가 동사에 선행하는 언어가 아닌 이상, 바람이나 목적을 나타내는 동사의 종속 형식은 주요 동사에 후행한다'의 어순은 실제 경험이나 지식의 순서와 평행하다고 주장하였다. 조건 관계는 비록 시간성을 가지지 않지만 함축항에서 피함축항으로의 논리 순서에 따라 그 관계를 부호화한다.

Tai(1985)가 제시한 시간 순서 원리(principle of temporal sequence)도 논리 순서이며, 시간 순서와 어순 배열 간의 일치성을 가리킨다. 시간 순서의 도상성이 가장 분명하게 드러나는 것은 연동 구조이다. 이에 李亚非(2014), Haspelmath(2016)도 연동 구조의 어순은 반드시 시간 순서 도상성에 부합하여야 한다고 지적한 바 있다. 동사는 시간성과 가장 밀접한 관계를 가지는 어휘 범주이므로, 연동 구조는 반드시 시간 순서 도상성의 영향을 받게 되는 것이다. 일반적으로 중국어는 다른 언어보다 시간 순서 도상성이 부각되는 언어라고 간주되며, 이는 연동 구조 외의 다른 통사 구조에서도 드러난다. 10.2.2의 (14) '希望 + 대상'과 '对 + 대상 + 失望'이 대표적이다. 屈承熹(2005:14)는 (26)의 예를 들어 중국어는 기점에서 종점으로의 시간 순서에 의해 어순이 배열되지만, 영어는 그 어순 배열이 유연하다고 지적한다.

(26) a. We went to Beijing from Shanghai.
우리는 상하이에서 베이징으로 갔다.
   b. We went from Shanghai to Beijing.
우리는 상하이에서 베이징으로 갔다.
   c. 我们从上海去了北京。
우리는 상하이에서 베이징으로 갔다.

그러나 (27)과 같이 영어의 논항 성분들이 시간 순서 도상성의 영향을 전혀 받지 않는 것은 아니다.

(27) a. From Beijing, we went to Shanghai.
베이징에서 우리는 상하이로 갔다.
b. *To Shanghai, we went from Beijing.

영어 동사 go(가다)는 기점과 종점이라는 두개의 논항을 가질 수 있으며, 그 중에서 의미적으로 부각되는 것은 기점이 아닌 종점이다. 이는 종점이 기점보다 생략이 어렵다는 것에서 증명되며, 이를 통해 종점이 기점에 비해 필수적임을 알 수 있다. 따라서 종점이 동사에 근접하려는 경향이 더 강하고(10.3.4 참조), 이에 부합하는 (26a)가 더 일반적인 어순이다. 그리고 (26b)은 시간 순서 도상성이 일반 어순에 간섭할 수 있다는 것을 보여준다. (27)과 같이 기점과 종점이 각각 동사의 양측에 위치하면 이들 성분과 동사 간의 거리 차이는 유의미하지 않으며 시간 순서 도상성의 작용이 더욱 부각된다. 따라서 중국어처럼 분명하지는 않더라도 영어에서도 시간 순서의 도상성이 작용하고 있음을 알 수 있다. 이는 어떤 언어 보편성이 표면적으로 드러나지 않는다고 해서 존재하지 않는 것이 아님을 시사하므로 간섭 요소들을 제거하고 보편성을 밝혀야 한다.

10.3.4. 의미 거리의 도상성

의미 거리의 도상성은 근접성의 원리(proximity principle)라고도 하며, 의미적으로 밀접한 성분이 구조적으로도 근접한다는 것을 가리킨다. 의미 거리의 도상성은 일찍이 제시되었는데, 주로 (28)과 같은 이항식 구조를 설명한다.

(28) a-1. 我的书   a-2. *我书
　　　　 나의 책
　　 b-1. 我的爸爸   b-2. 我爸爸
　　　　 나의 아버지   내 아버지

(28a)에서 我와 书는 양도 가능한 관계지만, (28b)의 我와 爸爸는 양도가 불가능한 관계이다. 이 때 전자가 후자에 비해 의미적 거리가 멀기 때문에 구조조사 的의 사용이 필수적이며, 따라서 구조적 거리도 멀어지게 된다.

의미 거리의 도상성은 다항식 구조의 어순 배열에서도 확인할 수 있다. 예를 들어 시점(T), 시량(D), 장소(L), 도구(I), 방식(M)과 핵심 동사(V)라는 6가지 성분 간에 가능한 배열 가짓수는 총 6×5×4×3×2×1=720개이다. 그러나 궤도 구조, 즉 의미적 거리에 따라 위치를 구분할 경우 해당 성분들의 출현 위치는 고정적이므로 가능한 배열 가짓수가 2×2×2×2×2=32개로 감소한다(陆丙甫 2012). 이를 통해 궤도 구조가 수형도보다 성분 간의 의미 거리를 명시적으로 보여주며 다항구조의 핵심 성분이 기준점으로서의 중요한 작용을 한다는 것을 알 수 있다. (29)의 예를 살펴보자.

(29) a. 张三的那本李四的书
　　 b. 임차자 – 소유주 – 번역자 – 원저자 – 내용
　　 c. A(가) 빌려간 B(가) 소유한 C(가) 번역한 D(가) 저술한 E에 관한 책

(29a)의 张三과 李四는 각각 최소한 (29b)의 5개 대상을 지시할 수 있다.[7] 그렇다면 수학적으로 가능한 해석은 총 5×4=20가지가 되며, 그만큼의 중의가 발생한다. 그러나 张三, 李四가 가지는 해석은 书와의 의미 근접성에서 차이가 있다. 이때 핵심 명사 书에 가깝게 위치한 李四가 의미적으로도 가깝기 때문에, 张三이 가지는 해석은 반드시 李四보다 왼쪽에 있어야 한다. 그렇다면 가능한 해석은 4＋3＋2＋1=10가지로 줄어든다. 예를 들어, 의미 거리의 도상성에 부합하는 '[임차자]的那本[내용]的书(张三借来的那本关于李四的书/장싼이 빌려온 그 리쓰에 관한 책)'은 성립하지만, 의미 거리의 도상성에 위배되는 '*[내용]的那本[임차자]的书(关于张三的那本李四借来的书/장싼에 관한 그 리쓰가 빌려온 책)'는 성립하지 않는다. 후자에서 那本을 생략하고 关于张三的、李四借来的书(장싼에 관한, 리쓰가 빌려온 책)라 하면 성립 가능하지만, 이는 두 개의 병렬구가 하나의 관형어가 되는 구조이므로 다항 관형어와 핵심성분 사이

---

[7] 이밖에 구매자, 판매자, 추천인, 평론인 등의 해석도 존재할 수 있으며, 중심어인 책과의 의미 관계에서 각각 상이한 안정성과 중요성을 갖는다. 예를 들어 같은 소유주라고 해도 수집가와 그가 수집한 책은 일반적인 소유주와 소유물보다 더 밀접한 관계를 가진다고 할 수 있다.

의 의미 거리의 도상성을 설명하는 예가 될 수 없다.

　의미 거리의 도상성은 일반적인 의미에서의 어순 문제와 다르다. 의미 거리의 도상성이란 의미적 거리가 공간적 거리에 반영된 것으로 시간 순서의 도상성이 반영된 선형적 순서와는 무관하다. 영어의 형용사 관형어는 모두 핵심 명사에 전치하지만, 부사어는 핵심 동사에 후치한다. 예를 들어 (30)의 관형어와 부사어는 완전히 상반된 어순을 보인다.

(30) a. There was an *unfortunate mysterious structural* **damage** to the rocket.
　　　　그 로켓에 예상치 못한, 이해하기 힘든, 구조적인 손상이 있었다.
　　b. The rocket was **damaged** *structurally mysteriously unfortunately*.
　　　　이상하게도 (그리고) 불운하게도, 그 로켓은 구조적으로 손상되었다.

　의미 거리의 도상성은 인지적 해석이 가능하다. 의미 관계가 밀접함을 나타내는 의미 근접성을 구분하는 주요 기준은 안정성으로, (30)에서 핵심성분 damage와 damaged에 가장 근접한 structural, structurally는 내재적이고 객관적인 상태를 나타내고 가장 안정적이다. 반면 mysterious, mysteriously와 unfortunate, unfortunately는 외재적이며 안정적이지 않다. 개인에 따라 당연하고 다행스러운 상황이라 받아들일 수도 있기 때문이다. 이때 mysterious와 mysteriously는 인식 상태를 나타내고 unfortunate와 unfortunately는 가치 판단과 감정을 나타내는데, 개인적 요소가 개입되기 쉬운 후자에 비해 전자가 안정적이므로 핵심성분에 근접한다. 즉, 내재적 성질을 나타내는 성분이 핵심성분과 가깝게 위치하고, 외재적 특징을 나타내는 성분은 핵심성분에 멀리 위치한다. 이때 의미적으로 핵심 명사와 더 안정적인 관계를 가지는 관형어일수록 구조의 전체성은 높아지며 구성성분은 더 긴밀하게 결합한다.

10.3.5. 식별도 우선의 도상성

　식별도 우선의 도상성이란 식별도 우선 원리(identifiability precedence principle)라고도 하며, 우선적으로 식별되는 성분이나 범주일수록 먼저 출현하거나 전치하는 경향이 강하다는 것을 의미한다(陆丙甫 2005a, 2005b).

(31) a. the **last** two pages
　　　 (그 책의) 마지막 두 쪽
　　 b. (the) two **last** pages
　　　 (두 책의) 마지막 쪽

　(31a)의 수사에 전치하는 last는 한 권의 책에서 마지막 두 쪽을 나타내며, (31b)의 수사에 후치하는 last는 각각 다른 책의 마지막 쪽을 나타낸다. 서로 다른 책의 마지막 쪽보다 한 권의 책에서 마지막 두 쪽의 식별도가 높기 때문에 (31a)의 last는 전치할 수 있다. 그리고 전치한 last는 본연의 식별도가 높기 때문에 수식을 받는 전체 명사구의 식별도도 높아지고, 따라서 반드시 정관사 the를 표시해야 한다.

(32) a-1. Here comes **John**.　　　　a-2. (这里)走来了约翰。
　　　　　여기에 존이 온다.　　　　　　　여기에 존이 걸어왔다.
　　 b-1. *Here comes **he**.　　　　　b-2. *(这里)走来了他。
　　 c-2. Here **he** comes.　　　　　 c-2. 他走来了。
　　　　　여기에 그가 온다　　　　　　　　그가 걸어왔다.

　(32a)와 (32b)가 성립 여부에서 차이가 있는 것은 인칭 대명사의 식별도가 고유 명사보다 높아서 전치 경향이 강하기 때문이다. 그리고 (32b)는 성립하지 않지만 (32c)는 성립한다는 점에서 인칭 대명사의 전치 경향이 높다는 것을 다시 한 번 확인할 수 있다. 따라서 he, 他와 같은 인칭 대명사는 come, 来와 같은 비대격동사(unaccusative verb)의 대상(theme) 목적어로 쓰일 수 없다.

10.3.6. 기능 변화와 형식 변화 간의 일치성

　마지막으로 기능 변화와 형식 변화 간의 일치성을 살펴보자.

(33) a. 来了**客人**。
　　　 손님이 왔다.
　　 b. **客人**来了。
　　　 손님이 왔다.

(33)과 같이 客人(손님)의 위치가 바뀌면 표현 기능 또한 달라진다. 이 때 변화 요소를 한 가지 성분으로 제한시켜야 변화에 존재하는 일치성이 부각될 수 있다(陆丙甫 1993:5-6). 어순 즉 성분의 위치 변화와 기능 변화 간의 관련성을 살펴보기 위한 방법으로 후행 성분을 선행 성분으로 전치시켜 볼 수 있다. 이 과정에서 (33b)의 客人과 같이 전치되는 성분의 구별성이 증가하여 '내가 기다리던 바로 그 손님'이라는 의미를 나타낸다. (34)의 예를 살펴보자.

(34) a. 那只**白的**狗
     그 하얀 개
   b. **白的**那只狗
     하얀 그 개
   c. 那只**白的**狗

만약 (34a)가 기본 어순이라면 (34b)는 白的가 전치되면서 지시성이 증가하고, 다른 대상과의 대조라는 의미가 부여된다. 이와 동일한 효과를 얻기 위해서 (34c)와 같이 白的에 강세를 부여할 수도 있다. 어순 변화와 강세는 모두 부호화 형식이 변화하는 것이므로, 모두 기능 변화와 형식 변화 간의 일치성 원리가 반영된 것이다.

10.4. 소결

10장에서는 우선 기능이 적은 형식이 존재하면 기능이 많은 형식도 존재한다는 가능성 등급으로 함축적 보편성을 해석하였다. 함축 관계를 규명하는 것은 기능적 해석에 있어 가장 큰 설명력을 갖는다. 이어서 기능적 해석의 몇 가지 주요 요인과 요인 간의 관계에 대해 살펴보았다. 예를 들어 '希望 + 대상'과 '对 + 대상 + 失望'의 어순 차이는 순서의 도상성 원리와 식별도 우선 원리를 반영하는 것으로 볼 수 있다. '对 + 대상 + 失望'에서 대상은 이미 일어난 일을 나타내는데, 먼저 발생한 일은 일반적으로 구정보를 나타내고 구정보의 식별도는 신정보보다 높기 때문에 전치 경향이 강한 것이다.

도상성 원리들 간의 상호작용뿐만 아니라, 도상성과 경제성도 상호작용한다는 것을 의미지도의 예를 통하여 논의하였다. 도상성은 의사소통 기능과 부호화 형식 간의 일치성을 말하며, 일치성은 경제성이 발현된 것으로, 도상성과 경제성이라는 서로 다른 두 가지 요인이 결과적으로 동일한 언어책략으로 실현된 것이다. 어떤 언어 현상은 특정 도상성의 결과일 수 있지만, 여러 도상성과 관련되기도 한다. 서로 다른 도상성이 작용할 경우 그 결과는 일반적으로 일치하지만 서로 충돌하는 상황도 존재한다. 이는 유형론의 기본적인 기술 방법인 함축적 보편성이 가능성 등급의 결과일 수도 있지만 서로 다른 도상성 원리가 상호작용한 결과이기도 하다(陆丙甫, 金立鑫 2010). 여러 관형어가 모두 전치하는 명사구에서 관형어 간의 어순은 대개 안정적이지만, 관형어가 모두 후치하는 명사구에서는 어순이 매우 자유로운 것이 그 예이다. 이 두 가지 경우는 모두 의미 근접성 원리와 식별도 우선 원리의 상호작용으로 해석할 수 있다.

유형론 연구가 형식문법과 다른 점은 여러 가지 기능적 해석이 가능하다는 것이다. 하나의 현상에 여러 요인이 작용할 수도 있고, 하나의 결과에 여러 원인이 존재할 수도 있기 때문이다. 일반적으로 여러 가지 요인에 부합하는 현상일수록 출현 빈도가 증가한다. 언어란 인류 인지의 직접적인 산물이므로 언어 원리는 기본적인 인지 규칙에 따라 기능과 형식이 자연스럽게 발전된다. 따라서 언어 원리는 인지에 기초하여 이해되어야 한다. 많은 함축적 보편성에서 적지 않은 예외가 발견된다는 점에서 이를 함축적 보편성이 아닌 경향성이라 보는 입장도 존재한다. 그러나 '경향성이란 예외를 허용하는 보편성이며, 보편성은 이상화된 경향이다'라는 주장에 의하면 경향성과 보편성은 본질적으로 차이가 없다. 예외를 만드는 요소를 발견하고, 그 요소를 배제하면 경향성도 점차 보편성이 된다.

■ 참고문헌

Aissen, J., 2003, Differential Object Marking: Iconicity vs. Economy, *Natural Languages & Linguistic Theory* 21.3:435-448.

Croft, W., 1990, *Typology and Language Universals*, Cambridge: Cambridge University Press.

Croft, W., 2003, *Typology and Universals* (2nd edition), Cambridge: Cambridge University Press.

Givón, T., 1976, Topic, Pronoun and Grammatical Agreement, In C. Li (ed.) *Subject and Topic*, New York: Academic Press, pp.149-189.

Greenberg, J. H., 1963, Some Universals of Grammar with Particular Reference to the Order Meaningful Elements, In J. H. Greenberg (ed.) *Universals of Language* (2nd edition), Cambridge: MIT Press, pp.73-113.

Grice, H. P., 1967/1989, *Logic and Conversation, Studies in the Way of Words*, Cambridge: Harvard University Press, pp.1-143.

Faltx, L. M., 1985, Reflexivization: A Study in Universal Syntax, Doctoral dissertation, University of California, Berkeley.

Haspelmath, M., 2016, The Serial Verb Construction: Comparative Concept and Cross-Linguistic Generalizations, *Language and Linguistics* 17.3:291-319.

Hawkins, J. A., 1983, *Word Order Universals,* New York: Academic Press, pp.117-123.

Itkonen, E., 1998, Concerning the Status of Implicational Universals, *STUF-Language Typology and Universals,* 51.2:157-163.

Keenan, E. and B. Comrie, 1977, Noun Phrase Accessibility and Universal Grammar, *Linguistic Inquiry* 8:63-99.

Langacker, R. W., 1991, *Foundation of Cognitive Grammar* vol.2, Stanford: Stanford University Press.

Plank, F. *et al.* (eds.), 2000, The Universals Archive, http://typo.unikonstanz.de/archive/intro/.

Tai, J., 1985, Temporal Sequence and Chinese Word Order, In J. Haiman (ed.) *Iconicity in Syntax*, Amsterdam: John Benjamins, pp.49-72.

Siewierska, A., 2004, *Person*, Cambridge: Cambridge University Press.

Ultan, R., 1978, Toward a Typology of Substantival Possession, In J. H. Greenberg (ed.) *Universals* vol.4, pp.11-50.

Zipf, G., 1935, *The PsychoBiology of Language: An Introduction to Dynamic Philology*,

Cambridge: MIT Press.
金立鑫, 2007, 『语言研究方法论』, 上海:上海外语教育出版社.
李亚非, 2014, 「形式句法、象似性理论与汉语研究」, 『中国语文』 6:521-530.
陆丙甫, 1993, 『核心推导语法』, 上海:上海教育出版社.
陆丙甫, 2005a, 「语序优势的认知解释: 论可别度对语序的普遍影响(上)」, 『当代语言学』 1:1-15.
陆丙甫, 2005b, 「语序优势的认知解释: 论可别度对语序的普遍影响(下)」, 『当代语言学』 2:132-138.
陆丙甫, 2006, 「'形式描写、功能解释'的当代类型学, 『东方语言学』 1:10-21.
陆丙甫, 2012, 「汉英主要事件名词语义特征, 『当代语言学』 1:1-11.
陆丙甫, 金立鑫, 2010, 「蕴含关系的两种解释模式: 描写和解释对应关系的个案分析」, 『中国语文』 4:331-341.
陆丙甫, 罗天华, 2009, 「中国境内语言的双及物结构语序」, 『汉藏语学报』 3:56-70.
屈承熹, 2005, 『汉语认知功能语法』, 哈尔滨:黑龙江人民出版社.
屈正林, 2011, 「民族语言定语助词分布的考察」, 『民族语文』 3:33-38.

11장 의미지도

　의미지도는 최근 언어유형론 학계에서 새롭게 발달한 기술 방식으로, 언어 자료를 요약하고 분석하는 기술적 수단이며 기능적 해석을 위한 중요한 토대이다. 또한 의미지도는 도상성 원리와 경제성 원리의 상호작용으로 얻어진 결과이다. 도상성은 서로 연관된 의사소통 기능이 동일한 부호화 형식을 사용하는 것이며, 경제성은 일부 연관된 의사소통 기능이 하나의 부호화 형식으로 표현되는 것이다(10.2 참조). 11장에서는 의미지도의 구체적인 기술적 처리를 논의할 것이다. 이는 현지 조사 후의 데이터 처리 기술의 일종이기도 하다.

　연구자는 현지 조사 등을 통해 여러 언어의 표본을 수집한 후 표본들을 기술하고 분석해야 한다. 기술 및 분석을 통해 조사대상 언어에 나타나는 특정 범주의 여러 가지 표현 형식을 발견할 수 있는데, 이러한 표현 형식 간에는 상관성이나 보편성이 존재한다. 연구자가 연구 결과를 보고하는 방법은 학파에 따라 상이하다. 전통 언어학에서 연구 결과는 일반적으로 서술 방식으로만 표현하기 때문에 직관적이지 못하고 지나치게 추상적이다. 한편 언어유형론에서는 함축적 보편성이라는 명제 형식으로 언어 보편성을 표현한다. 그러나 언어 간 유사성과 차이점은 서술이나 행렬식 도표보다 의미지도 방식을 통해 더 직관적이고 분명하며 구체적으로 보여질 수 있다.

11.1. 의미지도의 기본 개념

　의미지도(semantic map)는 개념 공간(conceptual space)을 기반으로 여러 기능을 가지는 다기능 문법 형식이 의미와 어떠한 관련성을 지니는지를 분석하는 방법론이다. 의미지도를 통해 개별 언어와 범언어적 의미 및 표현 형식 간의 대응 관계를 분석할 수 있으며, 의미와 형식의 범언어적 차이와 보편성을 분석할 수 있다. 의미지도는 개념 공간에서 의미의 연속적인 관련성을 이용하여 개별 언어 혹은 범언어적인 다기능 형식과 의미 간의 연계를 드러내며, 다기능 형식의 범언어적 연관성을 밝히고 형식들 간의 의미적 차이 혹은 함축 관계를 규명한다.

개념 공간은 연관성이 있는 기능 범주를 범언어적으로 비교할 수 있는 개념장(conceptual field)이다. 즉, 문법적 형태소, 통사 구조, 어휘 형식 등 언어의 특정한 부호화 형식이 나타내는 여러 기능 및 유사한 형식의 다양한 기능들이 구성하는 개념 구역 또는 개념망이다. 하나의 개념 공간은 마디와 마디를 연결하는 선으로 구성된다. 마디는 여러 언어에서 동일하거나 유사한 개념을 표현하는 형식이 개별 언어에서 어떠한 하위 기능 범주를 가지는지를 나타내며, 연결선은 기능 범주 간의 관련성을 나타낸다.[1] 그러나 의미지도와 개념 공간이 완전히 같은 것은 아니다. 의미지도는 특정한 언어에서 서로 연관된 부호화 형식의 여러 기능을 개념 공간에서 표현하는 것으로, 동일한 개념 공간에서 분할 방식은 언어마다 다르게 나타난다(吴福祥 2011 참조).

특정 문법 형식이 여러 가지 의미와 용법을 갖는 현상이 여러 언어에서 반복적으로 나타난다면, 이러한 형식과 기능의 연관성에는 체계성과 보편성이 존재하며 인류 언어에 개념적 보편성이 있다고 가정할 수 있다. 형식과 기능의 연관성은 의미지도 연속성 가설(Semantic Map Connectivity Hypothesis)에 기반하여 하나의 연결된 구역, 즉 개념 공간에 표상된다(张敏 2010:10-11, Croft 2003:133-139 참조).

의미지도 방법론을 최초로 제시한 것은 Anderson(1982)이다. 여러 언어를 비교할 때 어떤 형식이 특정한 의미 혹은 범주를 표현하는 현상이 자주 나타나면, 이 의미나 범주가 인류의 개념 세계에서 상호 관련되어 있거나 유사하다고 가정할 수 있다. 즉, 어떤 의미가 동일한 형식으로 표현되는 것은 개념적 유사성으로 인한 것이라고 볼 수 있다. Haspelmath는 이러한 가정을 발전시키고 구체화하여 비한정 대명사에 대한 범언어적 비교에 이용하였다(Haspelmath 1997a). 이로부터 의미지도가 언어유형론 연구의 중요

---

[1] "일반적으로 어떤 기능이 적어도 두 언어에서 구분된다면, 그것을 개념 공간의 하나의 마디로 간주할 수 있다."(Haspelmath 2003:217)

한 방법론으로 떠올랐으며 최근 많은 성과를 거두었다. 중국어 문법학계에서도 张敏(2010), 吴福祥, 张定(2011), 郭锐(2012), 吴福祥(2014) 등이 의미지도 방법론을 사용하여 중국어의 방언 간 의미지도 연구를 진행하고 있다.

Croft는 "서로 관련되는 모든 언어특정적 범주 그리고/또는 구조특정적 범주는 개념 공간에서 연결된 구역으로 배치되어야 한다"는 의미지도 연속성 가설을 제시하였다(Croft 2001:96). 개념 공간에서 표현 형식의 수량은 언어마다 다르게 나타난다. 이로부터 언어마다 다르게 나타나는 형식과 개념 구역의 관계를 기술할 수 있다. 예를 들어 '주다'라는 범주의 개념 공간을 가정해보자. '주다'라는 범주 공간은 모든 언어에 존재하고, 언어마다 이를 표현하는 어휘 형식이나 기타 형식이 존재한다. 또한 이 범주 안에는 상호 연결된 하위 범주들이 있고, 언어들마다 하위 범주를 표현하는 어휘 형식 또는 다른 형식이 존재한다. 그렇다면 특정한 하위 범주를 기준으로 각 언어마다 하위 범주들을 표현하는 형식에 근거하여 '주다'라는 개념 공간을 그릴 수 있다. 이 범주의 개념 공간에는 각 언어별 형식에 대응하는 작은 구역이 나타난다. 언어에 따라 어떤 형식이 동시에 몇 개의 작은 구역들에 대응할 수도 있으므로, 언어별 상황에 근거하여 언어 형식의 개념 구역을 그릴 수 있다. 이로부터 형식과 개념 간의 범위와 관계가 동일한 언어와 차이가 있는 언어를 알 수 있다. 또한 언어 간에 완전히 동일하거나 서로 교차하는 구역을 직관적으로 알 수도 있다. 지도와 유사한 이러한 표시 방법을 통해 언어 간 보편성과 개별성을 뚜렷하게 표현할 수 있는 것이다. 따라서 범주와 형식의 측면에서 의미지도 방법론은 언어유형론의 적절한 기술 방법이며 중요한 연구 성과를 이끌어내었다.

Croft(2003)는 의미지도가 복잡한 함축적 위계(implicational hierarchy) 관계를 잘 표현할 수 있기 때문에 특정 언어 현상의 문법화 과정을 잘 드러낼 수 있다고 주장하였다. Haspelmath(2003)도 의미지도 방법론을 상세하게 소개하였다. 이로써 의미지도 방법론이 유형론 연구자들이 언어의 다기능 형식 및 범언어적 범주와 형식 간의 대응 관계를 기술하는 중요한 도구가 되었다.

의미지도의 형식은 평면적 의미지도와 다차원적 의미지도 두 가지가 있다. 이 중 평면적 의미지도는 다시 도표 형식의 의미지도와 마디-연결선 형식의 의미지도 두 가지로 구분된다. 이에 대해 11.2와 11.3에서 상세히 소개할 것이다.

11.2. 도표 형식의 의미지도

의미지도는 각기 다른 언어 형식을 기술하고 귀납하여 추상화한 다음, 이 형식들이 표현하는 의미나 기능의 관계를 드러내는 방법론이다. 현대 언어유형론이 대두되기 이전의 구조주의 언어학자들은 행렬식 도표를 통해 기능이나 의미가 가까운 언어 성분 간의 차이를 정리하여 나타내었다. 이러한 차이는 기능적 차이일 수도 있고 형식의 분포적 차이일 수도 있다. 유형론에서는 구조주의적 기술 방식으로부터 행렬식 도표 형식을 차용하여 형식과 의미 및 기능 간의 관계를 표현한다. 蔡瑱(2014:95)은 중국어 방언에서 사용되는 起의 여러 기능에 대한 梁德曼 등 10여 명의 학자들의 조사 결과를 [표 1]로 정리하여 제시하였다.

[표 1] 중국어 방언에 나타나는 起의 기능

방언		문법 기능							자료 출처
방언 명칭	대방언 분류	동작상 보어²	지속상	상태 보어 표지	방향 보어 표지	종착점 개사	선행상 표지	비교 표지	
청두(成都) 방언	서남관화 (西南官话)	+	+	+	+				梁德曼 외 1998
충칭(重庆) 방언		+	+	+	+				喻遂生 1990
창사(长沙) 방언	샹(湘)방언	+	+	+	+				鲍厚星 외 2000
러우디(娄底) 방언		+	+	+	+				颜清徵 외 1994
닝샹(宁乡) 방언		+	+	+	+	+			邱震强 2002
원저우(温州) 방언	우(吴)방언	+	+	+			+		游汝杰 외 1998
진화(金华) 방언		+					+		曹志耘 1996
난창(南昌) 방언	간(赣)방언	+					+		熊正辉 1995
광저우(广州) 방언	웨(粤)방언	+	+						白宛如 2003
둥관(东莞) 방언		+	+	+		+			詹伯慧 외 1997

| 지난(济南) 방언 | 지루관화 (冀鲁官话) | + | | | | | | + | 钱曾怡 1997 |

　표 형식의 의미지도는 전형적으로 구조주의적인 언어 조사를 통해 언어표본을 얻고 이를 정리, 분석하여 얻은 결과를 서술하는 방식으로 구조주의적 표현 방식이라 할 수 있다. [표 1]은 이미 11.1에서 언급한 개념 공간을 기술하고 있다. 즉, 동일한 개념 공간에서 방언마다 각각의 분포와 표현 형식을 가지고 있음을 보여준다. 그러나 언어유형론은 이러한 표 형식에 비해 더 직관적인 의미지도를 사용하여 조사 결과를 기술하는 것을 선호한다.

　언어의 차이는 어휘에서 가장 분명하게 드러난다. 지리적 위치와 생활 방식의 차이로 인해 사건과 사물에 대한 민감도가 서로 다르다. 이러한 민감도가 언어에 반영되므로 사물의 어휘화나 개념화가 다르게 나타난다.[3] 이러한 차이는 개방적인 내용어뿐만 아니라 폐쇄적인 기능어에도 나타난다.

　널리 알려진 내용어 차이의 예로 에스키모어에서 눈을 나타내는 어휘가 20여개에 달하는 것을 들 수 있다. 고대 중국어에는 각양각색의 말을 나타내는 단어가 매우 풍부했다.[4] 성별에 따라 수말은 骘, 암말은 骒, 거세한 말은 骟으로, 연령에 따라 2살짜리 망아지를 驹, 3살짜리 망아지를 駣로 구분하였다. 또한 키에 따라 6척 말은 骄, 8척 말은 駥으로, 털 빛깔에 따라 붉은빛 말은 骍, 짙은 검은빛 말은 骊, 푸른빛 도는 검은 말은 騆, 검붉은 빛 말은 骥, 자줏빛 말은 骝, 얼룩덜룩한 말은 驳, 황색과 흰색이 섞인 말은 駓, 푸른색과 흰색이 섞인 말은 骢, 황색과 흰색이 섞인 말은 骠, 붉은색과 흰색이 섞인 말은 騢, 검은색과 흰색이 섞인 말은 駂, 흰색에 붉은 갈기가 있는 말은 駇, 붉은 몸통에 검은 갈기가 있는 말은 騽, 흰 몸통에 검은 갈기, 검은 꼬리를 가진 말은 骆, 누른 등, 붉은빛 몸통과 검은 갈기가 있는 말은 騅 등으로 구분하였다. 또한 말의 우열에 따라 천리마인 骥, 빼어난 말인 骏과 둔한 말인 驽, 더 둔한 말인 骀를 구분하였다. 그러나 말 종류가 적은 지역에서는 말을 표현하는 단어도 적을 것이다. 벼를 재배하는 지역에서는 볏모(秧),

---

[2]　[역자 주] 원어 표기는 动相补语이며 영어로는 phase complement로 옮긴다. 일종의 상 표지를 가리키며 통사적으로 동사 뒤 보어 위치에 출현한다. 동작상 보어, 국면 보어라고도 한다.
[3]　고전적인 실례로는 신체부위 명칭(body term), 친족 명칭(kinship term), 색채어(color word) 등의 어휘 유형에 대한 연구가 있다. 상세한 예는 Koptjrvskaja-Tamm(2008) 참조.
[4]　자료를 제공해 주신 鹿钦佞, 朱建军 두 분에게 감사드린다.

모(禾), 벼(稻谷), 쌀(米), 쌀밥(米饭) 등 벼와 쌀을 나타내는 다양한 전문적인 단어가 존재한다. 그러나 벼를 재배하지 않는 지역에서는 이러한 단어들의 수가 상당히 적을 것이다. 이와 같이 객관세계의 사물에 대한 각 언어 공동체의 구성원의 민감도 차이는 어휘의 차이로 반영된다. 어떤 언어가 특정한 대상에 민감하면 각기 다른 단어로 대상을 세밀하게 분류할 것이다. 반면 어떤 언어는 특정 대상 간의 경계에 대한 인식이 상대적으로 모호할 수 있다. Haspelmath(2003:237)에 따르면 나무에 대한 인식의 민감도의 차이는 어휘에 반영되는데, 스페인어는 árbol로 나무를, madera로 목재를, leña로 땔나무를, bosque로 수풀을, selva로 삼림을 나타낸다. 그러나 프랑스어는 arbre로 나무를, forêt로 삼림을 나타내고, 목재, 땔나무와 수풀은 모두 구분 없이 bois로 가리키는 등 단 3개의 단어만 사용한다. 덴마크어에서는 나무, 목재, 땔나무를 구분하지 않고 trae라는 단어를 사용하고, 수풀은 규모에 상관없이 모두 skov를 사용한다. 독일어에서 나무는 Baum이라 하고, 목재와 땔나무는 Holz라 하며, 수풀은 규모에 상관없이 Wald를 사용한다. 고대 중국어의 예를 살펴보면 나무는 木秀于林, 风必摧之(나무가 수풀에서 빼어나면 바람이 반드시 그것을 꺾으려 한다)[5]에 보이듯이 木라 하고, 목재는 『论语·公冶長』의 无所取材(재목으로 취할 만한 바가 없다)[6]나 『庄子外篇·山木』의 此木以不材得終其天年(이 나무는 재목으로 쓸모가 없어 그 천수를 다할 수 있는 것이다)[7]에 보이듯이 材를 사용하였다. 땔나무는 薪과 柴로 구분했는데, 『礼记·月令』에 따르면 쪼개어 쓸 수 있는 큰 땔나무는 薪이라 하고, 합쳐 묶은 작은 땔나무를 柴라 한다(大者可析谓之薪, 小者合束谓之柴). 한편 수풀과 삼림은 고대 중국어에서 모두 林이라고 하였다. 이렇듯 언어별로

---

[5] [역자 주] 李康의 『運命論』에서 인용한 것으로 원문은 다음과 같다. 木秀於林, 風必摧之；堆出於岸, 流必湍之；行高於人, 眾必非之。

[6] [역자 주] 원문은 다음과 같다. 子曰:「道不行, 乘桴浮于海。從我者其由與？」子路聞之喜。子曰:「由也好勇過我, 無所取材。」

[7] [역자 주] 원문은 다음과 같다. 莊子行於山中, 見大木, 枝葉盛茂, 伐木者止其旁而不取也。問其故。曰:「無所可用。」莊子曰:「此木以不材得終其天年。」夫子出於山, 舍於故人之家。故人喜, 命豎子殺鴈而烹之。豎子請曰:「其一能鳴, 其一不能鳴, 請奚殺？」主人曰:「殺不能鳴者。」
　　弟子問於莊子曰:「昨日山中之木, 以不材得終其天年；今主人之鴈, 以不材死。先生將何處？」莊子笑曰:「周將處夫材與不材之間。材與不材之間, 似之而非也, 故未免乎累。若夫乘道德而浮游則不然。無譽無訾, 一龍一蛇, 與時俱化, 而無肯專為；一上一下, 以和為量, 浮游乎萬物之祖；物物而不物於物, 則胡可得而累邪！此黃帝、神農之法則也。若夫萬物之情, 人倫之傳, 則不然。合則離, 成則毀, 廉則挫, 尊則議, 有為則虧, 賢則謀, 不肖則欺, 胡可得而必乎哉？悲夫！弟子志之, 其唯道德之鄉乎！」

사용되는 나무와 관련된 단어들은 [표 2]와 같이 표로 나타낼 수 있다.

[표 2] 각 언어에 나타나는 나무류 단어의 개념 공간

언어	단어				
	나무	목재	땔나무	수풀	삼림
독일어	Baum	Holz		Wald	
덴마크어	trae			skov	
프랑스어	arbre	bois			forêt
스페인어	árbol	madera	leña	bosque	selva
고대 중국어	树	木	柴	薪	林
만주어(满语)[8]	mou		deijiku	weji	bujan	xuwa
좡어(壮语)	marz		liuz	구 형식	

[표 2]는 표 형식의 의미지도라 할 수 있다. 주의해야 할 점은 같은 표의 형식을 취하였더라도 [표 2]와 [표 1]은 뚜렷한 차이가 있다는 것이다. 즉, [표 2]는 개념 공간의 크기 차이, 혹은 언어별로 나타나는 형식과 개념의 대응 차이를 반영하는 반면 [표 1]은 이러한 차이가 두드러지지 않는다.

11.3. 마디-연결선 형식의 의미지도[9]

[표 2]를 [그림 1]과 같이 더 간단한 형식으로 표현할 수 있다.

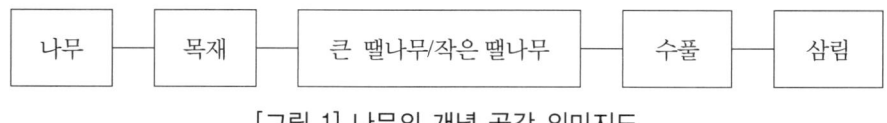

[그림 1] 나무의 개념 공간 의미지도

---

[8] [표 2]의 만주어 자료와 좡어 자료는 상하이 외국어대학의 해당 언어 모어 화자인 대학원생이 제공하였다.
[9] 이 절의 수정을 위하여 의견을 주신 吳建明 선생님께 감사드린다.

[그림 1]과 같이 인류 언어에서 나무와 관련된 개념적 공간의 의미지도를 작성할 수 있으며, 이는 [표 2]에 비하여 간결할 뿐만 아니라 이론적으로 유의미한 차이가 있다. [그림 1]에 제시된 개념 공간을 통해 어떤 언어에서 나무와 수풀을 하나의 단어로 표현하면, 그 단어는 목재와 땔나무의 의미도 포함한다고 추론할 수 있다. 또한 어떤 언어에서 땔나무와 삼림을 동일한 단어로 표현하면 그 단어는 수풀의 의미도 포함한다고 추론할 수 있다. 이와 같이 [그림 1]은 이론적 예측이 가능하다는 장점이 있다. [표 2]의 각 언어는 모두 [그림 1]의 개념 공간 의미지도에서 다음과 같이 각각 다르게 분할한다.

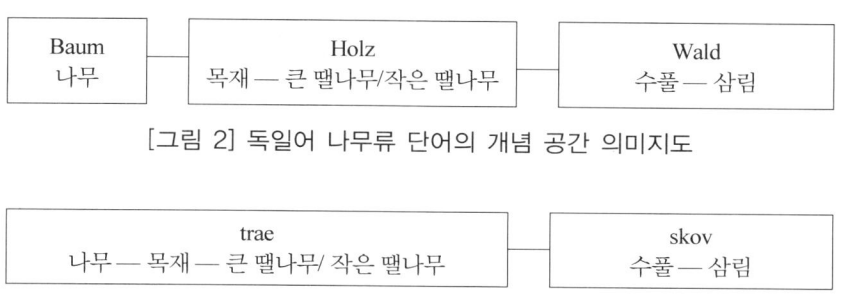

[그림 2] 독일어 나무류 단어의 개념 공간 의미지도

[그림 3] 덴마크어 나무류 단어의 개념 공간 의미지도

이와 같이 의미지도는 언어의 보편성 및 형식 또는 개념의 함축적 보편성을 잘 보여 준다. 유형론 연구자는 의미지도 방법론을 사용하여 미시적 층위에서 각기 다른 언어에 나타나는 어휘 및 다기능 문법형식의 언어 간 차이를 세밀하게 관찰하고 기술하며, 이를 통해 형식과 개념 층위에서 나타나는 언어 보편성과 개별성을 규명한다.

그런데 [그림 1]의 의미지도는 [표 2]를 추상화한 1차원적 그림이다. 1차원적 그림은 대상이 복잡할 경우 상세하게 보여주지 못하므로 2차원적 확장이 필요하다. 11.3에서는 이차원적 마디-연결선 의미지도를 구축하는 과정과 원칙들을 설명할 것이다.

전치사나 부사 같은 특정한 언어 형식 R을 관찰한다고 가정해 보자. 이 언어형식은 A, B, C 세 가지 기능을 표현할 수 있다. 예컨대 영어의 to는 I left the party early *to get home* in time(나는 제시간에 집에 가기 위해 일찍 파티를 떠났다)에서처럼 목적을 표현할 수도 있고, He went *to MIT* as a visiting scholar(그는 방문학자로 MIT에 갔다)에서처럼 방향을 나타내거나 He gave the apple *to his sister*(그는 여동생에게 그 사과를 줬다)에서처럼 수령자를 나타낼 수 있다. 그렇다면 이 형식과 세 기능 간의 관계를 [표 3]과 같이 표현할 수 있다.

[표 3] 형식 R과 기능 간의 관계

	기능 A	기능 B	기능 C
형식 R	+	+	+

[표 3]에서 기능 A, B, C의 배열순서는 임의적이어서 어떻게 배열해도 차이가 없다. 그러나 다른 형식 S가 B, C, D 세 가지 기능을 표현할 수 있고, 이 중 B와 C를 표현하는 데 있어 형식 R과 S가 중복된다고 가정해 보자. [표 3]에 형식 S와 기능을 더하면 [표 4]가 도출될 수 있다.

[표 4] 형식 R, S와 기능 간 관계

	기능 A	기능 B	기능 C	기능 D
형식 R	+	+	+	
형식 S		+	+	+

[표 4]에서 B와 C 두 기능의 순서는 자유로우나, A와 B의 위치는 바꿀 수 없다. A와 B의 위치를 바꾸면 [표 5]처럼 S의 기능 B-C-D의 연속성이 A에 의해 단절되기 때문이다.

[표 5] 형식 R, S와 기능 간 관계의 잘못된 배열

	기능 B	기능 A	기능 C	기능 D
형식 R	+	+	+	
형식 S	+		+	+

[표 5]는 형식 R의 기능을 묘사하는 데는 문제가 없지만, 형식 S의 기능의 연속성이 단절되는 문제가 발생한다. 의미지도에서 가장 중요한 가설은 의미지도의 연속성이다. [표 4]는 의미지도 연속성 가설에 부합하나, [표 5]는 의미지도 연속성 가설에 위배된다.

형식 R과 형식 S 외에 또 다른 형식 T에 C, D, E 세 가지 기능이 있고 이 기능들이 R, S와 관련된다면, T와 C, D, E를 [표 4]에 결합하여 [표 6]을 도출할 수 있다.

[표 6] 형식 R, S, T의 기능 간 관계

	기능 A	기능 B	기능 C	기능 D	기능 E
형식 R	+	+	+		
형식 S		+	+	+	
형식 T			+	+	+

[표 6]에서 기능 A, B, C는 A-B-C 순서로 배열되어야 한다. 배열 순서가 바뀌면 형식 S 또는 T가 나타내는 개념의 연관성이 단절되기 때문이다. [표 6]의 개념 연속 공간은 [그림 4]와 같이 나타낼 수 있다.

A ─ B ─ C ─ D ─ E

[그림 4] 기능 간 개념 연속 공간

형식 R이 이 개념 공간에서 차지하는 영역은 [그림 5]로 나타난다.

[그림 5] 형식 R의 개념 공간 내 영역

형식 S가 차지하는 영역은 [그림 6], 형식 T가 차지하는 영역은 [그림 7]과 같다.

[그림 6] 형식 S의 개념 공간 내 영역

[그림 7] 형식 T의 개념 공간 내 영역

[그림 5], [그림 6], [그림 7]에 보이는 것과 같이 R, S, T 세 형식이 개념 공간에서 차지하는 영역은 모두 연속적이므로 의미지도 연속성 가설에 부합한다.

개념 공간 A — B — C — D — E를 인류 언어의 보편적인 현상이라 가정하면, '어떤 언어에서 한 형식이 범주 B와 D를 부호화하면, 이 형식은 범주 C도 부호화한다'는 언어 형식의 함축적 보편성을 도출할 수 있다. 이는 의미지도 연속성 가설에 근거하여 추론한 것이며 이 추론에 부합하지 않으면 언어 자료에 문제가 있거나 의미지도의 작성 과정에 문제가 있는 것이다.

이제 또 다른 형식 U와 U가 표현하는 개념인 C, D, F를 가정해 보자. 형식 U를 [그림 4]의 의미지도에 포함시키려면 의미지도는 [그림 8]처럼 2차원적으로 확장해야 한다.

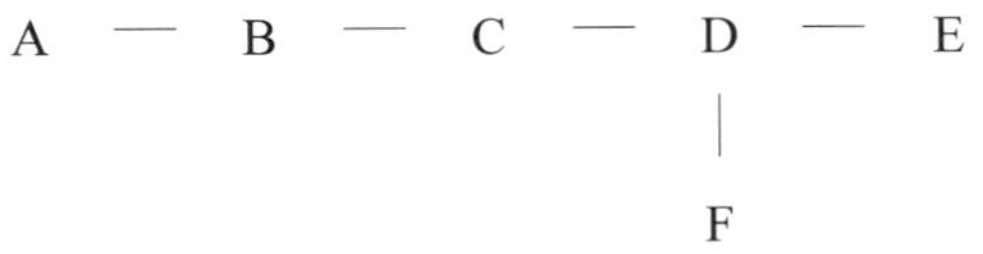

```
A — B — C — D — E
            |
            F
```

[그림 8] 기능 C, D, F의 개념 공간 내 배열

F는 D의 위나 아래에 자유롭게 놓일 수 있다. 그러므로 연구자들이 동일한 대상의 의미지도를 제작할 때 형식적으로는 다를 수 있다. 그러나 의미지도가 나타내는 개념 공간의 연속성은 동일하다.

형식 V와 그것이 표현하는 기능 D, E, F를 가정해 보자. 이런 경우 이 지도는 폐쇄 구역을 형성하게 된다.

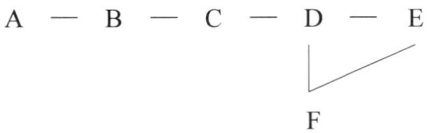

[그림 9] 기능 D, E, F의 개념 공간 내 배열

D, E, F가 폐쇄되지 않으면 이 의미지도는 기능 간의 함축적 관계를 나타낼 수 있다. 즉, 어떤 형식이 기능 C와 기능 F를 표현하는 것을 확인하면 그 형식이 기능 D를 표현한다는 것을 추론할 수 있으며, 기능 E와 F를 표현하는 것을 확인함으로써 기능 D를 표현한다는 것을 추론할 수 있다. 그러나 D, E, F 사이가 폐쇄되면 E와 F가 직접 연결되기 때문에 E와 F로부터 D의 존재를 추론할 수 없게 된다. 그러므로 의미지도를 구축할 때에는 의미지도가 가능한 한 폐쇄되지 않도록 해야 한다. 그러나 폐쇄되는 경우가 발생할 수 있는데 이것이 2차원적 의미지도의 문제점의 하나이다. 이러한 문제는 다차원적 의미지도를 통해 해결할 수 있다.

[그림 10]은 Haspelmath(2003:213)가 구축한 여격의 개념 공간이다.

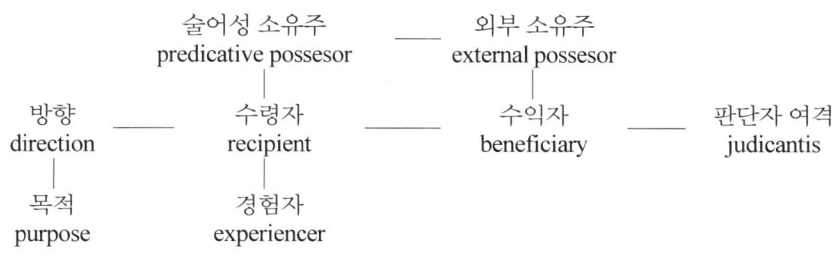

[그림 10] 여격의 개념 공간(Haspelmath 2003:213)

영어의 to가 이 의미 공간에서 차지하는 영역은 목적-방향-수령자-경험자의 연속적인 공간이다. 프랑스어 à가 차지하는 영역은 방향-수령자-술어성 소유주-경험자의 연속적인 공간이다. 이를 각각 [그림 10]에 반영하면 [그림 11], [그림 12]와 같다.

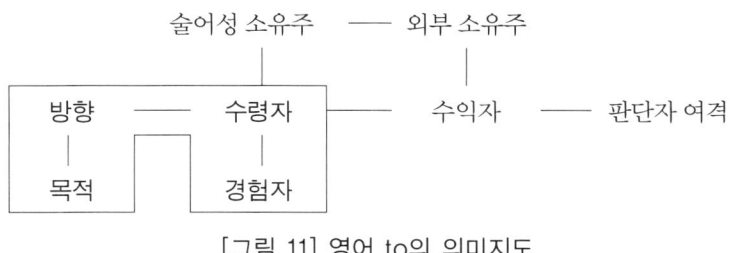

[그림 11] 영어 to의 의미지도

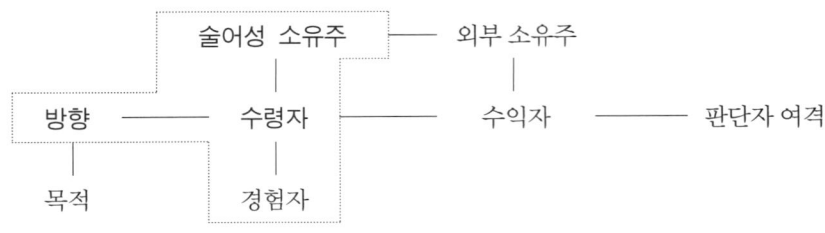

[그림 12] 프랑스어 à의 의미지도

    이러한 다차원적 의미지도 방법론에 근거하여 [표 1]을 전형적인 이차원 마디-연결선 의미지도로 전환하는 방법과 과정을 살펴보자. [그림 10]에는 총 8개의 마디가 있으며, 목적, 판단자 여격과 경험자와 같은 일부 마디는 주변부에 위치하여 하나의 마디와만 연결되어 있다. 반면 수령자와 같은 마디는 중심부에 위치하여 여러 마디와 연결되어 있다. 수학적 알고리즘에 따르면 두 가지 지도 제작 전략이 있다. 한 가지는 주변부에서 중심부로 진행하는 것이고 다른 한 가지는 중심부에서 주변부로 진행하는 것이다. 두 가지 제작 전략 중 어떤 전략을 채택하더라도 동일한 의미지도를 구축할 수 있다. 이 절에서는 중심부에서 주변부로 향하는 전략을 사용하여 의미지도를 제작하는 과정을 보일 것이다.

    첫째, [표 1]에서 각 방언 중 분포 수량이 가장 많은 기능 항목을 찾는다. [표 7]과 같이 가장 넓게 분포하는 항목은 동작상 보어이다.

[표 7] 중국어 방언별 起의 동작상 보어 기능의 분포

| 방언 | | 문법 기능 | | | | | | | 자료 출처 |
방언 명칭	대방언 분류	동작상 보어	지속상	상태 보어 표지	방향 보어 표지	종착점 개사	선행상 표지	비교 표지	
청두방언	서남관화	+	+	+	+				梁德曼 외 1998
충칭방언		+	+	+	+				喻遂生 1990
창사방언	샹방언	+	+	+	+				鮑厚星 외 2000
러우디 방언		+	+	+	+				颜清徽 외 1994
닝샹방언		+	+	+	+	+			邱震强 2002

방언명칭	대방언분류	동작상 보어	지속상	상태 보어 표지	방향 보어 표지	종착점 개사	선행상 표지	비교 표지	자료 출처
원저우방언	우방언	+	+	+			+		游汝杰 외 1998
진화방언		+					+		曹志耘 1996
난창방언	간방언	+					+		熊正輝 1995
광저우방언	웨방언	+	+						白宛如 2003
둥관방언		+	+	+		+			詹伯慧 외 1997
지난방언	지루관화	+						+	钱曾怡 1997

동작상 보어는 11개 방언에서 모두 나타나므로, [그림 13]과 같이 동작상 보어를 의미지도의 핵심 혹은 기점으로 지정한다.

동작상 보어

[그림 13] 起의 의미지도의 기점

둘째, 각 방언들에서 동작상 보어 다음으로 많이 나타나는 기능 항목을 찾는다. 이는 [표 8]과 같이 지속상이다.

[표 8] 중국어 방언별 起의 지속상 기능의 분포

방언		문법 기능							자료 출처
방언 명칭	대방언 분류	동작상 보어	지속상	상태 보어 표지	방향 보어 표지	종착점 개사	선행상 표지	비교 표지	
청두방언	서남관화	+	+	+	+				梁德曼 외 1998
충칭방언		+	+	+	+				喻遂生 1990
창사방언	샹방언	+	+	+	+				鮑厚星 외 2000
러우디방언		+	+	+	+				颜清徽 외 1994

방언								출처
닝샹방언		+	+	+	+	+		邱震強 2002
원저우방언	우방언	+	+	+			+	游汝杰 외 1998
진화방언		+					+	曹志耘 1996
난창방언	간방언	+					+	熊正輝 1995
광저우방언	웨방언	+	+					白宛如 2003
둥관방언		+	+	+		+		詹伯慧 외 1997
지난방언	지루관화	+					+	錢曾怡 1997

[표 8]에서 지속상이 동작상 보어와 함께 출현하는지, 함께 출현하는 경우가 충분히 많은지를 확인한다. 확인 결과, 지속상이 나타나는 방언은 동작상 보어가 모두 출현한다는 것을 알 수 있다. 이로부터 지속상과 동작상 보어는 의미적으로 연속적이며 의미지도 위에서 직접 연결할 수 있다고 추론할 수 있다. 따라서 [그림 14]를 설정할 수 있다.

동작상 보어 — 지속상

[그림 14] 起의 동작상 보어와 지속 기능의 의미지도 내 배열

[그림 14]의 의미지도에서 지속상은 동작상 보어의 왼쪽이나 오른쪽 어디에나 위치할 수 있다. 여기서는 왼쪽에서 오른쪽으로 확장하는 통례에 따라 지속상을 동작상 보어의 오른쪽에 두었다.

셋째, 방언에서 지속상 다음으로 많이 출현하는 기능 항목을 찾는다. 이는 [표 9]에 보이는 바와 같이 상태 보어 표지이다.

[표 9] 중국어 방언별 起의 상태 보어 표지 기능의 분포

방언		문법 기능							자료 출처
방언 명칭	대방언 분류	동작상 보어	지속상	상태 보어 표지	방향 보어 표지	종착점 개사	선행상 표지	비교 표지	
청두방언	서남관화	+	+	+	+				梁德曼 외 1998
충칭방언		+	+	+	+				喩遂生 1990
창사방언	샹방언	+	+	+	+				鮑厚星 외 2000
러우디방언		+	+	+	+				顏淸徽 외 1994
닝샹방언		+	+	+	+	+			邱震强 2002
원저우방언	우방언	+	+	+			+		游汝杰 외 1998
진화방언		+					+		曹志耘 1996
난창방언	간방언	+					+		熊正輝 1995
광저우방언	웨방언	+	+						白宛如 2003
둥관방언		+	+	+		+			詹伯慧 외 1997
지난방언	지루관화	+						+	錢曾怡 1997

[표 9]에서 상태 보어 표지가 지속상 및 동작상 보어와 같이 출현하는 수량이 충분한지 확인한다. 확인 결과, 상태 보어 표지가 출현하는 방언은 지속상과 동작상 보어가 모두 출현한다. 따라서 이 세 기능 항목이 상호 연결되어 있음을 알 수 있다. 이제 상태 보어 표지를 지속상과 직접 연결한다. 동작상 보어와 연결할 수도 있지만 순서에 따라 우선 상태 보어 표지를 지속상에 연결하여 [그림 15]를 설정한다.

동작상 보어 ─ 지속상 ─ 상태 보어 표지

[그림 15] 起의 상태 보어 표지 기능의 의미지도 내 배열

넷째, 각 방언에서 상태 보어 표지 다음으로 많이 나타난 기능 항목을 확인한다. 이는 [표 10]과 같이 방향 보어 표지이다.

[표 10] 중국어 방언별 起의 방향 보어 표지 기능의 분포

방언		문법 기능							자료 출처
방언 명칭	대방언 분류	동작상 보어	지속상	상태 보어 표지	방향 보어 표지	종착점 개사	선행상 표지	비교 표지	
청두방언	서남관화	+	+	+	+				梁德曼 외 1998
충칭방언		+	+	+	+				喻遂生 1990
창사방언	샹방언	+	+	+	+				鲍厚星 외 2000
러우디방언		+	+	+	+				颜清徽 외 1994
닝샹방언		+	+	+	+	+			邱震强 2002
원저우방언	우방언	+	+	+			+		游汝杰 외 1998
진화방언		+					+		曹志耘 1996
난창방언	간방언	+					+		熊正辉 1995
광저우방언	웨방언	+	+						白宛如 2003
둥관방언		+	+	+		+			詹伯慧 외 1997
지난방언	지루관화	+						+	钱曾怡 1997

상술한 원리와 순서에 따라 방향 보어 표지와 상태 보어를 연결하여 [그림 16]와 같은 의미지도를 설정한다.

동작상 보어 — 지속상 — 상태 보어 표지 — 방향 보어 표지

[그림 16] 起의 방향 보어 표지 기능의 의미지도 내 배열

다섯째, 방언에서 나타나는 수량이 방향 보어 표지 다음으로 많은 기능 항목을 찾는다. 이는 [표 11]과 같이 선행상 표지이다.

[표 11] 중국어 방언별 起의 선행상 표지 기능의 분포

방언		문법 기능							자료 출처
방언 명칭	대방언 분류	동작상 보어	지속상	상태 보어 표지	방향 보어 표지	종착점 개사	선행상 표지	비교 표지	
청두방언	서남관화	+	+	+	+				梁德曼 외 1998
충칭방언		+	+	+	+				喻遂生 1990
창사방언	샹방언	+	+	+	+				鮑厚星 외 2000
러우디 방언		+	+	+	+				顔淸徵 외 1994
닝샹방언		+	+	+	+	+			邱震强 2002
원저우 방언	우방언	+	+	+			+		游汝杰 외 1998
진화방언		+					+		曹志耘 1996
난창방언	간방언	+					+		熊正輝 1995
광저우 방언	웨방언	+	+						白宛如 2003
둥관방언		+	+	+		+			詹伯慧 외 1997
지난방언	지루관화	+						+	钱曾怡 1997

이제 선행상 표지와 함께 함께 출현하는 횟수가 가장 많은 기능 항목을 확인한다. [표 11]을 보면 동작상 보어와 가장 많이 출현하는데, 이는 선행상 표지가 동작상 보어와 의미적으로 더 연속성을 가진다는 것을 나타낸다. 그러므로 선행상 표지를 동작상 보어와 연결해야 할 필요가 있다. 의미지도에서 동작상 보어의 오른쪽에는 이미 지속상이 있으므로 이를 제외한 나머지 세 방향에 선행상 표지를 위치시켜야 한다. 여기서는 [그림 17]과 같이 선행상 표지를 동작상 보어의 위쪽에 설정한다.

```
                    선행상 표지
                        |
    동작상 보어 ― 지속상 ― 상태 보어 표지 ― 방향 보어 표지
```
[그림 17] 起의 선행상 표지 기능의 의미지도 내 배열

여섯째, 각 방언에서 선행상 표지 다음으로 자주 표현되는 기능 항목을 확인하면, 종착점 개사인 것을 알 수 있다. 종착점 개사가 어느 기능 항목과 가장 많이 겹치는지 확인하면 동사상 보어, 지속상, 상태 보어 표지와 각각 2번씩 겹치는 것을 알 수 있다. 따라서 종착점 개사는 이 세 가지 기능 항목 어느 것과도 연결할 수 있다. 이 기능의 위치를 확정하기 위해서는 더 많은 자료를 관찰할 필요가 있다. [표 1]의 자료 범위 내에서는 종착점 개사를 동작상 보어, 지속상, 상태 보어 표지 어느 것과 연결하여도 무방하다. 논의의 편의를 위해 우선 동작상 보어와 연결한다. 동작상 보어의 오른쪽과 윗부분에는 이미 다른 기능 항목이 연결되어 있으므로, 종착점 개사는 동작상 보어의 왼쪽이나 아래쪽에 위치시켜야 한다. 여기서는 [그림 18]과 같이 동작상 보어의 아래쪽에 위치시켰다.

```
                    선행상 표지
                        |
    동작상 보어 ― 지속상 ― 상태 보어 표지 ― 방향 보어 표지
        |
    종착점 개사
```
[그림 18] 起의 종착점 개사 기능의 의미지도 내 배열

일곱째, 각 방언에서 종착점 개사 다음으로 많이 출현하는 기능 항목을 확인하면, 마지막 기능 항목인 비교 표지가 있다. 비교 표지가 어느 기능 항목과 가장 많이 출현하는지를 확인한 결과, 동작상 보어와만 출현한다는 것을 알 수 있다. 따라서 비교 표지 기능은 동작상 보어와 의미적으로 연속되어 있다고 추론할 수 있으므로, 동작상 보어와 연결할 수 있다. 동작상 보어의 오른쪽, 윗부분과 아랫부분은 이미 다른 기능 항목과 연결되었으므로, 비교 표지는 [그림 19]와 같이 동작상 보어의 왼쪽에 위치시킨다.

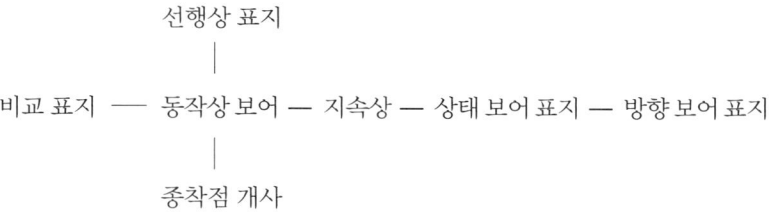

[그림 19] 起의 비교 표지 기능의 의미지도 내 배열

마지막으로 11개 방언의 起가 개념 공간에서 어떻게 분포하는지를 검증한다. 검증 방법은 11개 방언의 起의 기능 항목을 하나씩 의미지도에 적용하여 기능 항목들의 연속성을 확인하는 것이다. 기능 항목들이 모두 연속적이라면 의미지도가 제대로 구축되었다는 것을 의미한다. 그렇지 않으면 수정이 필요하다. [그림 20]부터 [그림 26]은 방언별 起의 기능 항목을 검증한 결과이다.

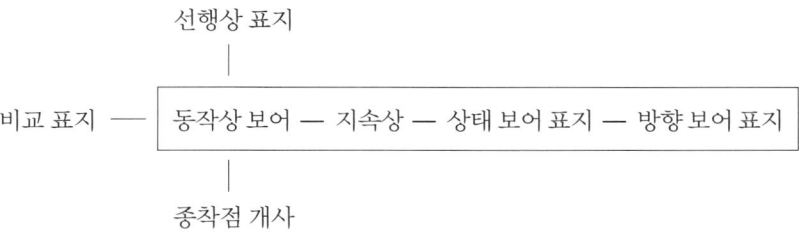

[그림 20] 청두방언, 충칭방언, 창사방언, 러우디방언의 起의 의미지도

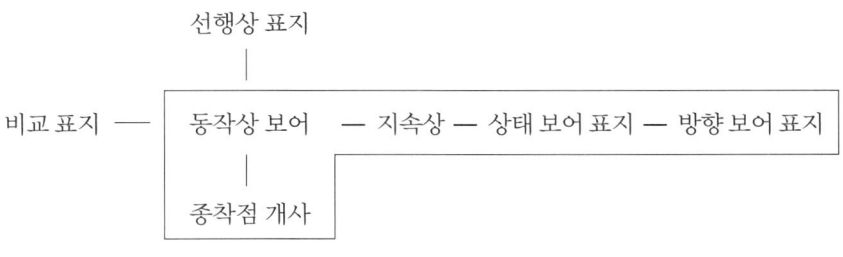

[그림 21] 닝샹방언의 起의 의미지도

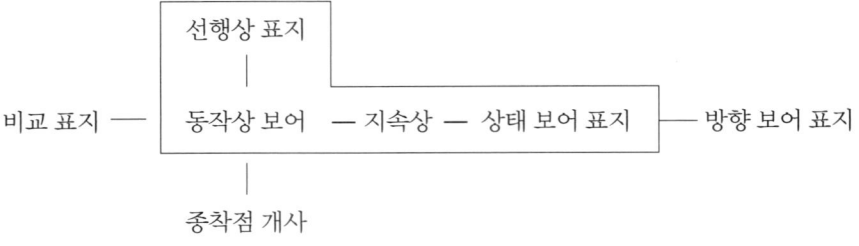

[그림 22] 원저우방언의 起의 의미지도

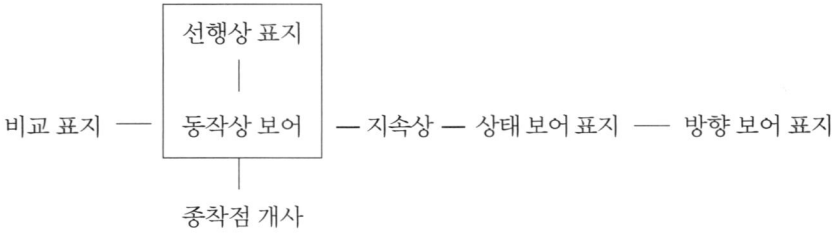

[그림 23] 진화방언, 난창방언의 起의 의미지도

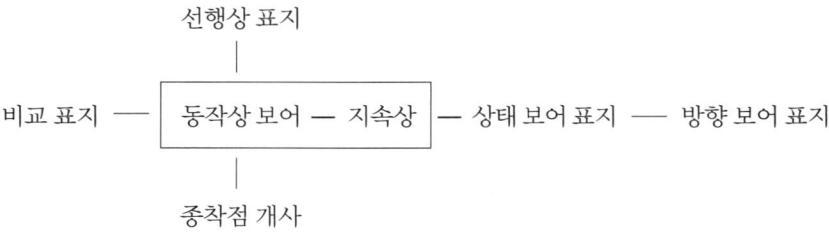

[그림 24] 광저우방언의 起의 의미지도

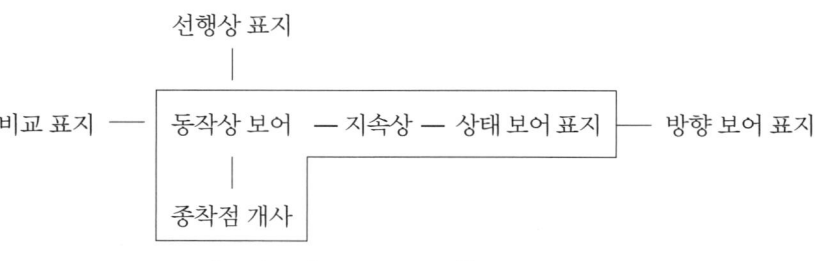

[그림 25] 둥관방언의 起의 의미지도

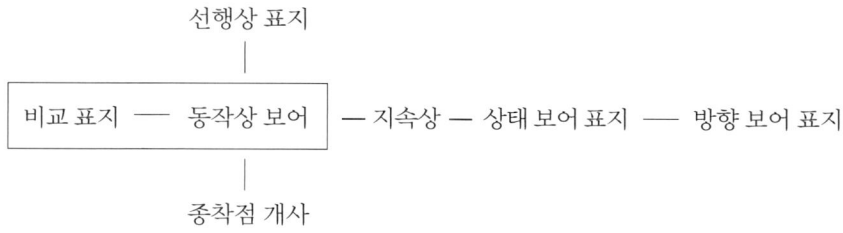

[그림 26] 지난방언의 起의 의미지도

[그림 20]에서 [그림 26]은 의미지도 방법론을 통해 개념 공간에서 11개 방언에 보이는 起의 기능 항목의 분포 상황을 검증한 것이다. 이를 통해 표 형식에 비해 의미지도가 起의 다양한 기능 항목 간의 연관성을 직관적이고 효과적으로 제시한다는 사실을 확인할 수 있다.

지금까지 공시적 층위에서 여러 기능 간의 관계를 구축하여 제시하였다. 이를 보고 의미지도가 기능 항목 간 통시적 변화의 가능성을 내포하는지 의문을 가질 수 있다. 또는 어떤 기능이 다른 기능으로부터 발전되어 나온 것인지에 대한 의문을 제기할 수도 있다. 기능 간의 관계는 우연이 아니므로 기능 간 선후 관계가 있을 수도 있다. 따라서 의미지도는 변화의 방향성을 내포할 수 있다. Haspelmath(2003:234)는 [그림 27]과 같이 방향성을 표시하여 여격과 관련된 변화 관계를 표시하였다.

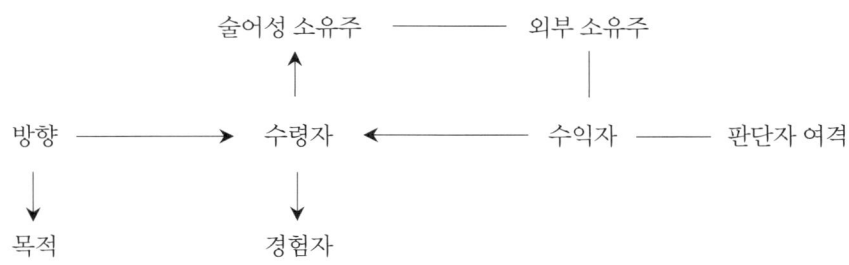

[그림 27] 여격의 변화 가능성(Haspelmath 2003:234)

이렇게 변화의 방향성을 내포하는 의미지도가 그렇지 않은 의미지도보다 발전된 형식임은 분명하다. 그러나 학자들은 이러한 의미지도 방법론이 의미지도의 각 항목 간에 나타나는 빈도 차이를 반영하지 못한다고 지적한다. 즉, 의미지도의 분석 틀 안에서는 다기능 범주의 특정한 확장이 발생하는 빈도가 반영되지 않는다는 것이다. [그림 27]에서 개념 공간이 범주 간의 관련성을 효과적으로 표현하고는 있지만, 범주 간의 구체적인 분포 구조와 배열 및 공간적 거리는 이론적인 의미가 결여되어 있다. 한편 개념 공간의 마디가 지나치게 많을 경우 도식화하기 어려우며 예외를 나타내기가 어렵다. 또한 형식화된 수학적 모형이나 유클리드적 공간 모형이 아닌 도표를 기반으로 한 구조이기 때문에 의미지도는 폐쇄적인 회로 형식을 면하기 어렵다는 제약이 있다.

이러한 제약을 극복하기 위해 Clancy(2006), Cysouw(2007), Croft & Poole(2008)이 다차원적 척도 분석(multidimensional scaling, MDS)으로 전통적인 의미지도 방법론을 대체하고자 시도하였다. MDS 분석법은 데이터 내부의 복잡한 관계를 보여줄 수 있는 데이터 분석 방법의 일종이다. 예컨대 언어마다 상이한 비한정 대명사의 기능들을 공간 지도에서 점으로 나타내고, 점과 점 사이의 거리로 기능간의 차이를 나타낸다(Haspelmath 1997b). 이러한 차이는 다차원적일 수 있으므로 MDS 분석법은 다차원 공간을 1차원이나 2차원 공간에 간략화하여 용이한 분석이 가능하도록 한다. MDS 분석법으로 제시되는 공간지도에서의 비교는 기능 간 유사성이나 차이를 쉽게 드러내며, 전통적인 의미지도에서 나타나는 폐쇄된 회로 형식의 문제를 피할 수 있다.

MDS 분석법에 사용되는 언어 데이터는 정량적으로 각기 다른 범주나 속성으로 귀납되는 범주형 변수(categorical variable)로 분류된다. 데이터 간에는 여러 개의 기능적 유사성이나 차이가 존재하며, 데이터 간의 유사도나 차이는 측정 가능하다. 어떤 형식의 범주 유형들을 비교할 때 관련 의미 항목이나 통사 위치에 따라 YES와 NO로 분류하여 부호화한다. 그리고 이 범주 혹은 유형 간에 공유되는 YES 혹은 NO의 수량을 통해 간접적으로 연구대상 간의 유사성 정도를 가늠한다. MDS 분석법을 통하여 언어 데이터 간의 군집적(clustering) 특징을 발견하고, 유클리드 거리(Euclidean Distance) 등 근접성(proximity) 측정값을 통해 1차원이나 2차원 공간 모형에서 데이터 간의 유사성 정도를 드러낼 수 있다.

MDS 분석법은 SPSS나 SAS 또는 R 등 통계분석 프로그램이 필요하다. R은 오픈 소스 소프트웨어로 통계분석에 광범위하게 사용된다(다운로드와 사용법은 http://r-project.org/ 참고). R을 통해 MDS 분석을 진행하는 구체적인 운용과 조작은 William Croft와 공동연구자들의 웹사이트인 Multidimensional Scaling for Linguists Using Optimal Classification(http://www.unm.edu/~wcroft/MDS.html)를 참고할 수 있다.

Clancy(2006)에 따르면 MDS 분석법과 전통적인 의미지도 방법론은 기능들 간에 존재하는 유사성을 공간적으로 나타낸다는 점에서 유사하다. 그러나 MDS 분석법은 정량적 의미 거리라는 관념과 정확한 기하학적 구도를 도입하여 전통적 의미지도의 부족한 점을 크게 개선하였다. 따라서 Clancy는 MDS 분석법이 전통적인 의미지도에 혁명적인 변화를 일으켰다고 평가한다.

그러나 이에 반대하는 견해도 있다. Van der Auwera(2008)는 전통적인 의미지도 모형이 빈도를 소홀히 했다는 점을 인정하면서도, MDS 분석법 자체의 부족함 역시 지적한다. 즉, 전통적인 의미지도 모형은 근본적으로 빈도를 나타내려는 의도가 없다는 점이 문제이지만, MDS 분석법은 특화(specialization), 일반화, 환유, 은유 등 다양한 의미적 변천 과정을 보여줄 수 없으므로 통시적 연구에는 여전히 전통적인 의미지도가 필요하다는 것이다.

어떠한 표상 모형을 채택할 것인지는 연구자의 필요에 따라 결정된다. 공시 층위에서 문법 형태소의 다기능성, 그 중에서도 특히 빈도 요소를 고려하고자 한다면 MDS 분석법이 더 효과적일 것이다. 그러나 통시적 층위에서 나타나는 보편성과 개별성을 규명하자 한다면 전통적인 의미지도 모형이 더 적합할 것이다.

11.4. 소결

의미지도는 본질적으로는 일종의 표현 방법이다. 이는 분포 분석이 분석 혹은 발견의 절차로 사전에 구축된 대규모의 언어 조사와 언어 표본의 분석 및 기술에 기반하는 것과는 다르다. 의미지도는 언어 자료의 분포와 특징을 기술하는 동시에 강한 해석력을 가지게 된다. 의미지도는 그림 A - B - C에 근거하여 한 형식이 A와 C를 표현할 수 있으면 B도 표현할 수 있다는 함축적 보편성을 표현할 뿐만 아니라, 개념이나 형식 간의 변천 관계를 표현할 수도 있다. 다차원 의미지도는 서로 다른 개념 간의 거리와 유사도 차이를 관찰할 수도 있다. 따라서 의미지도는 언어 표본에 대한 단순한 기술에 그치는 것이 아니라 이론적으로도 가치를 지닌다.

언어유형론의 궁극적인 목표의 하나는 세계 언어에 대한 큰 그림을 그리는 것이며, 각 범주의 의미지도는 이러한 큰 그림의 일부분이다. 연구자들은 인류 언어의 모든 범주가 의미지도를 통해 드러나기를 기대한다. 또한 모든 개별 언어의 특정 범주가 의미지도에서 정확하게 구현되고 범주 내에서 언어 간 차이를 드러낼 수 있기를 바란다. 모든 범주와 형식의 의미지도를 통합하여 인류 언어의 큰 그림을 제시할 수 있기 때문이다.

■ 참고문헌

Anderson, L. B., 1982, The "Perfect" as a Universal and as a Language Particular Category, In P. Hopper (ed.) *Tense-Aspect: Between Semantics and Pragmatics*, Amsterdam: John Benjamins, pp.227-264.

Clancy, S. J., 2006, The Topology of Slavic Case: Semantic Maps and Multidimensional Scaling, *Glossos* 7: 1-28, https://slaviccenters.duke.edu/uploads/media_items/7clancy.original.pdf

Croft, W. and K. T. Poole, 2008, Inferring Universals from Grammatical Variation: Multidimensional Scaling for Typological Analysis, *Theoretical Linguistics* 34:1-37.

Croft, W., 2001, *Radical Construction Grammar: Syntactic Theory in Typological Perspective*, Oxford: Oxford University Press.

Croft, W., 2003, *Typology and Universal Grammar*, Oxford: Oxford University Press.

Cysouw, M., 2007, Building Semantic Maps: The Case of Person Marking, In M. Matti and B. Wälchli (eds.) *New Challenges in Typology* 189, Berlin: Mouton de Gruyter, pp.225-248.

Haspelmath, M., 2003, The Geometry of Grammatical Meaning: Semantic Maps and Cross-Linguistic Comparison, In M. Tomasello (ed.) *The New Psychology of Language, Cognitive and Functional Approaches to Language Structure*, London: Erlbaum, pp.211-242.

Haspelmath, M., 1997a, *From Space to Time: Temporal Adverbials in the World's Languages*, Munich: Lincom Europa.

Haspelmath, M., 1997b, *Indefinite Pronouns*, Oxford: Clarendon Press.

Koptjevskaja-Tamm, M., 2008, Approaching Lexical Typology, In M. Vanhove (ed.) *From Polysemy to Semantic Change: Towards a Typology of Lexical Semantic Associations*, Philadelphia: John Benjamins Publishing Company, pp.3-52 .

Van der Auwera, J., 2008, In Defense of Classical Semantic Maps, *Theoretical Linguistics* 34.1:39-46.

蔡琪, 2014, 『类型学视野下汉语趋向范畴的跨方言比较 - 基于"起"组趋向词的专题研究』, 上海: 学林出版社.

郭锐, 2012, 「概念空间和语义地图: 语言变异和演变的限制和路径」, 『对外汉语研究』, 北京: 商务印书馆, 96-130.

吴福祥, 2011, 「多功能语素与语义图模型」, 『语言研究』 31.1:25-42.

吴福祥, 2014,「语义图与语法化」,『世界汉语教学』28.1:3-17.
吴福祥, 张定, 2011,「语义图模型: 语言类型学的新视角」,『当代语言学』4:336-350.
张敏, 2010,「"语义地图模型": 原理, 操作及在汉语多功能语法形式研究中的运用」,『语言学论丛』42, 北京: 商务印书馆.

12장 현지 조사와 자료 기술

12.1. 조사 계획과 목록

12.1.1. 조사 계획

언어유형론은 언어 표본이나 언어 현상을 비교하여 규칙과 보편성을 이끌어 내는 학문이다. 현존하는 인류의 언어는 약 7,000개 정도인데 많은 언어가 모어 화자에 의해 연구되는 것은 아니므로 그 언어를 파악하기 위해 언어유형론 학자들은 현지 조사를 실시한다. 유형론의 언어 조사 방법은 기본적으로 방언 조사 방법과 같다. 그러나 표기 수단과 언어 현상의 구체적인 판단에 차이가 있다. 언어유형론의 현지 조사는 방언 조사에 비해 언어의 보편성과 유형론적 특징을 더 중시한다. 12장에서는 언어유형론의 언어 조사와 언어 표본 수집, 자료 정리 및 주석에 대한 구체적 방법을 소개한다.

유형론적 연구에는 여러 언어로 된 대량의 자료가 필요하다. 먼저 참고문법서, 언어 조사 보고서, 논문 등을 활용하여 언어 자료를 확보할 수 있다. 그런데 이러한 자료들은 연구의 목적에 따라 선택적인 경우가 많아서 언어의 모든 면을 정확히 기술하기는 힘들다. 이럴 경우 유형론 학자들이 주목하는 중요한 정보가 누락되기 쉽다. 또한 현지 조사자마다 이론적 배경과 용어가 다를 수 있으므로 유형론 학자는 현지 조사자가 기술한 언어 현상을 정확히 이해해야 한다.

필요에 따라 유형론 학자 스스로 언어 조사를 실시해야 하는 경우도 있다. 유형론 학자인 동시에 현지 조사자인 학자들이 다수 있다. 예를 들어 오스트레일리아의 Robert M. W. Dixon은 십여 개의 오스트레일리아 토착어와 아마존 토착어를 직접 조사하여 풍부한 언어 자료를 남겼다. 영국의 Bernard Comrie는 코카서스어를 조사하였고, 독일의 Martin Haspelmath는 초기 연구에서 다게스탄 공화국의 남부와 아제르바이잔 북부의 레즈긴(Lezgian)어를 조사한 바 있다.

언어 조사는 유형론 학자에게 다양한 연구 관점을 제공하고 새로운 이론의 형성과 수정에 중요한 역할을 한다. Derbyshire(1977)는 남미 아마존 밀림에서 OVS 어순의 언어들을 발견하였는데, 그 전까지 이러한 언어의 존재를 부인하는 유형론 학자들이 많았다. Evans(1995)는 오스트레일리아 토착어인 카야르딜드(Kayardild)어의 복잡한 격 표지를 기술하였는데, 이 언어의 격 표지는 명사구에 쓰여 통사적 역할을 나타내는 것 외에도 시제와 서법에 관련된 정보를 나타낸다.

현지 조사를 하는 언어학자는 일반적으로 몰입(immersion) 조사법을 위주로 한다. 조사자는 대상 언어 환경에서 장시간 대상 언어 화자들과 함께 일상을 공유하며 대상 언어를 배우고 이해하여 참고문법서를 집필한다. 유형론 학자들은 대부분 특정 주제에 대한 연구를 진행하며, 구체적인 연구 방법도 현장의 언어학자들과 다르다. 유형론에서는 설문조사를 통해 언어 자료를 확보하는 경우가 많다. 설문의 목적에 따라 설문지는 두 종류로 나뉜다. 하나는 개별 언어를 전면적으로 조사하기 위한 것으로, 주변 언어를 포함해 조사 대상 언어에 대한 이해가 부족한 조사자가 사용한다. 이러한 설문지는 Comrie & Smith의 The Lingua Descriptive Studies Questionnaire가 대표적이다. 다른 하나는 특정 주제에 대한 연구를 위한 것으로, 해당 주제가 다루는 문제에 대해 논리적으로 가능한 모든 경우의 수를 조사한다. 독일 막스플랑크 진화인류학연구소 언어학과 홈페이지는 일반적인 전면 조사와 특정 주제에 대한 조사에 사용되는 설문지들을 제공한다(http://www.eva.mpg.de/lingua/tools-at-lingboard/questionnaires.php).

설문 응답자가 대상 언어[1]를 사용하는 언어학자라면, 대상 언어에 어떤 문법 범주의 존재 여부와 구체적인 통사 형태 특징 등을 직접 질의할 수 있다. 그러나 응답자가 언어학적 소양이 없는 모어 화자일 경우에는 예문을 대상 언어로 번역할 수 있도록 설문지를 설계해야 한다.

설문조사를 통해 유형론 학자들은 대상 언어에 관한 세부 사항을 이해하고 조사 목적

---

[1] [역자 주] 대상 언어는 주석이 필요한 언어로, 분석의 대상이 되는 원문에 사용된 언어를 말한다. 12.3. 언어전사와 주석 참조.

에 맞는 언어 자료를 얻을 수 있다. 그러나 설문조사에도 문제점이 있다. 예문으로 된 설문지를 사용할 경우 설문의 응답은 조사에 응한 모어 화자가 예문을 번역한 것일 뿐 자연 발화 자료는 아니다. 또한 방언을 조사할 경우에는 표준어의 영향을 받기 마련이다. 그리고 예문에 대한 번역은 여러 가지로 나타날 수 있지만, 응답자의 번역으로부터 모든 가능한 경우를 다 얻을 수는 없다. 이렇게 되면 언어 자료의 정확성과 총체성이 보장되지 않는다. 응답자가 대상 언어에 익숙한 언어학자라면 위와 같은 문제들을 피할 수 있겠지만, 모어 화자 언어학자들을 충분히 확보하기는 어렵다.

유형론 학자들은 인터뷰를 통해 연구에 필요한 언어 자료를 수집하기도 한다. 인터뷰는 여러 유형으로 나눌 수 있다. 설문지를 기초로 한 인터뷰도 있는데, 이 때에는 응답자에게 설문지를 직접 제시하지 않고 질문시 참고용으로만 사용하며 상호 교류와 작용을 통해 전반적인 정보를 얻는다. 때로는 인터뷰의 목적이 응답자가 예문을 더 제공하도록 하거나, 어떤 문장이 사용되는 언어 환경에 대해 설명하는 것인 경우도 있다. 또 연구자의 가설을 검증하기 위해 인터뷰를 진행하는 경우도 있다. 이 경우 연구자는 예문을 미리 작성한 뒤 모어 화자에게 문장 수용 가능 여부와 사용 가능한 언어 환경에 대해 질문하고, 수용 불가인 문장은 수용 가능한 문장으로 수정하게 한다. 언어 체계의 완전한 기술을 목적으로 하는 인터뷰도 있다. 예를 들어 조사자가 조사를 통해 대상 언어에 1인칭 단수 대명사, 2인칭 단수 대명사가 있다는 것을 파악하면, 이 언어에 3인칭 단수 대명사와 인칭 대명사의 복수 형식이 있는지 여부를 명확히 하고 싶을 것이다. 따라서 조사자는 대명사 체계의 완전한 기술을 위한 인터뷰를 설계할 수 있다.

인터뷰는 언어 조사에 있어 중요한 역할을 한다. 그러나 인터뷰를 통해 얻은 언어 자료는 자연 발화 자료가 아니라 인위적으로 가공된 경우가 있다는 점을 주의해야 한다. 설문 조사와 마찬가지로 이런 자료들은 작위적으로 보이는 경우가 종종 있다.

언어 조사는 자연 발화 자료를 수집하는 것이 핵심이다. 또한 자연 발화 자료는 문체에 따라 서술체, 구어체, 방법이나 과정에 대한 설명체, 강연체, 문예체 등으로 나뉜다. 문법 범주가 나타나는 빈도는 문체에 따라 차이가 있다. 예를 들면, 협(Hup)어[2]의 구어에서는 비가시(non-visual)와 추론(inferred)의 두 증거 범주(evidentiality)가 자주 출현하

---

[2] [역자 주] 브라질과 콜롬비아에 살고 있는 아마존 사람들이 사용하는 언어로, 나다홉어족에 속하며 사용인구는 약 1,700명이다.

지만, 서술체에서는 거의 나타나지 않는다(Epps 2011:639). 자연 발화 자료 조사는 전사 시간이 많이 소요되는 단점이 있다. 또한 통제 가능한 환경이 아니므로 방대한 양의 언어 자료 중에서 연구자의 흥미에 맞는 자료를 찾기가 어려울 수도 있다.

한정된 시간 내에 유의미한 자연 발화 자료를 수집할 때 조사자는 특정 내용의 영상이나 사진, 슬라이드 자료 등 자극물(stimulus kit)을 사용할 수 있다. 응답자에 대한 영향을 최소화하기 위해 이러한 자극물은 통상적으로 문자를 사용하지 않으며, 영상 자료에도 배경음이나 언어학적으로 무의미한 음성 등을 제외한 말소리는 사용하지 않는다. 이 조사법은 각기 다른 언어를 사용하는 응답자들에게 동일한 하나의 자극물을 보여줌으로써 비교 가능한 자료를 얻을 수 있는 장점이 있다. 언어 조사에 사용하는 영상 중 가장 유명한 것으로 캘리포니아 대학의 Wallace Chafe교수가 제작한 '배 이야기(the pear stories)'가 있다. 이 영상은 http://www.pearstories.org/에서 다운로드할 수 있다. 독일의 막스플랑크 진화인류학연구소 언어학과 홈페이지 http://www.eva.mpg.de/lingua/tools-at-lingboard/stimulus_kits.php에서도 몇 가지 자극물을 제공한다. 유형론 학자들은 연구의 필요에 따라 자극물로 쓰일 맞춤형 영상이나 사진을 제작하기도 한다.

12.1.2. 조사 목록[3]

어떤 언어의 형태와 통사를 체계적이고 세밀하게 조사하여 기술한 것을 참고문법이라고 한다. 참고문법은 특정 언어에서 나타나는 구체적인 현상이나 언어 자료를 보고하는 것을 목적으로 한다. 따라서 가능한 한 사실에 충실해야 하고 특정 이론에 얽매이지 않아야 하며 언어의 보편성에 부합하는 메타 언어[4]를 사용해 기술해야 한다. 참고문법을 기술할 때 가급적 특정 이론에 얽매이는 것은 피해야 하지만, 이론의 영향을 받지 않는 것은 불가능하다. 따라서 참고문법이 여러 이론을 동시에 수용하거나 서로 상충되는 이론을 포함할 가능성도 배제할 수 없다.

중국에서 출판된 참고문법서로는 『赵庄白语参考语法』,『燕齐壮语参考语法』,『基诺语参考语法』,『遮放载瓦语参考语法』,『墨江哈尼族卡多话参考语法』,『居都仡

---

[3] 본 목록은 刘丹青(2008), 孙宏开와 江荻(개인담화)가 제공한 문헌자료를 편집하여 작성하였다.
[4] [역자 주] 메타 언어는 주석과 번역에 사용되는 언어로, 일반적으로 연구 결과를 발표하는 데 쓰이는 언어이다. 자세한 내용은 12.3. 참조.

佬族参考语法』,『湘西矮寨苗语参考语法』,『元江苦聪话参考语法』,『鄂温克语参考语法』,『现代维吾尔语参考语法』,『梁河阿昌语参考语法』,『银村仫佬语参考语法』,『邦朵拉祜语参考语法』 등이 있으며, 대부분 중국의 소수 민족 언어를 대상으로 한다. 중국어 방언을 다룬 참고문법은 많지 않은데, 盛益民의 박사논문『吴语绍兴柯桥话参考语法』를 참조할 수 있다. 참고문법은 언어유형론 연구에 좋은 언어 자료가 된다.

참고문법은 일반적으로 아래의 내용을 포함한다.

i. 언어 또는 방언의 명칭은 메타 언어 및 알파벳으로 표기한다.
ii. 경도와 위도, 기후대 등 지리적 위치와 사용 인구, 민족, 식문화, 전통 산업 유형 등을 서술한다. 필요시 주변 민족이나 언어 등에 대해서도 설명한다.
iii. 언어 사용의 역사, 어족, 어파, 방언, 인구 이동의 역사와 현황, 문자, 관련 연구 자료 등 역사적 변천과 현재의 사용 상황을 서술한다.

다음은 참고문법의 본론으로, 아래 항목들을 포함한다.

i. 말소리
   - 모음: 저모음(전설, 중설, 후설), 중모음(전설, 중설, 후설 및 원순, 비원순), 고모음(전설, 중설, 후설 및 원순, 비원순), 특수한 모음 현상(긴장 모음과 이완 모음의 대립, 알타이어계의 모음 조화 등. 李兵(1990) 참조)
   - 자음: 발음 방법에서 음소적 대립쌍을 구성하는 자음(무성음과 유성음, 무기음과 유기음), 발음 방법에서 음소적 대립쌍을 구성하지 않는 자음, 비(nasal)자음, 흡기음, 권설음, 전동음, 구개수음, 특수한 자음 현상(흡기음, 방출음 등)
   - 억양: 성조(음절성조언어인지 어휘성조언어인지, 각 성조 체계의 성조 유형 구분), 단어 강세, 문장 강세
   - 강세, 운율 규칙
   - 연속 발화에 나타나는 음운 변화: 성조 변화, 선행 음절의 어말 자음과 후행 음절 모음의 연음 현상 등
ii. 기본 어순
   - S, O, V: 주어와 동사의 어순, 목적어와 동사의 어순, 부치사와 명사의 어순, 부치사구와 동사의 어순
   - 좌분지 구조, 우분지 구조

iii. 문장 유형
- 동사 술어문
- 계사 술어문: 형용사 술어문, 명사 술어문에서 계사의 유무, 계사의 수
- 명령문: 명령문의 분류(예: 일본어)
- 감탄문
- 의문문: 예-아니오 의문문, 의문사 의문문, 선택의문문, 반어문
- 간접 의문문(예: 我知道你要买什么(나는 네가 무엇을 살지 안다)), 간접 명령문(예: 我命令他立刻出发(나는 그에게 즉시 출발하라고 명령하였다))
- 부정 형식, 예-아니오 의문문에 부정으로 응답하는 방식(예: 중국어, 영어)
- 피동문과 능동문의 시제와 상의 차이(화제가 부각되는 언어에서는 피동태가 발달하지 않는가?) 피동구조의 행위자, 유정성
- 행위자, 대상, 경험자의 표지: 격 표지 또는 일치 관계 사용 여부(예: Mr. Loman needs a drink(로먼씨는 마실 것이 필요하다). The sharks smell blood(상어들은 피냄새를 맡는다).)
- 능동태의 유무
  - 능동태가 있는 경우: 능동 형식이지만 피동 의미를 지니는 경우로 표층 구조의 주어가 심층 구조의 목적어인 경우(예: The car drives easily(그 차는 운전하기 쉽다). The book sells quickly(그 책은 빨리 팔린다).)
  - 능동태가 없는 경우: 복수의 참여자가 동등한 자격으로 동작의 행위자가 되는 동시에 대상이 되는 경우
  - 능동형식이지만 피동의 의미인 경우: 대상이나 경험주가 신체 부위를 포함하는 동작일 때(예: 洗脸(세수하다))
- 사동문: 사동문과 피동문, 사동문과 다른 문장과의 관계, 분석형, 형태형, 어휘형 사동 구조
- 조건문과 가정문
- 종속절: 주어 관계절, 목적어 관계절, 관형어 관계절, 부사어 관계절, 관계절의 표지(예: 인칭 대명사, 관계 대명사, 조사), 생략된 논리성분, 주절과 종속절의 어순, 조건절
- 비교문의 형식과 종류(예: 태국어에는 하나 이상의 표현 형식이 있다). 형용사와 비교 대상, 비교문에서 생략할 수 있는 성분(예: 我比你干得好(내가 너보다 잘 할 수 있다). 我的工资比你高(내 월급이 너보다 많다)), 비교 대상의 표지의 유무
- 존재문의 형식, 존재동사의 종류: 각 동사에 통사적인 차이가 있는가?
- 강조와 초점: 표지, 강세, 어순, 조사, 분열문(예: It's a new car that Mary is driving(새

차이다, 메리가 지금 운전하는 것은). What Mary is driving is a new car(메리가 지금 운전하는 것은 새 차이다).) 강조하고 초점화할 수 있는 성분
- 인용어: 직접 인용어와 간접 인용어, 인용 형식. 정보 출처(직접 본 것, 다른 사람에게서 들은 것, 추론한 것 등)를 밝힐 수 있는 표지 유무(예: 터키어)와 종류

iv. 문장 성분 및 구조
- 주어와 목적어:
  - 주어와 목적어로 쓰일 수 있는 언어 단위
  - 주어, 목적어와 동사의 관계
  - 의미 역할에 있어 주어, 목적어가 갖는 경향성
  - 능격, 대격, 주격이 각각 표현되는가, 그 중 일부가 동일한 표지로 표현되는가?
  - 간접 목적어와 직접 목적어의 어순과 표지: 대명사 논항과 명사 논항이 통사적으로 차이가 있는가(예: 스페인어, 이태리어)?
- 보충어
  - 주어 보충어(예: I was made king(나는 왕이 되었다).)와 목적어 보충어(예: We made him king(우리는 그를 왕으로 추대하였다).)
- 부사어
  - 부사어로 쓰일 수 있는 언어 단위
  - 부사어의 분류
  - 다항 부사어의 어순
- 관형어
  - 관형어로 쓰일 수 있는 언어 단위
  - 관형어의 위치
  - 다항 관형어의 어순
  - 관계절과 중심어 및 관계절과 다른 관형어의 어순
  - 부정 표지의 위치
- 부정
  - 부정 표지와 부정사의 사용 여부 및 수량
  - 부정 기능어와 부정 조동사의 사용 여부 및 수량
  - 부정의 범위
  - 부정과 논리 접속사(예: 중국어의 并과 或)
  - 전체 부정과 부분 부정
  - 부정과 시제, 상

- 부정과 양태
- 부정과 동사, 형용사
- 부정과 명사
- 부정과 수량사
- 문장 성분의 부정과 문장 명제의 부정
- 이중 부정은 긍정인가 부정인가?
- 병렬 관계
    - 병렬 표지(예: 영어의 and)와 수반 표지(예: 영어의 with)
    - 병렬 표지와 접속사
    - 단어 병렬
    - 구 병렬
    - 절 병렬(예: 점층, 선택, 대등)
    - 절 간의 종속 병렬(예: 전환 관계)
    - 병렬 관계에서의 생략 규칙(예: 张三和李四的书(장싼과 리쓰의 책), *张三的书和李四的.)
v. 기능 범주
  - 인칭 범주와 표현 형식
  - 성 범주와 표현 형식
  - 수 범주와 표현 형식
  - 양 범주와 표현 형식
  - 격 범주(주-대격 또는 능-통격)와 표현 형식
  - 지칭 범주와 표현 형식
  - 소유 범주(예: 양도성, 유정성. ①친족소유(소유물은 손윗사람, 동년배, 손아랫사람) ②사회관계소유(소유물은 상급자, 동급자, 하급자) ③재산소유 ④소속단위소유 ⑤신체소유 ⑥임시 소유와 방위 소유)와 표현 형식
  - 시제 범주와 표현 형식
  - 동사의 동작 유형 범주와 표현 형식
  - 양태 범주와 표현 형식: 의무, 인식, 확정 등
  - 서법 범주와 표현 형식: 서술, 가정 등
  - 방향/이동 범주와 표현 형식
  - 존재 범주와 표현 형식
  - 결과 범주와 표현 형식

- 사동/피동 범주와 표현 형식
- 병렬 범주와 표현 형식
- 비교 범주와 표현 형식
- 부정 범주와 표현 형식

vi. 품사
- 동사 관련
  - 동사 유형: 자동사와 타동사, 이중 목적어 동사, 행위동사(활동, 완성, 성취), 상태 동사, 계사(예: 중국어의 是, 为, 成了, 像, 显得)의 시제와 상 형식의 제약, 주-대격 동사와 능-통격 동사
  - 조동사: 조동사의 분류, 형식, 위치
  - 동사의 형태 범주: 시제(2분법, 3분법), 상(완성상과 비완성상, 완료상과 비완료상, 지속상, 진행상, 그 외 특수한 상의 존재 여부), 태(voice), 서법(mood, 인식과 의무, 극성), 인칭 표지, 수 표지, 격 표지, 성별 표지
  - 부가어: 시간 부사어, 방식 부사어, 목적 부사어, 원인 부사어, 조건 부사어, 결과 부사어, 정도 부사어, 시량 부사어, 동량 부사어, 장소 부사어, 범위 부사어
  - 2차 술어(예: 중국어에서 정도보어, 결과보어, 방향 보어, 구 보어 등으로 사용되는 동사구)와 주요 술어 간의 관계, 연속 술어 형식의 유무
  - 재귀 동사와 탈타동화
  - 상호 범주의 표현: 동사로 부호화(예: 중국어의 交谈, 见面, 별도의 어휘 형식(예: 相互)
  - 경로, 방향, 배경, 방식, 도구 등의 부호화형식: 핵심 동사, 부가어
  - 동사의 기본형과 활용형
  - 동사 구조(형태 성분, 교착 성분, 포합 성분)
  - 동명사, 동사의 명사화
  - 이동과 방향
  - 동사가 나타내는 동작이나 행위의 통제 가능 여부
- 명사 관련
  - 일치 관계와 표지: 성(남성, 여성, 중성), 수(단수, 양수, 3수/소량, 대량, 다수, 복수), 격(주격, 대격, 사격, 능격, 통격 등), 기타 명사 표지(경어체 등), 핵심과 부가어(종속절 포함)의 어순, 부가어 간의 어순, 화제 표지
  - 명사의 특정 지시와 불특정 지시, 한정 지시와 비한정 지시, 지시와 영(zero)지시, 부류 지시와 개별 지시, 구정보와 신정보

- 사격 표지: 중국어의 把, 被와 같은 목적어 이외의 논항 성분
- 관사: 통사 특징(성, 수, 격 등), 기능 분류, 위치, 관사와 지시사의 구별, 한정과 비한정 관사
- 가산성
- 서수사 형식, 기수사와 명사, 서수사와 명사의 어순
- 칭호나 직함과 명사의 어순
- 지시사: 원거리 지시, 근거리 지시, 중거리 지시에 상향 원거리 지시, 상향 중거리 지시, 상향 근거리 지시와 같은 특수한 세부 분류가 있는가? 원거리, 중거리, 근거리를 구분하는 음성 형식, 즉 개구도에 도상성이 적용되는가?, 단수, 복수
- 양화사, 양사 또는 분류사: ① 수사, 지시사와 분리되어 양사가 단독으로 사용될 수 있는지 여부, 가능할 경우 특정한 문형에서 단독 개체를 나타내는가 또는 집단에 속하는 각각의 개체를 나타내는가? ② 양사가 수사, 지시사와 분리되어 단독으로 후행하는 관형어의 수식을 받는지 여부, 피수식 대명사의 역할을 할 수 있는지, 명사화 기능이 있는지 여부. ③ 총칭을 나타내는 데 쓰이는 피수식 양사가 총칭 접두사로 문법화하고 경성으로 변하는지 여부. ④ '양사 + 명사'가 명사의 총칭으로 쓰일 때 한정 명사로 쓰이는지 여부
- 시간 표현: 시점과 시간대, 시간사와 동사의 시간 범주
- 대명사: 사람, 사물, 기타(지점, 방식, 상태). 성, 수, 격, 재귀 대명사, 소유, 강조(他自己走了(그는 스스로 갔다)), 관계 대명사, 상호 대명사. 인칭 대명사의 기본형식, 포괄식과 배제식, 낮춤말과 높임말(분류 방식, 일반 명사의 높임과 낮춤 표현 유무, 일본어, 태국어 같은 높임과 낮춤의 통사적 표현 유무). 인칭 대명사의 불특정 지시. 비한정 대명사
- 화제: 화제화, 화제 표지, 화제형식, 화제와 동사의 관계
- 재지시 형식, 영형식, 특수 재지시 형식(예: 전자, 후자), 재지시 용법의 범위(절 내부, 절과 절 사이, 주절과 종속절 사이, 이탈리아어와 같이 문장 범위를 넘어서는 특수한 재지시 대명사의 유무), 선행어의 종류(주어, 목적어, 기타성분)
- 소유: 양도 가능 여부, 유정성과 무정성, 현재 소유와 과거 소유, 소유 표지는 핵심어 표지인가 의존어 표지인가?
- 부분과 전체의 표현, 부분과 수사(two of the boys(그 소년들 중 둘)) 및 부분 양화
- 명사 구조: 형태 성분, 교착 성분, 포합 성분
- 명사의 동사 용법 전용 여부

- 형용사 관련
  - 형용사와 명사의 관계, 형용사와 동사의 관계
  - 형용사와 명사의 일치 관계 및 어순, 다항 형용사 간의 어순
  - 색, 부피, 시간, 공간, 사회적 가치 등 범주를 나타내는 단음절 형용사의 수량과 종류
  - 부사어와 같이 형용사를 수식하는 성분, 형용사의 논항을 수반 가능 여부, 가능시 동사의 논항을 수반하는 방식과 통사적 차이
  - 소유 형용사의 유무
  - 정도 등급과 표현 형식: 중첩, 굴절
  - 동사, 명사, 형용사 간의 파생 형식
  - 중첩이 표현하는 수량
  - 형용사의 통사적 기능: 관형어, 서술어, 부사어 등
- 부사 관련
  - 부사의 통사적 기능: 동사, 형용사 외 명사의 수식 여부
  - 부사의 범주 분류와 체계
  - 부사의 통사적 위치
  - 다항 부사 간의 통사 규칙 또는 어순
  - 형용사 또는 다른 품사에서 부사가 파생되는 형식
  - 부사의 비교급
- 부치사 관련
  - 부치사의 범주 체계: 하위 범주(시간, 공간, 방위, 도구, 원인, 재료, 방식 등)
  - 부치사구의 통사적 기능과 어순
  - 부치사의 단독 사용 가능 여부
  - 부치사 또는 부치사구를 수식하는 성분
  - 환치사가 존재하는지 여부
  - 부치사구가 다른 통사 구조와 조화를 이루는가, 어떤 유형의 부치사구가 조화를 이루지 않는가?
- 접속사 관련
  - 접속사의 범주 분류
  - 접속사의 위치
  - 접속사와 접속 성분(예: 중국어의 和, 而, 并이 각각 명사, 형용사, 동사를 접속)
  - 상관 접속사

    - 논리 접속사
    - 접속사의 기타 기능: 동반, 도구, 방식 등
    - 결합 병렬 접속사와 분리 병렬 접속사의 형식, 위치의 차이
    - 접속사가 전치하는가 후치하는가?
- 기타 품사
    - 어기사의 체계와 종류
    - 감탄어
    - 색채어
    - 의성사
    - 감탄사
    - 조사(조사가 통사적 기능에 따라 분화하는지 여부)
    - SOV 언어라면 문말 어미가 있는가? 있다면 어떤 의미를 표현하는가?
- 기타
    - 접어(clitic) 또는 접어화(cliticization)
    - 통사 구조의 복잡성과 길이에 따른 위치 이동

상술한 항목을 조사할 때 질문이나 대화를 설계해야 할 수도 있다. 이 때, 조사자는 응답자가 자연스럽게 발화 맥락을 구성하도록 하며, 대화를 유도해서는 안된다. 문항 설계는 刘丹青(2008)과 라이프치히 설문지 데이터베이스(Database Questionnaire Manual, http://www.eva.mpg.de/lingua/valency/files/database_manual.php)를 참조할 수 있다.

12.2. 언어 표본 수집

언어유형론은 범언어적인 비교 연구를 거쳐야만 언어의 본질을 이해할 수 있다고 본다. 따라서 유형론의 연구는 통상적으로 언어, 방언, 시대를 아우르며, 서로 다른 언어로 된 대량의 언어 자료를 필요로 한다. 이렇게 하여, 언어 표본 수집은 유형론 연구자들이 관심을 갖는 문제가 되었다.

Whaley(2009:36-37)는 구체적인 예를 통해 언어 표본 수집의 중요성을 설명하였다. 30개 언어를 조사한 Greenberg(1966)는 SVO가 인류 언어의 가장 보편적인 어순이라고

주장한 반면, 402개 언어를 조사한 Tomlin(1986)은 SOV가 인류 언어의 가장 보편적인 어순이라고 보았는데 이는 언어 표본 수집의 차이로 인한 것이다. 이처럼 언어 표본 수집은 언어유형론 학자들에게 큰 문제가 되어왔다. 연구자가 모든 언어의 관련 자료를 수집할 수는 없기 때문이다. 어떤 언어는 이미 소멸되어 진상을 알아볼 수 없기도 하다. 현존하는 약 7000개의 언어 중에서 언어학자들이 기술해 낸 것은 3분의 1정도에 지나지 않는다(Bakker 2011:101-102). 또한 언어는 시시각각 변화하므로 기술적으로 보아도 모든 언어를 포함하는 코퍼스를 구축하기란 불가능한 일이다. 현재까지 파악한 언어 자료는 지역적 불균형과 어계 분포의 불균형이 심각하다. 유라시아 대륙에 주로 분포해 있는 인도유럽어족의 언어에 대해서는 가장 먼저 조사를 시작하였으므로 연구 수준도 높으며 조사 자료도 풍부하다. 그러나 아프리카, 미주, 오스트레일리아 등지의 언어는 조사를 비교적 늦게 시작하였으며 조사 자료도 많지 않다.

모든 언어를 포함하는 코퍼스를 만들 수는 없지만, 유형론 학자들은 연구 목적에 따라 여러 유형의 코퍼스를 구축하였다(Velupillai 2012:49-50). 어순이나 형태 등에 대한 통계적 경향성의 발견과 여러 가지 언어적 특성간의 관계 검증을 연구 목적으로 한다면 유형론 학자는 확률 표본(probability sample) 코퍼스를 만들 수 있다. 확률 표본으로 선택한 언어적 특성에는 한계가 있다. 그러나 표본을 수집할 때에 어계의 균형과 지역 분포의 균형은 중요한데, 언어들은 어족 또는 언어 접촉을 통하여 유사한 특징을 공유하기 때문이다.

형식이나 구조가 잘 알려지지 않은 언어를 연구할 경우에는 다양화 표본(variety sample) 코퍼스를 구축할 수 있다. 다양화 표본 코퍼스는 어떤 언어적 특성 또는 언어 변수의 최대한의 변이형(maximum of variation)을 중시한다. 이런 유형의 코퍼스는 가급적 여러 가지의 변이형을 포함하여야 한다. 그러므로 친족 관계에 있거나 밀접한 접촉이 있었던 언어일지라도 언어적 특성이 다르게 나타난다면 표본에 포함시켜야 한다. 다양화 표본은 어계의 균형과 지역적 균형을 확률 표본만큼 중시하지는 않는다.

연구자가 얻을 수 있는 언어 자료에 따라 편의 표본(convenience sample) 코퍼스를 구축할 수 있다. 연구에 있어 중요한 언어나 방언이라도 조사가 부족할 경우 배제할 수밖에 없다. 편의 표본 코퍼스 구축 시에는 얻고자 하는 언어 자료를 모두 얻을 수 없더라도 가급적 어계의 균형과 지역적 균형을 고려해야 한다.

유형론 연구의 목적은 서로 다른 언어 간에 나타나는 극단적인 차이를 통해 언어의 보편성을 찾는 데 있다. 그러므로 연구의 기초가 되는 언어 표본 코퍼스도 상당한 수량의 다양한 언어들로 이루어진 표본을 포함하여야 한다. 또한 확률 표본 코퍼스와 편의 표본 코퍼스도 언어의 어족, 지역, 문화 등의 분포를 고려해야 한다. 표본 자료의 대표성과 설득력을 확보하기 위해, 언어유형론 학계에서는 국제적으로 다음의 세 가지 방법을 사용하고 있다(Whaley 2009:38-40).

첫 번째는 비율적 대표 표본(proportionally representative sample) 코퍼스를 구축하는 것으로, Tomlin(1986)의 연구가 대표적이다. 표본 수집 과정은 대략 다음과 같다. 연구자가 10%의 언어를 표본으로 삼고자 한다면, 각 어족와 각 지역에서 10%씩의 언어를 선택하여 표본을 수집한다. 예를 들면 중국티베트어족 10%, 인도유럽어족 10%, 니르사하라어족 10% 등으로 구성된다. 이러한 코퍼스는 큰 어족에 속하는 언어가 작은 어족에 속하는 언어보다 절대수량이 많아지므로 통계 결과도 편향적이기 쉽다. 어족에 포함된 언어의 수는 언어적인 요소 외에도 역사적인 요소와 관련있다(Whaley 2009:39). 따라서 이러한 방법으로 만들어진 표본 코퍼스는 실제와는 어느 정도 차이가 있다.

두 번째 방법은 독립적 언어 표본(sample of independent languages) 코퍼스를 구축하는 것이다. 독립적 언어 표본 코퍼스는 대표성을 높이기 위해 친족 관계와 지역 분포에 있어 가급적 먼 거리에 있는 언어들을 이용한다. 독립적 언어 표본의 장점은 역사 등 언어 외부 요소의 간섭을 배제하고 언어적 특성의 경향성을 최대로 살펴볼 수 있다는 것이다. 그렇지만 친족 관계와 관계없이 지리적 원인으로 장기간 접촉을 통하여 공통적인 특징을 보이는 언어들도 있다. 이렇게 언어 지역이 넓고 그 지역에서 사용되는 언어도 다양할 경우, 대표성을 지니는 언어를 선정하는 데 어려움이 있다.

비율적 대표 표본 코퍼스와 독립적 언어 표본 코퍼스의 문제점을 해결하기 위해 Dryer(1989, 1992)는 새로운 표본 수집 방법을 제시하였다. 첫 번째 단계는 어계의 균형(genetic balance)을 확보하는 것이다. 그는 언어를 322개 속(genera)으로 나누었는데, 각 속에 속하는 언어들은 대략 2500년을 거슬러 올라가 공통의 조상 언어로 묶일 수 있다. 예를 들면 로만어속에는 라틴어, 스페인어, 프랑스어, 이탈리아어 등이 속한다. 두 번째 단계는 지역 분포의 균형을 확보하는 것이다. 그는 지리적 분포에 따라 세계를 아프리카, 유라시아대륙, 오스트레일리아-뉴기니아, 북아메리카, 남아메리카의 다섯 개 구역[5]으로 나누고, 322개 속의 언어를 다섯 개의 구역에 대응시켰다. 예를 들어 로만어

---

[5] [역자 주] 일반적으로 언어유형론에서 사용하는 언어 지역(linguistic area)과 구분하기 위하여 '구

속과 게르만어속은 유라시아 대륙에 분포하는데, 이 구역 내에는 핀란드어, 에스토니아어, 헝가리어가 속하는 핀란드-우랄어속과 같이 인도유럽어속에 포함되지 않는 언어들도 존재한다. 세 번째 단계는 언어적 특성의 범언어적 분포와 통계적 유의성을 분석하는 것이다. 먼저 어떤 언어의 구조적 특성을 선정해 서로 다른 속에서의 존재 여부를 살펴본다. 위에서 나눈 다섯 개 구역의 대다수 속에서 동일한 특성이 나타난다면 이 특성은 보편성 또는 경향성을 갖는다고 할 수 있다.[6] [표 1]은 위의 다섯 개 구역 내에서 SOV 어순을 지니는 속과 SVO 어순을 지니는 속의 분포 상황이다.

[표 1] SOV 어순과 SVO 어순의 분포 상황

	아프리카	유라시아	오스트레일리아-뉴기니아	북아메리카	남아메리카	계
SOV	22	26	19	26	18	111
SVO	21	19	5	6	5	57

다섯 개 구역 모두에서 SOV 어순을 사용하는 속이 더 많으므로 SOV 어순이 SVO 어순 보다 범언어적 경향성을 보인다고 할 수 있다. Dryer의 방법에도 단점이 있다. 첫째, 어떤 언어가 어족 내에서 어떤 속에 속하는지가 명시되어 있지 않아 언어의 귀속이 불분명하다. 둘째, 이 방법을 사용하여 효과를 보기 위해서는 Dryer(1992)가 625종의 언어 자료를 사용하였듯이 상당히 많은 수의 언어를 살펴보아야 하는데, 학자가 개인적으로 연구를 수행하기는 쉽지 않다(Whaley 2009:41).

12.3. 언어 전사와 주석

언어 전사와 주석은 언어 자료를 보존하려는 목적에서 이루어진다. 세계화가 가속화

역'으로 번역하였다.

[6] [역자 주] Dryer는 다섯 개의 구역 모두에서 검증된 가설이 적합한 경우에만 그 가설을 언어보편성으로 간주된다고 하였다. 예를 들어 다섯 개 중 네 개에서만 그 가설이 적합하면, 통계적 유의미성이 부족하기 때문에 그는 그것을 '경향'이라고 하는 것을 선호한다.(Jae Jung Song 저, 김기혁 역, 『언어유형론』, 서울: 보고사, 2009, p.56)

되면서 다수의 언어와 방언이 점차 소멸되고 있기 때문에 언어를 기록하는 것은 문화 보존의 측면에서 가치 있는 일이다. 현지 조사를 거쳐 기록한 언어 자료들은 언어 연구나 기타 연구에 사용된다. 이 과정에서 언어 전사와 주석은 언어 자료 정리의 핵심이 된다. 특히 조사자가 모어 화자가 아닐 경우 정확한 전사와 주석 작업을 행하는 것이 중요하다. 조사자가 모어 화자일지라도 다른 연구자들의 이해를 위해 조사로 얻은 언어 자료를 전사하고 주석하는 과정이 필요하다.

언어 전사(transcription)는 녹음 자료 및 영상 자료와 같은 비문자 자료를 문자 자료로 전환하는 과정이다. 문자가 있는 언어라면 조사자의 전사 과정은 일반적으로 다음의 두 단계를 포함한다. 첫째, 대상 언어의 문자로 녹음, 영상 자료를 기록한다. 둘째, 국제음성기호로 문자 자료를 다시 전사한다. 그러나 이 두 단계를 꼭 거쳐야만 하는 것은 아니며, 조사자는 국제음성기호나 알파벳을 사용하여 기록할 수도 있다.

언어 주석(language glossing)은 언어 행간 주석(interlinear glossing)으로도 불리며 대상 언어(object language) 및 메타 언어(meta language)와 관련 있다. 대상 언어는 주석이 필요한 언어로 연구자들의 이해를 위해 기술하는 목표 언어이다. 메타 언어는 주석과 번역에 사용되는 언어로 일반적으로 연구 결과를 발표하는 데 쓰이는 언어이다. Lehmann(2004)은 언어 주석이 메타 언어를 사용해 대상 언어를 설명하는 것이라고 하였다. 대상 언어의 형태소를 메타 언어의 형태소나 통사 구조를 사용해 의미를 나타내고, 주석이 필요한 부분에 쓰인 대상 언어의 어순에 맞춰 메타 언어의 형식으로 나타낸다. 언어 주석은 전사된 자료를 일정한 규칙에 따라 메타 언어를 사용해 모든 단어 또는 형태소의 의미와 기능을 나타낸다. 때로는 넓은 의미에서 전사, 주석, 번역을 포함한 언어 자료의 처리를 언어 주석이라고 통칭하기도 한다. 이 장에서는 넓은 의미에서의 주석을 설명한다.

12.3.1. 언어 주석의 유래와 발전

1) 주석의 출현과 발전

현대 유형론은 대규모의 공동연구와 언어 표본의 공유를 필요로 한다. 따라서 각 언어를 연구하는 연구자 또는 조사자는 연구 대상 언어에 대해 주석을 남겨 다른 언어를 사용하는 연구자들도 그 언어를 이해할 수 있도록 해야 한다. 유형론에서 언어 자료의 주석은 보통 행간 주석으로 이루어지며, 대상 언어 텍스트(original text)와 번역 텍스트(translation text) 사이에서 대상 언어 텍스트의 각 성분이 지니는 의미를 기술하고 정의한다. 즉, 대상 언어 텍스트의 단어나 형태소를 일일이 설명하는 것이다. 행간 주석의 주요 기능은 대상 언어 텍스트와 번역 텍스트 간의 관계 및 대상 언어의 구조를 이해하도록 하는 것이다.

(1a)와 같은 언어 간의 직접적인 번역으로는 서로 다른 언어의 구조와 배열의 차이를 찾아보기 어렵다.

(1) 하탐(Hatam)어[7](Reesink 1999:69)
    a. a-yai   bi-dani   mem   di-ngat
       제가 볼 수 있도록 주시겠습니까?
    b. a-yai   bi-dani   mem   di-ngat   I
       2인칭.단수-주다 에게-나 위해서 1인칭.단수-보다 의문표지
       제가 볼 수 있도록 주시겠습니까?

(1a)의 첫째 줄 하탐어와 둘째 줄의 번역은 의미적으로 상응하는 성분들이 순차적으로 대응하지 않는다. 그러므로 단순한 번역만으로는 대상 언어의 성분들이 가지고 있는 의미와 기능 및 대상 언어와 메타 언어 간의 대응 관계를 알 수 없다. 그러나 (1b)에서는 둘째 줄에 주석을 더해 각 성분 간의 구체적인 대응 관계를 보이고 각 성분의 의미와 통사적 기능을 명확히 밝혔다.

언어 주석은 외국어 교육에서 이중 언어 교재의 주석 등 여러 가지 목적으로도 사용할 수 있다. 언어학 연구의 측면에서 언어 주석은 언어학자들이 메타 언어를 이용해 생소한 언어를 기술하는 기능을 한다. Lehmann(2004)은 언어 행간 주석의 발전을 상세히 서술하였다. 언어 주석은 언어 기술의 전통에 기반해 생겨났는데, 처음에는 각 형태소의 의미를 밝히기 보다는 언어의 구조적 특징을 드러내기 위해 쓰였다. 즉, 주석은 언어 자료의 형식적인 특징을 표시하기 위한 것이 아니라 언어 구조를 명확히 보여주는 것이 목적이었다. 1970년대가 되어서야 사람들은 언어 자료에 대해 의식적으로 주석을 부가하였다. (2)는 Allan(1977)의 태국어에 대한 주석의 한 예이다.

---

[7] [역자 주] 파푸아 북서부 바랏(Barat) 지방에서 사용하는 언어로, 사용 인구는 약 16,000명이다.

(2) khru·lâ·j khon 'teacher three person' = 'three teachers'
    선생님   세   사람   세   선생님

　(2)와 같은 초기 주석은 위아래로 대응하는 형식을 사용하지 않고, 문법 범주와 어휘 의미를 구분하지 않는 것이 특징이다. 예를 들어 (2)에서 사람을 표시하는 양사 khon을 영어의 person으로 나타냈는데, 이것이 어휘 의미인지 문법 기능인지를 변별할 수 없다. 어휘 의미로 형식 형태소를 해석하는 것은 초기 주석의 특징 중 하나이다.
　언어 자료의 주석은 늦어도 1980년대에는 언어학 저술에 널리 쓰이게 되었다. 1980년대 이후로 행간 주석은 언어학 저술에서 다루는 예문 중 저술에 사용된 언어가 아닌 다른 언어의 예문이나 생소한 언어로 된 예문에 쓰였고(Lehmann 2004), 점차 영어 외의 언어로 쓰인 예문 전체에 쓰이게 되었다. 초기의 주석은 형식상 통일된 기준이 없었으며 어휘 의미를 형식 형태소에 대응시키는 현상이 자주 나타났다.
　Lehmann(2004)과 Comrie et al.(2008), 위키 백과의 'interlinear glossing'에 대한 견해를 종합해 보면, 가공되지 않은 언어 자료에 대한 체계적인 주석은 (3)과 같은 절차를 따른다.

(3) i. 대상 언어에서 통용되는 문자로 녹음이나 영상 자료의 담화 자료를 정확하게 적는다.
　　 ii. 대상 언어를 알파벳으로 표기한다. 알파벳으로의 전환은 일관된 기준이 필요하다.
　　 iii. 언어 전사를 진행한다. 국제음성기호로 대상 언어 각 성분의 발음을 적는다.
　　 iv. 형태음운론적 측면에서 주석한다. 형태소 층위에서 발생하는 음운 변화를 기록한다.
　　 v. 단어나 형태소 단위로 순차적으로 주석한다.
　　 vi. 자연스럽게 번역한다.
　　 vii. 담화 자료의 화용과 문화 의미를 제시한다.

　(3)의 절차를 통하여 언어 자료를 완벽하게 주석할 수 있다. 언어 자료 코퍼스는 이러한 내용을 포함하여야 하지만, 언어학 논문과 저술에서는 편폭의 한계로 인해 위의 내용을 선택적으로 다루거나 병합하기도 한다. 일반적으로 i, ii, iii 중 하나를 택해 대상 언어를 주석한다. iv 단계에서 의미나 문법 기능의 변화를 수반하는 음운 변화는 굴절 수단으로 간주해 주석하지만, 그렇지 않은 음운 변화는 일반적으로 주석하지 않는다. 그러나 Lehmann(2004)이 지적한 것처럼 대상 언어를 기록한 첫째 행과 음운 변화를

반영한 후의 형식적인 차이가 크게 나타날 경우에는 다른 행에 음운 변화를 별도로 기록한다. 예를 들면 중국어의 일부 방언은 어떤 음절을 단독으로 발음할 때의 성조가 다른 여러 음절들과 함께 발음할 때의 성조와 큰 차이를 보이며 이러한 변화가 체계적으로 나타난다. 이 경우 대상 언어를 기록할 때, 첫째 행은 음절을 단독으로 발음할 때의 성조를 표기하고 그 다음 행에 다른 여러 음절들과 함께 발음할 때의 음운 변화를 반영해 표기한다. v와 vi은 주석의 핵심으로 생략할 수 없다. vii은 언어에 반영된 화용과 문화 의미를 연구하려는 경우가 아니면 생략 가능하다.

Lieb & Drude(2000), Lehmann(2004)이 밝힌 바와 같이, 주석은 대량의 언어 자료에 기반하여 특정 언어 또는 방언의 참고문법을 기술하는 것을 목적으로 한다.

2) 주석 기준에 대한 Lehmann의 공헌

Lehmann(2004)은 언어 주석의 성질에 대해 체계적으로 서술하고 주석 체계를 정리하였으며, 주석에 관한 몇몇 기본 원칙을 제시하였다. 그가 제시한 원칙은 중의적 표현, 파생어의 어간, 일대다 관계, 영형식 형태소, 음운 변화 현상 등의 처리 방법을 포함한다. 또한 어휘적 성분과 문법 범주를 분리하여 처리함으로써 주석 이론의 발전에 있어 중대한 공헌을 하였다. 즉, 메타 언어의 어휘적 성분으로 대상 언어의 성분을 주석하고 통사 범주의 기능적 성분은 대문자로 이루어진 문법 범주 표식으로 주석한다.

12.3.2. 라이프치히 주석 체계 및 이를 계승한 주석 체계

Lehmann(2004)이 언어 주석의 참조 기준을 제시하였다면, 라이프치히 주석 체계(the Leipzig Glossing Rules)는 주석 기준의 효용성을 높였다. 라이프치히 주석 체계는 Lehmann(2004)에서 제시한 기준보다 규범화된 기준으로, 이론 배경을 설명하거나 사례에 대한 논증과 논점 없이 규정만을 강조하며 짧고 간단해 쉽게 배우고 사용할 수 있다. 라이프치히 주석 체계는 현존하는 체계 중 활용도가 가장 높고 개방적인 체계로, 기술할 대상 언어의 구체적인 상황에 따라 문법 범주 표식을 추가해 사용할 수 있다.

라이프치히 주석 체계 홈페이지는 URL http://www.eva.mpg.de/lingua/resources/glossing-rules.php을 통해 확인할 수 있으며, http://www.eva.mpg.de/lingua/pdf/Glossing-Rules.pdf 에서 PDF파일을 다운로드 할 수 있다.

라이프치히 주석 체계는 독일 막스플랑크 진화인류학연구소 언어학과의 Bernard Comrie, Martin Haspelmath와 라이프치히대학 언어학과의 Balthasar Bickel 세 사람이 공동으로 제작, 반포하였으며 규칙 10개와 부록 1개로 구성된다. 이 규칙들은 대상 언어의 형태, 통사, 의미, 화용 등 속성을 어떻게 주석할 것인지를 규정하고, 부록에는 세계 각지의 언어에 두루 쓰이는 문법 범주 표식의 약어를 수록하였다. 기능적 성분의 문법 범주에 대한 주석은 문법 범주 표식의 약어를 사용해 나타내며, 같은 행의 주석들과 행높이를 맞추기 위해 소형 대문자(small capital)로 쓴다.

언어 주석은 언어 기록과 분석의 이론적 배경을 반영한다. 현대 중국어의 打를 영어로 주석한다고 가정하면, 기술언어학의 관점에서 의미상 대응하는 단어항목인 'do'로 주석할 수 있다. 그러나 생성문법의 관점에서 보면 打는 기능적인 성분이므로 경동사로 분류할 수 있고, 이러한 상황에서는 문법 범주 표식을 사용해 경동사를 나타내는 'v'로 打를 주석할 수 있다. 동일한 이론적 배경을 채택하더라도 작성자에 따라 분석 결과가 달라질 수 있다. 현대 중국어의 是를 예로 들면, 어떤 사람은 他是张三의 是를 계사(COP)로, 是张三把书拿走了의 是를 초점 표지(FOC)로 나타낼 수 있지만 다른 사람은 이 둘을 구분하지 않고 일률적으로 계사로 주석할 수도 있다.

주석의 이론적 기초에 대해 라이프치히 주석 체계에서는 명확히 규정하고 있지 않다. 주석의 기준은 전통 문법 규칙, 즉 기술언어학의 문법 분석 방법을 반영하지만 규칙을 제정한 사람들이 주석의 기초가 되는 이론이 기술언어학이라고 제시한 것은 아니다. 따라서 이론과 상관없이 합리적인 주석이 가능하다. 라이프치히 주석 체계는 영어를 메타 언어로 하며, 3행에 걸쳐 나타낸다.

   1행: 알파벳으로 대상 언어를 표기한다.
   2행: 1행의 대상 언어에 대해 어간과 굴절 수단을 순차적으로 주석한다.
   3행: 대상 언어의 문장을 영어로 번역한다.

12.3.1의 (3)에서 제시한 7개 항목의 주석 체계와 비교하면 라이프치히 주석 체계는 7개 항목 중 ii, v, vi 세 가지만 표기할 뿐이다. 라이프치히 주석의 3행 표기는 알파벳 문자로 표기할 수 있는 언어에 적합하다.

Lehmann(2004)과 라이프치히 주석 체계, Haspelmath(2014)의 설명을 종합하면 주석의 형식을 다음과 같이 정리해 볼 수 있다.

1) 각 행의 대응 관계

1행은 알파벳으로 표기한 대상 언어, 2행은 대상 언어의 각 성분을 형태소 단위로 순차적으로 기재한 주석, 3행은 영어로 작성한 번역이다. 라이프치히 주석 체계에서는 각 행의 기술 순서가 왼쪽을 기준으로 나란히 대응되어야 한다. 또한 1행과 2행은 왼쪽을 기준으로 단어 단위로 나란히 정렬되어야 한다. 대상 언어를 기술한 1행 외에 알파벳이 아닌 문자 형식으로 대상 언어를 기술한 행이 따로 있다면 왼쪽을 기준으로 기술하되 1행과 2행처럼 단어 단위로 맞춰 쓸 필요는 없다. 3행도 마찬가지이다.

2) 글꼴

알파벳 형식이나 국제음성기호로 표기한 대상 언어 예문은 기울임 글꼴로 나타낸다. 대상 언어 예문을 알파벳 형식으로 표기하지 않는 경우는 일반 글꼴을 사용한다. 주석행과 번역행도 일반 글꼴로 나타낸다.

3) 형태소와 대응하는 경계부호

대상 언어행의 모든 성분을 주석행에서 주석해야 한다. 라이프치히 주석 체계는 어간(stem) 내부를 나누지 않고 전체 어간에 대해 주석을 진행한다. 라이프치히 주석 체계는 구분할 수 있는 형태소 사이에 '-'를 사용한다. 즉, '-'는 어간(stem)과 굴절 접사(inflectional affix), 또는 어간과 기타 접사 성분을 분리할 수 있다. 대명사나 부치사가 접사성 성분으로 쓰인 경우, 결합한 형태소와의 사이를 '-'으로 구분한다.

어떤 언어 형식이 접사를 분리할 수 없는 형태적 음운 변화를 겪었다면, 그 언어 형식 전체를 하나의 어간으로 간주하고 음운 변화로 일어난 통사적 의미와 원래 가지고 있던 어휘 의미를 동일한 언어 형식에 대한 여러 개의 의미로 본 뒤 주석에서 일대다의 대응 관계로 나타낸다. 이것은 프랑스어의 chevaux(말의 복수형)을 'horse.PL'으로 나타낼 수 있는 것과 유사하다. 통사적 의미가 어간 교체의 형식으로 표현되는 경우에도 일대다 관계의 주석 방법을 사용할 수 있는데, 예컨대 중국 북방어의 咱은 '1PL.INCL'처럼 나타낼 수 있다.

둘 이상의 어근 형태소가 공동으로 하나의 어간을 이룰 때에는 형태소 단위로 나눌 수는 있지만 단어 내부에서 사용하는 경계 부호를 쓰지 않는다. 파생 접사와 어근(root)이 공동으로 어간을 이룰 때도 중간에 경계 부호를 사용할 수 없다. 라이프치히 주석 체계의 규정 상 파생 접사에 대해서 따로 주석을 달지 않지만, 언어 체계에서의 중요성이나 언어 기술의 목적, 연구 필요 등 상황에 따라 주석의 부가 여부를 결정할 수 있다.

접어(clitic)와 결합 성분 사이는 '='를 사용하여 분리한다.

경계 부호(boundary symbol), 특히 단어 내부의 '-'와 접어(clitic)와 결합성분 사이의 '='는 대상 언어행과 주석행 모두에 쓰인다. 이 때 알파벳으로 쓰인 대상 언어행과 주석행에서 나타나는 경계 부호의 위치와 갯수는 (4)처럼 동일하게 표현되어야 한다.

(4) 我吃了一个桃子。
    wǒ chī-le yī gè táozi.
    1SG eat-PFV one CLF peach
    'I ate a peach.'(나는 복숭아 한 개를 먹었다.)

了의 독립성을 강조하려면 (5)와 같이 나타낼 수 있다.

(5) 我吃了一个桃子。
    wǒ chī le yī gè táozi.
    1SG eat PFV one CLF peach
    'I ate a peach.'(나는 복숭아 한 개를 먹었다.)

4) 문법 범주 표식

기능어와 형태소는 일반적으로 약어로 된 문법 범주 표식을 사용하여 주석한다. 약어는 소형 대문자로 나타낸다.

범주화된 개념은 언어마다 다르므로 언어마다 서로 다른 문법 범주를 지닌다. 라이프치히 주석 체계의 부록은 문법 범주 표식과 약어 형식을 제공하고 있어 참고할 수 있다. 그러나 모든 언어의 문법 범주 전체를 다루지는 않으므로 연구자는 연구에 필요한 문법 범주 표식과 약어 형식을 표로 정리하여 연구 성과에 포함시킬 수 있다. 라이프치히 주석 체계를 따라 연구 성과를 서술하는 데 사용하는 약어 형식은 라이프치히 체계의 부록에서 제시한 것과 일치하지 않아도 무방하다. 약어 형식은 해당 문법 범주가 대상 언어에서 실현되는 양상과 관련된다. 예를 들어 현대 중국어의 양사는 매우 특징적인 범주로 단순히 CL 또는 CLF로 표현할 수 있지만 한 단계 나아가 명량사와 동량사를 구분한다면 명량사는 NCL(noun classifier의 약어)로, 동량사는 VCL(verbal classifier의 약어)로 나타낼 수 있다.

어떤 언어에 특정한 범주가 출현하는 빈도가 상당히 높을 경우에는 더 간단한 약어 형식을 사용하기도 한다. 중국 허난(河南)성 상수이(商水)방언에서, 출현 빈도가 상당히 높은 완성상 표지 [liao^{55}]는 라이프치히 주석 체계의 부록에서 제시한 completive의 약어 COMPL를 더 축약하여 CPL로 나타낼 수 있다. 라이프치히 주석 체계의 약어 형식은 상황에 따라 수정하여 쓸 수 있다. 예를 들어 표준중국어에는 지속상(durative)은 있지만 양수(dual) 범주는 존재하지 않으므로 라이프치히 체계의 양수를 DU와 지속상을 DUR을 구분하지 않고 간단히 DU를 지속상의 주석으로 사용할 수 있다. 다만 이에 대한 별도의 설명이 필요하다.

기능어는 문법 범주를 나타내므로 약어로 된 범주 표식을 사용하여 주석한다. 그러나 메타 언어에도 상응하는 기능어가 있으면 그것으로 주석할 수도 있다. 예를 들어 중국어의 跟을 영어를 메타언어로 주석한다면 공동격 comitative의 약어인 COM을 사용할 수도 있고 with를 사용할 수도 있다.

5) 문장부호

Haspelmath(2014)는 라이프치히 주석 체계에서 언급하지 않은 문장부호에 대해 주목했다. 그는 주석이 필요한 대상 언어 예문이 알파벳, 국제음성기호, 알파벳 형식의 표기 체계로 쓰일 때 첫 글자는 대문자를, 문장의 끝은 마침표나 물음표를 사용하지만 주석행에는 대문자와 문장부호가 쓰이지 않으며 번역행에는 대문자와 문장부호가 정상적으로 쓰이는 점을 지적하였다. 예문이 완결된 문장이 아닐 때에는 (6)의 예처럼 모든 행에 대문자와 문장부호를 사용하지 않는다.

(6) 독일어(Haspelmath 2014)
    das Kind,   dem   du   geholfen   hast
    the child.NOM   who.DAT   you.NOM   helped   have
    'the child that you helped'(당신이 도와준 그 아이)

예외적인 상황도 있다. 대상 언어는 메타 언어와 다르기 때문에 예문과 주석에 대문자와 문장부호를 사용하지 않는 연구자도 있다. 그러나 번역행에서는 대문자와 문장부호를 반드시 사용해야 한다.

(7) 하탐어(Reesink 1999:69)

a-yai   bi-dani   mem   di-ngat   i
2SG-get   to-me   for   1SG-see   Q

'Would you give it to me so that I can see it?'(제가 볼 수 있도록 주시겠습니까?)

문말 어기 조사로 의문이나 긍정을 나타내는 언어는 (7)과 같이 표기할 수 있다. 그러나 억양이나 어순으로 의문과 긍정을 구분하는 대상 언어는 문장부호를 사용하지 않을 경우 독해에 어려움이 있을 수 있다. 번역행은 다른 행들과 구분하기 위해 작은 따옴표를 사용한다.

6) 주석 항목

대상 언어가 알파벳 형식 외의 다른 문자 체계로 표현된 경우에는 반드시 알파벳을 사용하여 별도로 전사하여야 하며, 이렇게 알파벳으로 전사된 예문행은 라이프치히 주석 체계의 3개 행 중 1행에 해당한다. 이러한 예로 현대 표준중국어가 있다. 한자로 표기되는 표준중국어는 통용되는 알파벳 표기 체계인 한어병음방안이나 국제음성기호 체계로 전사한다. 구체적으로 두 가지 상황으로 나뉜다. 첫째, 주요 연구대상이 대상 언어이면 알파벳이 아닌 통용 문자 형식을 생략할 수 없으며, 일련 번호가 부여된 예문에는 반드시 이 통용 문자를 써야 한다. 이 경우 주석은 4개 행으로 나타난다. 1행은 대상 언어의 통용 문자로 된 예문, 2행은 대상 언어를 알파벳 형식이나 국제음성기호로 나타낸 예문, 3행은 예문을 형태소 단위로 주석한 주석행, 4행은 번역행이다. 둘째, 대상 언어가 여러 연구 대상 언어 중 하나라면 알파벳이 아닌 대상 언어의 통용 문자 형식은 생략 가능하다. 이는 라이프치히 주석 체계에서 알파벳 형식으로 전사한 형식을 대상 언어의 예문으로 활용하는 것과 같다.

중국어는 통용 문자가 한자이므로 타 언어를 사용하는 연구자가 중국어 예문을 사용할 경우 먼저 알파벳으로 전사하여야 한다. 중국어가 주요 연구대상인 경우 한자로 된 예문을 알파벳으로 전사한 예문의 위에 두어야 하며, 중국어가 다양한 언어의 예문 중 하나로 쓰일 경우는 한자로 쓸 필요 없이 알파벳으로 전사한 예문만 사용한다.

7) 여러 언어 예시

한 편의 연구 성과에서 여러 언어를 예로 들 경우 (8)처럼 언어명을 예문의 번호 뒤에 명시한다.

   (8) 줄루(Zulu)어[8](Poulos & Bosch 1997:19, 63)
      Shay-a   inja!
      hit-IMP.2SG dog
      'Hit the dog!'(개를 때려라!)

예문의 출처는 (8)과 같이 언어명 뒤에 표기하거나 (9)처럼 번역행 뒤에 표기한다.

   (9) 루간다(Luganda)어
      Maama   a-wa-dde   taata   ssente.
      mother   she.PRS-give-PRF father   money
      'Mother has given father money.'(엄마가 아빠에게 돈을 주었다.) (Ssekiryango 2006:67)

예문의 출처가 기발표된 문헌이 아닐 경우 출판 예정 문헌의 서지사항을 적절히 표기한다.

상술한 일곱 가지는 주석의 형식에 대한 규정이다. 이 밖에도 라이프치히 주석 체계에서는 주석에 대한 세칙들을 다음과 같이 제시하고 있다.

1) 일대다 대응 관계

대상 언어의 어떤 성분이 메타 언어의 성분과 일대일로 대응하지 않고 메타 언어의 여러 성분과 대응할 경우, 또는 대상 언어의 한 성분이 여러 개의 범주 의미를 지닐 때 일대다 대응 관계에 있다고 한다. 대상 언어의 한 성분이 메타 언어의 여러 성분과 대응할 때, 메타 언어의 성분 간에는 '.'을 이용하여 분리한다. 여러 개의 문법 범주 표식으로 하나의 성분을 주석할 때에도 '.'으로 분리한다.

일대다 주석에는 (10)과 같은 상황이 존재한다.

---

[8] [역자 주] 남아프리카 공화국, 말라위, 모잠비크, 스와질란드, 짐바브웨 등에서 사용하는 언어로 니제르콩고어족에 속하며, 사용 인구는 약 1,000만 이상이다.

(10) i. 대상 언어의 한 단어가 메타 언어의 여러 개 단어에 대응할 경우 이 단어들 사이에 '.'을 붙인다. 예를 들어 중국어의 出来는 영어의 come out에 대응되는데, come과 out은 come.out의 형식으로 나타낸다.

ii. 대상 언어의 한 단어가 여러 가지 문법 기능을 지닐 경우 각각의 문법 기능을 약어로 나타내며, 약어들 사이에는 '.'을 붙인다. 예를 들어 중국어의 这些는 지시사이면서 복수 형식이므로 DEM.PL으로 나타낸다.

iii. 대상 언어의 한 단어를 메타 언어의 하나의 단어와 문법 범주 표식으로 나타내야 할 경우, 단어와 문법 표식 사이에 '.'을 사용하여 분리한다. 예를 들어 프랑스어의 chevaux(말의 복수형식)는 단수 형식이 cheval로 복수 형식에서 단수 형식과 복수 접사를 분리해 낼 수 없기 때문에 horse.PL으로 나타낸다. 이러한 변화를 내부 굴절로 간주할 경우 '\'를 사용하여 horse\PL으로 나타낸다.

2) 인칭과 수의 주석

이 규칙은 1)의 예외 상황을 다룬다. 하나의 어휘 형식 또는 접사 형식으로 여러 가지 문법 의미를 나타내는 경우가 많은데, 이는 1)의 일대다 대응 관계에 해당한다. 예를 들어 하나의 어휘 형식이 인칭과 수를 동시에 나타낸다면, 인칭과 수 사이에는 '.'을 사용하여 분리하여야 한다. 그러나 이러한 현상이 보편적으로 나타나기 때문에, 라이프치히 주석 체계에서는 인칭과 수를 나타내는 문법 범주 표식의 약어는 '.'의 사용 없이도 결합할 수 있다. 중국 허난성의 상수이방언의 1인칭 복수 형식 俺은 1PL로 나타낼 수 있다. 라이프치히 주석 체계에서 고빈도이거나 특징적으로 나타나는 문법 범주는 그에 적합한 별도의 규칙을 따를 수 있다. 여러 언어에서 인칭 대명사와 수의 구분은 보편적이므로 라이프치히 주석 체계도 이를 위해 새로운 규정을 설정하였다. 이 규정은 대명사뿐만 아니라 동사와 논항 간의 일치 관계를 나타내는 데에도 쓰일 수 있다. 예를 들어 영어 he walks everyday의 walks에 대한 주석은 walk-3SG가 된다. 언어에는 인칭과 수를 표시하는 두 종류의 범주가 존재한다. 하나는 논항 위치에서 나타나며 다른 하나는 일치 관계를 통해 나타난다. 둘 중 한 가지 형식만 존재한다면 구별할 필요가 없지만, 둘 다 존재할 경우에는 주석도 구분하여 표기하여야 한다.

3) 영형식 성분의 주석

대상 언어에서 영형식 성분도 주석행에서 설명할 수 있다. 영형식의 주석은 대괄호 안에 표기하며, 대상 언어의 예문에는 해당 성분을 영형식으로 나타낸다. 또는 영형식을 영표지 부호 Ø를 사용해서 나타내고, 영표지 부호와 그 앞에 쓰인 형태소 사이에는 '-'를 사용해 분리한다. 예를 들면 라틴어의 puer은 (11)이나 (12)처럼 나타낼 수 있다.

(11) puer
 boy[NOM.SG]
 'boy'(소년)

(12) puer-ø
 boy-NOM.SG
 'boy'(소년)

영어에서 3인칭 단수가 아닌 현재 시제의 동사 형식은 영표지 성분이므로 이와 같은 방법으로 주석할 수 있다.

4) 언어개별적인 범주의 주석

일부 언어개별적인 범주는 표면적으로 드러나지 않지만 대상 언어의 본질적인 속성으로 공기하는 다른 성분에 표현되기도 한다. 예를 들면 프랑스어에서 유정성을 갖지 않는 명사의 성 범주는 고정적이다. 그러나 성 범주라는 특성은 대부분 명사에 직접 표현되지 않고 명사와 공기하는 형용사, 한정사 등에 드러난다. 예를 들면 프랑스어 livre(책)는 남성 명사이고 pomme(사과)은 여성 명사이므로 성 범주를 표지하는 관사 un, une와 공기하여 un livre(책 한 권), une pomme(사과 한 개)로 쓰인다. 이처럼 고정된 성 범주 특성은 (13)과 같이 주석행에서 해당 성분 뒤에 괄호를 써서 나타낸다.

(13) 프랑스어
 un livre
 a book(M)
 'a book'(책 한 권)

영형식 성분과 언어개별적인 범주는 형식적으로 표현되지 않는다는 점에서는 동일하나 라이프치히 주석 체계에서는 이를 구분하여 처리하고 있다. 영형식 성분은 형식적으로 표현되는 성분과 문법적으로 대립 관계를 이룬다. 예를 들면 (11)의 라틴어에서 단수 형식의 명사 puer는 복수 형식의 명사와 대립 관계를 이룬다. 그러나 언어개별적인 범주는 해당 성분의 내재적인 특징이다. 따라서 다른 성분과 문법적 대립 관계를 이루지 않으며 문장에서 공기하는 성분에 대한 제약으로만 나타날 뿐이다. 예를 들어 (13)의 프랑스어에서는 무생물 명사의 성 범주 특징이 그와 함께 출현하는 한정사 또는 형용사에 드러난다.

5) 형태적 음운 변화(내부 굴절)의 주석

라이프치히 주석 체계에서는 대상 언어의 어떤 문법적 특징이 모음 교체(ablaut), 모음 변이(mutation), 성조 변화 등 형태적 음운 변화로 실현될 때 주석행에서는 '\'을 사용해 해당 성분이 지니는 원래 의미와 형태적 음운 변화로 생겨난 문법 의미 변화를 구분하여 나타낸다. (14)는 독일어의 예이다.

(14) unser-n   Väter-n
      our-DAT.PL   father\PL-DAT.PL
      'to our fathers'(우리의 아버지들께)

복수 형식인 Väter는 단수 형식인 Vater로부터 변화했음을 표지한다.

중국어는 성조 변화로 문법 의미의 차이를 전달하는 경우가 많다. (15)는 허난성 상수이방언의 예로, 지시사 那가 명사화 표지로 쓰일 때에는 반드시 경성으로 읽어 성조 변화로 문법 의미의 변화를 표현한다.

(15) 我夜个买那
      uo^{55} ie^{51}kə^{0} mai^{55} na$^{51/0}$
      1SG   yesterday   buy   DEM.DIST
      'those/that I bought yesterday'(내가 어제 산 것)

6) 형식적으로 분리된 성분의 주석

일부 문법 성분과 어휘 성분은 분리된 두 개의 형식으로 구성되어 언어적 성분을 이룬다. 전형적인 예로 환형 구조가 있다. 라이프치히 주석 체계는 이러한 구조에 대해

두 가지 처리 방법을 제시한다. 첫째, 이러한 환형 구조의 문법 의미 또는 개념 의미를 반복해 두 부분에 동일한 단어나 약어로 주석한다. 둘째, 환형 구조를 구성하는 두 성분 중 하나에는 전체의 의미를 주석하고, 다른 하나에는 문법 범주 표식을 붙인다.

刘丹青(2002)은 중국어에 전치사와 후치사로 구성된 환치사가 존재한다고 보았다. 라이프치히 주석 체계에 따르면 환치사는 (16a)와 (16b)처럼 두 가지로 표현될 수 있다.

(16) a. 在电话里(说了很久)
　　　 tsai^{51}　　 tian^{51}xua^{51}　　 li^0
　　　 on　　　　　 telephone　　　　 on
　　　'(talking for a long time) on the telephone'(전화로 (오랫동안 이야기했다))
　　 b. 在电话里(说了很久)
　　　 tsai^{51}　　 tian^{51}xua^{51}　　 li^0
　　　 on　　　　　 telephone　　　　 POST
　　　'(talking for a long time) on the telephone'(전화로 (오랫동안 이야기했다))

7) 접요사의 주석

라이프치히 주석 체계에서 접요사에 대한 규정은 접두사나 접미사와 다르다. 접요사는 출현 위치가 특수하므로 이를 식별하기 위해 대상 언어 예문과 메타 언어 주석에서 모두 '< >'으로 나타낸다. 접요사의 경계가 명확할 경우, 단어 내에서 접요사의 위치에 따라 주석행의 접요사와 어간의 위치를 결정한다. 접요사가 상대적으로 왼쪽에 위치하면 주석행에서 접요사를 먼저 표기한 뒤 어간을 표기하고, 접요사가 상대적으로 오른쪽에 위치하면 주석행에서 어간을 먼저 표기한 뒤 접요사를 표기한다. 그러나 접요사의 경계가 명확하지 않을 경우도 있는데, 이 부분에 대해선 앞으로 연구가 필요하다.

8) 중첩의 주석

라이프치히 주석 체계에서는 중첩과 기본 형식을 '~'로 분리하고, 중첩에 해당하는 위치에는 중첩으로 인해 발생하는 문법 기능을 주석한다. 이는 어근과 접사를 '-'로 분리하는 접사의 주석 규정과도 유사하다.

중국어에서 단음절의 중첩은 세 가지 경우로 나뉜다. 첫째는 중첩을 통하여 다음절 형태소를 구성하는 경우로 蝈蝈(귀뚜라미), 猩猩(오랑우탄), 狒狒(개코원숭이) 등이 있다. 이는 음절의 중첩에 해당하며, 중첩하지 않은 단음절 형식으로는 형태소를 구성하지 못하므로 주석하지 않는다. 둘째는 중첩을 통하여 단어를 구성하는 경우로 姐姐(언니, 누나), 常常(자주) 등이 있다. 이 경우 중첩하지 않은 단음절 형식은 자립형태소, 즉 단어로 볼 수도 있는데 중첩한 후에도 하나의 단어로 기능하며 중첩 전후의 어휘 의미와 문법 의미에는 변화가 없다. 따라서 별도로 주석하지 않는다. 셋째는 중첩을 통하여 문법 의미를 나타내는 경우로, 자립형태소를 중첩해 새로운 문법 의미를 형성하는 경우이며 형용사, 동사, 양사, 일부 명사의 중첩이 있다. 赵元任(1979:105)은 Bloomfield의 관점에 따라 중첩을 의미 변화 또는 접사로 간주하였다. 라이프치히 주석 체계에서 중첩은 '~'를, 접사는 '-'를 사용한다. 라이프치히 주석 체계를 따라 중첩을 특별한 형태 변화의 하나로 보고 '~'를 사용해 기본 형식과 중첩 형식을 분리한 뒤 문법 기능을 나타내면 (17)의 예와 같다.

(17) 走走
tsou^{214}~tsou^{0}
walk~RDP.DLM
'walk for a short while'(좀 걷다)

12.3.3. 문법 범주 표식

문법 범주 표식은 언어의 문법 범주를 나타내는 데 쓰인다. 문법 범주는 특정한 형식적 수단을 사용해 문법 의미를 나타내는 것이다. 형식적 수단은 문법 구조, 어순, 기능어, 교착 접사 형식 또는 음운 변화로 나타나며 두 가지 특징을 지닌다. 첫째, 문법 범주를 표현하는 형식에 정해진 위치가 있다. 曾经(일찍이)과 过(~한적이 있다)를 예로 들면, 曾经은 출현하는 위치가 상대적으로 자유롭지만 过는 주요 동사 뒤에만 쓰인다. 따라서 过는 기능적인 상 표지로, 曾经은 부사로 볼 수 있다. 둘째, 문법 형식은 동일한 성질을 갖는 구성 성분들과 조합 관계를 형성한다. 의미적으로 보면 문법 범주는 성, 수, 인칭 등 비교적 실재적인 의미를 표현할 수 있다. 또한 문법 범주로 동작과 동작의 결과 같은 비교적 추상적인 의미 등도 표현할 수 있다.
주석할 때에는 통사적 기능, 개념 의미 등 문법 범주와 기능의 구분을 주의하여야 한다. 예를 들어 주어와 목적어의 구별이 주-대격(nominative-accusative)의 문법 범주를 의미하지는 않는다. 주대격은 명사나 대명사 등 논항의 형태 변화로 구현된다. 그러나 주어와 목적어에는 통사적 위치, 일치 관계, 의미 역할 등 다른 제약 조건이 작용한다. 이와 마찬가지로 소유 성분(possessive)도 문법 범주인 소유격(genitive)을 의미하지 않는다. 또한 복수 의미가 있다고 해서 복수를 나타내는 문법 범주가 반드시 있다고는 할 수 없다. 여성(female)과 남성(male)의 의미가 있다고 해서 여성(feminine)과 남성(masculine)의 성 범주가 반드시 존재한다고는 할 수 없다. 문법 범주로서의 성(gender)은 특정한 형식을 사용하여 표현된다.

폐쇄성 품사도 문법 범주와 약어 표식으로 주석한다. 지시사, 인칭 대명사 등은 문법 범주는 아니지만 폐쇄적이기 때문에 언어 간에 서로 대응하지 않는 경우가 많다. 예를 들어 지시사는 언어별로 1분법, 2분법, 3분법 체계로 나타날 수 있다. 3분법 체계라도 '근거리-중거리-원거리' 또는 '근거리-원거리-더 먼 거리'로 구분하거나 중성의 지시사에 원근을 더한 것일수도 있다. 그러므로 대상 언어와 메타 언어의 성분이 정확하게 대응하지 않는다. 따라서 가까운 거리는 DEM.PROX, 중간 거리는 DEM.MED 등 문법 범주 표식을 사용한 뒤 구체적인 지시 기능을 덧붙일 수 있다.

12.3.4. 중국어를 메타 언어로 하는 주석

언어 자료의 주석이 지니는 가치와 작용에 대해 앞에서 상세히 살펴보았다. 그런데 주석의 형식에 대해 상술한 기준들은 기본적으로 영어를 메타 언어로 한다. 그렇다면 연구와 기록에서 중국어를 메타 언어로 할 때에는 어떤 기준을 따라야 하는지에 대해 고민해 보아야 한다. 중국 각지의 방언과 소수 민족 언어를 조사하여 얻어낸 결과를 표준중국어를 메타 언어로 전사하고 주석하는 것은 언어 자료의 수집에 있어 필수적인 과정이다. 중국 국경 내의 언어들은 분포 지역에 따라 유형론적으로 다양한 특징을 보이는데, 이를 주석하는 메타 언어로서 중국어는 알파벳이 아닌 고유의 문자체계인 한자를 사용한다. 따라서 영어를 메타 언어로 가정하여 성립한 언어 주석의 규칙들을 수정하여 적용할 필요가 있다. 陈玉洁 외(2014)가 라이프치히 주석 체계를 중국의 언어에 적용시킬 경우에 대해 언급하였으나 중국어와 중국어 방언에 영어로 주석하는 것에 치중하였다. 중국어를 메타 언어로 하여 중국어 방언이나 중국의 소수 민족 언어를 주석할 때는 다음과 같은 점을 주의해야 한다.

첫째, 언어 간에 불완전하게 대응하는 성분에 대해 주목해야 한다. 예를 들어 谁로 영어의 who를 번역한다고 가정할 때, 영어의 who는 기능적으로 谁와 완벽히 대응하지는 않는다. who는 의문 대명사로도 쓰이고, 관계절을 이끄는 관계 대명사로도 쓰인다. 그러나 谁는 관계 대명사 기능이 없다. 따라서 관계 대명사로 작용하는 who의 주석에 谁를 사용한다면 전체 주석에 혼란을 가져오게 된다.

둘째, 주석의 형식 측면에서 북방방언과 웨(粵)방언 등 규범화된 통용 한자로 표현할 수 있는 일부 방언들은 주석에서도 통용 한자로 적은 예문을 제시한다. 이 때의 방언 예문은 라이프치히 주석 체계의 1행과 2행처럼 단어 단위로 띄어쓰기하거나 정렬하지 않아도 된다. 한자로 쓴 방언 예문 행 아래에는 국제음성기호로 실제 발음을 적는데, 이 행은 앞에서 언급한 알파벳 형식으로 전사한 대상 언어행에 해당한다. 라이프치히 주석 체계는 대상 언어행을 영어를 메타 언어로 한 주석행 및 번역행과 구분하기 위해 기울임 글꼴로 처리하지만, 중국어를 메타 언어로 한 주석 체계는 이 행만 알파벳 형식으로 나타내기 때문에 별도의 글꼴 처리는 필요 없다. 그러나 한자로 적는 주석행의 문법 범주 표식과 어휘 항목은 구분할 필요가 있다. 이에 대해 王健(2014)은 굵은 기울임 형식으로 문법 범주 표식을 나타낼 것을 제안하였다. (18)처럼 중국어의 문장부호 사용 원칙을 따라 번역행의 내용도 ""로 묶을 수 있다.

(18) 상수이방언
我这会儿叫他走了。
Uo^{55} tsu^{51}uaər^{55} tɕiao^{51} tʰa^{55} tsou^{55} lə^{0}
1单   立即   允许/要求   *3单*   离开   *状态改变*
"我立即要求/同意他离开。" (나는 그가 떠나는 데 바로 동의하였다.)

셋째, 음운 변화, 특히 문법 의미를 갖는 형태적 음운 변화의 표식은 라이프치히 주석 체계에서는 선택적일 뿐 더 자세하게 언급하지 않았다. 그러나 중국어 및 중국어 방언 연구에 있어 이는 매우 중요한 부분이다. 성모, 운모, 성조의 변화 등 중국어 특유의 형태적 음운 변화는 때로는 문법 의미를 지니기도 하며, 문법 범주의 표현 수단이 되기도 한다.

전통적인 주석 방법에 따르면, 한 행을 할애하여 이러한 형태적 음운 변화를 나타낼 수 있다. 즉, 먼저 실제 발음을 제시하고 그 아래 행에 음운 변화가 일어나기 전의 발음을 제시하는 것이다. 실제 발음과 음운 변화 전의 발음에 대한 비교를 통해 변화가 발생하는 부분을 고딕체로 표시하면 일목요연하게 파악할 수 있다. 하지만 이 경우 주석에 한 행이 추가되기 때문에 편폭이 길어지게 된다. 편폭의 문제를 해결하기 위해 라이프치히 주석 체계에서 제시한 부가적인 기준에 따라 '\'를 사용해 실제 발음을 나타낸 행과 음운 변화 전의 발음을 나타낸 행을 병합할 수 있다. 국제음성기호로 나타낸 대상 언어 행에 음운 변화 전의 발음을 먼저 적고 '\' 뒤에 실제 발음을 적는다. 음운 변화에 문법 의미가 부가된 경우, 주석행에서 상응하는 문법 범주 표식으로 표지한다. 예를 들어 허난성 쥔시엔(浚县)방언에는 동사의 운모 변화로 완전상(perfective)을 나타내는데, (19)와 같이 표현할 수 있다.

(19) 허난성 쥔시엔방언(辛永芬 2006)
买一斤盐
mai^{55}\mɛ^{55} i^{42} tɕin^{24} ian^{42}
买**完整体**   一   **量**   盐
"买了一斤盐" (소금 한 근을 샀다)

문법 의미를 갖지 않는 단순한 음운 변화는 어떠한 기능 범주에도 속하지 않으므로 일반적으로 주석에서 따로 표기하지 않는다.

넷째, 언어를 조사하면서 해당 언어에서 허용되지 않는 언어 형식을 확인하는 것은 심도 있는 연구와 언어 기술에 있어 중요한 가치를 지닌다. 해당 언어에서 성립하지 않는 예문은 (20)의 예처럼 '*'를 더해 표지한다.

(20) a. *他将要吃了一个苹果。
    b. *他将要养了一条藏獒。
    c. *她将要怀过孩子。
    d. *他将要结过婚。
    e. *台上将要唱着京剧。
    f. *他将要去北京(了)。
    g. 小李将要去北京(了)。
    h. 天将要下雨(了)。

Hudson(2007)은 언어학의 두 가지 작용은 진리 추구와 실제 사용에 있는데, 언어 기록은 언어의 실제 사용에 속한다고 하였다. 그는 언어의 실제 모습은 주류 언어학 이론에서 관찰한 현상보다 훨씬 복잡하기 때문에 언어 사실의 조사와 기록은 언어학 연구에 있어 매우 중요하다고 지적하였다. 주석 과정을 거친 언어 자료는 언어 현상에 대한 연구자의 인식을 높일 수 있다. 한편 언어 주석과는 별개로 언어 보존(language preservation), 언어 보관(language archiving), 언어 기록(language documentation)이 언어학과 컴퓨터과학의 융합 분야로 최근에 많은 발전을 이루었다. 이는 언어 자료의 정리, 분류, 주해를 목표와 임무로 하며, 언어유형론을 이론적 근거로 하고 컴퓨터언어학을 기술적 기반으로 한다.

언어 자료를 기술하는 사람에 따라 동일한 언어에 대한 기술 결과가 다르게 나타날 수도 있다. 방언 문법의 조사, 기술과 기록의 결과는 기술하는 사람의 이론적 배경과 연구 목적에 좌우된다. 어떠한 이론을 사용하여 분석, 기록, 주석할지의 문제는 전적으로 기술하는 사람 개인의 선택에 따른다. 주석 자체가 문법 체계인 것은 아니며 기존의 문법 체계에서 해결하지 못한 문제를 해결할 수도 없다. 그렇지만 기술하는 사람은 주석을 통해 대상 언어의 문법 체계를 정리하는 데 도움을 받을 수도 있다.

언어들 간에 동일하거나 유사한 개념을 나타내는 성분들이 기능적으로도 같다고는 할 수 없다. 형태소와 단어는 언어 체계 내에서만 그 가치가 정해진다. Hockett(1958:128)의 연구에서 만데(mende)어[9]의 [i]는 영어의 정관사 the에 대응된다고 하였다. 그러나 만데어 전체의 예를 살펴봤을 때 [i]를 갖는 구가 영어의 a + N에 해당할 때도 있고, [i]를 가지지 않는 구가 오히려 the + N으로 해석될 때도 있다. 따라서 [i]를 the로 번역할 수는 없다. 영어 the의 용법은 단어 의미가 아닌 문법에 의해 결정되고, 마찬가지로 만데어 [i]의 용법도 만데어 문법에 의해 결정된다. the와 [i] 둘 다 DEF로 주석할 수 있지만 실제 기능은 서로 다르다. 이러한 예로 볼 때 기능과 그에 대한 기술을 주석으로 나타내기는 어렵다.

연구자는 목적에 따라 얼마나 상세히 주석할지를 결정해야 한다. 언어 자료 코퍼스의 구축이 목적이라면 각 성분의 어휘 의미와 문법 기능 특성 전체를 표현할 수 있는 상세

---

[9] [역자 주] 멘데어라고도 부르며 서아프리카 시에라리온(Sierra Leone)과 이웃한 라이베리아(Liberia)의 일부에서 사용하는 언어로, 니제르콩고어족에 속하며 사용인구는 약 150만 명이다.

한 주석이 필요하다. 그러나 연구 성과에 사용되는 언어 자료에 대한 주석에서는 논의 내용과의 관련성에 따라 상세히 작성할지 여부를 결정한다. (6)에서 중성, 단수, 주격을 나타내는 독일어의 정관사 das를 Haspelmath(2014)는 상응하는 영어의 the로 간략히 표현했다. 반면 중성, 단수, 여격을 나타내는 독일어 dem에 대해서는 어휘 의미 외에도 여격이라는 문법적 의미를 추가하였다. 이렇게 필요에 따라 정보를 선택적으로 제공하는 주석 방식은 보편적이다. 그리고 주석을 다루는 연구자의 이론적 배경과 언어 연구의 현재 상황으로 인한 제약에 대해 연구자는 유연하게 조절해야 한다.

12.4. 소결

수집, 조사, 정리, 주석은 유형론에서 언어 자료를 조사하고 정리하는 기본적인 방법이다. 유형론 연구는 기존의 자료를 사용하여 연구할 수도 있지만 필요한 부분을 찾지 못할 경우에는 직접 조사를 진행해야 한다. 언어 조사는 유형론 학자의 기본 임무 중 하나이다.

12장에서는 유형론에서 자주 사용되는 설문지 조사 방법과 인터뷰 조사 방법을 소개하였다. 설문지와 인터뷰는 짧은 시간 내에 조사자가 필요로 하는 자료를 얻을 수 있다. 영상, 그림 등 자극물을 이용하여 필요한 언어 자료를 효율적으로 얻을 수도 있다. 그러나 이러한 방법들을 사용하여 얻은 언어 자료는 다소 인위적일 수 있다. 이 때문에 몰입 조사법을 시행하게 되며, 현지 조사를 통해 자연 발화 자료를 수집하는 것이 유형론 학자의 임무이다.

기존의 연구에 더해 12장에서는 조사에 필요한 목록을 제시하였다. 목록의 내용은 언어학자들이 어떤 언어를 조사할 때 주목해야 할 항목들이다. 일반적으로 조사목록을 이용한 조사는 설문지나 인터뷰를 이용한 조사에서 사용하는 방법이지만, 몰입 조사법에서도 이러한 목록을 참고해 어떤 현상에 대해 집중적으로 조사할 수 있다. 조사목록을 사용할 때에는 언어 사실을 항상 우선 순위에 두어야 하며, 조사 대상 언어를 중국어나 영어 등 일부 주요 언어의 기준에 억지로 맞추지 않도록 주의해야 한다. 12장에서 나열한 항목들은 일부 언어에는 적합하지 않을 수도 있다는 점을 염두에 두어야 한다.

유형론 연구가 여러 언어 또는 방언의 대규모 자료를 필요로 하기 때문에, 언어 표본의 수집은 연구자에게 매우 중요한 문제이다. 연구자는 연구 목적에 따라 여러 종류의 언어 표본 코퍼스를 만들 수 있다. 언어 간의 동원 관계에 의한 간섭을 피하고자 한다면 확률 표본 코퍼스를 사용할 수 있고, 형식이나 구조가 알려지지 않은 언어의 연구에 있어 언어 간의 관계나 지역 분포의 균형성을 고려할 필요가 없다면 다양화 표본 코퍼스를 사용할 수 있다. 언어 표본의 선택은 연구 결과에 큰 영향을 미칠 수 있으므로 표본 코퍼스에 수록되는 언어는 대표성과 설득력을 지녀야 한다.

12장에서는 현지 조사를 통해 얻은 언어 자료의 처리에 대해서도 소개하였다. 그 과정에서 언어 전사와 언어 주석이 가장 핵심적인 부분으로, 조사 결과로 얻은 언어 자료를 효율적으로 운용하기 위해서는 전사와 주석 작업을 거쳐야만 한다. 언어 전사에는 일반적으로 국제음성기호를 이용하며, 알파벳 등의 표음 문자를 사용할 수도 있다. 언어 주석은 독자에게 대상 언어의 단어와 기능어, 실질 형태소와 형식 형태소의 의미와 용법을 이해시키는 것을 목적으로 한다. 현재 유형론 학계에서 가장 많이 사용되는 주석 체계는 라이프치히 주석 체계이다. 12장에서는 라이프치히 주석 체계에 Haspelmath (2014) 등의 최신 연구를 추가하여 표준적인 주석 방법을 제시하였으며, 중국어를 메타언어로 하는 주석에 대해서도 간략히 다루었다.

■ 참고문헌

Allan, K., 1977, Classifiers, *Language* 53:285-311.

Baker, D., 2011, Language Sampling. In J. J. Song (ed.) *The Oxford Handbook of Linguistic Typology*, Oxford: Oxford University Press, pp.100-127.

Comrie, B., M. Haspelmath and B. Bickel, 2008, *The Leipzig Glossing Rules*, http://www.eva.mpg.de/lingua/resources/glossing-rules.php.

Derbyshire, D., 1977, Word Order Universals and the Existence of OVS Languages, *Linguistic Inquiry* 8.3:590-599.

Dryer, M. S., 1989, Large Linguistic Areas and Language Sampling, *Studies in Language* 13:257-292.

Dryer, M. S., 1992, The Greenbergian Word Order Correlations, *Language* 68.1:81-138.

Epps, P., 2011, Linguistic Typology and Language Documentation. In J. J. Song (ed.) *The Oxford Handbook of Linguistic Typology*, Oxford: Oxford University Press.

Evans, N., 1995, *A Grammar of Kayardild*, Berlin: Mouton de Gruyter.

Greenberg, J. H. (ed.), 1966, *Universals of Language* (2nd edition), Cambridge: MIT Press.

Greenberg, J. H., 1963, Some Universals of Grammar with Particular Reference to the Order of Meaningful Elements. In J. H. Greenberg (ed.), *Universals of Language*, Cambridge: MIT Press, pp. 73-113.

Haspelmath, M., 2014, *The Leipzig Style Rules for Linguistics*, http://www.academia.edu/7370927/The_Leipzig_Style_Rules_for_Linguistics.

Hudson, R., 2007, Towards a Useful Theory of Language. In P. K. Austin, O. Bond and D. Nathan (eds.) *Proceedings of Conference on Language Documentation and Linguistic Theory*, London: SOAS, pp. 3-11.

Lehmann, C., 2004, *Interlinear Morphemic Glossing*, http://www.unierfurt.de/sprachwissenschaft/personal/lehmann/CL_Publ/IMG.PDF.

Leib, Hans-Heinrich and S. Drude, 2000, *Advanced Glossing: A Language Documentation Format* (1st version), http://www.mpi.nl/Dobes/applicants/Advanced-Glossing1.pdf.

Poulos, G. and S. E. Bosch, 1997, *Languages of the World/Materials 50*, München: Lincom Europa.

Reesink, G. P., 1999, *A Grammar of Hatam*, Canberra: The Australion National University.

Ssekiryango, J., 2006, Observations on Double Object Construction in Luganda. In O. F.

Arasanyin and M. A. Pemberton (eds.) *Selected Proceedings of the 36th Annual Conference on African Linguistics, Cascadilla Proceedings Project*, Somerville, MA, pp. 66-74.

Tomlin, R. S., 1986, *Basic Word Order: Functional Principles*, London: Croom Helm.

Velupillai, V., 2012, *An Introduction to Linguistic Typology*, Philadelphia: John Benjamins Publishing Company.

Whaley, L. J., 1997/2009, *Introduction to Typology: The Unity and Diversity of Language*, Los Angeles: Sage Publications.

陈玉洁, H. de Sousa, 王健, 倪星星, 李旭平, 陈伟蓉, H. Chappell, 2014,「莱比锡标注系统及其在汉语语法研究中的运用」,『方言』1:1-13.

霍凯特, 1958,『现代语言学教程』, 索振羽, 叶蜚声译, 北京: 北京大学出版社.

李兵, 1990,「元音和谐的分类」,『吉林大学社会科学学报』, 1:30-37.

刘丹青, 2002,「汉语中的框式介词」,『当代语言学』, 4.4:241-253.

刘丹青, 2008,『语法调查研究手册』, 上海: 上海教育出版社.

王健, 2014,「莱比锡标注规则在汉语方言语法研究中的实践」, "汉语方言语法调查框架与莱比锡标注系统高级研究班"讲义, 上海: 上海外国语大学.

辛永芬, 2006,「河南浚县方言的动词变韵」,『中国语文』, 1:45-53.

赵元任, 1979,『汉语口语语法』, 吕叔湘译, 北京: 商务印书馆.

■ 용어표

한국어	영어	중국어
1분법 시제	monochotomous tense	单分时
1인칭	first person [1]	第一人称
2분법 시제	dichotomous tense	二分时
2인칭	second person [2]	第二人称
3분법 시제	trichotomous tense	三分时
3수	trial	三数
3인칭	third person [3]	第三人称
4분법	four-without-one	四缺一
4분표	tetrachoric table	四分表
er-화	rhotacization	儿化
가까운 과거시제	immediate past, recent past tense, recent past	近过去时
가까운 미래시제	immediate future, near future tense, near future	近将来时
가까운 시작상	immediate inceptive aspect, immediate future	将起始体
가정법	subjunctive, subjunctive mood [SBJV, SUBJ]	虚拟, 虚拟语气
간접 목적어	indirect object [IO]	间接宾语
감탄문	exclamatory sentence	感叹句
감탄사	interjection	叹词
강세	stress	重轻/重度
강-약 오름조	strong-weak rise	重轻升
강조 표지	focus marker	强调标志
강조사	intensifier	强调词
개념 공간	conceptual space	概念空间
개념 영역	conceptual domain	概念域
개념장	conceptual field	概念场
개방성 품사	open POS(part of speech)	开放性词类
개별성	language specifics	个性
거리-표지 대응 규칙	principle of distance-marking correspondence	距离-标志对应律
게슈탈트 형식	Gestalt	格式塔整体
격 변화	declension	变格

격 표지	case marker	格标志词
격 표지 정렬	alignment of case marking	格标志匹配
격 할당	case assignment	格配置
결합, 조합	combination	组合
경계가 불분명한 시간	unbounded time	无界时间
경계성	boundedness	有界性
경제성 원리	principle of economy	经济性原则
경험자	experiencer [EXP]	历事, 经验者
계사	copula, copula verb [COP]	系词, 系动词
고립어	isolating language	孤立语
공간적 관점상	spatial viewpoint aspect	空间视点体
공동격	comitative [COM]	伴随格
공명도	sonority	响度
과거시제	past [PST]	过去时
관계 대명사	relative pronoun	关系代词
관계사	relativizer [RELR]	关系词
관계절	relative clause [REL]	关系小句
관사	article [ART]	冠词
관형사성 강조사	adnominal intensifier	附名强调词
관형어	adnominal, attributive	定语
교착어	agglutinative language	黏着语
구개음화	palatalization	颚化
구동사	phrasal verb	短语动词
구별성	distinctiveness	指别性
구성 수	constructed number	构数
구정보	old information	旧信息
굴절	inflection, inflectional	屈折
굴절 접사	inflectional affix	屈折词缀
굴절어	inflectional language	屈折语
궤도 구조	orbit structure	轨层结构
극성	polarity	极性
근접 시제	recent [REC]	新近(时)
근칭, 근거리 지시	proximal, proximate [PROX]	邻近, 近指
글말	written language	文语
금지	prohibitive [PROH, PROHIB]	禁止(道义)

기능주의 언어학	functional linguistics	功能语言学
기본 어순	basic order	基本语序
기수사	cardinal [CARD]	基数词
기원	optative [OPT]	祈愿
기점	initiator	起始点
긴높내림조	long high fall	长高降
남성	masculine [M, MSC]	阳性
낮내림조	low fall	低降
낮은수평조	low level	低平调
낮중간오름조	low mid rise	低升中
내리오름조	fall-rise	降升调
내림조	fall	下降
내일 미래	crastinal future	明天将来
논항	argument	论元
높내림조	high fall	高降
높오름조	high rise	高升
높은수평조	high level	高平调
높중간내림조	high mid rall	高降中
능격	ergative [ERG]	施格, 作格
능동 양태	dynamic	能动情态
능력 양태	abilitive	能力情态
다분법적 시제	polychotomous tense	多分时
다차원적 의미지도	multi-dimensional semantic map	多维语义图
다차원적 척도 분석	multidimensional scaling [MDS]	多维尺度分析
단기 소유	temporary possession	暂时拥有
단모음	monophthong	单元音
단수	singular [SG]	单数
단수 명사	singularia tantum	维单数名词
단순 현재시제	simple present tense	一般现在时
단순굴곡성조	simple contour tone	斜调
담화 표지	discourse marker	话语标志词
대격	accusative [ACC]	受格, 宾格
대명사	pronoun	代词
대모음추이	great vowel shift	大转移

대상	theme [THEM]	客事
덩어리말	chunk	组块
도구격	instrumental [INS, INST]	工具
도상성	iconicity	象似性, 相似性
도상성 원리	principle of iconicity	象似性原则
독립 형식	independent form	独立形式
동사	verb [V]	动词
동사 수	verbal number	动词数
동사 인칭 표지 정렬	alignment in verbal person marking	动词人称标志匹配
동사의 활용	conjugation	动词变形
동시조음	co-articulation	协同发音
동작 유형	aktionsart	动相, 行为类型
동작상 보어	phase complement	动相补语
두음	onset	首辅音
등시성	isochrony	等时性
리듬	rhythm	节奏
마찰음	fricative	擦音
말소리	sound	语音
먼 과거시제	remote past tense, remote past	远过去时
먼 미래시제	remote future tense, remote future	远将来时
명령법	imperative, imperative mood [IMP]	祈使, 祈使(命令)语气
명사 수	nominal number	名词数
명사화소, 명사화	nominalizer, nominalization [NMLZ]	名物化标志
명시적 관점상	explicit viewpoint aspect	显性视点体
명제 부사	propositional adverb	命题副词
명제적 양태	propositional modality	命题情态
모라	mora	莫拉, 韵素
모음	vowel	元音
모음조화	vowel harmony	元音和谐
목적격	objective [OBJV]	宾格
목적어	object [OBJ]	宾语
목표항	target	目标项
무구조언어	no structure language	无结构语
무기음	unaspirated	不送气
무성음	voiceless	清辅音

무표지	unmarked	无标记
문맥	context	语境
문법유형론	syntactic typology	语法类型学
문장 부사	sentence adverb	句副词
미래시제	future [FUT]	将来时
박자	beat	节拍
반고모음	mid high vowel	中高元音
반복상	frequentative aspect	反复体
반수	inverse number	反数
반저모음	mid low vowel	中低元音
반피동(태)	antipassive [ANTIP]	逆被动
발화 행위 부사	speech-act adverb	言语行为副词
발화시	point of speech	说话时间
배경	background	背景
배제식	exclusive [EXCL]	排除式
범주형 변수	categorical variable	分类变量
변환상 동사	mutative verb	转变体动词
병렬 접속사	coordinating conjunction	并列连词
보문소	complementizer [COMP]	标句符, 标句词
보어	complement	补足语, 补语
보충법	supppletion	异根法
보편성	universality	共性
복합모음	diphthong	复合元音
복수, 복수사	plural [PL]	复数, 复数词
복합굴곡성조	complex contour tone	折调, 曲折调
부가어	adjunct	旁语
부분격	partitive case [PART]	部分格
부사성 강조사	adverbial intensifier	副词性强调词
부사어	adverbial [ADV]	状语
부정	negation, negative [NEG]	否定
부정 과거 완전상	aorist [AOR]	不定过去完整体
부정사	infinitive [INF]	不定式
부착어	affixal language	附着语, 附加语
부치사	adposition [ADP]	旁置词, 介词, 附置词
부호화	encoding	编码
분류사	classifier [CLF]	类词

분사	participle [PTCP, PART]	分词
분석형 언어	analytic language	分析语
분절음	segmental	音段
분지	branch	分支
분포	distributive [DISTR]	分布
불변화사	particle	小品词, 小词
불특정 지시	nonspecific	虚指
비과거	nonpast (tense)	非过去
비교급	comparative degree	比较级
비대격 동사	unaccusative verb	非宾格动词
비명시적 관점상	implicit viewpoint aspect	隐性视点体
비미래	nonfuture (tense)	非将来
비시각 양태	non-Visual	非可视情态
비실재	irrealis [IRR]	非现实
비완전상	imperfective [IPFV]	非完整体
비워두기	gap	空位
비종결	atelic	未完成类型
비한정 지시, 비한정	indefinite [INDF]	不定指, 无定
사건 부사	event adverb	事件副词
사건 양태	event modality	事件情态
사격	oblique [OBL]	旁格, 斜格
사동	causative [CAUS]	致使
사동주	causer [CAUSR]	致事, 致使者
상	aspect	体
상태	state	状态
상호 대명사	reciprocal pronoun	相互代词
상황 양태	situational modality	情境情态
상황 유형	situation type	情状类型
상황상	situation aspect	情状体
색채어	color word	颜色词
서법	mood	语气
서수사	ordinal [ORD]	序数词
서술	predication	陈述
서술 형용사	descriptive adjective	描述性形容词
설첨모음화	apicalization	舌尖化

성 구분 체계	gender assignment	性属划分
성 범주	gender	性范畴
성문음	glottal	喉音
성취	achievement	成就
소수	paucal	少数
소유, 소유 성분	possessive [POSS]	领有(性)的, 领有成分
소유물	possessed, possessee	被领有物
소유주	possessor	领有者
속격	pertentive	属格
속격, 소유격	genitive [GEN]	领格
수 표지	number marker	数标志
수동자	patient [P]	受事
수령자	recipient	接事, 接受者
수사	numeral [NUM]	数词
수식어	modifier	修饰语/修饰词
수평성조	level tone	平调
수혜자	beneficiary	受益者
순치마찰음	labio-dental fricative	唇齿擦音
술어, 용언	predicate	谓词
습관상	habitual, habitual aspect [HAB]	惯常体
시각 양태	visual	可视情态
시간 순서 원리	principle of temporal sequence	时间顺序原则
시간 위치	temporal location	时间位置, 时位
시간량	time-quantity	时量
시간사	temporal word	时间词
시간적 관점상	temporal viewpoint aspect	时间视点体
시량	time quantity	时量
시작상	ingressive aspect	起始体
시점	temporal point	时点
시제	tense	时
식별도	identifiability	可别度
식별도 우선 원리	principle of identifiability precedence	可别度领先原则
신정보	new information	新信息
실재	realis	现实
약-강 오름조	weak-strong rise	轻重升
약강세	weakly-stressed	非重读

양도 가능한 소유 관계	alienable possession	可让渡领属关系
양도 불가한 소유 관계	inalienable possession	不可让渡领属关系
양수	dual [DU]	双数
양태	modality	情态, 模态
양태화	modalisation	情态化
양화사	quantifier	量化词
어근	root	词根
어기사	modal particle	语气词
어순	word order	语序单位
어제 과거	hesternal past	昨天过去
어휘상	lexical aspect	词汇体
어휘성조언어	lexical tone language	词调语言
어휘의미유형론	lexico-semantic typology	词汇语义类型学
억양	intonation	语调
억양구	intonational phrase	语调短语
여격	dative [DAT]	与格
여성	feminine [F, FEM]	阴性
역할 표지	role marker	角色标志词
연구개음	soft palatal	软腭音
연속체	continuum	连续统
연쇄음변	chain shift	链式音变
열세	rescessive, recession	劣势
영(zero) 부호화	zero coding	零编码
영표현	zero expression	零表现
영형식	zero form	零形式
오늘 과거	hodiernal past	今天过去
오늘 미래	hodiernal future	今天将来
오르내림조	rise-fall	升降调
오름조	rise	上升
완료	completed	完成
완료상	perfect [PRF, PERF]	完成体
완성상	completive [COMPL]	完结
완수	accomplishment	完成
완전상	perfective [PFV]	完整体

우세	dominance, dominant	优势
운율구	prosodic utterance	韵律话语
운율단어	prosodic word	韵律词
원급	positive degree	普通级
원칭, 원거리 지시	obviative [OBV]	远指
유기음	aspirated	送气
유성음	voiced	浊辅音
유음	liquid	流音
유정성	animacy [ANIM]	生命度
유표성	markedness	标记性
융합어	fusional language	融合语
은유	metaphor	隐喻
음높이	pitch	音高
음보	foot	音步
음소	phoneme	音位
음운구	phonological phrase	音系短语
음운론	phonology	语音学, 音系学, 音位学
음운유형론	phonological typology	语音类型学
음운체계	phonological system	音系
음절성조언어	syllable tone language	字调语言
의무	obligation	道义
의무 양태	deontic	道义情态
의문 대명사	interrogative pronoun	疑问代词
의문문	interrogative question	疑问句
의문사 의문문	wh-question	特指疑问句
의문사, 의문 표지	question particle/marker [Q]	疑问小词, 疑问标志
의미 근접성 원리	principle of semantic closeness	语义靠近原则
의미역	semantic role	语义角色
의미적 라벨	semantic label	语义标注
의미지도	semantic map	语义图
의미지도 연속성 가설	semantic map connectivity hypothesis	语义投影连续性
의존 형식	dependent form	依附形式
의존어	dependent	从属语
의존어 표지	dependent-marking	附从标志
의지 양태	volitive	意愿情态

의향	inclination	意向
이중 목적어 동사	ditransitive verb	双及物动词
이중 표지	double-marking	双重标志
이형태	allomorph	语素变体
인두음화	glottalization	咽音化
인식 양태	epistemic	认识情态
인식자 대명사	logophor	视点代词
인용	quotative [QUOT]	引语
인지 기능	cognitive function	认知功能
인칭 대명사	personal pronoun	人称代词
인칭 범주	person	人称范畴
일반수	general number	通数
일상성	usuality	惯常性
일치, 일치 관계	agreement [AGR]	一致, 一致关系
자동	intransitive [INTR]	不及物
자동사	intransitive verb	不及物动词
자음	consonant	辅音
장기 소유	permanent possession	长期拥有
재귀 대명사	reflexive pronoun	反身代词
재귀, 재귀 형식	reflexive [REFL]	反身, 反身形式
재지시	anaphora	回指
전경	foreground, figure	图形, 前景
전접어	enclitic	前附缀
전치사	preposition [PRE]	前置词
전칭 양화사	universal quantifier	全称量化词
절	clause	小句
절대격	absolutive [ABS]	通格
접근성 등급	accessibility hierarchy	可及性等级
접두사	prefix	前缀
접미사	suffix	后缀
접사	affix	词缀
접어	clitic	附缀, 附着语素
접어군	clitic group	黏附组
접요사	infix	中缀
정보 초점	informational focus	信息焦点
제한 형용사	limiting adjective	限定性形容词

조건	conditional [COND]	条件
조동사	auxiliary, auxiliary verb [AUX]	助动词
조사	auxiliary word	助词
조정	modulation	意态化
조화	harmony	和谐
존재 양화사	existential quantifier	部分量化词
종결	telic	完成类型
종결상 동사	eggressive verb	结束体动词
종속 접속사	subordinating conjunction	从属连词
종속절	subordinate clause	从句
종점	end-point	终止点
종합어	incorporating language	插编语, 收编语
종합형 언어	synthetic language	综合语
주격	nominative [NOM]	主格
주어	subject [SBJ]	主语
중간 삽입	center-embedding	中心嵌套
중간내림조	mid fall	中降
중간높내림조	mid-length high fall	中高降
중간높은수평조	mid-high level	中高平
중간수평조	mid level	中平调
중성	neuter [N]	中性
중의	ambiguity	歧义
중첩	reduplicative [RDP]	重叠(式)
중치사	inposition	中置词
증거 양태	evidential	证据情态
지소 복수	diminutive plural	小称复数
지속상	durative [DUR]	持续体
지시 대명사	demonstrative pronoun	指示代词
지시사	demonstrative [DEM, D]	指示词, 指别词
지시성	referentiality	指称性
지칭, 지시	reference	指称
지표	index, indexation	标引
직설법	indicative, indicative mood [IND]	直陈式, 直陈, 陈述语气
직접 논항	immediate argument	直接论元
직접 목적어	direct object [DO]	直接宾语

진행상	progressive [PROG]	进行体
짧은높내림조	short high fall	短高降
차용	borrowing	借贷
참조시	point of reference	参照时间
참조항	parameter	参数/参项
처격	locative [LOC]	处所
체언	nominal	名物词
초분절음	suprasegmental	超音段
초월시제	wide tense, Geniş Zaman	宽时
초점	focus [FOC]	焦点
총체	aggregate	聚类
총칭	kind-denoting reference	类指
최상급	superlative degree	最高级
최소대립쌍	minimal pair	最小对比, 最小对立项
축약	reduction	弱化
치경마찰음	alveolar fricative	颚龈擦音
치경파찰음	alveolar affricative	鳄龈塞擦音
친족 명칭	kinship term	亲属词, 亲属称谓词
타동	transitive [TR, TRANS]	及物
타동사	transitive verb	及物动词
탈격	ablative [ABL]	夺格, 离格
탈락	absent	缺损
태	voice	语态
태깅	tagging	标注
통격	absolute case	通格
통시유형론	diachronic typology	历时类型学
통제항	controller	控制项
특정 지시	specific	实指
파생	derivation	派生
파열음	plosive	塞音
파찰음	affricate	塞擦音
판단자 여격	judicantis	判决者与格
평서문	declarative sentence	陈述句
평서법	declarative [DECL]	陈述
평언	comment	述题
폐쇄성 품사	closed POS(part of speech)	封闭性词类

포함식	inclusive [INCL]	包括式
포합어	polysynthetic language	插编语
표식	flagging	标杆
표지	mark, marker, marking [MARK]	标志, 标记
표지 위치	locus	标志位置
품사	parts of speech	词类
피동, 수동	passive [PASS]	被动
피사동주	causee	受使者
피함축항	implicatum	被蕴含项
한정, 한정 지시	definite [DEF]	有定, 定指
한정사	determiner [DET]	限定词
함축	implication	蕴含
함축 관계	implicational relation	蕴含关系
함축적 보편성	implicational universal	蕴含共性
함축항	implican	蕴含项
핵심어	head	核心
핵심어 표지	head-marking	附核标志
행위자	agent [A]	施事
향격	allative [ALL]	向格
허가 양태	permissive	允许情态
현재시제	present [PRS, PRES]	现在时
현재완료	present perfect	现在完成时
현저성	saliency	显著度
형식주의 언어학	formal linguistics	形式语言学
형용사	adjective [ADJ]	形容词
화용적 중립	pragmatically neutral context	语用中性
화제	topic [TOP]	话题语, 话题
환유	metonymy	转喻
환치사	circumposition	框式旁置词
후접어	proclitic	后附缀
후치사	postposition [POST]	后置词
흡기음	ingressive	吸气音

■ 찾아보기

■ 언어

(ㄱ)
가라리어 ·· 85
가로어 ··· 57, 59
고디어 ··· 150
구데어 ··· 105, 108
구마와나어 ··· 147
그레보어 ·· 214

(ㄴ)
나댑어 ·· 118
남부 시에라 미워크어 ················ 195, 196
네덜란드어 ····································· 56, 57
네즈 퍼스어 ·· 199
느두트어 ·· 27
느캄어 ·· 37
니브흐어 ··· 110
니시어 ·· 106
니아스어 ······························ 109, 118, 184

(ㄷ)
도루오어 ·· 27
독일어 ··· 40, 68, 73, 152, 224, 225, 227, 228,
       233, 275, 276, 277, 319, 324, 331
둥샹어 ·· 158, 163
디르발어 ··············· 159, 162, 184, 211, 221
디에구에뇨어 ······································ 115

(ㄹ)
라부카레브어 ····································· 153
라왕어 ··· 207

라이어 ··· 106, 107
라코타어 ·· 211
라크어 ·· 145
라트비아어 ··································· 89, 183
라파누이어 ··· 134
러시아어 ···· 12, 13, 19, 61, 69, 136, 138, 145
        146, 175, 216, 218, 225, 227, 228, 232, 233
레즈긴어 ·· 120
렘바른가어 ··· 140
룬가어 ··· 110
리투아니아어 ····································· 170

(ㅁ)
마남부어 ·· 144
마니푸르어 ································· 211, 221
마라티어 ·· 153
마이브라트어 ····································· 113
만데어 ··· 330
몽골어 ··· 222
몽누아어 ·· 152
무유어 ·· 231
미스키투어 ··· 136
미스텍어 ·· 173
미얀마어 ······························ 211, 221, 232
밀랑어 ··· 106

(ㅂ)
바기르미어 ··· 120
바니와어 ·· 163
바스크어 ······························· 91, 146, 239

바오안어 ·· 222
바이마어 ·· 159
바이소어 ·· 143
밤바라어 ·· 74
베트남어 ···························· 10, 13, 18, 19
벨하르어 ·· 194
벰바어 ·· 64
빅 남바스어 ·· 89

(ㅅ)
서그린란드어 ······································ 235
세리어 ··· 139
소말리아어 ······································· 9, 71
수어 ··· 165
스와힐리어 ············· 62, 63, 67, 71, 175, 239
스웨덴어 ··· 28, 30
스페인어 ··· 12, 19, 40, 137, 255, 275, 276, 303, 310
슬레이비어 ································ 122, 164
시로이어 ····································· 116, 121
시메울루에어 ······································ 110
시버어 ·· 160
실루크어 ··· 138

(ㅇ)
아랍어 ···················· 25, 50, 65, 109, 110, 136
아르메니아어 ····································· 215
아르키어 ··· 92
아메레어 ··· 138
아무샤어 ··· 189
아바르어 ··· 91
아이누어 ······································ 66, 236
아일랜드어 ·································· 39, 118
아치어 ··· 145
아칸어 ·································· 27, 68, 72
아코마어 ··· 195
아파르어 ··· 145
아푸리나어 ··· 149
암하라어 ····································· 170, 255

야구아어 ··· 103
야노마미어 ··· 209
야와어 ··· 148
에벤키어 ··· 236
영어 ············ 10, 12, 25, 29, 39, 43, 47, 56, 61
     63, 67, 71, 86, 94, 102, 107, 112, 134, 139
     142, 148, 150, 168, 171, 183, 195, 209, 218
     221, 225, 234, 239, 256, 258, 264, 277, 281
     302, 322, 330
옘바어 ··· 215
오볼로어 ··· 139
오지브웨어 ··· 238
와레케나어 ··· 163
와론고어 ··· 185
와스키아어 ··· 119
왈피리어 ··· 71
왐본어 ··· 56, 57
왕쿠마라어 ··· 85
우라드히어 ································ 193, 194
우와스테카 나와틀어 ························ 111
우즈벡어 ··· 76
월라이타어 ··· 149
월리아이안어 ····································· 151
위구르어 ··· 158
위치타어 ··· 189
유마어 ··· 74
유와라라이어 ······································· 86
유피크어 ··· 15
이그보어 ··· 27
이디니어 ··· 210
이어 ··· 11
일로카노어 ·································· 63, 138
일본어 ········ 8, 25, 33, 35, 39, 64, 70, 76, 86
     117, 150, 154, 183, 237, 239, 302, 306

(ㅈ)
자바어 ·· 170, 239
저지 노르만 프랑스어 ······················· 161

제이스어 ·· 183
조지아어 ·· 218
줄루어 ·· 321
중국어 ············ 1, 4, 10, 13, 16, 29, 33, 40, 46
  63, 69, 70, 94, 107, 111, 117, 127, 139, 150
  153, 165, 167, 172, 196, 212, 215, 220, 233
  237, 239, 249, 257, 261, 272, 302, 305, 315
  322, 324, 328
중부 포모어 ·· 228
지노어 ··· 159

(ㅊ)
차모로어 ·· 153
촌탈어 ··· 139
추크치어 ····································· 15, 87, 179
추투힐어 ·· 193
침시안어 ·· 164

(ㅋ)
카넬라크라호어 ······························· 152, 168
카도어 ··· 231
카르비어 ·· 160
카슈미르어 ·· 170
카야르딜드어 ································ 49, 57, 298
카와스카어 ·· 152
칸나다어 ····································· 144, 210, 211
케추아어 ································ 56, 57, 67, 161, 174
코본어 ··· 148
코아사티어 ······································· 188, 189
코유콘어 ·· 164, 165
코타어 ··· 214
콘조어 ··· 187, 188
쿠루흐어 ·· 214
크로어 ··· 170
크리어 ··· 189
크리크어 ·· 164
클라마트어 ·· 134
키오와어 ·· 140

키체어 ··· 86

(ㅌ)
타밀어 ··· 153
타우야어 ·· 113
타켈마어 ··· 211, 221
태국어 ········ 72, 127, 150, 153, 302, 306, 313
터키어 ········ 12, 13, 26, 27, 58, 146, 152, 174
  191, 208, 303
테툼어 ··· 116
통가어 ··· 56, 57
투스카로라어 ······························· 56, 57, 59
투캉 베시어 ······················ 184, 211, 221, 232
트루마이어 ·· 189
트리케어 ··· 65
틀링기트어 ·· 189
티그레어 ·· 107
티베트어 ······································ 50, 171, 186
티위어 ··· 196
팡가시난어 ·· 199

(ㅍ)
표준중국어 ····· 11, 25, 29, 33, 35, 41, 44, 59, 64, 71
  77, 90, 96, 118, 200, 207, 209, 222, 319
표준태국어 ·· 33
프랑스어 ·········· 40, 64, 67, 69, 145, 161, 168
  169, 208, 275, 276, 281, 282, 310, 317, 322
  323, 324
피라하어 ·· 152
피지어 ··· 120
핀란드어 ······· 11, 26, 146, 216, 217, 218, 311

(ㅎ)
하라르 오로모어 ····································· 183
하루아이어 ·· 191
하야어 ··· 215
하우사어 ················· 61, 62, 63, 64, 69, 76, 77
하탐어 ··· 313, 320

한국어 ············· 26, 183, 335	호피어 ············· 141, 211
헙어 ············· 299	후어 ············· 56, 57
헝가리어 ······ 18, 19, 26, 57, 146, 191, 311	히스카랴나어 ············· 118
호차크어 ············· 211	힌디어 ············· 185, 210

■ 용어

(ㄱ)

가까운 과거시제 ············· 207	고립어 ············· 3, 10
가까운 미래시제 ············· 207	고모음 ············· 25
가까운 시작상 ············· 221	공간적 관점상 ············· 216
가까운 완료상 ············· 221, 238	공명도 ············· 48
가까운 진행상 ············· 221, 238	공명도 순서 원리 ············· 48
가능성 등급 ············· 245, 248	과거시제 ············· 207, 214, 215
가정법 ············· 228	과거완료 ············· 218, 241
강-약 ············· 32, 42	관계 대명사 ············· 69, 77
강세 ············· 29	관사 ············· 70, 73
강세 구조 ············· 32	교착어 ············· 3, 10
강세박자언어 ············· 40	구별적 목적어 표지 ············· 255
강조사 ············· 151	구성수 ············· 141
개념 공간 ············· 270, 276, 279	구정보 ············· 119, 126
개념 구역 ············· 271	군집적 특징 ············· 292
개념망 ············· 271	굴곡조 ············· 37
개념장 ············· 271	굴절 ············· 10, 75, 138, 145
개방성 품사 ············· 54, 61	굴절 접사 ············· 66, 221, 317
개별성 ············· 6, 17	굴절어 ············· 3, 10
거리-표지 대응 규칙 ············· 127	기능어 ············· 55, 66, 70, 74, 78
게슈탈트 형식 ············· 216	기능주의 언어학 ············· 1, 6
격 변화 ············· 12, 186	기본 어순 ············· 101, 104, 117
격 표지 ············· 21, 70, 180, 182	기점 ············· 216, 223
격 할당 ············· 83, 87, 94	
결과 동사 ············· 167	### (ㄴ)
경계 부호 ············· 318	내리오름조 ············· 33
경계가 불분명한 시간 ············· 208	내림조 ············· 32, 35
경계성 ············· 135, 216	내용어 ············· 55, 274
경제성 원리 ············· 254, 270	내일 미래 ············· 215
경험자 ············· 147, 281	능-통격 언어 ············· 86, 91, 93
계사 ············· 61, 122	능격 ············· 86, 184
	능동태 ············· 62, 302

(ㄷ)

다양화 표본 ··· 309
다차원적 척도 분석 ······························ 292
다체계음운론 ··· 38
단기 소유 ··· 162
단수 ··· 133
단순 현재시제 ····································· 209
단순굴곡성조 언어 ································ 33
담화 표지 ·· 70
당사자 ·· 84, 94
대격 ··· 86, 187
대모음추이 ·· 29
대상 언어 ····································· 298, 312
도구격 ··· 174
도상성 ··· 256
도상성 원리 ································· 248, 257
독립적 언어 표본 ································ 310
동사 불변화사 ································ 66, 74
동사 수 ·· 134
동작 유형 ·························· 224, 225, 227
동작명사 ·· 259
동작상 보어 ······················ 282, 284, 287
두음 ··· 39

(ㄹ)

라이프치히 주석 체계 ··················· 315, 324
리듬 ··· 40

(ㅁ)

마디 ································· 271, 276, 282
말소리 ··· 24
말소리 도상성 ····································· 257
말음 ··· 39
먼 과거 ·· 215
먼 과거시제 ··· 207
먼 미래 ·· 215
먼 미래시제 ··· 207
메타 언어 ······················ 300, 312, 321, 327

명령법 ·· 228
명사 수 ·· 134
명시적 관점상 ····································· 217
모라 ··· 38
모라박자언어 ·· 40
모음 ··· 24
모음 교체 ·· 324
모음 변이 ·· 324
모음조화현상 ·· 26
목적 ··· 281
목적격 ························· 63, 65, 181, 218
몰입 조사법 ··· 298
무구조언어 ··· 3
문법 범주 표식 ················ 315, 318, 326
문법유형론 ·· 22
미래시제 ·········· 208, 214, 215, 218, 221, 238

(ㅂ)

반복상 ·· 219
반수 ··· 140
반피동 ··· 87
발화시 ·· 206, 214
방식 ··· 228
방향 보어 ·· 286
배경 ··· 206
배제식 ··· 152
번역 텍스트 ··· 313
범주형 변수 ··· 292
변환상 ··· 225
병렬 접속사 ·· 75
보문소 ·· 77, 122
보편성 ··· 5, 17
복수 ··· 11, 138
복잡성의 원리 ······························ 248, 259
복합굴곡성조 언어 ································ 32
부가어 ··· 88
부분격 ··· 218
부사절 ··· 123

부정 불변화사 ··· 119
부착어 ··· 3
부치사 ··· 8, 70, 101
부치사구 ·· 120
분류사 ······································· 70, 72, 166
분석형 사동 구조 ·· 167
분석형 언어 ··· 17, 94
분절음 ··· 24
비가시 ·· 299
비과거 ······································· 209, 215
비미래 ························ 207, 209, 213, 215, 233
비실재 ·································· 62, 211, 221, 230
비실재상 ····························· 221, 231
비완료상 ····························· 216, 219
비완전상 ····························· 217, 225
비율적 대표 표본 ··· 310
비종결 ·· 227
비한정 대명사 ·· 69
비현재 ·· 209
빈도 ·································· 103, 124

(ㅅ)
사건명사 ··· 259
사격 ··· 88, 92
사동 구조 ··· 166
사동 동사 ····························· 167, 168, 171
사동주 ·· 166
상 ······························· 206, 211, 216, 222
상 표지 ································· 211, 221
상태 보어 ····························· 284, 288
상호 대명사 ··· 68
상황 유형 ··· 227
상황상 ·· 227
서법 ··································· 62, 228
서술 ·· 55
선행상 ····························· 273, 282, 285
성 범주 ································· 143, 323
성조 유형 ····························· 30, 34

성조언어 ·· 30
소유 관계 ····················· 157, 160, 162, 191
소유 구조 ············· 104, 112, 157, 162, 166
소유 표지 ····························· 10, 159, 195
소유격 ································· 12, 158, 161
소유물 ····························· 157, 160, 195
소유주 ····························· 112, 157, 161, 195
소형 대문자 ··· 316
속 ·· 310
속격 ··· 160
수 범주 ··· 133
수 일치 ··· 86
수동자 ··· 84
수령자 ································· 277, 281
수식어 ································· 57, 60, 104, 111, 127
수익자 ··· 281
수평성조 언어 ··· 31
순서의 도상성 ·· 261
술어성 소유주 ·· 281
습관상 ·· 219
시간 순서 원리 ··· 261
시간량 ·· 205
시간위치 ····························· 205, 207, 213
시간적 관점상 ············ 216, 219, 220, 241
시작상 ····························· 220, 225, 238
시제 ··································· 62, 205, 238
식별도 ································· 104, 128
식별도 우선 원리 ········ 115, 126, 251, 264
실재 ··································· 62, 211, 230
실재상 ·· 221
실재성 ·· 228

(ㅇ)
약강 ····································· 32, 42
양도 가능한 소유 관계 ············ 162, 165, 166
양도 불가한 소유 관계 ············ 162, 163, 166
양수 ··· 143
양의 격률 ··· 254

양의 도상성	259	어휘형 사동 구조	171
양태	206, 211, 223, 228	어휘확산이론	36
감각지각 양태	234	억양	37, 228
감정 양태	233	억양구	38
감지 양태	230	언어 기록	330
능동 양태	230, 232	언어 보관	330
능력 양태	230, 234	언어 보존	330
단언 양태	233	언어 전사	312
명령 양태	232	언어 접촉	309
명제 양태	230, 233	언어 주석	312
보고 양태	230	언어 표본	297
비시각 양태	230, 234	언어 행간 주석	312
사건 양태	230, 234	언어유형론	1
상황 양태	234	여격	174, 281, 291
시각 양태	230, 234	역할 표지	70
양보 양태	234	연결선	271, 276, 282
언약 양태	230	열세 어순	124, 245
의무 양태	230, 232, 235	영부호화	93
의지 양태	230, 234	영형식	150, 322
인식 양태	230, 232, 234, 235	오늘 과거	215
증거 양태	230, 234	오늘 미래	215
책무 양태	230, 233	오르내림조	33
청각 양태	230, 234	오름조	32
추론 양태	233	완료상	216, 219, 238
추리 양태	230	완전상	216, 218, 219, 225
추정 양태	230	외부 소유주	281
추측 양태	230	우세 어순	101, 106, 109, 112, 123, 245, 252
허가 양태	230	우세	123, 245
양화사	66, 70, 135	운율	38, 46
어간	317	운율/음운단어	38
어간	216, 238, 239, 241	운율구	38
어계의 균형	309	운율위계구조	38
어근	216, 317	유정성	119, 143, 161
어기사	228	유정성 등급	141, 152
어제 과거	215	유클리드 거리	292
어휘상	224	유표성	103
어휘성조언어	33, 301	융합어	11, 16
어휘의미유형론	22	은유	293

음높이	29, 32, 44
음보	38, 41
음소	24, 48
음운 변화	28, 36, 150, 159, 314, 315, 317, 326, 328
음운구	38
음운유형론	22
음운체계	24
음절	30, 32, 35, 38
음절박자언어	40
음절성조언어	33, 35
의무	233
의문	228
의문 대명사	69, 70, 328
의미 거리	119, 172, 173
의미 거리의 도상성	262
의미 근접성 원리	105, 115, 251
의미적 라벨	228
의미지도	270, 273, 276
다차원적 의미지도	272, 281
평면적 의미지도	272
의미지도 연속성 가설	271, 278, 280
의사소통을 위한 필요도	247
의존어 표지	158, 186, 190
이중 표지	161, 195, 197
인식	233
인칭 대명사	67, 147, 265
인칭 범주	146
인칭 일치	86, 149
일반화	293
일상성	229
일치 관계	21, 62, 92, 133, 146, 180, 186

(ㅈ)

자극물	300
자동사	62, 83, 86, 95
자연 발화 자료	299
자음	24, 27
잠재적 식별도	253
장기 소유	162
재귀 대명사	68, 152
재범주화	135
저모음	25
전경	206
접근성 등급	248
접두사	160, 165
접미사	160, 211
접사	159, 163, 197, 206, 231
접어	231, 308, 318
접어화	308
접요사	224, 325
정보 처리의 난이도	248
조동사	74, 121, 214
조사	158, 213
시간 조사	213
어기 조사	213
조화	123, 126, 245
종결	227
종결상	225
종속 접속사	75
종점	216, 223
종합어	4, 16
종합형 언어	17, 94
주-대격 언어	86, 88, 93
중간 삽입	5
중첩	199, 325
증거	232
증거 범주	299
지속상	219, 273, 282, 284, 287
지시 대명사	69
지칭	55, 60
지프의 법칙	254
직설법	228, 233
직접 논항	83, 97
진행상	219, 220, 238

(ㅊ)

차용 · 101
참고문법 · 300
참조시 · 206, 214
참조항 · 8, 50, 180, 192, 197, 232
책무 · 233
초분절 · 24
초월시제 · 208
최대한의 변이형 · 309
최소 증가 표지 · 140
최소대립쌍 · 26, 246
추론 · 299
친족 명칭 · 161, 164

(ㅌ)

타동사 · 62, 83, 86, 94
탈격 · 12
태 · 88, 221
태깅 · 206
통격 · 86, 184
통시유형론 · 22
특화 · 293

(ㅍ)

파생어 · 14
판단자 여격 · 281, 291
편의 표본 · 309
폐쇄성 품사 · 55, 61, 66, 78
포괄식 · 140, 152
포함 · 16, 180
포함어 · 14, 179
피사동주 · 166, 174

(ㅎ)

함축 관계 · 5, 24, 248, 251, 253
함축 등급 · 90, 97
함축적 보편성 · 25, 57, 68, 88, 114, 117, 219, 244, 247, 249, 280
함축적 위계 · 272
합성어 · 14, 16, 36
핵심-의존어 이론 · 125
핵심어 · 57, 60, 101, 125
핵심어 표지 · 160, 186, 190, 199
행렬식 도표 · 273
행위자 · 83, 94, 147, 181
현재시제 · 208, 214, 218, 221
현재완료 · 218
현재진행 · 226
현지 조사 · 297
형식주의 언어학 · 1, 6
형태 표지 · 63, 66, 83, 88, 93, 189, 194, 210, 232, 255
형태소 · 4, 10, 13, 17, 35, 69, 179, 312, 317
형태유형론 · 179
형태적 음운 변화 · 317, 324
형태형 사동 구조 · 169
혼합성조 · 32, 33
화용적 중립 · 103
확률 표본 · 309
환유 · 293

(기타)

1인칭 · 151
2인칭 · 151
3인칭 · 151
4분법 · 244, 254
4분표 · 217
OV형 언어 · 117
VO형 언어 · 117
SOV 어순 · 311
SVO 어순 · 311